U0890133

2018年主题出版重点出版物
“十三五”国家重点出版物出版规划项目

国际视野下的中国对外开放丛书
张燕生 主编

# 服务外包：推动中国服务业开放新引擎

王晓红 朱福林 柯建飞 著

SPM
南方出版传媒
广东经济出版社
·广州·

**图书在版编目（CIP）数据**

服务外包：推动中国服务业开放新引擎/王晓红、朱福林、柯建飞著．—广州：广东经济出版社，2019.4
（国际视野下的中国对外开放）
ISBN 978-7-5454-6647-8

Ⅰ．①服… Ⅱ．①王…②朱…③柯… Ⅲ．①服务业-对外承包-研究-中国 Ⅳ．①F276.9

中国版本图书馆CIP数据核字（2019）第073574号

出 版 人：李　鹏
责任编辑：刘　倩
责任技编：许伟斌

服务外包：推动中国服务业开放新引擎
**Fuwu Waibao：Tuidong Zhongguo Fuwuye Kaifang Xinyinqing**

| | |
|---|---|
| 出版发行 | 广东经济出版社（广州市环市东路水荫路11号11~12楼） |
| 经销 | 全国新华书店 |
| 印刷 | 广东鹏腾宇文化创新有限公司<br>（广东省珠海市高新区科技九路88号七号厂房） |
| 开本 | 787毫米×1092毫米　1/16 |
| 印张 | 27.5 |
| 字数 | 446 000字 |
| 版次 | 2019年4月第1版 |
| 印次 | 2019年4月第1次 |
| 书号 | ISBN 978-7-5454-6647-8 |
| 定价 | 86.00元 |

如发现印装质量问题，影响阅读，请与承印厂联系调换。
发行部地址：广州市环市东路水荫路11号11楼
电话：（020）37601950　邮政编码：510075
邮购地址：广州市环市东路水荫路11号11楼
电话：（020）37601980　营销网址：**http://www.gebook.com**
广东经济出版社新浪官方微博：**http://e.weibo.com/gebook**
广东经济出版社常年法律顾问：胡志海律师
·版权所有　翻印必究·

# 前　言

## 一、研究目的与战略意义

服务外包是以互联网信息技术为支撑的新兴服务业态，涵盖信息技术外包、业务流程外包、知识流程外包三大领域。全球服务外包以发达国家为主要发包方、发展中国家为主要接包方的分工方式在全球快速发展，成为推动全球新兴服务贸易发展的重要方式，也是促进服务全球化和全球价值链向高端跃升的重要推动力。自21世纪以来，我国开始承接新一轮服务业国际产业转移，已经成为全球离岸服务外包第二大目的地。改革开放以来，我国服务外包产业从无到有、从小到大，已经成为新兴服务业的重要组成部分，也是拉动服务贸易增长的重要引擎，推动服务业开放和国际化发展的重要力量。“十一五”是我国服务外包产业的形成期和高速增长期。“十二五”以来则是我国服务外包产业实现量质齐升并形成国际竞争力的时期。2012年12月,我国发布了第一个《中国国际服务外包产业发展规划纲要（2011—2015）》，这标志着服务外包产业作为科技含量高、人才素质高、国际化程度高、资源消耗低的新兴服务业被正式纳入国家战略。这一时期，服务外包产业加快提高创新能力和综合实力，在促进服务贸易发展和新动能成长，提升服务业国际化、信息化、专业化水平，推动价值链迈向中高端以及促进区域开放型经济平衡发展等方面都发挥了重要带动作用。目前我国服务外包全球占比达33%，2017年全国服务外包执行金额1261.4亿美元，同比增长18.48%。2006—2017年全国服务外包企业从500多家发展到43400家，增长了近86倍；离岸服务外包执行金额从13.84亿美元增长到796.7亿美元，增长了近57倍；从业人员由不足6万人增长到928.9万人，增长了近154倍。截至2017年，我国服务外包的业务范围已经遍及200多个国家和地区，“一带一路”沿线国家和地区正在成为我国服务外包产业新的增长极。

“十三五”时期是我国全面建成小康社会，实现“两个一百年”奋斗目标中第一个百年奋斗目标的决胜阶段。也是实施创新驱动战略，促进经济结构优化、新旧动能转化，实现经济高质量发展的关键时期。同时，“十三五”时期也是我国服务外包产业实现高质量发展、向全球价值链高端攀升并形成国际竞争新优势的战略机遇期。随着全球经济复苏进程不断加快、创新全球化趋势不断增强，数字经济引领的全球新产业革命正在加速发展，大数据、云计算、物联网、移动互联、人工智能、区块链等新一代信息技术和数字技术不断涌现和扩大应用，为服务外包转型升级和创新发展提供了宏观环境和技术支撑。随着我国经济进入新常态，经济增长方式由要素驱动向创新驱动转变，产业结构调整和转型升级任务日益紧迫，大力发展服务外包产业对于转方式、调结构、稳增长、促创新、促就业，推动经济实现两个“中高”具有重要战略意义。一是有利于促进新动能成长。服务外包产业以互联网、大数据、云计算等信息技术为支撑，涵盖信息技术、金融服务、供应链管理、人力资源、呼叫中心、教育培训、研发、设计、动漫等众多新兴服务领域，因此，做大做强服务外包产业对于促进新兴服务业成长具有重要意义。二是有利于推动服务业结构升级和创新发展。发展服务外包产业有利于促进知识密集、技术含量高的新兴服务业发展，并通过与互联网、大数据、云计算等数字信息技术相融合，不断催生出新业态、新模式，提升整体产业信息化水平，通过研发服务外包提高开放创新合作能力，尤其是“众包”模式推动“众创”将大力促进社会创新。三是有利于推动服务业国际化水平，尤其是促进新兴服务贸易发展，改善我国服务贸易结构。服务外包是高度国际化的产业，企业通过承接国际服务外包可以获得国际先进技术，国际化管理经验，国际技术、质量和服务标准，国际营销渠道等外溢效应，从而快速提高国际化经营能力。服务外包所涉及的领域主要是新兴服务领域，因此扩大离岸服务外包也就是扩大新兴服务贸易出口。四是有利于提高我国的国际分工水平，推动产业向全球价值链高端跃升。20世纪80年代以来，我国通过承接跨国公司制造业转移大力发展加工贸易，加工贸易使我国成功融入全球产业链和价值链，成为世界工厂，但毕竟在参与国际分工中处于中低端位置。21世纪以来，利用新一轮跨国公司服务业离岸转移的机遇，通过承接国际服务外包可以使我国快速嵌入全球服务业价值链，为我国参与国际分工由中低端向中高端发展创造了有利条件。五是有利于扩大以大学生为主的知识群体就业。服务外包产业以吸纳大学生就业为主，因此是扩大高端人才就业的重要渠道，将为大学生、研究生等高端人才提供广阔的就业空间。为此，应把发展服务外包产业摆在重要的战略位置。

但是，我们也必须看到，世界各国争相发展服务外包产业将导致全球市场竞争更加激烈，逆全球化思潮和保护主义有所增强，以美国为首的发达国家迫于促进就业的压力可能继续限制本国服务业离岸，国际汇率波动、金融动荡有所加剧以及国内综合成本上升等因素都给服务外包产业带来压力和挑战。为此，必须扎实推进供给侧结构性改革，加快服务外包技术创新、服务模式创新和体制机制创新，推动服务外包标准化、数字化、智能化和融合化发展，构建在岸与离岸互动发展、东中西部融合发展、内外资企业共同发展的服务外包产业发展新格局。

## 二、本书的主要特色与创新之处

本书力图系统全面地总结我国服务外包产业的发展进程、历史脉络和发展成就，揭示服务外包产业的发展对于推动我国服务业开放创新中的引领作用，以及对于提升服务业国际竞争力、推动服务业对外开放新格局、促进新兴服务业发展壮大、提高服务业人才素质等方面的深远历史影响和重要作用。同时，分析了在全球数字经济和新产业革命快速发展的背景下，我国服务外包产业的转型升级和创新发展路径。通过总结我国服务外包产业可复制推广的成功经验，将为其他国家尤其是广大发展中国家发展服务外包产业提供可借鉴的“中国模式”和做法，同时也为我国未来的服务外包产业深化发展和政策优化提供有益的思路。

在研究视角上，本书立足国际国内两个视角，以服务全球化及全球价值链理论为背景，以服务业开放与创新为主线，从理论研究层面和现实应用层面，对我国服务外包发展进行全方位研究，突出理论性、创新性、战略性、应用性。在研究方法上，本书坚持理论与实际相结合，定量分析与定性分析相结合，点面结合、以点带面，综合运用文献研究、数据分析、实地调研、案例研究等分析方法。在理论层面，本书系统梳理了近年来国内外服务外包的基本理论，如服务全球化理论、全球价值链理论、技术外溢理论等，对服务外包进行理论分析。在宏观层面，本书首先从国际视角出发，研究了全球服务贸易与服务外包的发展，力求展示一个服务外包发展的全球视野，阐明服务外包对于服务贸易的重要贡献，尤其是对于推动服务全球化和全球价值链跃升的重要作用。本书重点从国内视角出发、突出特色，研究我国服务外包的发展特点以及其对于推动服务贸易强国建设的战略地位和作用，并选取了我国服务外包的重点发展领域、重点发包国家、重点发展区域等不同视角进行研究。如，在行业层面，分别选取了信息技术外包和研发外包两个重点领域进行研究，突出分析了信息技术外包对于提升我国软件信息技术出口竞争力的重要作用以及研发外包对于推动研发创新能力开放合作的重要作用。进一步证明了服务外包对于发展壮大新兴服务业的重要作用；通过研究服务外包的外溢效应，“众包”推动“众创”以及数字化时代服务外包模式创新和服务外包推动服务业人才国际化等不同维度，阐述服务外包对于服务业开放创新的推动作用；通过选取我国承接美日欧传统市场服务外包和“一带一路”新兴市场服务外包，反映出承接国际服务外包对于开拓国际市场、推动服务业对外开放新格局的重要作用；通过研究服务外包示范城市的引领带动作用，反映出我国发展服务外包产业的独特经验，即典型引路、示范带动。此外，本书还大量运用案例研究的方法，选取了典型服务外包企业、服务外包示范园区、服务外包示范城市的案例进行解剖，窥一斑而见全豹，为从事服务外包一线实际工作者提供参考借鉴。

## 三、本书的框架结构及主要内容

全书共分为七章。

第一章为《全球服务贸易与服务外包的发展特点及趋势》。从全球视角对服务贸易与服务外包的发展进行研究。本章共分为两节。

第一节分析了全球服务贸易发展特点及主要趋势，主要体现在：服务贸易对世界贸易贡献度逐年上升，贸易带动能力显著增强；服务贸易结构总体优化，高科技和新兴服务贸易快速发展；全球服务贸易经济体之间、区域之间的发展不平衡问题仍然较为突出；全球服务贸易政策发生显著变化。同时，分析了全球服务贸易增长的主要动因、面临的主要挑战，并重点分析了美国、欧盟和印度服务贸易的发展特点。

第二节从服务外包推动服务全球化和价值链向高端跃升的视角出发，对全球服务外包发展进行研究。基于服务全球化和全球价值链视角对服务外包的理论演进与创新、服务外包成为推动服务全球化与价值链攀升的重要动力等方面进行阐述。分析了全球服务外包的融合与创新发展趋势：全球服务外包平稳增长，离岸外包加速推动服务全球化发展；研发设计外包比重明显上升，服务外包价值链向高端攀升；全球服务外包市场融合度增强，相互依存度提高。分析认为，服务外包将加速产业融合与业态创新，继续成为推动价值链攀升的重要引擎；全球服务外包加快向高端化、多元化、数字化转型；发包国与接包国的竞合关系增强使更多国家从全球化中受益；新技术、新产业、新平台将推动服务外包转型升级与创新发展。

第二章为《服务外包推动服务贸易强国建设》。着重从服务贸易强国建设的视角出发，研究中国服务外包产业的发展、地位和作用。系统地分析总结了“十一五”以来中国服务外包的发展进程及重大变化，描绘出中国服务外包产业发展的历史轨迹，并提出了未来的发展思路。本章共分为四节。

第一节分析了服务业开放视角下我国服务贸易发展的主要特点：服务贸易全球地位显著提升，成为拉动我国外贸增长的引擎；新兴服务贸易领域快速发展，成为拉动服务贸易增长的主要动力；传统服务贸易仍占主导地位，在信息化提升方面拥有巨大潜力；文化贸易和技术贸易稳步发展，竞争力有所提升；“一带一路”服务贸易空间不断拓展，对沿线国家和地区发展贡献突出。分析了我国服务贸易发展面临的主要机遇，主要体现在：国内服务贸易基础和发展环境不断优化；“互联网+”与制造业、服务业融合带动服务贸易发展；“一带一路”为服务贸易发展提供新平台。分析了我国服务贸易发展面临的主要问题及制约因素，主要体现在：我国服务贸易国际竞争力较弱，且开放程度较低；新兴服务领域出口规模较小，尤其在高端服务业领域仍是主要进口国；传统服务贸易面临数字化、网络化转型升级的任务还十分艰巨；人才短缺问题成为长期制约服务贸易发展的主要因素；多数服务贸易企业技术创新、服务模式创新能力薄弱，研发经费投入不足，企业运营难以摆脱传统模式，不能适应数字贸易快速发展的形势变化；宏观管理部门比较分散，各部门协调难度较大。提出了推动我国服务贸易向高质量发展的主要思路：着力提高服务业国际竞争力、不断完善服务贸易治理体系建设、把培育服务贸易人才作为发展的第一要务、放宽高端服务业外资准入、提升各类服务贸易试点试验平台的发展质量和改革创新空间、加快构建我国的数字贸易规则和标准。

第二节回顾了“十一五”时期中国服务外包的发展历程。“十一五”时期，中国国际服务外包高速发展，产业初具规模；发包方以美国、日本和中国香港为主，来源地高度集中；服务外包产业结构以信息技术外包（ITO）为基础，逐步向业务流程外包（BPO）和知识流程外包（KPO）扩展；服务外包优势企业开始显现，民营和外资成为主要力量；服务外包主要集中在东部地区，示范城市聚集效应明显；区域分工关系开始形成。但“十一五”时期，中国服务外包产业存在整体竞争力较弱、区域发展不平衡、缺乏科学规划和综合引导、服务外包人才匮乏、产业服务体系和法律法规不够完善、服务外包企业税收负担过重等主要问题。最后提出了“十二五”时期的发展环境与规划重点。

第三节分析了“十二五”以来中国服务外包的转型升级与创新发展。“十二五”以来，中国服务外包进入转型升级与创新发展时期，具有以下主要特点：服务外包规模集聚壮大，成为推动新兴服务贸易增长的主要动力；服务外包产业结构明显优化，价值链呈现向高端跃升态势；服务外包企业实力增强，技术创新能力和国际化水平显著提高；形成以发达国家为主、面向全球的多元化市场布局；吸纳高端人才就业能力增强，人才素质不断提升；示范城市引领带动作用突出，产业园区集聚效应越来越显著；东部地区辐射能力增强，区域发展更加协调融合。但服务外包产业仍面临以下主要问题：服务外包企业国际竞争力仍然比较薄弱；成本过快增长导致企业负担过重，国际服务外包吸引力有所弱化，促使离岸服务外包向越南、菲律宾、马来西亚等东南亚国家转移；中高端人才供给严重不足是困扰服务外包产业发展的主要瓶颈；公共服务体系建设比较薄弱是影响企业参与国际竞争的重要因素。本节指出了推动服务外包转型升级的以下主要思路：以创新驱动为引领，推动服务外包价值链向高端跃升；以提高企业国际竞争力为导向，构建协同发展、互利共赢、竞争有序的服务外包企业生态；以专业化、国际化、高端化为目标，加快服务外包人才体系建设；以在岸促离岸为抓手，推动国际国内服务外包市场融合发展；以“一带一路”建设为契机，形成发达国家与发展中国家双向拓展的全球市场战略布局。

第四节分析了中国服务外包产业促进政策的演进。认为：“十一五”是中国服务外包政策体系形成的时期。2006—2009年国家各类服务外包促进政策密集出台，政策组合拳的作用和成效显著。“十二五”是中国服务外包产业促进政策的战略发展期。《中国国际服务外包产业发展规划纲要（2011—2015）》颁布实施具有里程碑意义，服务外包示范城市评价体系和产业发展体系进一步完善。《国际服务外包产业发展“十三五”规划》的颁布实施，标志着中国服务外包产业政策进入创新发展的新时期。提出了未来服务外包产业政策导向：继续发挥示范城市的体制创新优势，加速复制成功经验和做法；坚持政府引导、市场主导、企业主体的发展原则；继续实施东中西部区域差异化政策；继续加大服务外包企业支持力度；创新人才引进激励政策和教育培训机制；建立东中西部地区融合协同发展机制。

第三章为《服务外包推动服务业开放创新》。重点从服务外包的溢出效应、“众包”推动“众创”、数字化时代服务外包模式创新，以及服务外包推动服务业人才国际化等不同维度阐述服务外包对于开放创新的推动作用。本章共分为四节。

第一节从理论和实际层面研究了服务外包的溢出效应。从理论视角分析了服务外包的技术溢出机制与影响因素。分析了承接服务外包的产业结构升级效应，服务外包促进产业结构升级的传导机制。并重点采取了典型案例分析法进行研究。一是对典型行业生物医药服务外包行业的外溢效应进行系统分析。认为服务外包在促进产业集聚效应、人才集聚效应、信用体系建设不断完善等方面均存在明显的溢出效应。二是对典型地区——浙江省服务外包的溢出效应进行分析。

第二节着力分析了“众包”模式推动“众创”发展。系统梳理了众包的定义与内涵、众包与企业研发创新、众包研发的主要形式、众包模式的企业实践、众包模式的发展趋势等方面的问题。重点分析了众包与企业管理模式创新：众包在企业经营管理中的优势，众包模式在管理创新中的应用及应用互联网众包模式应注意的问题。分析了科研众包在科技创新中的应用，主要包括：科研众包参与主体与业务流程的特殊性，科研众包的创新效应，科研众包平台的发展类型与主要趋势等。

第三节着力研究了数字化时代服务外包模式创新。分析了数字化变革与数字贸易，包括数字化变革的主要特征和数字贸易发展的趋势性特征。研究了数字化时代服务外包的模式创新。分析了随着服务外包1.0到服务外包3.0的发展，数字化时代服务外包的特点。重点分析了云外包的现状与趋势、云外包为服务外包企业的业务模式带来的根本性变革、云外包给服务外包企业带来的机遇、云外包模式下服务外包企业的成长路径。

第四节从服务外包产业的发展推动服务业人才国际化的角度阐述了服务外包对于推动开放创新的重要作用。阐述了服务外包人才国际化的内涵及主要特征：人才国际化的素质要求、服务外包人才国际化的基本特征、服务外包人才的知识能力要求。研究了服务外包推动服务业人才国际化的机制，主要包括：服务外包对承接国人力资本提升的影响；承接国人力资本对服务外包的影响。从服务外包人力资源供给、服务外包从业人员规模与结构、人才培养优化等方面分析了中国服务外包产业国际化人才培养的状况。提出了服务外包人才国际化的主要措施，包括：提高本地人才的国际化水平、加强国际人才的引进、促进人才培养体系的国际化、促进人才服务体系的国际化。

本章还选取了三个典型案例：网新恒天的自主创新路径；上海浦东软件园打造世界级软件产业创新社区、北京联合大学探索本科院校服务外包国际化人才培养模式。

第四章、第五章分别选取信息技术外包和研发服务外包两个典型行业进行研究，阐明服务外包对于促进新兴服务业创新发展、提升国际竞争力的重要作用。

第四章为《信息技术外包：提升我国软件和信息技术出口竞争力》。系统分析了我国信息技术服务外包的发展及软件出口竞争力不断提升的促进过程。本章共分为三节。

第一节分析了我国信息技术服务外包发展的主要阶段。以跨国公司设立离岸公司为主导的软件服务外包初期阶段。“十一五”是我国信息技术服务外包发展的转折期，主要特点表现为：增速强劲、业务结构不断优化、吸纳就业能力增强；在岸外包市场不断扩大，国际市场拓展能力增强，区域布局不断完善；企业实力逐步增强，获得国际资质认证数量大幅上升；国际并购增多，交付模式不断创新，国际、国内市场加快融合。“十二五”是我国信息技术外包进入规模化、国际化发展时期，主要特点有：国家规划进一步将信息技术服务外包作为优先发展领域；ITO继续占主导，在岸与离岸互动融合，内部结构不断优化；ITO企业规模快速扩张，并购重组加快，国际竞争力增强。“十三五”是我国信息技术服务外包进入全面转型升级时期。

第二节回顾了“十二五”时期我国软件出口的发展及“十三五”的战略机遇。“十二五”时期我国软件出口的主要特点体现在以下方面：软件出口规模和增速强劲增长；软件出口价值链向中高端攀升；以东部地区为主体，带动中部、西部地区增长的格局已经形成；以美、日、欧为主，多元化的市场格局逐步发展；国内软件出口企业加快国际化步伐；人才素质和创新创业能力显著增强；众包、众创推动技术创新与服务模式创新；出口基地城市、软件园区成为产业聚集的中心和载体。同时分析了“十二五”以来，我国软件出口存在的主要问题及制约因素，主要有：出口价值链仍处于中低端水平；自主创新能力、国际竞争力仍然较弱；软件人才缺口较大且结构性矛盾突出；要素成本全面上升削弱了软件企业的竞争力；软件知识产权保护面临重大变化；数字贸易规则给我国软件出口带来的挑战增多。重点从三个方面分析了“十三五”时期我国软件出口面临的国际环境和机遇：一是智能化、信息化、网络化、数字化将推动全球软件市场持续增长；二是服务业创新和传统产业升级成为推动全球软件业增长和创新的动力；三是传统市场和新兴市场具有双向拓展空间。

第三节研究了“十三五”以来我国软件出口发展及战略思路。分析了“十三五”以来我国软件出口的主要特点：软件出口由高速增长转向中低速增长，整体规模实力明显增强；出口价值链持续向高端跃升，出口多元化格局逐渐形成；东部地区继续保持主力军地位，中西部地区呈波动性增长；传统市场基本稳固，“一带一路”等新兴市场加快成长；软件出口企业以内资为主导，多元化结构已经形成；基地城市引领作用显著，集聚效应进一步增强；自主创新能力不断增强，企业综合效益明显提升。分析了数字经济快速发展为提升软件出口竞争力奠定了产业基础，促使信息技术发展环境和产业基础日趋稳固；大数据、人工智能、云计算、物联网加速规模化和产业化；平台经济、跨境电商等新业态为软件业带来新机遇。在此基础上，提出了提升我国软件出口竞争力的战略思路：全面提升软件自主创新能力、加速构建数字经济环境下的软件业发展体系、提高软件知识产权创造和保护水平、实施软件出口市场多元化战略、加强软件强国人才体系建设、优化软件出口政策和营商环境。

第五章为《研发外包：推动研发创新能力开放合作》。系统阐述了研发外包对于推动创新能力开放合作及研发服务业国际化发展的重要作用。本章共分为三节。

第一节从理论角度梳理了相关文献，主要包括：研发服务业的基本概念、主要类型和主要特征；研发外包的概念和主要形式。分析了全球研发外包的发展现状与趋势。

第二节重点分析我国承接国际研发外包的发展现状及外溢效应。分析了我国承接国际研发外包快速发展；研发外包增长迅速，占比份额不断提升；中国日益成为跨国公司全球研发布局的主要目的地；研发服务外包城市集群显现；科技革命助力研发外包发展等特点。着重对承接国际研发外包的外溢效应进行分析。认为：承接研发外包是获得研发资金的重要渠道，承接研发外包能获得技术溢出效应，有助于提升企业创新能力，具有人才提升效应，促进新业态与产业升级等。

第三节分析了研发外包推动我国研发创新及国际化发展。分析了我国研发服务外包国际化发展的成就，主要体现在：我国已经成为世界研发创新大国、研发外包促进研发服务专业领域国际化、建设境外研发中心增强自主研发知识积累、海外并购加速我国研发服务国际化步伐。提出了推动研发创新能力开放合作的主要思路：一是鼓励跨国公司研发机构融入国家创新生态体系；二是积极支持本土企业设立海外研发机构和技术并购；三是全力打造具有全球竞争力的研发创新企业；四是不断创新研发外包模式；五是落实细化企业研发外包各项扶持措施及鼓励政策。

本章还选取了四个典型案例进行分析：中国医药研发外包的开拓者——

药明康德新药开发有限公司；国内优秀的医药研发外包企业——广州博济医药生物技术股份有限公司；从IT外包服务提供商到数字化服务提供商的华丽转变——文思海辉技术有限公司；中关村产业技术联盟通过平台创新实现高质量发展。

第六章《承接服务外包推动服务业对外开放新格局》。基于对我国承接美日欧和“一带一路”服务外包的分析，指出承接国际服务外包对于开拓新兴市场的重要作用。本章共分为四节。

第一节分析了我国承接美国服务外包的发展。研究了美国服务外包的主要特点与趋势，包括美国服务外包发展历程、美国跨国公司服务外包模式、美国服务外包发包企业的主要特点和业务类型等。分析了我国承接美国服务外包的现状、特点与趋势，主要包括：我国承接美国服务外包规模、主要类型、主要城市分布，以及我国领军型企业在美国设立分支机构的情况。分析了承接美国服务外包的重要作用，主要体现在：促进我国服务业国际收入增加；促进我国的产业升级；促进我国服务企业国际化，获取知识技术溢出效应；促进服务贸易进出口平衡，缓解对美长期逆差态势。

第二节分析了我国承接欧盟服务外包的发展。分析了欧盟服务外包发展现状、特点、趋势。分析了我国承接欧盟服务外包的规模、主要城市分布、主要发展趋势。同时分析了我国承接欧盟服务外包面临的问题与挑战，主要体现在：我国承接欧盟离岸服务外包规模比较有限，与美国、日本增长势头相比稍微逊色；欧盟的大额服务外包大多交给近岸市场来完成；欧盟国家与我国在文化、语言方面存在较大差异。分析了承接欧盟服务外包对我国服务业开放的推动作用，主要体现在：促进我国金融服务业开放和转型升级，促进我国服务业在“一带一路”延伸发展，促进我国与欧盟服务贸易平衡发展。

第三节分析了我国承接日本服务外包的发展。分析了日本服务外包的发展历程、主要特点、主要领域。分析了我国承接日本服务外包的现状、面临的挑战。重点分析了承接日本服务外包对我国服务业开放的带动效应，主要体现在：促进我国城市服务业国际化，有利于我国企业提升外包管理能力，增强中日互信、推进双边经贸合作等。

第四节分析了我国承接“一带一路”服务外包的发展。分析了我国承接

"一带一路"服务外包的现状、特点、面临的挑战及发展趋势。认为：我国承接"一带一路"服务外包增长迅速，部分沿线国家和地区已经成为我国服务外包企业"走出去"的重要目的地；"一带一路"合作基础不断夯实，服务外包市场空间巨大，有利于拓展我国离岸服务外包国际市场多元化格局；我国承接"一带一路"服务外包领域呈现非均衡性、特色性分布，新兴服务外包领域具有很大发展空间；"一带一路"服务外包将促进其本身与对外投资协同发展。分析了"一带一路"服务外包对我国服务业开放的促进效应，主要体现在：承接"一带一路"服务外包有利于促进我国服务业转型升级，促进我国与沿线国家和地区服务贸易增长，为"中国服务"标准走向国际化提供契机，带动服务贸易人才结构优化，有利于促进中西部服务外包产业发展。并提出以下思路：构建政企合作模式、发挥各自优势；与国外先进服务提供商合作，共同承接"一带一路"外包业务；利用境外经贸合作区、自贸区等平台，促进"一带一路"服务外包产业的发展；承接"一带一路"服务外包要坚持稳步推进，注意防范风险等等。

第七章为《服务外包示范城市的引领带动作用》。从服务外包示范城市发展的视角进行研究。本章共分为两节。

第一节分析了服务外包示范城市的发展及主要特点。认为：我国服务外包示范城市的发展进程分为三个主要阶段：第一阶段（2006—2008年）是服务外包示范城市初具规模时期，第二阶段（2009—2015年）是服务外包示范城市快速发展时期，第三阶段（2016年至今）是服务外包示范城市规模继续扩大和质量不断提升时期。分析了服务外包示范城市的主要发展特征，表现为：产业规模高速扩张，业务结构不断优化；以园区集聚服务外包企业，不断提升产业发展能力；政策不断创新，政策集成效应显著；服务外包产业竞争力显著提升。

第二节分析了示范城市对于推动服务业开放发展的带动作用。一是体现在推动当地经济结构转型升级方面：示范城市服务外包产业快速增长对于推动当地现代服务业发展的作用不断增强，示范城市服务外包产业发展有力地推动了当地产业结构转型，示范城市服务外包发展加快了当地制造服务化、传统服务现代化的升级步伐。二是体现在辐射带动区域服务经济发展方面，通过区域内产业规划联动模式、区域之间产业分工协作模式、资源整合与共建共享模式、比较优势联动模式等带动区域分工发展。三是优化服务业区域布局，促进服务业均衡发展。四是促进大学生就业，提升服务业国际化人才素质。五是推动服务业高水平对外开放，具体体现在：有效拉动当地开放型经济规模增长，推动服务业“引进来”和“走出去”紧密结合，服务外包成为助推中西部地区开放型经济发展的重要引擎，“一带一路”倡议为推动中西部地区服务外包发展提供了机遇。

本章选取了上海、北京、苏州、南京四个全国服务外包示范城市推动服务外包产业发展的案例进行分析。

## 四、本书的作者分工

王晓红撰写第一章《全球服务贸易与服务外包的发展特点及趋势》，第二章《服务外包推动服务贸易强国建设》，第四章《信息技术外包：提升我国软件和信息技术出口竞争力》，第七章《服务外包示范城市的引领带动作用》。

朱福林撰写第五章《研发外包：推动研发创新能力开放合作》，第六章《承接服务外包推动服务业对外开放新格局》。

柯建飞撰写第三章《服务外包推动服务业开放创新》。

总统稿人：王晓红。

由于我们水平有限，在写作中难免有许多不足甚至错误，希望业界同人批评指正。

王晓红

# 目录
Contents

# 第一章　全球服务贸易与服务外包的发展特点及趋势

全球离岸服务外包既是全球服务贸易的重要组成部分，也是推动服务贸易持续增长的重要力量。自2008年金融危机以来，服务贸易在世界贸易中的重要地位和带动作用日益凸显。新产业革命和新技术革命促进了高技术和新兴服务贸易领域快速增长，尤其是全球数字经济的蓬勃发展，推动了服务贸易的信息化、数字化、智能化水平显著提高，也推动了全球服务外包向更广阔的领域、更高端的价值链发展。服务外包作为一种新兴业态，既是服务全球化和国际分工发展的结果，也日益成为推动全球服务业发展的重要因素。

## 第一节　全球服务贸易发展特点及主要趋势

自2008年金融危机以来，全球经济总体复苏乏力、增速放缓，全球政局不稳、治理重构、金融动荡，“黑天鹅”“灰犀牛”事件频发，尤其是出现了美欧发达国家逆全球化形势导致贸易投资保护主义加重等趋势，这些因素都严重影响了全球贸易和投资的持续增长。全球服务贸易虽然也受到一定程度影响，但总体小于货物贸易。在大数据、物联网、云计算、移动互联网、人工智能等新一代数字信息技术的影响下，以及新兴经济体服务经济进程的加速推进下，全球服务贸易创新加速、市场空间不断拓展、发展规模持续扩大。在全球经济贸易低迷的背景下，全球服务贸易保持了较快发展态势，成为拉动全球贸易增长的主要引擎和服务业发展的主要动力。可以预计，未来十年将是全球服务贸易发展的黄金时期。随着数字网络信息技术在全球广泛应用，制造业与服务业加速融合并推动服务型制造发展，新产业、新业态、新模式不断壮大，尤其是全球服务外包蓬勃发展，越来越多的发展中国家进入全球服务价值链体系，将为世界服务贸易带来巨大潜力和发展空间。

# 一、全球服务贸易发展现状及主要特点

## （一）服务贸易对世界贸易贡献度逐年上升，贸易带动能力显著增强

一是自2008年金融危机以来，全球服务贸易增速虽起伏跌宕，但总体保持了波动性增长态势（见表1-1，图1-1）。2009—2017年全球服务出口年平均增长率为3.48%，高出全球货物出口年平均增长率1.69个百分点。分阶段来看，2006—2008年全球服务出口平均增速达15.03%。2009年受金融危机影响，全球服务贸易增速急剧下滑，出现10.82%的负增长，但2010—2014年大体处于中速增长区间，2015年之后增速开始放缓。2016—2017年全球服务贸易总体呈现恢复性增长态势。据世界贸易组织（WTO）的BPM6统计，2016年全球服务出口规模48080亿美元，增速为0.38%，在当年全球货物出口-3.24%和全球贸易出口-2.42%的增速情况下一枝独秀。2017年全球服务出口规模52520亿美元，较上年增长9.23%，继续保持上扬态势。

二是服务贸易占世界贸易总量的比重稳步上升，地位日益提高。2005—2017年服务出口在全球贸易出口中的占比由19.82%上升到23.10%。尤其是随着制造业、服务业与网络信息技术的加速融合，技术知识密集型服务成为影响国际分工和贸易利益分配的关键因素。

三是服务贸易对于货物贸易和服务业投资的拉动力明显增强。目前，全球货物贸易中的30%是由服务贸易带动的。随着制造业与服务业的融合发展，货物贸易与服务贸易的相互促进作用日益增强，许多服务产品以货物贸易方式流动，如嵌入式软件、产品维修等。同时，制造业跨国公司纷纷向综合服务提供商转型，也导致以跨国并购为主的服务业投资不断拓展。目前，服务业跨国投资占全球直接投资存量的比重超过60%，其中服务业跨境并购占比超过50%。

表1-1　2005—2017年全球服务出口、货物出口及贸易出口情况

| 年份 | 全球服务出口 | | 全球货物出口 | | 全球贸易出口 | | 服务贸易在全球贸易中的占比/% |
|---|---|---|---|---|---|---|---|
| | 出口额/亿美元 | 增速/% | 出口额/亿美元 | 增速/% | 出口额/亿美元 | 增速/% | |
| 2005 | 25970 | — | 105090 | — | 131060 | — | 19.82 |
| 2006 | 29320 | 12.90 | 121310 | 15.43 | 150630 | 14.93 | 19.46 |
| 2007 | 35100 | 19.71 | 140230 | 15.60 | 175330 | 16.40 | 20.02 |
| 2008 | 39480 | 12.48 | 161600 | 15.24 | 201080 | 14.69 | 19.63 |
| 2009 | 35210 | −10.82 | 125550 | −22.31 | 160760 | −20.05 | 21.90 |
| 2010 | 38470 | 9.26 | 153010 | 21.87 | 191480 | 19.11 | 20.09 |
| 2011 | 43280 | 12.50 | 183380 | 19.85 | 226660 | 18.37 | 19.09 |
| 2012 | 44510 | 2.84 | 184960 | 0.86 | 229470 | 1.24 | 19.40 |
| 2013 | 47430 | 6.56 | 189520 | 2.47 | 236950 | 3.26 | 20.02 |
| 2014 | 50780 | 7.06 | 190050 | 0.28 | 240830 | 1.64 | 21.09 |
| 2015 | 47900 | −5.67 | 164890 | −13.24 | 212770 | −11.65 | 22.51 |
| 2016 | 48080 | 0.38 | 159550 | −3.24 | 207630 | −2.42 | 23.16 |
| 2017 | 52520 | 9.23 | 174820 | 9.57 | 227340 | 9.49 | 23.10 |

注：服务出口年平均增长率：$(4808/3521)^{1/(2016-2009)}-1\approx 0.0455$；货物出口年平均增长率：$(15955/12555)^{1/(2016-2009)}-1\approx 0.0348$

资料来源：根据WTO网站的International Trade Statistics（BPM6）资料整理。

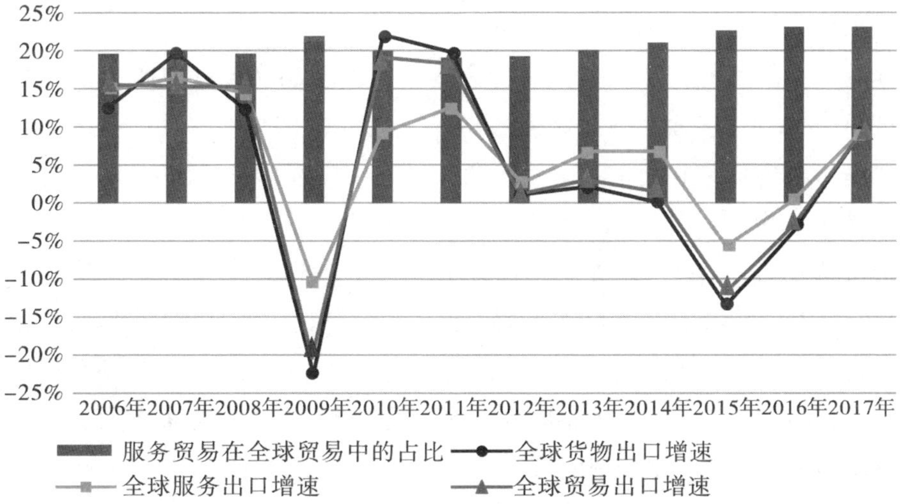


图1-1　2006—2017年全球服务、货物、贸易出口增速与服务贸易在全球贸易中的占比

## （二）服务贸易结构总体优化，高科技和新兴服务贸易快速发展

### 1. 传统服务贸易增速回升、份额略降（见表1–2）

2016年全球运输服务出口额8525.5亿美元，同比增速为–4.28%；占全球服务出口的比重为17.73%，较上年下降0.86个百分点。2017年全球运输服务出口额9296.5亿美元，同比增速为9.04%；占全球服务出口的比重为17.70%，较上年下降0.03个百分点，其增速出现了回升势头，反映出全球经济复苏更加稳固的趋势。2016年与货物有关的服务出口额1660.1亿美元，同比增速2.91%；占全球服务出口的比重为3.45%，较上年上升0.08%。其中制造服务出口额851.4亿美元，占比1.77%，较上年下降0.05%；同时，科技含量较高的维修与保养服务出口额808.7亿美元，同比增长8.77%，较上年提高7.57个百分点。2017年与货物有关的服务出口额1801.8亿美元，同比增速8.54%；占全球服务出口的比重为3.43%，较上年下降0.02%。2016年全球旅游服务出口额12054.8亿美元，同比增速1.76%，较上年实现由负转正；占全球服务出口的比重为25.07%，较上年增长0.34%。2017年全球旅游服务出口额12999.6亿美元，同比增速7.84%，较上年有较大增长；占全球服务出口的比重为24.75%，较上年下降0.32%。

### 2. 新兴服务贸易和技术服务贸易占主导地位

从表1–2可以看出，由建筑服务，保险与养老服务，金融服务，知识产权使用费，电信、计算机和信息服务，个人、文化和娱乐服务及其他商务服务等构成的其他商业服务贸易份额连年增加。2016年其他商业服务贸易出口额25836.4亿美元，同比增速1.20%，占总量的53.74%（除建筑服务外，其他均为新兴服务业）；其中其他商务服务出口额10932.7亿美元，占总量的22.74%；电信、计算机和信息服务，金融服务和知识产权使用费三项服务出口额分别为4930.5亿美元、4202.7亿美元和3140.6亿美元，占比分别为10.25%、8.74%和6.53%，反映出知识密集型服务贸易逐步占主导地位，服务贸易的价值链不断向高端延伸的特征越来越鲜明。新兴服务贸易领域稳步增长。2016年个人、文化和娱乐服务、保险与养老服务、其他商务服务、知识产权使用费出口额同比分别增长2.77%、2.09%、2.64%和1.14%。2017年其他商业服务出口额28421.4亿美元，较上年增长10.01%，呈现加速趋势。

表1-2　2014—2016年全球服务出口分类统计

| 类别 | 2014年 | | | 2015年 | | | 2016年 | | |
|---|---|---|---|---|---|---|---|---|---|
| | 出口额/亿美元 | 占比/% | 增速/% | 出口额/亿美元 | 占比/% | 增速/% | 出口额/亿美元 | 占比/% | 增速/% |
| 一、与货物有关的服务 | 1691.3 | 3.33 | 2.30 | 1613.2 | 3.37 | −4.62 | 1660.1 | 3.45 | 2.91 |
| （一）制造服务 | 956.7 | 1.88 | −5.21 | 869.7 | 1.82 | −9.09 | 851.4 | 1.77 | −2.10 |
| （二）维修与保养服务 | 734.7 | 1.45 | 14.08 | 743.5 | 1.55 | 1.20 | 808.7 | 1.68 | 8.77 |
| 二、运输服务 | 9896.2 | 19.49 | 5.43 | 8906.3 | 18.59 | −10.00 | 8525.5 | 17.73 | −4.28 |
| 三、旅游服务 | 12406.7 | 24.43 | 4.01 | 11846.8 | 24.73 | −4.51 | 12054.8 | 25.07 | 1.76 |
| 四、其他商业服务 | 26787.1 | 52.75 | 9.50 | 25530.3 | 53.30 | −4.69 | 25836.4 | 53.74 | 1.20 |
| （一）建筑服务 | 1091.4 | 2.15 | 12.39 | 961.0 | 2.01 | −11.95 | 877.3 | 1.82 | −8.71 |
| （二）保险与养老服务 | 1367.9 | 2.69 | 8.07 | 1191.0 | 2.49 | −12.93 | 1215.9 | 2.53 | 2.09 |
| （三）金融服务 | 4553.8 | 8.97 | 8.55 | 4374.5 | 9.13 | −3.94 | 4202.7 | 8.74 | −3.93 |
| （四）知识产权使用费 | 3119.9 | 6.14 | 7.02 | 3105.2 | 6.48 | −0.47 | 3140.6 | 6.53 | 1.14 |
| （五）电信、计算机和信息服务 | 4933.2 | 9.71 | 11.88 | 4717.2 | 9.85 | −4.38 | 4930.5 | 10.25 | 4.52 |
| （六）其他商务服务 | 11133.5 | 21.92 | 9.76 | 10651.3 | 22.24 | −4.33 | 10932.7 | 22.74 | 2.64 |
| （七）个人、文化和娱乐服务 | 509.6 | 1.00 | 0.08 | 441.2 | 0.92 | −13.42 | 453.4 | 0.94 | 2.77 |

资料来源：根据WTO网站的International Trade Statistics（BPM6）资料整理。

### 3. 服务贸易的信息化和数字化水平显著提高

随着数字经济的蓬勃发展，互联网、大数据、云计算、移动互联网、人工智能、区块链等新技术广泛应用，以信息技术为主导的数字贸易正成为新的增长点。2016年电信、计算机和信息服务出口同比增长4.52%，占全球服务贸易比重较上年提高0.4%。2017年1月美国国会研究服务局（Congressional Research Service）发布的《数字贸易与美国的贸易政策》报告显示，2005—2014年全球数据流量增长了45倍，2016年全球涉及互联网的经济为4.2万亿美元。据IDC（International Data Corporation，国际数据公司）预测，2017年全球云计算市场的业务支出为1070亿美元，相当于2013年的2.3倍。金融、保险等行业纷纷加大信息技术投入和应用，旅游、运输、建筑等传统服务业与互联网、大数据、人工智能加速融合，数字贸易呈现大规模发展趋势，目前跨境交易服务有一半以上已经实现数字化。数字化使服务贸易的交易成本降低，交易领域更加丰富，全球区域范围大大拓展，为服务贸易增长带来了巨大空间。

## （三）全球服务贸易经济体之间、区域之间的发展不平衡问题仍然较为突出

### 1. 发达经济体始终占主导地位，保持服务贸易顺差趋势

近年来，发展中国家服务贸易增速加快，2005—2016年服务出口额占比由25%上升到32%（见图1–2）。新兴经济体成为拉动全球服务贸易增长的主要引擎，是服务贸易进口的主要贡献者。2005—2016年新兴经济体服务出口额由5998.9亿美元增长到13890.9亿美元，年均增长7.9%，全球占比由22.6%上升到28.5%；服务进口额由7207.6亿美元增长到17558.2亿美元，年均增长8.4%，全球占比由27.7%上升到36.6%。但是，发达国家凭借强大的科技创新实力、雄厚的服务业先发优势和产业竞争优势，在比较优势指数（RCA）、

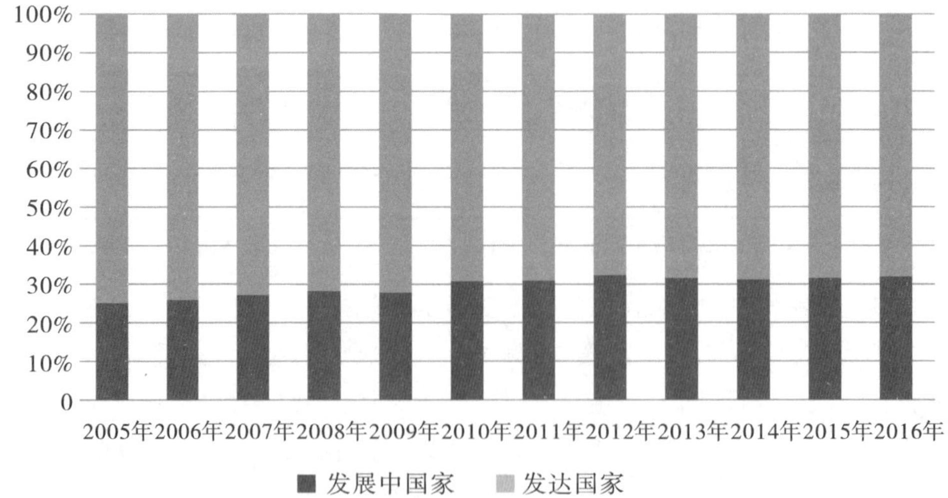


图1–2 发达国家与发展中国家服务出口占比

贸易竞争力指数（TC）上都优于发展中国家[①]，尤其是长期在服务贸易高端价值链中占据主导地位，稳居服务贸易的主要输出国地位。2016年发达国家服务出口额占比68%，其中G7（西方七国，指德、美、日、英、法、意、加）服务出口额占世界服务出口总额的39.9%，2005—2016年G7服务贸易顺差由536.7亿美元增加到3097亿美元。欧盟是欧洲服务贸易进出口的主要地区，2016年欧盟（28）集团的服务出口和服务进口分别占全球比重的42.54%和38.51%，虽然近年来份额有所下降，但仍占据主导地位，且一直保持顺差。美国是北美地区主要的服务贸易进出口国，也是全球服务贸易第一大国，2016年服务出口和服务进口分别占全球比重的15.23%和10.27%，服务贸易也一直保持顺差状态。

**2. 从区域结构来看，全球服务贸易主要集中在欧洲、亚洲、北美三大地区**

2016年这三大区域的服务出口和服务进口分别占全球总额比重的89.5%和85.45%。其中，欧洲服务出口额22499.4亿美元，占46.80%；进口额19820.3亿美元，占42.22%。亚洲服务出口额12151.7亿美元，占25.28%；进口额14202.4亿美元，占30.26%。北美服务出口额8376.6亿美元，占17.42%；进口额6089.9亿美元，占12.97%。中东地区服务出口额1788.9亿美元，占3.72%；进口额2665.7亿美元，占5.68%。非洲服务出口额902.9亿美元，占1.88%；进口额1353.6亿美元，占2.89%（见表1–3）。

**表1–3　全球服务贸易各地区和主要国家的进出口情况**

| 地区或国家 | 出口 | | | | 进口 | | | |
|---|---|---|---|---|---|---|---|---|
| | 2010年贸易额/亿美元 | 占比/% | 2016年贸易额/亿美元 | 占比/% | 2010年贸易额/亿美元 | 占比/% | 2016年贸易额/亿美元 | 占比/% |
| 全球 | 38470.5 | 100 | 48076.9 | 100 | 36993.0 | 100 | 46940.9 | 100 |
| 北美 | 6354.2 | 16.52 | 8376.6 | 17.42 | 4980.4 | 13.46 | 6089.9 | 12.97 |
| —加拿大 | 753.0 | 1.96 | 797.5 | 1.66 | 972.4 | 2.63 | 964.7 | 2.06 |
| —美国 | 5435.5 | 14.13 | 7325.5 | 15.23 | 3773.5 | 10.20 | 4819.6 | 10.27 |
| 南、中美洲及加勒比 | 1178.8 | 3.06 | 1440.6 | 3.00 | 1433.5 | 3.88 | 1660.2 | 3.54 |
| —巴西 | 292.7 | 0.76 | 325.7 | 0.68 | 578.1 | 1.56 | 614.5 | 1.31 |

①商务部：《中国服务贸易发展报告（2017）》，2017，第7页。

（续表）

| 地区或国家 | 出口 | | | | 进口 | | | |
|---|---|---|---|---|---|---|---|---|
| | 2010年贸易额/亿美元 | 占比/% | 2016年贸易额/亿美元 | 占比/% | 2010年贸易额/亿美元 | 占比/% | 2016年贸易额/亿美元 | 占比/% |
| 欧洲 | 18884.7 | 49.09 | 22499.4 | 46.80 | 16270.7 | 43.98 | 19820.3 | 42.22 |
| —欧盟（28） | 17047.2 | 44.31 | 20450.3 | 42.54 | 14841.6 | 40.12 | 18075.4 | 38.51 |
| 独联体 | 856.0 | 2.23 | 916.8 | 1.91 | 1112.9 | 3.01 | 1148.8 | 2.45 |
| —俄罗斯 | 486.4 | 1.26 | 496.8 | 1.03 | 732.3 | 1.98 | 728.7 | 15.59 |
| 非洲 | 901.2 | 2.34 | 902.9 | 1.88 | 1409.3 | 3.81 | 1353.6 | 2.89 |
| —摩洛哥 | 143.3 | 0.37 | 146.8 | 0.31 | 56.6 | 0.15 | 73.6 | 0.16 |
| —南非 | 156.8 | 0.41 | 139.7 | 0.29 | 191.6 | 0.52 | 145.5 | 0.31 |
| 中东 | 1051.1 | 2.73 | 1788.9 | 3.72 | 1926.3 | 5.21 | 2665.7 | 5.68 |
| —以色列 | 253.6 | 0.66 | 388.9 | 0.81 | 185.4 | 0.50 | 234.9 | 0.50 |
| —沙特阿拉伯 | 103.5 | 0.27 | 152.7 | 0.32 | 510.0 | 1.38 | 509.7 | 1.09 |
| 亚洲 | 9244.5 | 24.03 | 12151.7 | 25.28 | 9860.0 | 26.65 | 14202.4 | 30.26 |
| —澳大利亚 | 458.4 | 1.19 | 531.8 | 1.11 | 507.7 | 1.37 | 554.9 | 1.18 |
| —中国 | 1773.8 | 4.61 | 2072.8 | 4.31 | 1922.5 | 5.20 | 4498.3 | 9.58 |
| —印度 | 1165.8 | 3.03 | 1612.5 | 3.35 | 1142.3 | 3.09 | 1330.3 | 2.83 |
| —日本 | 1318.3 | 3.43 | 1687.3 | 3.51 | 1629.2 | 4.40 | 1826.9 | 3.89 |
| —新加坡 | 1005.8 | 2.61 | 1493.6 | 3.11 | 1010.2 | 2.73 | 1553.6 | 3.31 |

资料来源：根据WTO网站的International Trade Statistics（BPM6）资料整理。

亚洲成为全球服务贸易增速最快的地区，中国成为主要增长动力。

中国对全球服务贸易贡献度逐年提高。2017年中国服务贸易保持稳中向好、质量提升、结构优化的发展态势，全年服务进出口总额46991.1亿元，同比增长6.8%，连续4年保持全球第2位；其中出口15406.8亿元，进口31584.3亿元，服务逆差16177.5亿元。日本、新加坡和印度也有不错的表现。2016年日本服务出口额1687.3亿美元、进口额1826.9亿美元，分别占全球比重的3.51%和3.89%，占亚洲的13.89%和12.86%；新加坡服务出口额1493.6亿美元、进口额1553.6亿美元，分别占全球比重的3.11%和3.31%；印度服务出口额1612.5亿美元、进口额1330.3亿美元，分别占全球比重的3.35%和2.83%。

## （四）全球服务贸易政策发生显著变化

### 1. 服务贸易自由化方面

目前世界正处于新型全球化和逆全球化交替发展时期，贸易促进政策和贸易限制措施并行发展，但总体上看，贸易促进政策高于限制措施，反映出贸易自由化仍是大势所趋。近年来，各种区域经济合作或双边自由贸易协定都增强了对服务贸易的关注度，各国政府根据实际情况陆续出台了相关服务贸易促进措施。2009—2016年G20（20国集团）国家平均每月出台的贸易促进政策都高于或等于限制政策，其中2016年G20国家平均每月出台贸易促进措施6项，贸易限制措施5项，相当一部分是针对服务贸易的。服务贸易促进措施主要涉及通过商业存在和自然人流动来影响服务供给，也涉及金融服务和通信部门。2016年9月至2017年5月G20共出台了30项服务贸易促进措施，其中涉及金融服务7项，航空运输服务8项，电信、计算机和信息服务7项，其他服务部门8项。为了优化服务贸易环境，有些G20成员对影响服务业的外来投资政策进行了修改，如通过加强自然人流动影响扩大供给；有些成员在与电子交易和数据相关的通信领域采取新的措施；等等。但各成员出于自身利益考虑，也同时出台了相应的贸易限制措施（见图1-3）。

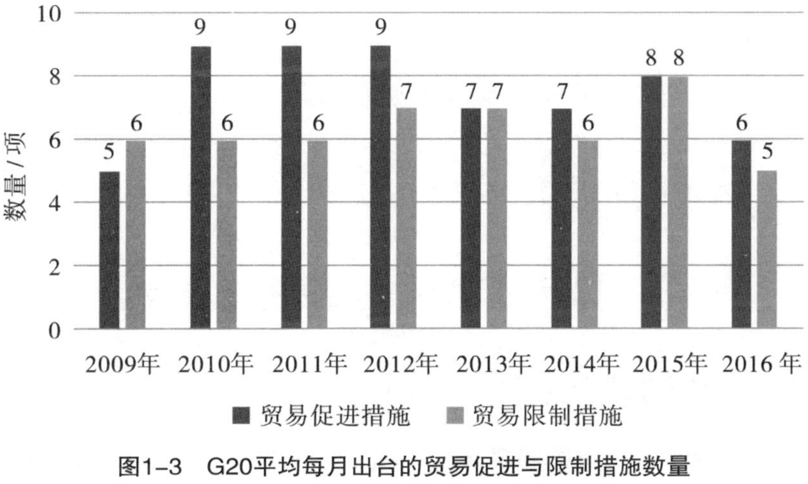


**图1-3　G20平均每月出台的贸易促进与限制措施数量**

数据来源：REPORT ON G20 TRADE MEASURES（MID-OCTOBER 2016 TO MID-MAY 2017）。

2. 服务贸易壁垒方面

服务贸易的保护主义主要表现为国内法规限制性规定，如资格资质要求、参股比例限制、经营范围和地域要求、行政管理的复杂度及透明度等，因此服务贸易壁垒更加隐蔽。在跨境交易、境外消费、商业存在、自然人流动四类贸易模式上均可受到政策和规则的影响。尽管各国在放松服务贸易管制方面取得一些进展，但各种管制仍在阻碍服务贸易增长和创新。例如，以国家安全为借口的限制、针对商业存在和自然人的限制、行业限制等壁垒措施仍普遍存在。2008年金融危机之后服务贸易保护主义倾向有所增强，例如，有些国家出台"购买本地服务"，对外国服务提供者进入本国市场和服务活动设置障碍、减少服务外包、对本国服务出口实行隐性补贴等。

3. 数字贸易壁垒方面

随着数字贸易快速发展，将出现新的贸易壁垒，也将给各国贸易政策带来新的挑战。除关税壁垒之外，数字贸易领域壁垒主要体现在非关税壁垒，包括数据本地化、跨境数据限制、知识产权侵权、国际合规性评估、网络安全风险等内容。这些非关税壁垒通常以歧视性法律法规阻碍数字贸易自由流动，由此产生"电子摩擦（e-friction）"。目前，各国在数字贸易规则领域内的分歧严重。发达国家与发展中国家关于数字贸易及跨境电子商务议题主要存在三方立场：一是以美国为首，包括欧盟、日本等发达国家，主张将数字跨境自由流动纳入多边贸易规则；二是以中国、俄罗斯为代表的发展中国家以及欠发达国家，主张建立基于货物流动为主的跨境电子商务规则；三是非洲、加勒比和太平洋岛国等相关国家，由于自身电信与互联网等基础设施较差，反对将数字贸易及跨境电子商务议题纳入多边贸易框架下讨论。

## 二、美国、欧盟和印度服务贸易的主要特点

### （一）美国服务贸易的主要特点

1. 从规模来看，美国服务贸易一直处于全球领先地位，也是全球服务外包最大的发包国

2010—2016年美国服务出口和进口分别平均增长5%和4%，而货物贸易出口和进口平均增长2%，服务贸易总体优于货物贸易增速。但是，2017年美国

服务贸易和货物贸易均出现大幅回升，服务出口额7808.8亿美元、服务进口额5381.1亿美元，分别增长3.8%和6.6%，出口和进口分别落后于当年货物贸易2.5个百分点和0.4个百分点，其原因与货物贸易2015年、2016年连续两年大幅下降有关，说明美国服务贸易增长的稳定性好于货物贸易（见表1–4）。

表1–4 美国货物贸易和服务贸易增长情况

| 类别 | | 贸易额/亿美元 | | 占全球比重/% | 增速/% | | | |
|---|---|---|---|---|---|---|---|---|
| | | 2016年 | 2017年 | 2016年 | 2010—2016年年均 | 2015年 | 2016年 | 2017年 |
| 服务贸易 | 出口 | 7523.7 | 7808.8 | 15.24 | 5% | 1% | 0 | 3.8% |
| | 进口 | 5046.5 | 5381.1 | 10.27 | 4% | 2% | 3% | 6.6% |
| 货物贸易 | 出口 | 14546.1 | 15467.6 | 9.12 | 2% | –7% | –3% | 6.3% |
| | 进口 | 22513.5 | 24094.9 | 13.88 | 2% | –4% | –3% | 7.0% |

数据来源：根据WTO网站Trade Profiles 2017以及美国经济局网站的数据整理。

### 2. 从服务贸易结构来看，知识密集型服务和新兴服务领域在美国服务贸易中占主导地位

2010—2016年其他商业服务出口和进口平均增速为4%和3%，2017年美国其他商业服务出口额、进口额分别为4647.2亿美元、2931.2亿美元，占服务贸易比重分别达59.5%和54.5%；增速分别达6.0%和6.4%，为平均增速最高；顺差达1716.0亿美元，也是美国服务贸易顺差的主要来源。旅游服务 、运输服务是美国传统服务贸易的主体，运输服务贸易为逆差，旅游服务贸易为顺差。2017年运输服务、旅游服务出口额分别为865.5亿美元、2037.0亿美元，分别占美国服务贸易出口总额的11.1%和26.1%；两项进口额分别是1012.2亿美元、1352.1亿美元，分别占总量的18.8%和25.1%。从增速看，2017年美国运输服务出口、进口分别增长2.6%和4.5%；旅游服务出口降幅达1.1%，但进口增长9.4%；其他商业服务出口、进口分别增长6.5%和6.4%；与货物有关的服务出口增幅达1.1%，进口降幅达2.8%。与货物有关的服务2010年以来总体保持增长态势，说明美国制造业振兴战略及促进实体经济发展等一系列措施正在发挥积极作用（见表1–5）。美国运输服务、旅游服务等传统服务贸易的信息化和数字化转型升级，有利于带动全球服务外包市场需求增长。

表1-5　美国服务贸易结构

| 类别 | | 贸易额 / 亿美元 | | 占服务贸易比重 / % | | 增速 / % | | | |
|---|---|---|---|---|---|---|---|---|---|
| | | 2016年 | 2017年 | 2016年 | 2017年 | 2010—2016年年均 | 2015年 | 2016年 | 2017年 |
| 运输服务 | 出口 | 843.2 | 865.5 | 11.2 | 11.1 | 3 | –4 | –3 | 2.6 |
| | 进口 | 968.3 | 1012.2 | 19.2 | 18.8 | 4 | 3 | 0 | 4.5 |
| 旅游服务 | 出口 | 2059.4 | 2037.0 | 27.4 | 26.1 | 7 | 7 | 1 | –1.1 |
| | 进口 | 1236.2 | 1352.1 | 24.5 | 25.1 | 6 | 7 | 8 | 9.4 |
| 其他商业服务 | 出口 | 4364.8 | 4647.2 | 58.0 | 59.5 | 4 | –1 | 0 | 6.5 |
| | 进口 | 2754.0 | 2931.2 | 54.6 | 54.5 | 3 | –1 | 3 | 6.4 |
| 与货物有关的服务 | 出口 | 256.3 | 259.2 | 3.4 | 3.3 | 10 | 9 | 10 | 1.1 |
| | 进口 | 88.1 | 85.6 | 1.7 | 1.6 | 4 | 20 | –3 | –2.8 |

数据来源：根据WTO网站Trade Profiles 2017以及美国经济局的数据整理。

### 3. 从服务贸易市场来看，美国主要集中在发达国家，近年来对新兴市场国家重视程度不断提高

2017年美国服务出口前十大对象国主要是英国（666.8亿美元）、加拿大（577.2亿美元）、中国（560.4亿美元）、日本（461.8亿美元）、墨西哥（332.5亿美元）、德国（315.6亿美元）、巴西（252.8亿美元）、韩国（232.3亿美元）、印度（231.2亿美元）、法国（193.1亿美元）（见图1-4）；服务进口前十大来源国主要是英国（557.8亿美元）、德国（346.0亿美元）、加拿大（327.9亿美元）、日本（325.9亿美元）、印度（266.8亿美元）、墨西哥（262.8亿美元）、法国（177.0亿美元）、中国（175.5亿美

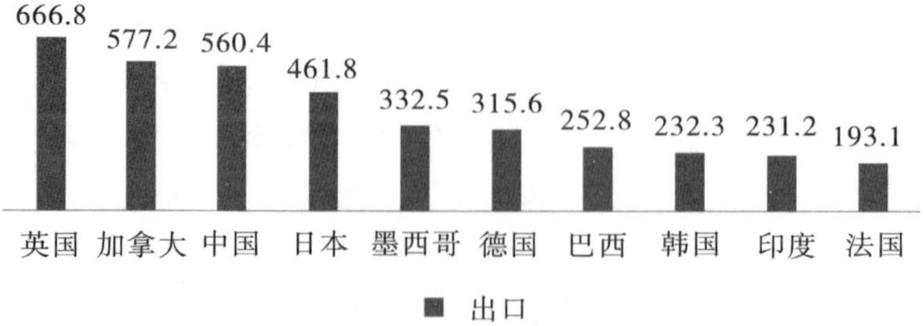


图1-4　2017年美国服务出口前十大对象国（单位：亿美元）

元）、意大利（122.5亿美元）、韩国（110.1亿美元）（见图1-5）。欧盟是美国最大的贸易伙伴，加拿大作为邻国是首要服务贸易伙伴，日本是其重要的出口对象国与来源国。此外，印度是美国服务进口的重要来源国，其中软件及信息技术外包是主要领域。

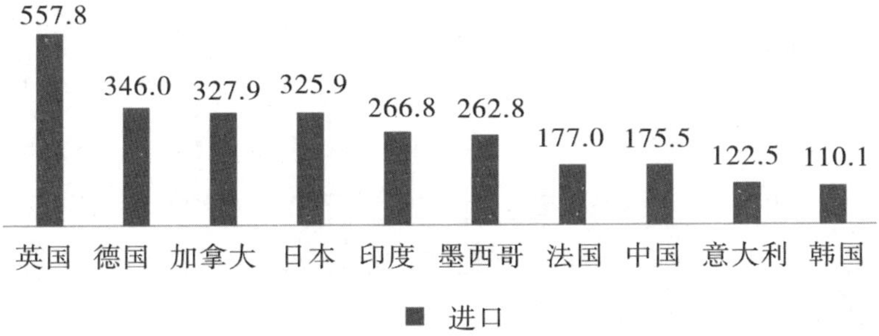


图1-5　2017年美国服务进口前十大来源国（单位：亿美元）

### 4. 从数字贸易来看，美国在全球数字贸易话语权体系中占主导地位

美国数字贸易占本国服务贸易总额的50%以上，处于全球领先水平。美国率先提出了数字贸易的定义，并制定了“确保自由和开放的互联网”数字贸易政策的战略目标，同时，利用其主导的经贸谈判推出数字贸易规则，以维护自身在全球数字贸易领域的利益。2017年1月美国国会研究服务局（Congressional Research Service）发布的《数字贸易与美国的贸易政策》报告指出，数字贸易在全球贸易和经济中的地位越来越突出，但多边贸易协定未能适应数字经济的复杂性，美国国会应在塑造全球数字贸易政策方面发挥重要作用。这一报告体现了美国致力于制定全球数字贸易规则框架，在数字贸易规则制定中把握话语权和主导权，其目的是使本国企业和消费者受益，支持美国经济增长、就业和创新。美国在此前披露的TPP谈判文本中，将“电子商务”作为单独章节，重点不仅局限于“货物的跨境流动”，而是制定全面的“跨境数据和信息流动”规则。这些规则包括确保数据自由流动、数字产品、电子认证、电子传输、个人信息、无纸贸易、电子商务网络的接入和使用、互联网互通费用分摊、计算设施的位置、网络安全、源代码、争端解决等一系列内容。美国拟在东盟、巴西、中国、日本、印度和欧盟6个海外市场派驻数字贸易参赞，负责帮助美国企业出口开辟全球网络市场的准入并

提供咨询。2016年12月美国商务部建立了数字经济顾问委员会（DEBA）。2016年7月美国贸易代表办公室（USTR）内部建立了数字贸易工作组，目的是快速识别数字贸易壁垒和制定相应政策规则。

## （二）欧盟服务贸易的主要特点

### 1. 欧盟是服务贸易的主要出口经济体，也是第二大发包经济体

自2008年金融危机以来，欧盟（28）服务贸易一直保持稳健发展态势。2016年服务出口额20450亿美元、进口额18080亿美元，同比分别增长0.7%和2.5%，较上年均出现回升。2017年欧盟服务出口额22260亿美元、进口额19140亿美元，同比分别增长8.9%和5.9%，较上年均出现较大回升。欧盟服务贸易以欧盟内成员国之间的贸易为主，这一特征与欧盟服务外包以近岸为主的模式有着密不可分的关系。2016年欧盟内服务贸易出口额11300亿美元、进口额10400亿美元，欧盟外服务出口额9170亿美元、进口额7720亿美元，欧盟内出口和进口分别占欧盟总量的55%和58%（见表1–6）。

表1–6　2008—2017年欧盟（28）服务贸易进出口情况

| 年份 | 出口 | | | | | 进口 | | | | |
|---|---|---|---|---|---|---|---|---|---|---|
| | 总额 | | 欧盟内 | | 欧盟外贸易额 | 总额 | | 欧盟内 | | 欧盟外贸易额 |
| | 贸易额/亿美元 | 增速/% | 贸易额/亿美元 | 占比/% | | 贸易额/亿美元 | 增速/% | 贸易额/亿美元 | 占比/% | |
| 2008 | 18780 | – | 10900 | 58 | 7880 | 16860 | – | 10000 | 59 | 6850 |
| 2009 | 16360 | –12.8 | 9440 | 58 | 6920 | 14710 | –12.8 | 8750 | 60 | 5950 |
| 2010 | 17050 | 4.2 | 9610 | 56 | 7440 | 14840 | 0.9 | 8830 | 59 | 6010 |
| 2011 | 19250 | 12.8 | 10800 | 56 | 8450 | 16390 | 10.5 | 9800 | 60 | 6590 |
| 2012 | 19190 | –0.2 | 10500 | 55 | 8690 | 16290 | –0.6 | 9700 | 60 | 6590 |
| 2013 | 20770 | 8.1 | 11300 | 54 | 9460 | 17630 | 8.2 | 10500 | 60 | 7130 |
| 2014 | 22390 | 7.8 | 12200 | 54 | 10200 | 19000 | 7.6 | 11100 | 59 | 7900 |
| 2015 | 20320 | –9.2 | 11200 | 55 | 9140 | 17640 | –7.0 | 10100 | 57 | 7550 |
| 2016 | 20450 | 0.7 | 11300 | 55 | 9170 | 18120 | 2.5 | 10400 | 58 | 7720 |
| 2017 | 22260 | 8.9 | 12460 | 56 | 9800 | 19140 | 5.9 | 11220 | 59 | 7920 |

资料来源：根据WTO网站的International Trade Statistics（BPM6）资料整理。

### 2. 从服务贸易结构来看，欧盟各类服务贸易发展比较均衡，服务贸易一直保持顺差

欧盟服务贸易结构与美国大体相似，其中以知识密集型为主的新兴服务贸易领域占主导地位，具有明显的国际竞争优势。2016年其他商业服务中出口和进口达12440亿美元和10820亿美元，分别占总量的61%和60%。在四大类中，2016年其他商业服务贸易顺差最大达1620亿美元；其中电信、计算机和信息服务顺差1180亿美元、金融服务顺差960亿美元。2017年欧盟服务贸易继续保持顺差，其中其他商业服务顺差最大，全年累积顺差2010亿美元。欧盟服务贸易逆差主要来源于知识产权使用费，2016年该项逆差700亿美元。在传统服务贸易中，运输服务和旅游服务约占欧盟进出口额的1/3，2016年两大领域分别占出口的35%和进口的37%（见表1-7、表1-8）。

表1-7　2008—2017年欧盟（28）服务贸易结构

单位：亿美元

| 年份 | 与制造有关的服务 | | | 运输服务 | | | 旅游服务 | | | 其他商业服务 | | |
|---|---|---|---|---|---|---|---|---|---|---|---|---|
| | 出口 | 进口 | 差额 | 出口 | 进口 | 差额 | 出口 | 进口 | 差额 | 出口 | 进口 | 差额 |
| 2008 | 680 | 370 | 310 | 4120 | 3850 | 270 | 4060 | 3920 | 140 | 9910 | 8730 | 1180 |
| 2009 | 600 | 310 | 290 | 3200 | 2960 | 240 | 3510 | 3360 | 150 | 9050 | 8080 | 970 |
| 2010 | 640 | 280 | 360 | 3590 | 3240 | 350 | 3450 | 3270 | 180 | 9360 | 8060 | 1300 |
| 2011 | 710 | 330 | 380 | 3950 | 3520 | 430 | 3890 | 3570 | 320 | 10690 | 8970 | 1720 |
| 2012 | 710 | 360 | 350 | 3830 | 3400 | 430 | 3780 | 3420 | 360 | 10880 | 9110 | 1770 |
| 2013 | 810 | 530 | 280 | 4000 | 3590 | 410 | 4080 | 3620 | 460 | 11880 | 9890 | 1990 |
| 2014 | 840 | 550 | 290 | 4160 | 3720 | 440 | 4250 | 3850 | 400 | 13140 | 10850 | 2290 |
| 2015 | 750 | 520 | 230 | 3620 | 3310 | 310 | 3720 | 3360 | 360 | 12230 | 10460 | 1770 |
| 2016 | 760 | 520 | 240 | 3490 | 3240 | 250 | 3760 | 3490 | 270 | 12440 | 10820 | 1620 |
| 2017 | 850 | 650 | 200 | 3840 | 3430 | 410 | 4170 | 3690 | 480 | 13400 | 11390 | 2010 |

资料来源：根据WTO网站的International Trade Statistics（BPM6）资料整理。

表1-8 2008—2016年欧盟（28）其他商业服务分类结构

单位：亿美元

| 年份 | 建筑服务 | | | 保险与养老服务 | | | 金融服务 | | | 知识产权使用费 | | |
|---|---|---|---|---|---|---|---|---|---|---|---|---|
| | 出口 | 进口 | 差额 | 出口 | 进口 | 差额 | 出口 | 进口 | 差额 | 出口 | 进口 | 差额 |
| 2008 | 320 | 220 | 100 | 630 | 410 | 220 | 2130 | 1090 | 1040 | 900 | 1360 | –460 |
| 2009 | 290 | 210 | 80 | 620 | 420 | 200 | 1840 | 880 | 960 | 860 | 1230 | –370 |
| 2010 | 270 | 200 | 70 | 600 | 390 | 210 | 1820 | 930 | 890 | 740 | 1060 | –320 |
| 2011 | 270 | 190 | 80 | 630 | 380 | 250 | 2140 | 1070 | 1070 | 860 | 1180 | –320 |
| 2012 | 260 | 220 | 40 | 720 | 370 | 350 | 2060 | 1030 | 1030 | 830 | 1140 | –310 |
| 2013 | 300 | 240 | 60 | 760 | 420 | 340 | 2200 | 1190 | 1010 | 910 | 1290 | –380 |
| 2014 | 350 | 250 | 100 | 800 | 470 | 330 | 2350 | 1280 | 1070 | 1030 | 1620 | –590 |
| 2015 | 310 | 210 | 100 | 610 | 400 | 210 | 2220 | 1150 | 1070 | 1070 | 1780 | –710 |
| 2016 | 300 | 180 | 120 | 640 | 450 | 190 | 2120 | 1160 | 960 | 1080 | 1780 | –700 |

| 年份 | 电信、计算机和信息服务 | | | 其他商务服务 | | | 个人、文化和娱乐服务 | | |
|---|---|---|---|---|---|---|---|---|---|
| | 出口 | 进口 | 差额 | 出口 | 进口 | 差额 | 出口 | 进口 | 差额 |
| 2008 | 1740 | 1100 | 640 | 4060 | 4300 | –240 | 170 | 230 | –60 |
| 2009 | 1640 | 1030 | 610 | 3690 | 4080 | –390 | 160 | 210 | –50 |
| 2010 | 1900 | 1310 | 590 | 3810 | 3920 | –110 | 210 | 240 | –30 |
| 2011 | 2170 | 1390 | 780 | 4370 | 4480 | –110 | 250 | 260 | –10 |
| 2012 | 2290 | 1430 | 860 | 4450 | 4640 | –190 | 250 | 260 | –10 |
| 2013 | 2500 | 1590 | 910 | 4910 | 4870 | 40 | 270 | 280 | –10 |
| 2014 | 2840 | 1640 | 1200 | 5460 | 5280 | 180 | 280 | 310 | –30 |
| 2015 | 2580 | 1470 | 1110 | 5180 | 5160 | 20 | 230 | 270 | –40 |
| 2016 | 2710 | 1530 | 1180 | 5330 | 5450 | –120 | 240 | 260 | –20 |

### 3. 从贸易市场结构来看，发达国家依然是欧盟的主要服务贸易伙伴

2016年欧盟服务贸易出口主要伙伴国前5位分别为美国（占27%）、瑞士（占14%）、中国（占5%）、日本（占4%）、俄罗斯（占3%），其中美国、瑞士、日本合计份额达45%；进口主要伙伴国也依次是上述5国，欧盟服务贸易顺差也主要来自这几个贸易伙伴，其中与瑞士贸易盈余最大。在欧盟成员中，英、德、法都属于服务贸易发达国家，它们既是主要出口国，也是

主要发包国。商业存在是欧盟服务贸易的主要方式，欧盟服务出口的近70%是通过商业存在方式开展的，说明欧盟服务业对外投资十分活跃，有利于绕过东道国在服务贸易上的法律和政策限制。

2017年欧盟主要经济体服务贸易均出现回升态势，均好于上年水平（见表1–9）。英国是欧盟最大的服务出口国，2016年、2017年服务出口额分别达3230亿美元、3540亿美元；2016年英国服务出口额占欧盟总出口的15.8%；英国的服务贸易伙伴主要来自欧盟内部，2016年英国与欧盟内其他成员国的出口和进口占其总出口和进口的37.0%和50.8%；2017年英国服务贸易出口和进口增速分别达10%和13%。德国与欧盟内其他成员国的贸易往来占其总贸易额的19.2%；2017年德国服务出口和进口增速分别达11%和4%。2016年法国服务出口和进口分别占欧盟总量的11.5%和13.1%，2017年法国服务贸易出口和进口分别增长6%和3%。欧盟成员内的比较优势不同，英国的金融服务，法国、意大利的文化创意设计，德国的工业服务等都具有国际竞争优势。

表1–9　英国、德国、法国的服务贸易发展状况

| 类别 | | 贸易额 / 亿美元 | | 增速 / % | | | 2016年贸易伙伴占比 / % | |
|---|---|---|---|---|---|---|---|---|
| | | 2016年 | 2017年 | 2010—2016年年均 | 2016年 | 2017年 | 欧盟内 | 欧盟外 |
| 英国 | 出口 | 3230 | 3540 | 3 | –5 | 10 | 37.0 | 63.0 |
| | 进口 | 1950 | 2200 | 2 | –6 | 13 | 50.8 | 49.2 |
| 德国 | 出口 | 2680 | 2980 | 3 | 3 | 11 | 19.2 | 80.8 |
| | 进口 | 3100 | 3210 | 3 | 4 | 4 | 21.2 | 78.8 |
| 法国 | 出口 | 2360 | 2490 | 3 | –2 | 6 | 17.3 | 82.7 |
| | 进口 | 2360 | 2440 | 5 | 2 | 3 | 19.2 | 80.8 |

数据来源：根据WTO网站数据整理。

注：贸易伙伴占比指与欧盟内、外的国家贸易进出口总额占欧盟贸易总出口、总进口的比例。

#### 4. 英国脱欧事件将对欧盟服务贸易产生较大冲击

2016年欧盟内服务出口额11300亿美元、进口额10400亿美元，欧盟外服务出口额9170亿美元、进口额7720亿美元。2017年，欧盟内服务贸易出

口、进口分别达12460亿美元和11220亿美元，欧盟外服务出口分别达9800亿美元和7920亿美元。英国脱欧事件凸显欧盟当前在一体化进程中面临的困境，将削弱欧盟的影响力，并使欧盟的自由贸易进程放缓。英国脱欧事件也将重新规划欧洲的自由贸易，形成英国、欧盟、中东欧三足鼎立的贸易发展格局。

### （三）印度服务贸易的主要特点

以软件与信息技术为主导的新兴服务贸易在印度服务贸易中占主导地位。2016年印度服务贸易出口、进口分别是1612.5亿美元和1330.3亿美元，顺差282.2亿美元。2017年前三季度印度服务贸易出口额为1340亿美元，进口额为1130亿美元。印度服务贸易顺差主要来源于电信、计算机和信息服务，2016年电信、计算机和信息服务出口额达553.2亿美元，占其他商业服务的44.84%（占服务总出口的34.31%）；进口47.7亿美元，占其他商业服务进口的6.98%（占服务总进口的3.59%）。印度传统服务贸易以运输服务、旅游服务为主。2016年运输服务、旅游服务出口分别占总量的9.42%和13.91%，进口分别占总量的36.04%和12.31%，运输服务是逆差的主要来源（见表1–10）。IT是印度国际竞争力最强的产业和国民经济的主导产业。印度IT服务业收入占比接近发达国家水平，远远领先于其他新兴经济体。以软件外包为主的服务出口构成了印度对外经济的主要方式。印度服务外包主要来自美国市场，其中得益于海外印度裔的贡献，未来全球服务外包市场规模的增长仍有利于印度服务出口。印度在服务外包产业离岸优势评价体系指标（语言、政府支持、劳动力、IT基础设施、教育体系、成本、政治经济环境、文化兼容性、全球化和法制化水平以及数据和IP安全性）中优势明显，就综合条件而言，具有长期比较优势。

表1–10　2016年印度服务贸易结构

| 服务贸易 | 与货物有关的服务 | | 运输服务 | | 旅游服务 | | 其他商业服务 | |
|---|---|---|---|---|---|---|---|---|
| | 贸易额/亿美元 | 占比/% | 贸易额/亿美元 | 占比/% | 贸易额/亿美元 | 占比/% | 贸易额/亿美元 | 占比/% |
| 服务贸易出口 | 2.7 | 0.16 | 151.9 | 9.42 | 224.3 | 13.91 | 1233.7 | 76.51 |
| 服务贸易进口 | 3.8 | 0.29 | 479.5 | 36.04 | 163.7 | 12.31 | 683.3 | 51.36 |

（续表）

| 其他商业服务 | 电信、计算机和信息服务 | | 其他商务服务 | | 金融服务 | | 其他 | |
|---|---|---|---|---|---|---|---|---|
| | 贸易额/亿美元 | 占比/% | 贸易额/亿美元 | 占比/% | 贸易额/亿美元 | 占比/% | 贸易额/亿美元 | 占比/% |
| 其他商业服务出口 | 553.2 | 44.84 | 532.0 | 43.12 | 50.8 | 4.12 | 97.7 | 7.92 |
| 其他商业服务进口 | 47.7 | 6.98 | 327.5 | 47.93 | 50.2 | 7.35 | 257.9 | 37.74 |

资料来源：根据WTO网站的International Trade Statistics（BPM6）资料整理。

## 三、全球服务贸易发展的主要趋势

### （一）全球服务贸易增长的主要动因

#### 1. 全球经济复苏和技术创新发展成为推动服务贸易增长的主要动力

一是全球经济持续复苏、新旧动能加速转换。从IMF数据来看，2016年、2017年、2018年世界经济增长率分别为3.2%、3.5%、3.6%；世界贸易量增长率分别为2.3%、4.0%、3.9%，其中发达国家增长率分别为2.1%、3.5%、3.2%，发展中国家增长率分别为2.5%、3.6%、4.3%。可以看出复苏的态势逐渐稳固。

二是网络经济、数字经济、平台经济等快速发展，将推动服务贸易向数字化、智能化、平台化和高端化发展。互联网、物联网、移动互联网、大数据、云计算、人工智能、区块链等网络技术和数字技术的广泛应用，将促进传统服务业创新变革和转型升级，不断催生新兴服务业态，为全球服务贸易的规模增长及商业模式创新变革提供强大的技术支撑和发展动力。根据Forrester Research公司预测，到2020年全球云计算业务支出将达到1910亿美元，是2014年的2.65倍。服务智能化、移动互联化、消费需求全球化的特征，都为服务贸易发展注入新的动力。

三是服务型制造趋势加速发展。全球制造业正在向以智能化、数字化、服务化、绿色化为特征的新型制造业转变，全球价值链不断向服务环节拓展，技术创新、业务流程创新、商业模式创新、管理方式创新将成为全球价值链增长的主要源泉，这一趋势为扩大全球服务市场需求提供了空间。制造服务化程度的高低，不仅决定了一国参与国际分工的地位、产业控制力和竞争力，同时也决定其在全球服务贸易中的地位。在发达国家中，产品制造环节增加值不到产品价格的40%，60%以上的增加值产生于服务环节。一方面是制造投入的服务化，涵盖了研发、市场调研、广告、物流、信息咨询等方面；另一方面是产出的服务化，涵盖了销售服务、维修保养、金融租赁、保险等方面。这一趋势也将加速服务外包化发展。

四是新技术革命加速发展。人工智能、新能源、新材料、生物技术等新技术的蓬勃发展，将进一步扩大高技术服务贸易的规模。

2. 新兴经济体和中等收入国家将成为拉动服务贸易增长的主要引擎

当前，新兴经济体在全球服务贸易中正在发挥越来越大的作用。中、印是全球离岸外包的前两大目的地，东南亚、中东欧在承接国际服务外包上也具有明显优势和良好增长态势。据汇丰集团发布的《全球贸易展望》调查报告预测，到2030年全球服务出口额预计将增长到12.4万亿美元，服务贸易占全球贸易总额的比重将达到25%。中国服务贸易出口规模将达到8180亿美元，并将成为全球最大的服务进口国，拥有13.4%的全球份额，领先于美国（占7.7%）和德国（占5.8%）。同时，随着新兴经济体产业结构的加速调整，服务市场规模不断扩大，服务业对外开放程度逐步提高，尤其是中国扩大金融，教育，个人、文化和娱乐服务，医疗，育幼养老，专业服务，电子商务等服务业开放，放宽外资准入限制，为发达国家服务业进入中国市场提供了有利条件。另外，中等收入国家服务经济进程加快，将创造一个潜力巨大的服务贸易市场。2000—2016年中等收入国家服务业占比由49.65%上升到57.81%，GDP平均增速达6.1%；2006—2016年中等收入国家服务进口额由3024.5亿美元增加到8788.8亿美元，增幅达191%，占全球服务贸易进口额的比重由11.61%上升到18.32%；2005—2016年中等收入国家吸收FDI（外商直接投资）由461.9亿美元增加到1024.4亿美元，主要流向服务业领域。据国际劳工组织统计，2010—2016年中等收入国家服务业就业比重由48.1%上升到52.8%，到2020年将达到55.1%[①]。这些为中等收入国家扩大服务进口、承接国际服务外包等创造了有利条件。

①商务部：《中国服务贸易发展报告（2017）》，2017，第12页。

### 3. 新兴服务贸易将成为引领服务贸易增长的主要动力

技术创新成为引领全球经济发展的第一动力，从而促进了服务产品和服务模式更加多样化、个性化，全球服务贸易结构由劳动密集型为主导的传统服务业向知识技术密集型为主导的新兴服务业转变。云计算、大数据、物联网、3D打印、区块链、人工智能、虚拟现实/增强现实/混合现实（VR/AR/MR）等数字技术的发展带来了新的产品、流程和商业模式。软件与信息技术、跨境电商、供应链管理、金融、保险、咨询、文化创意、知识产权、医疗健康等领域的服务贸易将不断扩大需求，运输、旅游等传统服务贸易通过与“互联网+”融合将不断推动业态创新。

## （二）全球服务贸易面临的主要挑战

一方面，逆全球化将导致贸易保护主义倾向增强。以美国为首的发达国家既是逆全球化的推手，也是贸易保护主义的主要国家。因此，服务贸易除面临关税壁垒、禁令和配额等传统贸易保护手段之外，也将面临接踵而至的网络安全、知识产权、数据跨境自由流动、数据本地化等新型贸易保护措施。此外，英国脱欧等“黑天鹅”事件将持续发酵。这些不确定性风险将给全球服务贸易带来新的不稳定因素。

另一方面，服务贸易区域不平衡发展格局加剧。由于各国创新能力和服务业发展的不平衡性导致服务贸易竞争力相差悬殊，服务贸易地区不平衡性发展将可能伴随发达国家在新一轮规则中的话语权优势有所加剧。发达国家将继续占主导地位并保持顺差，欧盟、美国、日本在软件与信息技术、金融保险、知识产权等新兴领域及运输、旅游等传统领域仍具绝对优势。据IDC（互联网数据中心）预测，美国2015—2020年软件市场的预期复合年均增长率为7.6%，2020年美国软件市场规模将达1394亿美元。当然，随着中国、印度、巴西、墨西哥、菲律宾等新兴经济体和发展中经济体服务业创新能力的不断增强，承接服务外包能力不断提高，发展中国家在全球服务贸易中的地位将不断上升，其中“金砖国家”的表现尤其引人注目，世界服务贸易格局正在发生变化。

### （三）服务贸易政策成为世界贸易政策关注的焦点

随着世界新一轮产业结构调整和贸易自由化进程的继续推进，服务贸易在各国经济中的地位不断上升。各国纷纷制定服务贸易的发展战略，欧美等发达国家通过各种多双边谈判要求各国开放服务贸易市场以扩大服务出口，WTO（世界贸易组织）、自由贸易协定等全球和区域性经济合作谈判都将服务贸易作为主要焦点。因此，世界服务贸易的利益格局将在各方博弈中得到重塑，各国为顺应这一趋势也将不断调整国内贸易政策。一方面，积极推动服务贸易自由化，削减本国服务贸易壁垒；另一方面，通过各种隐性方式提高贸易保护门槛。尤其是全球数字贸易快速发展，现有WTO货物贸易关税规则难以对其产生效力，关于数字贸易的规则制定将成为下一代贸易方式中各国角逐的关键和焦点，也将给全球离岸服务外包发展带来重大影响，从而影响各国关于服务外包相关促进政策的制定。

## 第二节　服务外包：推动服务全球化和价值链向高端跃升

进入21世纪以来，互联网信息技术高速发展，推动服务的生产、消费和资源要素在全球范围内高效配置，加速各国间产业的相互渗透、相互融合、相互依存，促进全球服务业大发展、服务贸易持续增长和服务业态不断创新，有力地支撑服务全球化的持续发展。全球离岸服务外包作为新兴服务贸易的主要方式，成为拉动全球服务贸易增长的重要引擎。大数据、云计算、物联网、移动互联网、人工智能等新一代信息技术的广泛应用，将促进全球服务外包模式不断创新，全球制造服务化、服务外包化的趋势将成为未来产业转型升级和组织结构变化的显著特征。因此，服务外包将在推动全球价值链发展中扮演重要角色。

# 一、理论阐述：基于服务全球化和全球价值链视角

## （一）服务外包的理论演进与创新

离岸外包是企业充分利用国外资源和企业外部资源进行产业转移的一种形式，主要是指跨国公司利用发展中国家的低成本优势将生产和服务外包到发展中国家。与外商直接投资（FDI）相比，由于离岸外包更具有降低成本、强化核心能力、扩大经济规模等作用，因此越来越多的跨国公司将离岸外包作为国际化的重要战略选择（王晓红，2007a）。全球离岸外包兴起于20世纪80年代的制造业领域，到90年代，随着跨国公司制造业向发展中国家大量转移，许多发展中国家为发达国家从事OEM（原始设备制造商）生产活动，全球制造业外包达到高潮。进入21世纪以来，伴随着跨国公司制造业外包规模的不断扩大，对制造业具有支撑性作用的生产性服务业需求越来越强，由此而发生了跨国公司服务业的跟随性离岸转移。越来越多的跨国公司通过离岸的方式在东道国设立服务机构，利用东道国的人才和服务要素资源，承接母公司的软件研发、信息服务、工业设计、财务结算、呼叫中心、培训等服务外包业务，通过跨境服务方式成为母公司的服务供应商，开启了最初的离岸服务外包模式[①]。与此同时，许多发展中国家处于工业化加快发展、产业结构逐步升级的时期，经过不断的开放、发展和积累，开放环境不断改善，教育和技术水平不断提高、知识型人力资源供给能力上升，且具有要素成本低的优势，已经具备了承接发达国家服务外包的条件。因此，以欧美日为主的发达国家和地区不断将服务以外包形式转移到发展中国家，由此产生了以离岸服务外包为标志的新一轮外包浪潮。服务外包主体逐步从最初跨国公司设立的离岸公司接包为主，向以本土公司接包为主转变，形成了各国竞相发展的服务外包产业。

①20世纪末（1997—1999年），印度作为全球软件离岸外包的最早承接国开始承接对美软件业务，由此开启了全球服务外包的新时期。“千年虫”危机给印度公司提供了软件外包的历史机遇，1997年CECS公司在印度建立了第一个国际呼叫中心，主要承担货币收款、信用卡服务和数据管理等业务。随后其他跨国公司也陆续在印度建立了为海外总部提供服务的外包公司。

服务外包通过互联网信息技术使服务消费与生产在地理空间上分离并产生跨境流动，使服务产品变得可储存、可传输、可贸易，由此加速了服务在全球范围流动，提高了各国服务贸易参与度和服务贸易效率，丰富了服务贸易业态多样性，成为全球服务贸易发展的主导方式。与此同时，服务外包已经成为发展中国家和新兴经济体承接国际服务业转移的主要方式和发展国内现代服务业的主要路径。企业业务外包（Outsourcing）是企业战略的重大转变，也是经营管理理念的重要创新。总体上看，传统外包理论认为，外包是企业为了降低成本、提高效益，把部分非关键业务分包给公司外或国外供应商。根据地理分布状况，外包又可以分为两种类型：在岸（Onshoring）外包和离岸（Offshoring）外包。在岸外包指外包商与其他外包供应商来自同一国家，生产服务活动在国内完成。离岸外包则指外包商与其供应商来自不同国家，生产服务活动跨国完成。由于劳动力成本的差异，外包商通常来自成本高的国家，如美国、欧盟、日本等发达国家和地区，外包供应商则来自劳动力成本较低的国家（王晓红，2007b）。

近年来，随着国内外学者们对服务全球化、全球价值链问题的广泛关注[①]，服务外包的理论创新性研究探索也在不断涌现。江小涓（2008a，2008b）在提出服务全球化、国际服务外包的定义时指出，服务全球化即服务的生产、消费和相关生产要素的配置跨越国界，形成一体化的国际网络，各国服务业相互渗透、融合和依存，国际化的服务供给和消费不断增加。国际服务外包是服务全球化的一种特殊形式，即企业签订境外供应合约完成过去在内部进行的服务活动。她指出，信息技术的发展使各种与信息生产相关的服务可以低成本、远距离提供，由此产生劳动力“虚拟跨境流动”[②]，降低了距离、成本差异和各国移民政策等因素对劳动力的限制，因此服务外包的大量出现加速了服务全球化。并指出，服务外包的经济行为直接或间接地促进了发展中国家融入服务全球化时代，在利用新兴技术促进国内服务外包

①全球价值链有三个显著特征：一是最终产品经过两个或两个以上连续阶段的生产；二是两个或两个以上的国家参与生产过程并在不同阶段实现价值增值；三是至少有一个国家在其生产过程中使用进口投入品。

②江小涓：《服务全球化与服务外包：现状、趋势及理论分析》，人民出版社，2008，第33页。

转型升级的同时，利用服务外包积极融入全球价值链体系，促使国内产业升级，从而加快服务全球化进程。王晓红（2008、2012、2014）研究认为，我国通过承接国际服务外包获得明显的结构升级效应。通过对80家国内设计公司的问卷调查得出结论，承接国际服务外包加快了本土企业规模化、品牌化、国际化发展并推动价值链不断向高端攀升，具有显著的技术外溢效应；通过对我国西部5个城市的调研得出结论，服务外包已经成为推动中西部地区开放型经济水平的重要突破口。并指出，随着全球一体化生产服务体系的逐渐形成，经济全球化已经进入以服务为主导的“全球价值链”时代，服务外包不仅是服务全球化的重要标志，而且是跨国公司全球价值链分解、协作、重构的重要载体。王子先（2014a，2014b）研究认为，随着国际分工和贸易边界拓展，跨国公司价值链向全球延伸，世界经济开始进入全球价值链时代，全球价值链体系也已由制造主导向服务主导转变。服务外包则是全球价值链的核心环节和关键点，为全球价值链深度分解提供了可能性和前提条件，并成为全球价值链分解、优化重组与治理的重要途径和企业更有效整合全球资源、培育国际竞争新优势的战略举措。服务外包网络是跨国公司全球生产服务体系及其供应链的重要组成部分。并指出了当前全球离岸服务外包已经不满足于降低成本和提高效率，而是通过离岸转移技术资源开发新产品，通过流程重组分解外包高端知识流程，呈现出向高端化、多元化转型的趋势特征。黄烨菁、权衡和黎晓寅（2014）以印度为例，提出印度IT产业依托接包形成的外向型发展道路对国际价值链的分工与组织方式的创新形成了积极的推动力。Bhagwati J等（2003）认为，服务外包规模的扩大会推动外包输出国生产力的发展和经济效益的提升，从而对整体经济的发展产生有利影响。I R Mohammed（2013）认为，服务外包促使企业创造更大价值来促进外包价值链升级。Milberg W S，Winkler D（2013）认为，全球价值链的发展不仅重组了全球经济，而且加快了发展中国家产业结构的调整，并为发展中国家参与国际分工提供了更多机会。

### （二）服务外包成为推动服务全球化与价值链攀升的重要动力

服务外包推动服务全球化与价值链攀升的作用主要体现在以下方面。

1. 加速服务要素全球流动，促进服务资源优化配置

服务外包通过互联网信息技术使服务发包方的搜寻范围扩展到全球，服务提供商在国内或国外都可提供跨境服务，这推动了服务人才、技术、资本、信息、物流等要素的全球流动。服务外包通过打破传统资源配置的方式，改变服务要素的成本和报酬，推动服务要素的全球流动和资源优化配置。实现国家和地区之间的服务资源禀赋差异、服务成本差异、服务模式差异和组织方式差异的合理组合，不仅使发包国能够以最快捷的方式组合获取全球服务业资源，也使接包国以最快的速度创造新的经济增长点。对于发包国企业而言，通过充分利用接包国物美价廉的人力资本、创新资源及其他生产要素，形成了国内与国际服务要素资源的有机组合与匹配，有效降低了企业人力、物流、土地、环境、能源、创新等成本，提升创新能力与创新效率、服务质量与服务效率，并迅速融入东道国市场与文化，实现企业全球利润空间的增长。对于接包国企业而言，通过承接国际服务外包能够充分利用本国服务资源要素的比较优势，推动服务出口和服务走出去，在与发包国共享全球服务市场、服务资源、信息资源和新技术、新业态、新模式、新的管理方式的同时，快速扩大全球服务市场，推动服务业国际化进程。

2. 加速全球价值链分解、重构与优化，促进产业生态链体系形成

价值链治理的概念首次被Gereffi提出，用来描述价值链上的权力分配关系。服务外包在信息技术与全球服务要素优化配置的共同作用下，使全球价值链发生深度分解，加速形成新的全球服务网络体系。

一是拥有核心技术、先进理念的大型服务企业占据全球价值链高端，价值链上的增值节点，尤其是高附加值节点的数量上升；而在发包企业下依附着大部分位于价值链中低端、从事较低附加值业务的接包企业，形成了共生共享、共存共荣的完整的全球产业链和价值链生态体系。据统计，2014年全球前10名的服务外包公司均位于全球价值链高端，以从事管理咨询、解决方案、专业服务等高端业务为主。

二是跨国公司作为全球价值链治理的主导者，以外包合同为纽带，在全球价值链不同环节聚集各类上下游合作伙伴，推动了全球价值链由制造主导向服务主导转变。例如，戴尔、惠普、IBM等一批制造型跨国公司转变为服务型制造企业，同时又不断释放外包服务，带动中小服务提供商发展。

三是全球市场竞争促进了全球创新加速和服务专业化发展。许多原来由单个企业独立完成的研发、设计、物流等服务逐渐通过外包方式由N个企业完成，形成了企业价值链在全球范围内分解和重构，由此提升了全球产业链的附加值。例如，制药企业外包网络不仅促使医药产业价值链深度分解，而且成为提升企业能力的重要手段和跨国公司的战略资源。杨丹辉（2012）研究认为，目前近50%的制药公司外包业务，而在20世纪90年代这一比重仅为5%，许多制药企业与专业技术公司、供应商之间建立了外包关系，实现了研发创新资源共享。

四是随着服务外包企业的转型升级、服务外包领域的广泛拓展、服务外包模式的不断创新，全球价值链发生结构性变化，产生不断升级效应，促使全球价值链不断优化。

3. 成为优化全球创新链、推动创新全球化的重要途径

一是服务外包为研发全球化提供了渠道，优化了全球创新链体系。跨国公司为了适应日新月异的新技术革命和新产业革命发展的要求，加快创新速度、提高创新效率、降低创新成本和风险，开展全球创新战略和资源布局，越来越多地将研发、设计外包给第三方服务提供商，并建立了长期稳定的合作伙伴关系，在客观上推动了全球创新提速、专业化研发设计服务企业加快发展及众包、众创、众筹等新型业态不断涌现。

二是众包模式的产生使传统封闭式创新转变成开放平台式创新，推动了创新全球化深入发展。随着大数据、云计算、移动互联网等新一代信息技术的广泛应用，研发设计全球化的趋势不断增强，在外包模式上出现了众包等方式。众包通过互联网平台将外包细分，在全球范围内寻找最专业的个人或团队来完成，提高了创新效率。例如，宝洁公司利用全球数以万计的工程师、科学家为其研发产品，源源不断地提供新技术服务；苹果的软件数量有90多万个，其中70多万个采用众包模式，内部仅开发20多万个。

三是众包平台提高了大众对创新的贡献度和参与度，使每一个人都可以成为创新者。例如，许多企业采用搭建互联网平台的方式向消费者征集创意设计方案等。由于众包具有专注于特定领域、节省长期雇佣成本、提高人力资本利用率、防范创新风险等优势，因此日益成为大型外包企业广泛应用的一种新模式。许多跨国公司开始逐步减少长期型、大额服务外包合同，

将其拆分为多种类型、小额外包分包给众多企业和个人。2012年Gartner对众包的成熟度、接受度及未来趋势评估结果表明，众包在未来10年内将处于膨胀期。

#### 4. 推动发展中国家产业结构加速演进，实现工业化向服务化跨越

服务外包提高了各国参与全球分工的可能性，也给落后国家带来了产业结构快速升级、经济跨越式发展的历史机遇。

一是服务外包促进后发国家参与服务业为主导的全球价值链分工体系，加快实现由农业化、工业化时代转向服务经济时代的跃升。例如，印度、爱尔兰、菲律宾等国家通过承接国际服务外包打破了“农业—工业—服务业”的传统升级路径，加速了信息化、现代化和服务化进程，缩短了在全球价值链分工体系中由低端迈向中高端的过程。例如，印度通过承接国际软件外包，成功实现了由农业国到世界软件和信息服务业强国的跨越发展。目前，印度软件业发展居世界前列。据印度通信部数据，印度软件占全球软件行业价值4110亿美元的1/3，并有望在2025年达到3500亿美元。根据印度软件与服务业企业协会（NASSCOM）统计，2017财年印度IT-BPM（包括电子商务）增长8%，达1540亿美元（按固定汇率），占印度GDP的7.7%。在2017年印度IT市场中，IT服务收入800亿美元、BPM收入290亿美元、软件产品与工程服务收入290亿美元。企业研发收入超过290亿美元，数字收入占产业收入的14%。此外，爱尔兰通过承接软件国际外包发展成为欧洲的“软件王国”，软件业97%的销售额来自国际市场。2015年爱尔兰计算机服务出口额达636.4亿美元，是欧盟内最大的软件出口国。俄罗斯、斯里兰卡、肯尼亚、越南、菲律宾等国家也通过承接服务外包加速了新型工业化和信息化发展进程。

二是后发国家通过承接服务外包带动了本国高端服务业就业，提高了人才素质和人力资本价格。根据NASSCOM统计，2015财年印度服务外包创造直接就业岗位370万个、间接就业岗位超过1000万个。2014—2016财年，印度信息技术服务业与其他部门相比就业人数保持增长态势，IT-BPM直接创造55万个就业岗位①。2017财年印度IT-BPM行业员工以4.7%的速度增长，增加

①印度IT-BPM行业主要包括服务与软件产品。服务由IT服务、BPM服务、工程研发和产品开发构成；软件产品主要包括系统软件、企业应用软件和垂直应用软件。

员工4.9万人，行业员工总数达370万；软件出口方面的就业人员120万人。尤其是知识密集型行业的就业机会增多，为白领阶层带来了更高的工资收入，同时也带来了更多的继续教育机会。2017财年印度公司中有350万人、超过50%的顶级企业员工接受过数字化培训，相当于2010财年的12倍。其培训的主要内容包括：数据分析（37%）、移动应用（26%）、云计算（24%）、其他（13%）。NASSCOM预计，到2025年印度IT公司的收入将上升到3500亿美元，增加250万~300万个就业岗位。2015年爱尔兰计算机与信息服务业的雇员达到89278人。2010—2014年菲律宾服务外包就业人数年均增速20%，2014年服务外包从业人员达到100万人。从表1-11可以看出，印度尼西亚、马来西亚、菲律宾、泰国、越南的ICT（信息与通信技术）产业都已经成为吸纳其本国就业的重要领域。

**表1-11　东盟5国ICT从业人员数量**

| 国家 | 2014年 | | 2015年 | | 2016年 | |
|---|---|---|---|---|---|---|
| | ICT从业人员数/千人 | ICT占全部劳动力比重/% | ICT从业人员数/千人 | ICT占全部劳动力比重/% | ICT从业人员数/千人 | ICT占全部劳动力比重/% |
| 印度尼西亚 | 620 | 0.53 | 574 | 0.49 | 634 | 0.53 |
| 马来西亚 | 213 | 1.55 | 214 | 1.52 | 208 | 1.45 |
| 菲律宾 | 354 | 0.87 | 381 | 0.91 | 364 | 0.85 |
| 泰国 | 247 | 0.63 | 241 | 0.61 | 206 | 0.52 |
| 越南 | 318 | 0.58 | 338 | 0.61 | 325 | 0.58 |

数据来源：东盟各国国家统计局。

三是通过学习效应和外溢效应，带动本土企业国际化和本国产业升级。实践证明，后发国家通过承接国际服务外包，可以学习借鉴发达国家的先进技术、先进管理方式，提高技术创新能力，加速自主品牌成长，提升服务质量、服务价格，创新服务模式等。大量的本土服务企业通过承接国际服务外包，可以快速打开国际市场渠道，嵌入到全球价值链分工体系，从而构建自身的国际市场网络，逐步开启国际化新征程，实现由本土企业向国际化企业的跨越。同时，通过承接国际服务外包，使后发国家的新兴服务业快速形成规模化、国际化、专业化的发展态势，由此推动本国产业结构快速升级，尤其是在新一轮的数字经济竞争中获得了先机。目前，随着全球经济数字化、智能化发展，软件外包企业纷纷开始数字化转型。例如，印度的软件企业已经有72%的员工在全球外包市场提供数字服务。预计到2025财年，在印度BPM提供商的收入中，有60%~70%的收入来自数字收入。爱尔兰的数字产业已经在欧洲具有先发优势，都柏林已经成为欧洲数据中心最集中的地区之一，拥有30个以上的数据中心，2016年亚马逊、苹果、Facebook等都先后在此设立了数据中心。

## 二、融合与创新：全球服务外包发展的主要特点

自2008年金融危机以来，全球经济复苏缓慢、治理重构、政局不稳、金融动荡、汇率波动以及逆全球化思潮带来贸易保护主义加剧等因素，都导致全球贸易增速处于艰难困境之中。受大环境的影响，全球服务外包增速有所放缓。尤其是美欧发达国家为了改善经济增长和就业困境，通过新的税收政策和政治手段来减少中国等新兴市场国家承接本国的外包业务，并颁布相应的就业法案来阻止本国企业将就业机会转移给离岸外包服务商。但是，这些因素并没有改变全球服务外包持续稳定增长、向价值链高端攀升的总体态势。

### （一）全球服务外包平稳增长，离岸外包加速推动服务全球化发展

2009年受2008年金融危机影响，全球服务外包进入低谷，2011年开始稳步回升。2011—2016年全球离岸服务外包平均增速均高于全球GDP、货物贸易和服务贸易的增速水平。据IDC统计，2016年全球信息技术服务外包（ITO）、业务流程外包（BPO）和研发设计（R&D）三大项支出合计约18006.2亿美元，较上年增长5.1%；其中ITO支出9439.5亿美元，较上年增长4.2%，占比52.4%；BPO支出4861.4亿美元，较上年增长5.8%，占比27%；R&D支出3705.3亿美元，较上年增长6.9%，占比20.6%。2017年全球服务外包总额达到18906.1亿美元，其中ITO、BPO、R&D三大领域市场规模分别达9830.2亿美元、5122.1亿美元、3953.9亿美元（见表1–12、图1–6、表1–13、图1–7）。

表1-12 全球GDP、货物贸易、服务贸易、服务外包、离岸服务外包增速比较

单位：%

| | 2011年 | 2012年 | 2013年 | 2014年 | 2015年 | 2016年 |
|---|---|---|---|---|---|---|
| 全球GDP | 2.8 | 2.3 | 2.4 | 2.6 | 2.4 | 2.4 |
| 货物贸易 | 19.85 | 0.86 | 2.47 | 0.28 | –13.24 | –3.24 |
| 服务贸易 | 12.5 | 2.85 | 6.56 | 7.06 | –5.68 | 0.38 |
| 服务外包 | 5 | 5 | 4．8 | 5.4 | 5.4 | 5.1 |
| 离岸服务外包 | 14 | 18.6 | 17.9 | 8.6 | 18 | 15 |

数据来源：根据世界银行、WTO、IDC统计数据整理。

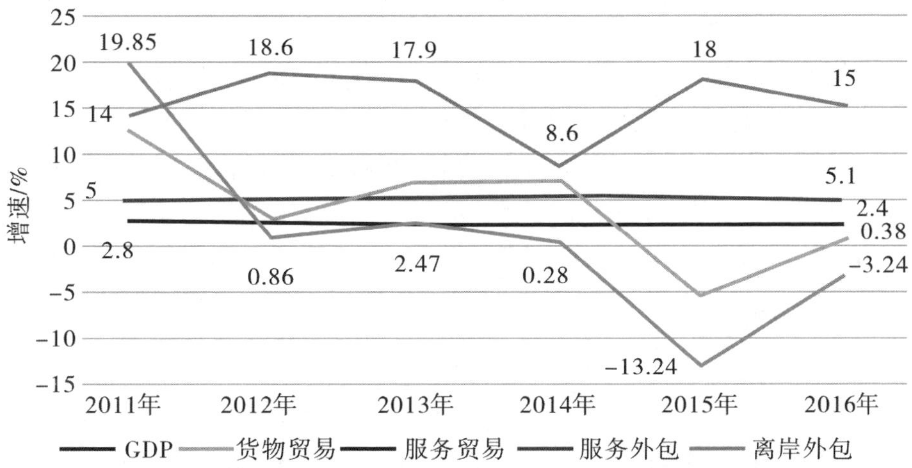


图1-6 全球GDP、货物贸易、服务贸易、服务外包、离岸外包增速比较（单位：%）

表1-13 全球ITO、BPO、R＆D市场规模预测

| | 市场规模 / 亿美元 | | | | | | | | | | |
|---|---|---|---|---|---|---|---|---|---|---|---|
| | 2012年 | 2013年 | 2014年 | 2015年 | 2016年 | 2017年 | 2018年 | 2019年 | 2020年 | 2021年 | 16–21CAGR |
| ITO | 7929.1 | 8306.7 | 8684.3 | 9061.9 | 9439.5 | 9830.2 | 10216.1 | 10625.5 | 11065.5 | 11485.1 | 4.0% |
| BPO | 3894.5 | 4068.5 | 4316.4 | 4597.0 | 4861.4 | 5122.1 | 5369.6 | 5617.2 | 5864.8 | 6112.3 | 4.7% |
| R&D | 2841.6 | 3013.2 | 3224.0 | 3467.6 | 3705.3 | 3953.9 | 4182.1 | 4410.3 | 4638.6 | 4868.8 | 5.6% |
| 总计 | 14665.2 | 15388.4 | 16224.7 | 17126.5 | 18006.2 | 18906.2 | 19767.8 | 20653.0 | 21568.9 | 22466.2 | 4.5% |

资料来源：根据IDC 2017年统计数据整理。

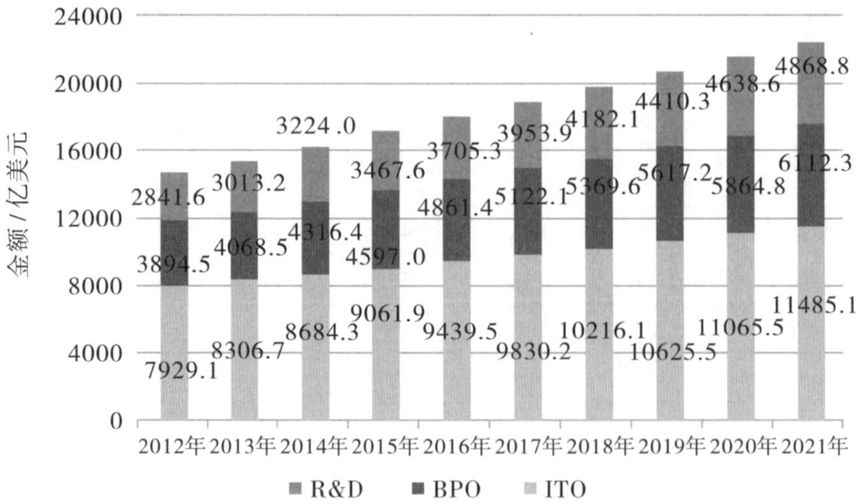


**图1-7　全球ITO、BPO、R&D市场规模预测**

离岸服务外包的快速发展，既反映出服务全球化加速的态势，同时又体现出服务外包在服务全球化中发挥的重要推动作用。2012—2015年离岸外包增速既高于同期货物贸易、服务贸易和服务外包增速，又高于全球总体服务外包的增速。2015年全球服务外包市场复合增长率达到5.4%；而全球离岸服务外包市场复合增长率达到18%，其中ITO、BPO、R&D三大领域复合增长率分别为16%、17.9%、22.2%。2015年全球离岸服务外包市场规模为2310.3亿美元，同比增长18%。2016年全球离岸服务外包市场规模为2697.7亿美元，较上年增长16.8%；其中ITO、BPO、R&D三大领域分别为1255.0亿美元、630.0亿美元、812.7亿美元。2017年全球离岸服务外包市场规模达到3110.1亿美元，其中ITO、BPO、R&D三大领域市场规模分别达1410.0亿美元、740.0亿美元、960.1亿美元（见表1-14、图1-8）。

**表1-14　全球离岸服务外包市场规模及预测**

| | 金额 / 亿美元 | | | | | | | | | | |
|---|---|---|---|---|---|---|---|---|---|---|---|
| | 2012年 | 2013年 | 2014年 | 2015年 | 2016年 | 2017年 | 2018年 | 2019年 | 2020年 | 2021年 | 16–21CAGR |
| ITO | 743.0 | 855.0 | 980.0 | 1120.0 | 1255.0 | 1410.0 | 1590.0 | 1780.0 | 1970.0 | 2160.0 | 11.5% |
| BPO | 320.0 | 380.0 | 450.0 | 532.0 | 630.0 | 740.0 | 860.0 | 980.0 | 1120.0 | 1270.0 | 15.1% |
| R&D | 366.4 | 449.9 | 548.2 | 658.3 | 812.7 | 960.1 | 1132.0 | 1309.9 | 1497.8 | 1695.7 | 15.8% |
| 总计 | 1429.4 | 1684.9 | 1978.2 | 2310.3 | 2697.7 | 3110.1 | 3582.0 | 4069.9 | 4587.8 | 5125.7 | 13.7% |

资料来源：根据IDC 2017年统计数据整理。

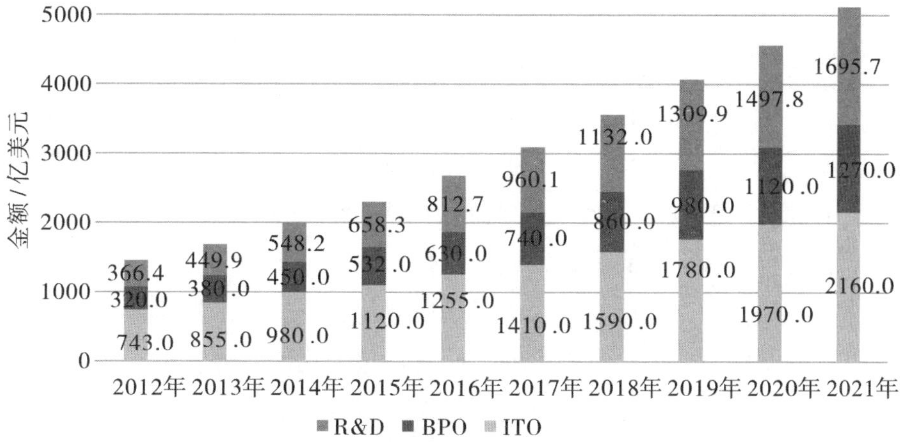


图1-8 全球离岸服务外包市场规模及预测

## （二）研发设计外包比重明显上升，服务外包价值链向高端攀升

从全球服务外包三大业务领域来看，2014—2016年研发设计外包占比逐年扩大。2014年全球信息技术外包（ITO）、业务流程外包（BPO）、研发设计外包（R&D）市场规模占比分别为53.5%、26.6%、19.9%，同比增速分别为4.3%、5.6%、8.2%；2016年ITO、BPO、R&D市场规模占比分别为52.4%、27%、20.6%；2017年ITO、BPO、R&D市场规模占比分别为52%、27%、21%。

从全球离岸服务外包三大领域来看，2014—2016年研发设计外包占比则更高。2014年全球离岸服务外包ITO、BPO、R&D市场规模占比分别为49.5%、22.7%、27.7%，同比增速分别为5.1%、4.5%、18.6%；2016年全球离岸服务外包ITO、BPO、R&D市场规模占比分别为46.5%、23.4%、30.1%；2017年全球离岸服务外包ITO、BPO、R&D市场规模占比分别为45.3%、23.8%、30.9%。

从细分市场来看，近年来科技含量高、附加价值高的信息技术和业务流程外包业务发展较快且日趋成熟，软件研发服务、企业业务流程设计、产品研发设计、生物医药研发等价值链高端业务日渐成为主要外包业务。发包行业除制造业外，金融、电信、能源、交通、医疗保健等现代服务业和新兴产业都成为主要外包领域。尤其是受全球石油价格低迷影响，能源企业为降低成本，其外包业务明显上升。以云计算、大数据、人工智能等新技术为依托的系统集成、解决方案、数据分析挖掘等高端服务外包正在快速发展。

由此可见，信息技术外包长期占主导地位的态势虽未改变，但增速和占比都逐步下降；业务流程外包、研发设计外包呈快速上升趋势，尤其是在离岸外包中，2014年R＆D外包增速分别高出ITO和BPO增速13.5个百分点和14.1个百分点左右。这一方面表明，在新一轮产业革命驱动下，研发全球化和创新全球化十分活跃，在创新模式上研发外包化的趋势越来越强，将大大提高全球研发创新效率；另一方面表明，研发外包的快速发展将更有力地推动全球创新发展。同时，在服务全球化驱动下，服务专业化、信息化、国际化趋势越来越突出，由此带动了金融、人力资源、培训、呼叫中心、供应链管理等业务流程外包不断增长。

### （三）全球服务外包市场融合度增强，相互依存度提高

长期以来，美、欧、日发达国家和地区作为主要发包方，发包总额占全球离岸外包总额的80%以上。2016年美国、西欧、日本的离岸发包额分别占全球离岸外包总额的58%、19%、11%。印度、中国作为主要接包方，2016年承接离岸外包分别占全球离岸外包市场总额的43.4%和15.9%。服务外包导致发达国家与欠发达国家、区域内与区域外的市场融合度、依存度不断提高，加快了区域经济一体化进程。目前，依据地缘、语言、文化相似性等优势，在全球已形成三大区域：美洲市场（Americas），欧洲、中东和非洲市场（EMEA，Europe，the Middle East and Africa）和亚太市场（Asia Pacific）①。由于发包方通常将地缘相近、政治风险、政府支持、综合成本、人才规模和质量、信息安全、市场潜力、营商环境、文化包容等方面作为目的地的主要考量因素，因此三大区域市场中发包方与接包方的相互融合、相互渗透、相互依存程度越来越高，推动了全球服务外包市场融合发展。

①美洲地区主要包括美国、加拿大、巴西、墨西哥和其他拉美国家；EMEA是欧洲、中东和非洲地区的简称，主要包括英国、爱尔兰、北欧、德国、奥地利、瑞士、法国、比利时、卢森堡、南欧、非洲、东欧、俄罗斯等国家和地区；亚太地区主要包括澳大利亚、新西兰、日本、韩国、印度、南亚、东南亚、大中华等国家和地区。

1. 以美国、加拿大为发包方的美洲地区发包市场需求持续增长，印度、中国、马来西亚、菲律宾等亚洲国家及墨西哥等近岸拉美国家成为主要目的地

从发包方看，美国是开展离岸服务外包最早的国家，也一直是全球最大的发包国，通常占全球服务外包支出的2/3左右。通过不断拓展全球服务外包市场，美国始终占据全球服务贸易的霸主地位。据美国Cutting Edge公司发布的报告，目前90%的美国公司至少有一项服务被外包。据IDC研究，美国IT外包需求较大的行业分别为制造业、银行业、政府、金融、通信、媒体、零售批发、服务业、公共事业、医疗健康、保险业。此外，美国业务流程外包占全球业务流程外包的60%以上，其主要业务包括：人力资源、金融和财务等后台管理业务；制造、物流、客户服务等运营业务；产品设计与开发、市场与营销等。2015年美国的离岸服务外包规模为1193.5亿美元，占全球离岸外包市场规模的60%左右；其中2015年美国软件发包规模占全球市场的55.3%，软件市场总收入966亿美元，占全球软件市场总额的29.2%。2015—2020年美国软件市场的预期复合年均增长率为7.6%，预计2020年美国软件市场规模将达1394亿美元。据美国商务部经济分析局统计，2014—2016年，美国计算机软件服务出口额呈下降态势；计算机软件服务进口额呈逐年增长态势，说明美国的软件市场需求仍然在继续扩大。

从接包方看，亚洲国家具有人才素质高、成本较低等优势。其中印度、中国是主要接包国，列世界第1、第2位。印度是承接离岸服务外包规模最大的国家，也是目前全球最大的业务流程管理（BPM）基地，其在提供信息技术服务方面竞争优势明显，尤其是在承接金融、高科技、电信等高端外包业务方面具有明显优势。来自美国和欧洲的业务通常占印度离岸外包市场90%左右的份额，其中印度是美国离岸的最大目的地，印度服务外包成本大致比美国便宜3~4倍。2017财年印度约占世界服务外包市场55%的份额，其中BPM软件服务外包占全球外包市场的37%。2017财年印度IT–BPM出口额达到1160亿美元，增长8.6%，其中零售、医疗、旅行、运输是印度IT–BPM产业的主要领域，预计到2018财年出口收入增长7%~8%，收入将达到1240亿~1250亿美元。此外，菲律宾服务外包业务也主要来自美国，其中呼叫中心、软件等领域都成为其发展较快的领域。在服务业中，IT–BPO已经成为菲律宾的重要支

柱产业。根据菲律宾外包协会的数据，2016年菲律宾的IT–BPO外包业产值约占GDP的7%，美国公司是其重要的投资者。

拉美发展中国家在承接北美外包业务方面具有地缘与人文优势。根据科尔尼全球服务外包目的地指数（2014年），墨西哥在全球51个发包目的地国家中排名第4位，拉美地区列第1位，美国是墨西哥最大的发包国。秘鲁、巴西等国也积极发展业务流程外包，其中秘鲁成为2015年全球第五大BPO市场，巴西从第18名上升至第8名。

**2. 欧洲、中东和非洲（EMEA）地区服务外包市场增长强劲，且大规模交易增多**

欧洲市场以“近岸转移”为主，发包和接包主要在本地区完成。其中西欧、北欧是主要发包方，东欧是主要接包方。

从发包方看，主要集中在英国、德国、法国、奥地利、瑞士、瑞典、挪威等，其中英国外包规模最大。软件信息技术服务业是欧盟经济体内重要的支柱产业。2015年欧盟国家计算机服务业出口额达到2013.5亿美元，占全球总出口额的60.4%。2016年软件业为欧盟直接和间接创造的GDP分别达到2490亿欧元和9100亿欧元。但是，由于欧盟内IT业面临的人才缺口较大，西欧和北欧人力成本高昂，而东欧国家则具有人力成本优势，因此在欧洲内部形成了较强的产业和人才互补优势，加上文化、地缘优势，使“近岸外包”成为欧洲的主要特点。2015年欧洲软件信息服务外包合同金额为413.4亿美元，全球占比26%，同比增长4%，居世界第2位；2016年约为268亿美元，虽较2015年下降35.2%，但仍居全球第2位。从发包方看，2015年英国外包合同总额为120亿欧元，居欧洲第1位，其次分别为瑞典、德国、挪威，达80亿欧元、62亿欧元、45亿欧元。近年来，一些欧洲国家出于保护本国就业的考虑限制外包发展，导致该地区服务外包合同金额与数量有小幅波动，但整体较为稳定。

从接包方看，保加利亚、罗马尼亚和匈牙利分别成为全球BPO第3名、第4名、第9名目的地[①]，说明东欧国家承接国际服务外包在人力成本、营商环

①高纬环球：《在世界何处？业务流程外包（BPO）和共享服务地点排行榜》，2015。

境、基础设施等方面都具有明显优势。接包方除东欧之外，爱尔兰、印度、中国也是主要目的地。爱尔兰是欧洲最大的接包国，近年来，爱尔兰服务领域不断向移动技术、互联网、金融、教育等高端业务拓展。此外，北欧、南非在制造业、高科技、财务会计咨询等领域的接包市场增速较快。

**3. 亚太地区成为全球服务外包增速最快、交易最活跃的地区，且成为全球离岸首选目的地**

全球业务流程外包前10名中有4个来自亚太地区。

从发包方来看，日本一直是亚洲最大的发包国。日本的离岸市场主要集中在中国，其次是印度以及菲律宾、越南等东南亚国家。2015年日本离岸服务外包市场规模198.9亿美元，居全球第3位。日本作为全球第二大软件生产国和消费国，是世界重要的软件发包国之一。日本经产省的调研显示，在日本软件与信息服务业中，软件委托开发占43.5%，尤其是嵌入式软件外包，在日本软件外包业务中始终占据主导地位。根据日本经产省调查，日本企业嵌入式软件的委托开发比例高达82%，远高于欧美国家。日本具有强大的软件与信息技术产业，2016年软件与信息服务业总收入745.5亿美元，其中软件业产值约522亿美元，占全国信息服务业年产值的70%左右。预计2016—2020年日本软件与信息服务业达到1.7%的年均复合增长，2020年软件与信息服务业总值将达796亿美元。但是，日本的IT人才缺口不断扩大，难以支撑本国信息技术产业发展。根据2016年6月日本经产省发布的《关于IT人才的最新动向和未来推算的调查结果》显示，日本的IT人才缺口已经超过17万人，到2019年IT人才供给量可能达到历史低峰值。因此，发展离岸服务外包是日本解决人才瓶颈的重要战略。日本有超过70%的离岸外包业务发包到中国，2009—2015年日本对华软件发包规模年均复合增长率达19.13%；2017年中国企业承接日本服务外包执行金额60.7亿美元，同比增长5.02%左右。据赛迪预测，2018年日本对中国的发包规模将达到109亿美元。日本软件进口主要以软件离岸发包业务执行交付为主。2017年日本软件业进出口总额19559亿日元，其中软件出口总额4311亿日元，进口总额15248亿日元，贸易逆差10937亿日元，逆差的主要来源首先是引进先进技术和产品，其次是购买外包服务。此外，近年来，新加坡、澳大利亚、新西兰、韩国、中国香港等国家和地区服务外包市场也在不断扩大，并逐渐成为新兴发包地区。

从接包方来看，目的地以印度、中国、马来西亚、菲律宾、泰国等为主。地区经济持续增长、城市化水平不断提升、开放环境不断优化、信息技术基础设施快速发展、信息化水平不断提高、成本优势比较突出，为东盟地区承接服务外包提供了有利条件，并使其日益成为国际服务外包的重要目的地。据东盟秘书处2016年统计，东盟地区目前城市人口已占总人口的49%；人均GDP为4021美元，为软件业发展提供了稳定基础，尤其是该地区年轻人口规模巨大，65岁以上人口仅占总人口的5.7%，为软件业人力资源供给奠定了基础。目前，东盟正在实施ICT 2016—2020规划，通过采取一系列政策措施及项目推进，希望ICT在实现区域内一体化和互联互通方面发挥关键作用。据国际电信联盟（ITU）报告（2017），截至2016年6月，东盟10国的网民渗透率达40.67%，规模总数达2.6亿人，位居世界第4。东盟的ICT发展指数（IDI）由2011年的3.51提高至2017年的4.95，年均增速高于同期世界平均增速。到2025年东盟互联网经济规模将比现有规模增加近6.5倍；2015年东盟电子商务网购总产值为55亿美元，到2025年电子商务规模将达880亿美元，预计复合增长率可达32%[①]。因此，东盟在发展服务外包产业上潜力不可忽视。

目前，越南凭借低廉成本、优惠政策、语言优势等成为全球业务流程外包的首选地（见表1-15）。在东盟国家中，菲律宾不仅IT-BPO产业占据支柱地位，ICT服务出口也有突出表现，特别是计算机服务出口占绝对优势，在ICT服务贸易中保持顺差地位。2016年菲律宾的计算机服务出口较2015年增长58.6%。科尔尼国际管理咨询公司将金融吸引力、人际交往能力和有效性、商业环境三个类别指标，作为最佳外包目的地的衡量标准，对全球55个国家进行排名，多年来马来西亚一直位居第3位，仅次于印度和中国。据马来西亚外包协会的数据，马来西亚2013年IT-BPM产业的收入为40亿美元，预计2013—2020年外包产业IT-BPM的年复合增长率将达到18%。目前，马来西亚离岸外包业务主要来自新加坡、中国香港等近邻。

①Google，E-economy SEA，Unlocking the 200billion digital opportunity in Southeast Asia.

表1-15　2014—2015年全球业务流程外包排名前20的国家和地区

| 地区 | 国家 | 2014年 | 2015年 |
|---|---|---|---|
| 美洲 Americas | 秘鲁↑ | 7 | 5 |
| | 萨尔多瓦↓ | 6 | 7 |
| | 巴西↑ | 18 | 8 |
| | 智利↑ | — | 14 |
| | 洪都拉斯↓ | 8 | 15 |
| | 哥伦比亚↑ | 22 | 19 |
| 欧洲、中东和非洲 EMEA | 保加利亚↑ | 14 | 3 |
| | 罗马尼亚↓ | 1 | 4 |
| | 匈牙利↑ | 17 | 9 |
| | 立陶宛↑ | — | 11 |
| | 摩洛哥↓ | 12 | 13 |
| | 南非↓ | 15 | 16 |
| | 捷克共和国↓ | 13 | 17 |
| | 波兰↓ | 16 | 18 |
| 亚太地区 Asia Pacific | 越南↑ | 5 | 1 |
| | 菲律宾↑ | 3 | 2 |
| | 马来西亚↑ | 11 | 6 |
| | 中国— | 10 | 10 |
| | 斯里兰卡↓ | 9 | 12 |
| | 印度↑ | 21 | 20 |

资料来源：高纬环球，《在世界何处？业务流程外包（BPO）和共享服务地点排行榜》，2015年4月。

## 三、未来趋势：服务外包继续成为推动价值链攀升的重要引擎

### （一）服务外包将加速产业融合与业态创新

离岸服务外包利用互联网信息技术将加速制造业与服务业、传统服务业与新兴服务业相互融合与渗透，成为全球产业融合的助推器。服务外包在不断推动制造业向智能化、数字化、网络化和绿色低碳化发展，推动商贸、旅游、金融、物流等传统服务业向信息化和现代化发展，推动研发、设计、

传媒、教育、咨询等新兴服务贸易向规模化发展，其过程之中加速了产业融合创新。据统计，在当前全球行业用户的IT支出中，与业务部门相关的占65%；直接由业务部门决策新的IT项目比例由2012年的25%增长到2016年的40%，意味着服务外包不断地嵌入各行业企业的服务过程，为企业带来更高价值。以众包众创、共享平台为特征的新业态将成为未来服务外包的主流模式。

### （二）全球服务外包加快向高端化、多元化、数字化转型

从全球新技术革命和新产业革命发展趋势来看，高技术产业、新兴服务业态等新动能加速成长，将促使越来越多的企业进入全球价值链的高附加值环节中参与分工并获益，由此推动服务外包向高端价值链、科技密集型发展。从发包方来看，企业更注重利用外包实现业务转型和构建核心能力以顺应数字经济发展的需要，因而促进接包企业向解决方案、系统集成、综合服务提供商转型，推动外包服务向高技术含量、高附加值领域发展。据IDC分析，2017年全球1000家大企业已经将数字化转型作为公司的核心战略，到2020年受数字化转型影响的行业增加值将达到18万亿美元，占全球GDP的20%。此外，信息化、智能化在推动制造业和服务业融合的同时，也使ITO、BPO、KPO之间的范围界限越来越模糊，三大领域的融合性越来越强，继续推动KPO高速增长。

根据IDC数据分析，到2018年全球服务外包总额将达到19767.8亿美元，其中ITO、BPO、R&D市场规模将分别达到10216.1亿美元、5369.6亿美元、4182.1亿美元，分别相当于2012年的1.3倍、1.4倍、1.5倍；到2021年预计总规模达到22464.3亿美元，相当于2012年的1.53倍。2013—2018年全球服务外包市场规模的年复合增长率达到4.9%，其中ITO、BPO、R&D的年复合增长率分别为3.8%、5.7%、6.8%。预计2016—2021年全球服务外包年复合增长率达到4.5%。

到2018年全球离岸服务外包总额将达到3582亿美元，其中ITO、BPO、R&D市场规模将分别达到1590亿美元、860亿美元、1132亿美元，分别相当于2012年的2.1倍、2.7倍、3倍；预计到2020年全球离岸外包规模约4587.8亿美元；到2021年预计总规模达到5125.7亿美元，相当于2012年的3.59倍。

2013—2018年离岸外包市场规模年复合增长率达到16%，其中离岸ITO、BPO、R&D的年复合年增长率分别为13.8%、17.5%、18.8%。预计2016—2021年全球离岸服务外包复合增长率达到13.7%。

由此可见，以研发设计服务外包为主导的KPO领域发展前景最为乐观。大数据、云计算、人工智能、第三平台等广泛应用为服务外包的发展提供了技术支撑，在软件设计开发、金融分析、远程医疗、数据分析和挖掘、知识产权、生物医药研发、创意设计等高附加值领域将产生强大的市场需求，推动KPO市场加速成长。

### （三）发包方与接包方竞合关系增强使更多国家从全球化中受益

2008年金融危机之后，越来越多的国家和地区鼓励服务外包产业发展，全球有70多个国家和地区将承接国际服务外包确立为战略重点，并不断加大对企业能力建设的政策支持。因此，未来时期各国竞争关系更加激烈，但合作也日趋深入，接包与发包在发达国家与发展中国家之间相互交织的现象越来越显著，相互发包的现象越来越多，导致接发包市场的相互融合度不断提高，共同推动全球服务业和制造业价值链迈向新的水平。

从发包方来看，美欧日发达国家和地区仍作为主要发包方，继续占据全球价值链的高端，向处于价值链中低端水平的发展中国家释放外包业务，越来越多的欠发达国家将不断嵌入全球价值链，参与全球服务业分工。与此同时，发达国家为了扩大就业，提高服务贸易增长水平，也越来越多地承接来自发展中国家的外包业务。

自2008年金融危机以来，发达国家为了解决经济增长低迷和就业下降的压力，一方面通过税收减免政策、实施贸易保护主义等振兴本国实体经济，限制服务岗位外流、促进就业回流；另一方面也出台鼓励承接国际服务外包的相关措施，与发展中国家形成了一定的竞争关系。

从接包方来看，市场竞争将越来越激烈。随着各国经济发展水平、要素成本的差异性，接包国也将发生层级上的分化。中国、印度、爱尔兰、俄罗斯等成熟度较高的国家具有先发优势，由于各类人才储备雄厚、信息技术发达、科技教育水平比较先进，在承接高附加值、高科技的服务外包业务上将体现出更强的优势。

而一些低成本国家，如菲律宾、墨西哥、马来西亚、柬埔寨、越南、印度尼西亚、斯里兰卡、肯尼亚、埃及等，由于经济社会发展总体比较落后，工业化、信息化、服务化水平较低，人力资源素质差距较大，将更多地承接劳动密集，附加值、技术含量较低的外包服务。此外，越来越多的发展中国家随着经济快速增长，工业化和信息化水平不断提升，在承接外包的同时，也将不断释放发包市场需求。当然，中国、印度两大接包国正面临着其他国家的挑战，随着人力、土地、能源等要素成本的不断上升，如果不提升创新能力，其竞争优势也将持续走低，导致跨国公司不断寻求成本更低的接包市场。

可以预见，未来将会有更多国家和地区参与服务外包，承接方和发包方的竞争性也将有所加剧，但发展中国家与发达国家的合作性、融合性、依赖性将越来越紧密。

### （四）新技术、新产业、新平台将推动服务外包产业持续增长

大数据、云计算、物联网、第三平台等网络信息技术和数字技术的发展，将促使服务外包的内容创新、交付方式创新与商业模式创新，推动服务外包进入3.0时代。服务外包1.0时代（2001—2006年）主要是以节约成本为导向；进入服务外包2.0时代（2007—2012年）之后，在节约成本的基础上更加注重资源整合利用。随着云计算与第三平台的不断发展，“云外包”模式正在兴起，这为服务外包模式提供了全新的技术架构支持，服务外包开始进入3.0时代（2013年至今）。这一时期更加注重以提升企业核心价值为导向，发包方和接包方形成了共同参与、共享资源、互利共赢的关系。

第一，全球软件信息技术服务市场持续增长。据Gartner研究，目前全球软件支出和软件出口增速均高于IT设备和IT服务。2016年全球IT总支出35360亿美元；其中，数据中心系统支出750亿美元，同比增长3%；软件支出和软件服务支出分别为3260亿美元和9400亿美元，同比增长5.3%和3.1%。2017年全球IT与软件支出增长2.9%，其中软件支出3570亿美元，增速7.2%。2005—2016年全球软件出口总额由2027亿美元增长至4080亿美元，其中计算机服务增速最快，由1184亿美元增长至3531亿美元，翻了近2倍。2009—2016年全球服务贸易电信、计算机和信息服务出口平均增长率为6.35%，超过总服务出口增速，也超过其他细分行业服务出口增长。

第二，云计算快速发展。据Gartner分析，2010—2016年全球公有云市场规模年均复合增速达20.51%；2017—2020年增速在15%以上，到2020年市场规模有望达到3834亿美元。据IDC测算，2017年全球云计算市场支出1070亿美元，相当于2013年的2.3倍。据Forrester Research预测，到2020年全球云计算业务支出将达到1910亿美元，相当于2014年的2.65倍。据统计，2016年全球以IaaS、PaaS和SaaS为代表的云服务市场规模达654.83亿美元，增速25.36%，预计2020年将达到1435.3亿美元，年复合增长率达22%。据Statista分析，2013—2015年全球零售类电子商务年均增幅达35.9%，预计到2020年将增至4.06万亿美元。

第三，全球大数据、人工智能增速均处于较高水平。2016年全球大数据市场规模达580.3亿美元，同比增长26.0%；全球人工智能市场规模1937.8亿美元，同比增长14.6%；人工智能及其相关产业发展增速超过35%，其增长动力主要源自智能化工业机器人、服务机器人的快速发展，其中智能硬件平台占比达63.1%。2016年全球大数据市场中的软件规模约139.3亿美元，全球人工智能市场中软件平台规模约110亿美元，两者约提供了软件市场规模7%的份额。在《MIT科技评论》公布的2017年全球十大突破技术中，人工智能领域的技术占了3个，分别为强化学习、自动驾驶货车、刷脸支付。2017年行业巨头纷纷通过开放基础技术平台、计算平台汇集产业资源，力争构建以企业大平台为中心的产业生态体系。在2017年国际消费类电子产品展会上，欧、美、中、日、韩厂商均发布了最新智能化产品，几乎所有的白色家电都开始集成人工智能技术，探索智能家电的智能系统。

第四，基于网络安全等新的经济社会发展需要，基于网络安全的外包服务不断凸显。2017—2018年全球IT安全外包服务支出分别达167亿美元和185亿美元，增长11%，到2019年全球企业对安全外包服务的支出将占安全软件和硬件产品总支出的75%，高出2016年的12个百分点。

第五，传统产业数字化转型成为全球软件市场持续扩大的重要动力。大数据、云计算、物联网、移动物联网、人工智能等新技术正加速在传统产业广泛应用，使网络化连接、数字化转型、融合化发展成为传统产业主要特征，这一发展趋势将为全球软件信息技术外包提供巨大的市场空间。

### （五）新技术、新产业、新平台将推动服务外包产业转型升级与创新发展

从发包模式来看，网络平台将推动单一发包模式向众包模式发展。众包平台通过一对多的方式提高了服务规模效益。众包以平台为基础发布各类外包信息，有效地整合政府、企业、接包方、发包方等资源，发包企业将业务项目细化承包给自愿接包的企业或个人。在此市场上，充分利用了各类技术人才，提高了服务效率，也增加了发包企业提供项目的灵活性、专业性和丰富性。从目前欧洲市场来看，一些大型企业不再通过长期协议把重要业务发包给单一的服务供应商，而是根据不同环境和业务类型把业务分解后发包给一些规模相对小，但在某个行业领域更加专业的服务供应商。众包平台已经成为全球软件开发的重要模式，如苹果公司的应用平台吸引了近40万App开发者加入该系统，开发了上百万个App产品，是苹果在全球手机行业取得90%利润的决定性因素。CSTO企业是全球知名的中文软件外包和项目交易平台，汇聚了全球50万家IT企业部门、上千万IT人士，为企业、个人提供各类软件外包解决方案。

从服务内容来看，以信息技术、新能源、新材料、生物技术、人工智能、区块链、VR/AR/MR（虚拟现实／增强现实／混合现实）等引领的未来新产业革命将不断释放外包服务，使全球服务外包在产业领域和范围内得到更广阔的拓展。为发包方提供数据存储、数据处理、数据分析等增值服务，提供研发设计、系统解决方案等高端综合业务及金融和财务管理、人力资源管理、企业战略管理等咨询业务的需求将越来越大。

从交付方式来看，第三方支付、移动支付、云端交付等新兴交付方式逐渐成为主流。基于SaaS（软件即服务）、PaaS（平台即服务）、IaaS（基础架构即服务）的云平台服务能够有效降低服务成本、减少中间交易环节、大幅降低交易成本、减少信息不对称风险等。据IDC预计，到2019年，全球近50%的公司会把100%的内部应用和基础设施业务转移到云计算环境中。到2020年，全球信息、通信和技术（ICT）市场40%的份额是由第三平台带来的，而2012年这一数字只有20%。互联网、大数据平台将推动单一发包模式向众包模式发展，众包平台通过一对多的方式将提高全球服务贸易的总体

规模。

从服务模式来看，除离岸交付模式之外，商业存在、现场服务、产品和服务捆绑销售等新模式将更加丰富。例如，Infosys的服务模式是70%的员工在印度，30%的员工在客户所在地提供贴身服务，印度员工通过工作签证的方式到目标国工作。2017财年公司来自现场的收入达到60%左右，占离岸收入比重的40%左右。软件服务供应商已经从过去单一的销售软件产品、一次性付费，向长期合约、年度付费，为用户提供产品及维护、升级等各种增值服务转型。

## 参考文献：

[1] 江小涓，等. 服务全球化与服务外包：现状、趋势及理论分析. 北京：人民出版社，2008.

[2] 江小涓. 服务全球化的发展趋势和理论分析. 经济研究，2008（2）.

[3] 王晓红. 新一轮服务业离岸外包的理论分析. 财贸经济，2007（9）.

[4] 王晓红. 全球服务业离岸外包的发展趋势与中国的政策选择. 宏观经济研究，2007（6）.

[5] 王晓红. 中国承接国际设计服务外包的技术外溢效应研究：基于中国80家设计公司承接国际服务外包的实证分析. 财贸经济，2008（8）.

[6] 王晓红. 中国服务外包：跨越发展与整体提升. 太原：山西经济出版社，2012.

[7] 王晓红，张素龙，李庭辉. 中国服务外包产业发展报告（2016—2017）. 北京：人民出版社，2018.

[8] 王晓红，李蕊，刘英奎. 融入全球价值链：推动服务外包转型升级. 全球化，2014（3）.

[9] 王子先. 中国参与全球价值链的新一轮开放战略. 北京：经济管理出版社，2014.

[10] 王子先，张斌，邓娜. 基于全球价值链的外贸转型战略. 国际贸易，2014（12）.

[11] 杨丹辉，王洛林. 全球化：服务外包与中国的政策选择. 北京：

经济管理出版社，2012.

[12] 黄烨菁，权衡，黎晓寅．印度IT服务外包产业的可持续发展：产业价值链为视角的分析．世界经济研究，2014（5）.

[13] 商务部中国服务外包研究中心.中国服务外包发展报告（2012）.北京：中国商务出版社，2012.

[14] 商务部中国服务外包研究中心.中国服务外包发展报告（2014）.北京：中国商务出版社，2015.

[15] 商务部中国服务外包研究中心.中国服务外包发展报告（2015）.北京：中国商务出版社，2016.

[16] 商务部中国服务外包研究中心.中国服务外包发展报告（2016）.北京：中国商务出版社，2017.

[17] 商务部．中国软件出口发展报告（2015）.

[18] 商务部．中国软件出口发展报告（2016）.

[19] 商务部．中国软件出口发展报告（2017）.

[20] 商务部．中国服务贸易发展报告（2017）．北京：中国商务出版社，2017.

[21] 商务部．中国服务贸易发展报告（2018）．北京：中国商务出版社，2018.

[22] BHAGWATI J，PANAGARIYA A，SRINIVASAN T N.The muddles over outsourcing. Journal of economic perspectives，2004，18（4）：93-114.

[23] MOHAMMED I R.Creating flex - lean - agile value chain by outsourcing. Business process management journal，2013，14（3）：338-389.

[24] MILBERG W S，WINKLER D.Outsourcing economics：global value chains in capitalist development. Cambridge University Press，2013.

[25] The ISG Outsourcing Index Market Data and Insights，ISG，2016-01. http：//www.isg-one.com/pdf/index/4Q15-ISG-Outsourcing-Index.pdf.

[26] MISAKO S，Singh T J.Competitive Landscape：The Next Frontier for BPO Services. Asia/Pacific，2014.

# 第二章　服务外包推动服务贸易强国建设

建设贸易强国是建设现代化强国的重要组成部分，建设服务贸易强国是建设贸易强国的重中之重。加入WTO开启了我国新一轮对外开放的进程，带来了服务业的不断开放，也开启了服务贸易快速发展的历程。我国服务贸易规模迅速增长，成为全球服务贸易增长的主要引擎。近年来，以金融、知识产权、信息技术、文化娱乐和其他商业服务为代表的新兴领域表现出快速增长态势，成为拉动服务贸易增长的主要动力；“一带一路”沿线服务贸易加快发展，进一步拓展了服务贸易市场空间。我国积极发展国际服务外包，对于服务贸易发展和服务业开放创新的作用日益凸显。自“十一五”以来，服务外包产业保持高位增长、规模集聚壮大，成为推动新兴服务贸易增长的主要动力。近年来，服务外包产业价值链呈现向高端跃升态势，知识流程外包成为主要增长引擎；服务外包企业实力增强，技术创新能力和国际化水平显著提高；离岸服务外包基本形成面向全球的多元化市场布局，尤其是“一带一路”沿线新兴市场成为增长的新引擎；服务外包产业吸纳高端人才就业能力增强，人才素质不断提升；服务外包示范城市引领带动作用突出，为推动区域服务贸易结构升级发挥了重要作用。

## 第一节　服务业开放视角下的中国服务贸易发展

党的十九大报告明确提出了推动贸易强国建设的目标。服务贸易是外贸发展新动能的主要来源，是建设贸易强国的重要基石与核心动力，是我国形成面向全球的贸易、投融资、生产、服务网络的关键环节，在推动全球价值链迈向中高端水平中发挥至关重要的作用，应摆在优先发展的位置。2008年金融危机以来，我国通过不断完善顶层设计、优化服务贸易促进政策，加大企业自主创新力度，不断改善营商环境，创新服务贸易模式，完善服务贸易平台建设，发挥服务贸易创新试点的示范带动作用等各项措施，有力推动了服务贸易加快发展，保持了服务贸易良好发展的态势。尤其是近年来新兴服务领域的增长潜力加快释放，反映出创新驱动战略和供给侧结构性改革取得积极成效，服务业创新能力和国际竞争力不断增强，新动能正在加快成长，服务业在网络化、数字化、智能化中加快转型升级的步伐。

## 一、我国服务贸易发展的主要特点

### （一）服务贸易全球地位显著提升，成为拉动我国外贸增长的引擎

#### 1. 我国服务贸易总体呈现出波澜起伏的增长趋势

我国服务贸易发展大致经历了三个主要阶段。

第一阶段为加入世贸组织（WTO）（2001年）之前。这一时期由于服务业开放程度低，服务贸易规模很小。2000年我国服务贸易进出口额仅为712亿美元，其中出口350亿美元，进口362亿美元。

第二阶段为2001—2008年。加入WTO开启了我国服务贸易快速发展的进程。“入世”带来了我国服务业的不断开放，同时也带来了服务贸易规模的迅速增长。2003年我国服务贸易进出口额1066亿美元，首次突破千亿美元；2008年服务贸易进出口额达3222亿美元，相当于2003年的3倍左右；2005—2008年服务贸易出口、进口年平均增长分别达22.6%、21.7%。

第三阶段为2009年至今。与2008年金融危机前相比，我国服务贸易增速进入趋缓阶段，但规模实力明显增强。由于受2008年金融危机的影响，2009年我国服务贸易出口增速急剧下滑为-12.1%，但2010年服务出口、进口分别出现24.2%、21.7%的高速增长（见表2-1）。2009—2017年我国服务进出口额由3025亿美元扩大到6957亿美元，服务贸易占对外贸易总额的比重由13.7%扩大到16.9%。与货物贸易相比，服务贸易增速总体高于货物贸易。2005—2008年我国服务贸易进出口额年均增长率为22.2%，高出货物贸易

（22.1%）0.1个百分点。2009—2017年服务贸易年均增速为9.4%，高出货物贸易3.1个百分点。

2017年我国服务贸易同比增长5.0%；其中出口2281亿美元，进口4676亿美元，出口增速8.9%，比进口高5.4个百分点，是2011年以来出口增速最高的一年，也是7年来服务出口增速首次高于进口增速，体现出服务贸易整体竞争力进一步增强。2017年东部沿海11个省市服务进出口合计5550.6亿美元，占全国比重的85.0%；其中上海、北京和广东服务进出口额分别为1511.9亿美元、1434.3亿美元和1231.4亿美元，居全国前3位。2016年国务院批复在天津等15个省市开展服务贸易创新发展试点工作[①]，重点在管理体制、促进机制、政策体系、监管方式等方面进行先行先试探索。2017年服务贸易创新发展试点地区引领作用不断增强，试点地区服务进出口合计3600.9亿美元，进出口、出口和进口分别同比增长8%、11.1%和7.4%，均高于全国水平。

**2. 我国成为全球服务贸易增长的主要引擎，对全球服务贸易的贡献度逐年提高**

到2017年我国服务贸易已经连续4年保持全球第2位的水平。2010—2016年我国占全球服务贸易比重由4.9%提高到7.0%。2010—2016年我国服务贸易进口一直大于出口，2016年服务贸易逆差占服务贸易总额比重上升到36.7%，2017年贸易逆差为2395亿美元，说明对于发达国家的贸易顺差贡献突出。

**表2-1　2005—2017年我国贸易进出口情况**

| 年份 | 服务贸易出口 | | 服务贸易进口 | | 货物贸易出口 | | 货物贸易进口 | | 服务贸易总额与货物贸易总额之比 / % |
|---|---|---|---|---|---|---|---|---|---|
| | 数额 / 亿美元 | 同比 / % | 数额 / 亿美元 | 同比 / % | 数额 / 亿美元 | 同比 / % | 数额 / 亿美元 | 同比 / % | |
| 2005 | 843 | 16.3 | 840 | 15.5 | 7619.5 | 28.4 | 6599.5 | 17.6 | 11.8 |
| 2006 | 1030 | 22.2 | 1008 | 20.0 | 9689.8 | 27.2 | 7914.6 | 19.9 | 11.6 |

①《国务院关于同意开展服务贸易创新发展试点的批复》（国函〔2016〕40号）确定全国服务贸易创新试点地区为15家，分别为：天津、上海、海南、深圳、杭州、武汉、广州、成都、苏州、威海、哈尔滨新区、江北新区、两江新区、贵安新区、西咸新区。

（续表）

| 年份 | 服务贸易出口 | | 服务贸易进口 | | 货物贸易出口 | | 货物贸易进口 | | 服务贸易总额与货物贸易总额之比 / % |
|---|---|---|---|---|---|---|---|---|---|
| | 数额 / 亿美元 | 同比 / % | 数额 / 亿美元 | 同比 / % | 数额 / 亿美元 | 同比 / % | 数额 / 亿美元 | 同比 / % | |
| 2007 | 1353 | 31.4 | 1301 | 29.1 | 12200.6 | 25.9 | 9561.2 | 20.8 | 12.2 |
| 2008 | 1633 | 20.7 | 1589 | 22.1 | 14306.9 | 17.3 | 11325.7 | 18.5 | 12.6 |
| 2009 | 1436 | −12.1 | 1589 | 0.0 | 12016.1 | −16.0 | 10059.2 | −11.2 | 13.7 |
| 2010 | 1783 | 24.2 | 1934 | 21.7 | 15777.5 | 31.3 | 13962.4 | 38.8 | 12.5 |
| 2011 | 2010 | 12.7 | 2478 | 28.1 | 18983.8 | 20.3 | 17434.8 | 24.9 | 12.3 |
| 2012 | 2016 | 0.3 | 2813 | 13.5 | 20487.1 | 7.9 | 18184.1 | 4.3 | 12.5 |
| 2013 | 2070 | 2.7 | 3306 | 17.5 | 22090.1 | 7.8 | 19499.9 | 7.2 | 12.9 |
| 2014 | 2191 | 5.8 | 4329 | 30.9 | 23427.5 | 6.1 | 19602.9 | 0.5 | 15.2 |
| 2015 | 2186 | −0.2 | 4355 | 0.6 | 22765.7 | −2.8 | 16820.7 | −14.2 | 16.5 |
| 2016 | 2095 | −4.2 | 4521 | 3.8 | 20974.4 | −7.9 | 15874.8 | −5.6 | 18.0 |
| 2017 | 2281 | 8.9 | 4676 | 3.4 | 22633.3 | 7.9 | 18418.9 | 16.0 | 16.9 |

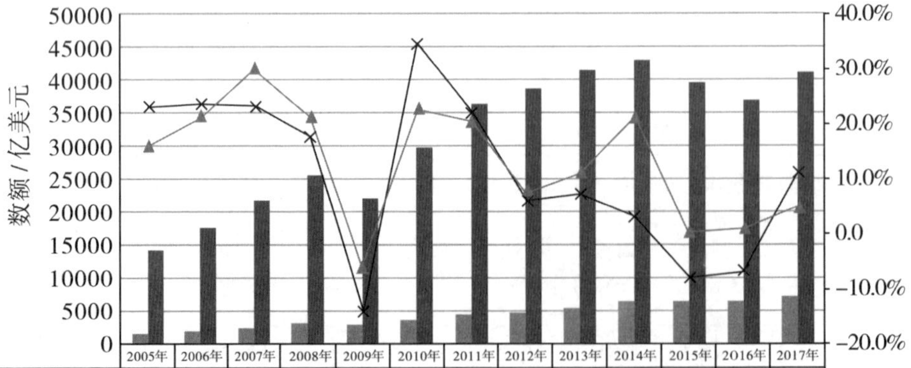


| | 2005年 | 2006年 | 2007年 | 2008年 | 2009年 | 2010年 | 2011年 | 2012年 | 2013年 | 2014年 | 2015年 | 2016年 | 2017年 |
|---|---|---|---|---|---|---|---|---|---|---|---|---|---|
| 服务进出口额（亿美元） | 1683 | 2038 | 2654 | 3222 | 3025 | 3717 | 4488 | 4829 | 5376 | 6520 | 6541 | 6616 | 6957 |
| 货物进出口额 | 14219.0 | 17604.4 | 21761.8 | 25632.6 | 22075.3 | 29739.9 | 36418.6 | 38671.2 | 41590.0 | 43030.4 | 39586.4 | 36849.2 | 41052.2 |
| 服务同比（%） | 15.9 | 21.1 | 30.2 | 21.4 | −6.1 | 22.9 | 20.7 | 7.6 | 11.3 | 21.3 | 0.3 | 1.1 | 5.2 |
| 货物同比（%） | 23.2 | 23.8 | 23.6 | 17.8 | −13.9 | 34.7 | 22.5 | 6.2 | 7.5 | 3.5 | −8.0 | −6.9 | 11.4 |

图2-1　2005—2017服务贸易与货物贸易进出口比较

资料来源：中国商务部，中国海关总署。

与全球主要服务贸易国家相比，我国服务贸易无论是增速还是所占份额都有出色的表现。从增速来看，2010—2016年年均增速前5位国家分别是中国、新加坡、以色列、美国和印度。我国服务贸易年均增速达10.1%，超过上述其他国家，位居前列。这一期间，全球服务贸易年均增速3.9%，欧盟（28）服务贸易年均增速3.4%。从占比来看，2016年欧盟经济体服务贸易总额占全球的40.6%，较2010年下降1.7个百分点；美国服务贸易占全球的12.8%，较2010年扩大0.6个百分点；而我国服务贸易占比较2010年扩大了2.1个百分点（见表2-2）。

表2-2　2010—2016年年均增速前5位国家服务贸易情况

| | 2010年 | | 2016年 | | 年平均增长率 / % |
|---|---|---|---|---|---|
| | 贸易总额 / 亿美元 | 占比 / % | 贸易总额 / 亿美元 | 占比 / % | |
| 全球 | 75463.5 | 100 | 95017.8 | 100 | 3.9 |
| 欧盟（28） | 31888.8 | 42.3 | 38525.7 | 40.6 | 3.4 |
| 中国 | 3717.0 | 4.9 | 6616.0 | 7.0 | 10.1 |
| 新加坡 | 2016.0 | 2.7 | 3047.2 | 3.2 | 7.1 |
| 以色列 | 439.0 | 0.6 | 623.8 | 0.7 | 6.0 |
| 美国 | 9209.0 | 12.2 | 12145.1 | 12.8 | 4.7 |
| 印度 | 2308.1 | 3.1 | 2942.8 | 3.1 | 4.1 |

资料来源：根据中国商务部及WTO统计数据库资料整理。

### （二）新兴服务贸易领域快速发展，成为拉动服务贸易增长的主要动力

近年来，以金融、知识产权、信息技术、文化娱乐和其他商业服务为代表的新兴领域表现出快速增长态势，其中其他商业服务，电信、计算机和信息服务，知识产权使用费服务是三大主要领域。2012—2016年知识产权使用费服务，电信、计算机和信息服务等高附加值服务进出口额年均分别增长8.9%和16.6%。2016年以维护和维修服务、信息服务、广告服务、金融服务等为代表的高附加值服务出口分别增长达54%、49.8%、47.5%、45.1%，成为服务出口的主要亮点。

如表2-3所示，2017年其他商业服务进出口总额1043.9亿美元，占我国服

务贸易的比重达15.0%，贸易顺差186.8亿美元。其中，技术相关服务进出口额264.3亿美元，较上年增长13.1%；出口额149.1亿美元，同比增长28.0%；进口额115.1亿美元，同比下降1.7%。研发成果转让费及委托研发进出口额136.6亿美元，较上年增长8.3个百分点，其中出口79.7亿美元，较上年增长16.0个百分点；进口较上年略有下降，降幅为0.9个百分点。专业管理和咨询服务进出口额473.0亿美元，较上年增长3.7个百分点。

表2-3　2017年中国服务分项进出口情况

| 服务类别 | 进出口 | | 出口 | | 进口 | | 贸易差额/亿美元 | 进出口总额占比/% |
|---|---|---|---|---|---|---|---|---|
| | 金额/亿美元 | 同比/% | 金额/亿美元 | 同比/% | 金额/亿美元 | 同比/% | | |
| 总额 | 6956.8 | 5.1 | 2280.9 | 8.9 | 4675.9 | 3.4 | –2395.0 | 100 |
| —运输 | 1300.5 | 13.7 | 371.0 | 9.7 | 929.5 | 15.3 | –558.4 | 18.7 |
| —海运 | 823.2 | 15.7 | 231.2 | 9.0 | 592.1 | 18.5 | –360.9 | 11.8 |
| —空运 | 384.4 | 8.6 | 113.9 | 15.7 | 270.5 | 5.9 | –156.6 | 5.5 |
| 旅行 | 2935.9 | –3.9 | 388.0 | –12.7 | 2547.9 | –2.4 | –2159.9 | 42.2 |
| —留学 | 727.7 | –23.9 | 64.2 | –12.5 | 663.5 | –24.8 | –599.3 | 10.5 |
| —就医 | 38.4 | –4.8 | 16.1 | –9.0 | 22.3 | –1.6 | –6.3 | 0.6 |
| 建筑 | 324.9 | 53.2 | 239.3 | 88.4 | 85.7 | 0.7 | 153.6 | 4.7 |
| 保险服务 | 144.6 | –14.9 | 40.5 | –0.4 | 104.1 | –19.4 | –63.6 | 2.1 |
| 金融服务 | 53.1 | 2.0 | 36.9 | 16.4 | 16.2 | –20.5 | 20.8 | 0.8 |
| 电信、计算机和信息服务 | 469.4 | 20.1 | 277.7 | 4.7 | 191.8 | 52.5 | 85.9 | 6.7 |
| —电信服务 | 35.8 | 22.1 | 17.8 | 17.6 | 18.0 | 26.9 | –0.2 | 0.5 |
| —计算机和信息服务 | 433.6 | 19.9 | 259.9 | 3.9 | 173.7 | 55.7 | 86.1 | 6.2 |
| 知识产权使用费服务 | 333.4 | 32.9 | 47.6 | 310.3 | 285.7 | 19.1 | –238.1 | 4.8 |
| —研发成果使用费 | 149.3 | 20.5 | 6.5 | 68.7 | 142.8 | 18.8 | –136.3 | 2.1 |
| —视听及相关产品许可费 | 23.2 | 50.4 | 1.2 | 25.5 | 22.0 | 52.1 | –20.8 | 0.3 |
| 个人、文化和娱乐服务 | 35.1 | 21.8 | 7.6 | 2.2 | 27.5 | 28.6 | –19.8 | 0.5 |
| 维护和维修服务 | 82.0 | 14.4 | 59.3 | 13.9 | 22.7 | 15.7 | 36.6 | 1.2 |

（续表）

| 服务类别 | 进出口 | | 出口 | | 进口 | | 贸易差额/亿美元 | 进出口总额占比/% |
|---|---|---|---|---|---|---|---|---|
| | 金额/亿美元 | 同比/% | 金额/亿美元 | 同比/% | 金额/亿美元 | 同比/% | | |
| 加工服务 | 182.5 | –2.4 | 180.7 | –2.5 | 1.8 | 12.3 | 178.9 | 2.6 |
| 其他商业服务 | 1043.9 | 3.2 | 615.4 | 6.2 | 428.5 | –0.9 | 186.9 | 15.0 |
| —技术相关服务 | 264.3 | 13.1 | 149.1 | 28.0 | 115.1 | –1.7 | 34.1 | 3.8 |
| —专业管理和咨询服务 | 473.0 | 3.7 | 311.2 | 2.6 | 161.8 | 5.9 | 149.4 | 6.8 |
| —研发成果转让费及委托研发 | 136.6 | 8.3 | 79.7 | 16.0 | 57.0 | –0.9 | 22.7 | 2.0 |
| 政府服务 | 51.6 | 26.3 | 17.0 | 40.7 | 34.6 | 20.3 | –17.6 | 0.7 |

数据来源：中国商务部。

2017年电信、计算机和信息服务进出口额469.5亿美元，较上年增长20.1%；其中服务出口额、进口额分别达277.7亿美元和191.8亿美元，同比分别增长4.7%和52.5%，实现顺差85.9亿美元。该项顺差主要来自计算机和信息服务。2017年计算机和信息服务出口额、进口额分别达259.9亿美元和173.7亿美元，同比分别增长3.9%和55.7%，实现顺差86.2亿美元。信息技术服务贸易主要是通过承接国际服务外包方式实现的，体现出我国信息技术产业竞争力不断增强，承接国际服务外包能力不断提升。同时，也体现出随着我国制造业和服务业的数字化、信息化快速发展，对国际市场的需求不断扩大。此外，电信服务出口额、进口额分别达17.8亿美元和18.0亿美元，同比分别增长17.6%和26.9%，逆差0.2亿美元。

2017年知识产权使用费服务贸易实现了跳跃式发展，与2016年相比[①]，在总量规模、增速方面均有明显提升。2017年我国知识产权使用费进出口额333.4亿美元，较上年增长32.9%；其中出口额47.6亿美元，同比增长310.3%；进口额285.7亿美元，同比增长19.1%，贸易逆差238.1亿美元。其中2017年研发成果使

①2016年我国知识产权使用费进出口额251.4亿美元，同比增长8.8%；其中出口额11.6亿美元，同比增长7.1%；进口额239.8亿美元，同比增长8.9%，贸易逆差228.2亿美元。

用费出口额6.5亿美元，同比增长68.7%。知识产权使用费出口的大幅增长，体现出在创新驱动战略引领下，我国“大众创业、万众创新”的环境不断优化，知识产权创造能力不断增强，逐渐开始由专利依赖进口向自主创新、知识产权输出转变。同时，知识产权使用费进口额继续增长，逆差进一步扩大，也反映出我国在关键领域、核心技术方面依然依赖于发达国家。

2017年保险服务、金融服务进出口额分别达144.6亿美元和53.1亿美元，保险服务同比增速下降14.9%、金融服务同比增长2.0%；其中保险服务出口额、进口额分别达40.5亿美元和104.1亿美元，同比增速分别下降0.4%和19.4%，贸易逆差为63.6亿美元，较上年的88.5亿美元减少24.9亿美元。2017年金融服务出口额、进口额分别达36.9亿美元和16.2亿美元，同比增速分别为16.4%和–20.5%，贸易顺差20.8亿美元。金融服务贸易连续两年实现顺差，反映出我国金融国际竞争力有所上升。

此外，2017年维护和维修服务进出口额达82.0亿美元，较上年增长了14.4个百分点，其中出口额、进口额分别达59.3亿美元和22.7亿美元，同比分别增长13.9%和15.7%，实现贸易顺差36.6亿美元。

### （三）传统服务贸易仍占主导地位，在信息化提升方面拥有巨大潜力

传统服务贸易转型升级的过程也是运用信息化改造提升的过程。因此，在我国传统服务贸易中，蕴藏着巨大的数字信息技术市场空间。目前，我国服务贸易的主体仍是旅行、运输、建筑三大传统领域，近年来其比重虽有所下降，但规模优势仍然突出。2017年上述三项传统服务进出口额共计4561.2亿美元，占服务贸易比重达65.6%，较上年下降1.1个百分点。2017年运输服务贸易进出口额1300.5亿美元，较上年增长13.7个百分点；其中出口额371.0亿美元，同比增长9.6%；进口额929.5亿美元，同比增长15.3%，贸易逆差558.5亿美元。受全球经济复苏和货物贸易增长的拉动作用，我国运输服务，特别是海运服务增长明显。2017年海运服务进出口额823.2亿美元，同比增长15.7%；其中出口额231.2亿美元，同比增长9.0%；进口额592.0亿美元，同比增长18.5%，贸易逆差360.8亿美元。旅游是我国最大的服务贸易领域。2017年旅游服务贸易进出口额2935.9亿美元，较上年下降3.9个百分点，其中出口额388.0亿美元，进口额

2547.9亿美元，较上年分别下降12.7%和2.4%；贸易逆差2159.9亿美元，占我国服务贸易逆差总额的90.2%。2017年受人民币汇率波动的影响，海外留学服务降幅较大，出口、进口较上年分别下降了12.5%和24.8%。建筑服务贸易是传统服务贸易的一大强项。2017年我国建筑服务贸易总额324.9亿美元，占服务贸易比重4.7%；其中出口额239.3亿美元，同比增长高达88.4%，进口额85.6亿美元，同比增长0.7%，贸易顺差153.7亿美元。这三大传统领域将促进相关服务的跨境电商平台、供应链管理、咨询服务、信息技术服务、数据服务等业务外包领域的发展。

## （四）文化贸易和技术贸易稳步发展，竞争力有所提升

文化贸易包括文化产品和文化服务贸易。我国文化产品贸易规模较大，文化服务贸易规模仍然很小（见表2–4）。2017年我国文化产品出口额、进口额分别为881.9亿美元和89.3亿美元，同比分别增长12.4%和–7.6%，贸易顺差为792.6亿美元。2017年文化服务贸易出口额、进口额分别为61.7亿美元和232.2亿美元，同比分别增速–3.9%和20.5%，贸易逆差为170.5亿美元。从文化服务贸易的主要领域来看，广告服务贸易规模最大，2017年出口额、进口额分别为40.6亿美元和24.1亿美元，同比分别增长–13.2%和10.5%，贸易顺差为16.5亿美元；其余依次为会展服务、文化和娱乐服务、研发成果使用费、试听及相关产品许可费。

表2–4　2017年中国文化产品与部分文化服务贸易情况

| 类别 | 出口 | | 进口 | | 贸易差额／亿美元 |
|---|---|---|---|---|---|
| | 金额／亿美元 | 同比／% | 金额／亿美元 | 同比／% | |
| 文化产品 | 881.9 | 12.4 | 89.3 | –7.6 | 792.6 |
| 文化服务 | 61.7 | –3.9 | 232.2 | 20.5 | –170.5 |
| —广告服务 | 40.6 | –13.2 | 24.1 | 10.5 | 16.5 |
| —会展服务 | 5.7 | 12.5 | 15.9 | 4.4 | –10.1 |
| —文化和娱乐服务 | 7.6 | 2.3 | 27.3 | 29.3 | –19.7 |
| —研发成果使用费 | 6.5 | 68.7 | 142.8 | 18.9 | –136.3 |

（续表）

| 类别 | 出口 | | 进口 | | 贸易差额/亿美元 |
|---|---|---|---|---|---|
| | 金额/亿美元 | 同比/% | 金额/亿美元 | 同比/% | |
| —视听及相关产品许可费 | 1.2 | 25.5 | 22.0 | 52.1 | -20.8 |

数据来源：中国商务部。

从技术贸易来看，我国仍是主要技术进口国。2017年我国企业签订技术出口合同9346份，合同金额228.4亿美元，技术费出口额214.8亿美元；技术进口合同7361份，合同金额328.3亿美元，技术费进口额319亿美元。其中，2017年我国技术出口目的地前10位的国家（地区）共计合同额165亿美元，占比72.3%，依次分别为：美国、中国香港、新加坡、德国、瑞典、日本、瑞士、荷兰、芬兰、韩国（见图2-2）。2017年我国技术进口来源地前10位的国家（地区）共计合同额285亿美元，占比86.8%，依次分别为：美国、日本、德国、韩国、瑞典、中国台湾、英国、中国香港、瑞士、荷兰（见图2-3）。美国是我国最主要的技术贸易伙伴，2017年我国对美国的技术出口、进口分别达51.0亿美元和108.0亿美元，分别占我国技术出口、进口总额的22.3%和32.9%；德国、瑞典、瑞士、英国、荷兰、芬兰等欧盟国家是我国

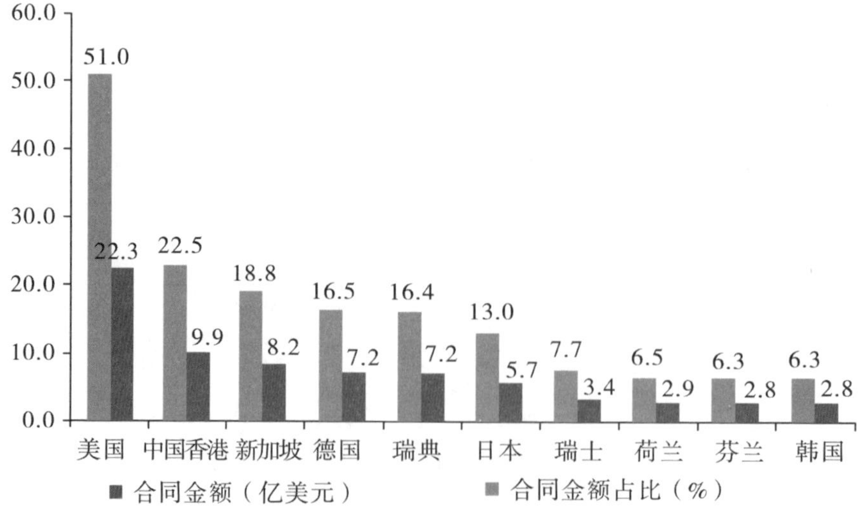


图2-2　2017年中国技术出口目的地前10位国家（地区）

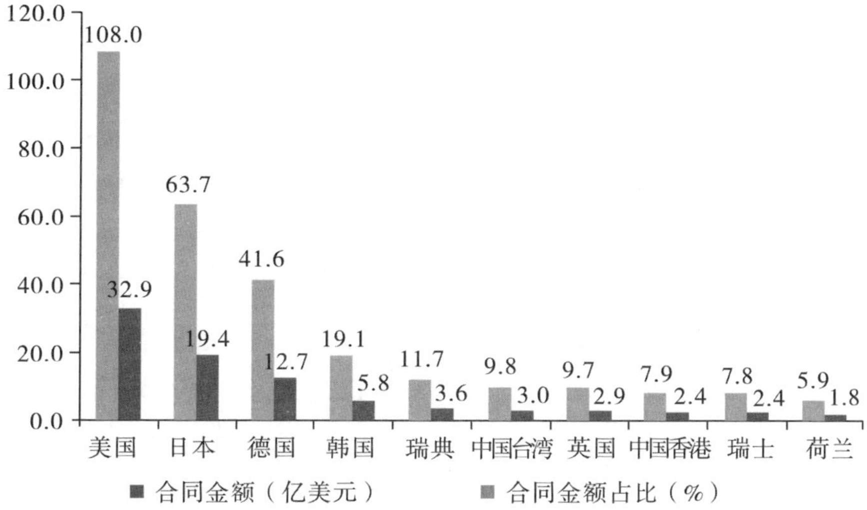


**图2-3　2017年中国技术进口来源地前10位国家（地区）**

主要的技术贸易伙伴；东南亚的日本、韩国、中国香港、中国台湾也是我国主要的技术贸易目的地和来源地。

### （五）“一带一路”服务贸易空间不断拓展，对沿线国家和地区发展贡献突出

目前，我国已经与200多个国家建立了服务贸易往来关系，基本形成了辐射全球的服务贸易市场格局。随着“一带一路”建设的深入推进，我国与沿线国家（地区）的经贸交流不断加强，人员往来更加便利，促进了我国与相关国家之间的旅游、文化、技术等服务贸易合作。2016年我国与“一带一路”沿线国家（地区）服务进出口贸易额1222亿美元，占同期我国服务贸易总额的15.2%。2017年我国“一带一路”建设进入全面务实合作的新阶段。我国企业在“一带一路”沿线61个国家（地区）新签对外承包工程项目，合同额1443.2亿美元，占同期我国对外承包工程新签合同额的54.4%，同比增长14.5%；完成营业额855.3亿美元，占同期总额的50.7%，同比增长12.6%。我国与沿线国家（地区）的服务贸易往来，对沿线国家（地区）的经贸发展做出了重要贡献。2017年前三季度，我国与“一带一路”沿线64个国家（地区）服务进出口709.4亿美元，其中出口额、进口额分别为219亿美元和490.4亿美元，贸易逆差271.4亿美元。我国与“一带一路”服务进出口额前10位的

国家分别为：新加坡、泰国、俄罗斯、马来西亚、越南、阿联酋、印度尼西亚、印度、沙特阿拉伯、土耳其。我国对上述10国均为贸易逆差。

## 二、我国服务贸易发展面临的主要机遇

### （一）国内服务贸易基础和发展环境不断优化

一是服务业在国民经济中的主导地位日益提升，为服务贸易发展提供了产业基础。服务业已经成为拉动我国经济增长的主要力量。2017年我国服务业增加值427032亿元，同比增长8.0%，高于GDP整体增速1.1个百分点，占比GDP比重达51.2%，对经济增长的贡献率达到58.8%。也就是说，在GDP 6.9%的增长中有近六成是第三产业贡献的。

二是服务业进一步开放，将为服务贸易发展带来机遇。改革开放以来我国服务业不断扩大开放，大力吸引服务业外资，有效组合了国际优质服务业要素，促进了国内服务企业国际化经营能力，提升了我国服务贸易整体竞争力。而服务贸易的发展又进一步促进服务业国际竞争。

三是绿色发展理念为服务贸易发展提供了新的空间。发展“绿色经济”日渐成为各国的共识，也将成为国际合作与竞争的焦点，其中具有低能耗、低污染、高附加值特点的服务外包是发展“绿色经济”的重要抓手，已成为中国绿色经济的新增长极。

四是“简政放权”和结构性减税为服务贸易发展注入新的活力。减少行政审批事项、负面清单管理等政府改革和创新管理，切实推进服务贸易便利化。“营改增”等结构性减税措施有利于降低服务贸易企业的运行成本，提高企业技术创新能力。

### （二）“互联网+”与制造业、服务业融合带动服务贸易发展

新一轮产业变革带来全球产业链、供应链、价值链深度整合，服务业和制造业深度融合，带动生产性服务贸易的发展。3D打印、大数据、云计算等新技术不断涌现，数字经济、共享经济、平台经济等新产业、新模式加快发展。尤其是云计算、大数据的发展引发了交易方式的变革，不断创造出新兴

服务贸易业态。我国数字经济的快速崛起有力地带动了相关领域的服务贸易发展。我国服务出口数字化的比重已经达40%。云计算、大数据、人工智能等新技术已经在服务贸易企业中得到广泛应用，成为推动服务交付模式创新和产业升级的主要技术支撑。2017年，数据分析、电子商务平台、互联网营销推广、供应链管理等服务新业态、新模式快速发展，执行金额同比分别增长55.4%、44%、40.6%和17.8%。例如：淘宝、天猫等跨境电商平台减少了消费者的搜寻成本，推动了我国境外消费；微信支付、支付宝等移动支付逐步拓展国际市场；以携程网为代表的旅游互联网平台为游客提供了更加便捷的服务和旅游相关信息，推动了我国境外旅游消费；等等。这些都正在成为服务贸易的新增长点。

### （三）“一带一路”为服务贸易发展提供新平台

我国与“一带一路”沿线国家（地区）开展服务贸易具有较强的比较优势和互补优势，可以在服务业国际分工中占据主动，获得更高的服务贸易收益。一是“一带一路”沿线大多是发展中国家，工业化和信息化水平相对落后，随着“一带一路”互联互通、国际产能合作等重大项目投资建设稳步推进，将直接带动通信、信息技术、文化、旅游、运输、建筑、工程承包等服务外包和服务业走出去。“十三五”期间我国将为沿线国家输送1.5亿人次游客、2000亿美元旅游消费，将吸引沿线国家和地区8500万人次来华旅游，拉动旅游消费约1100亿美元。二是在我国与“一带一路”沿线的基础设施、产业投资合作中，需要各种相关的配套生产性服务支持，例如，技术服务、专业咨询、金融服务、人力资源、教育培训等，这为这些新兴服务贸易领域提供了市场机会。三是扩大“一带一路”相关国家（地区）的服务贸易市场，将为我国在服务贸易国际规则制定中提高话语权地位创造有利条件。

## 三、我国服务贸易发展面临的主要问题及制约因素

一是我国服务贸易国际竞争力较弱，且开放程度较低。从贸易逆差来看，从1992年起我国服务贸易基本处于逆差状态，2008年起逆差逐年扩大，从2010年的219亿美元扩大到2015年的1366亿美元，2017年的服务贸易逆差

相当于2010年的10.9倍。从服务贸易比较优势指数（TC指数）来看，我国2001—2010年保持在0.03~0.1，2013年和2015年分别为-0.228和0.192；从服务贸易显示性比较优势指数（RCA指数）来看，我国2006—2015年保持在0.4~0.5；从服务贸易净出口显示性比较优势指数（NRCA指数）来看，我国2013年和2014年分别为-0.059和-0.076①。因此，从上述三大指标可以看出，我国服务贸易国际竞争力与发达国家存在巨大差距（见表2-5）。

**表2-5　2013年中国服务贸易国际竞争力比较**

| 国家（地区） | 服务出口占总出口的比重 / % | TC指数 | RCA指数 | NRCA指数 |
|---|---|---|---|---|
| 澳大利亚 | 17.1 | -0.087 | 0.866 | -0.033 |
| 奥地利 | 27.2 | 0.188 | 1.377 | 0.076 |
| 比利时 | 17.8 | 0.027 | 0.901 | 0.002 |
| 加拿大 | 14.5 | -0.149 | 0.735 | -0.036 |
| 芬兰 | 28.7 | 0.022 | 1.454 | 0.017 |
| 法国 | 28.7 | 0.107 | 1.453 | 0.070 |
| 德国 | 16.5 | -0.046 | 0.835 | -0.045 |
| 爱尔兰 | 52.0 | 0.027 | 2.632 | -0.123 |
| 意大利 | 17.5 | 0.013 | 0.886 | -0.008 |
| 日本 | 16.8 | -0.056 | 0.848 | 0.006 |
| 韩国 | 16.6 | 0.027 | 0.843 | -0.004 |
| 中国香港 | 20.1 | 0.389 | 1.020 | 0.114 |
| 荷兰 | 17.6 | 0.079 | 0.893 | 0.006 |
| 挪威 | 19.7 | 0.079 | 0.997 | -0.125 |
| 葡萄牙 | 30.1 | 0.317 | 1.522 | 0.143 |
| 新加坡 | 22.1 | -0.024 | 1.120 | -0.026 |
| 西班牙 | 31.4 | 0.226 | 1.590 | 0.102 |
| 瑞典 | 30.9 | 0.132 | 1.566 | 0.043 |

①国务院发展研究中心课题组：《新兴大国的竞争力升级战略（上）》，中国发展出版社，2016，第230~232页。

（续表）

| 国家（地区） | 服务出口占总出口的比重 / % | TC指数 | RCA指数 | NRCA指数 |
|---|---|---|---|---|
| 瑞士 | 29.0 | 0.285 | 1.470 | 0.084 |
| 英国 | 34.9 | 0.253 | 1.766 | 0.140 |
| 美国 | 29.5 | 0.215 | 1.496 | 0.141 |
| 俄罗斯 | 11.1 | –0.306 | 0.564 | –0.152 |
| 巴西 | 13.4 | –0.381 | 0.678 | –0.116 |
| 南非 | 12.4 | –0.09 | 0.629 | 0.01 |
| 印度 | 32.8 | 0.092 | 1.662 | 0.114 |
| 中国 | 8.6 | –0.228 | 0.434 | –0.059 |

资料来源：商务部《中国服务贸易发展报告2014》。

注：服务贸易比较优势指数（TC指数），指某国某一产业或某种贸易产品的进出口差额与其进出口总额之比；服务贸易显示性比较优势指数（RCA指数），指一个国家某种商品出口额占其出口总额的份额与世界出口总额中该类商品出口额所占份额的比率；服务贸易净出口显示性比较优势指数（NRCA指数），指剔除产业内贸易或分工的影响，用一国某一产业出口在总出口中的比例与该国该产业进口在总进口中的比例之差来表示该产业的贸易竞争优势[①]。

我国服务业竞争力较弱与服务业开放严重不足息息相关。根据世界贸易组织依据GATS（服务贸易总协定）和PTA（特惠贸易协定）中所做的开放承诺减让表进行的测算[②]，我国的GATS承诺开放平均指数为39.3，高于发

①国务院发展研究中心课题组：《新兴大国的竞争力升级战略（上）》，中国发展出版社，2016，第230~232页。

②世界贸易组织依据GATS（服务贸易总协定）和PTA（特惠贸易协定）中所做的开放承诺减让表，为各国的整体承诺水平、对市场准入或国民待遇限制处理后的部门平均覆盖率、国民待遇或市场准入方面没有限制条件的承诺开放比例这三项指标赋予不同的数值，即“开放或限制因子”，然后进行指数化测算。测算对象包括发达国家和发展中国家共53个国家，测算领域涵盖了跨境提供的142个分部门和商业存在的152个分部门。GATS指标反映了各成员在多哈回合下的承诺度，PTA则选取了各成员在所有优惠贸易安排中开放承诺最高的协议的开放水平。测算结果的取值范围为（0，100），其中0代表完全不开放，100代表完全开放。

展中经济体平均21.4的水平，但明显低于发达国家53的平均水平[①]。我国的PTA承诺开放指数为49.9，既低于发达国家68.8的平均水平，也低于发展中经济体54.8的平均水平。其中，我国在跨境提供和商业存在的承诺开放指数分别为44.4和55.4，分别低于发达国家65.3和72.2的平均水平，也低于发展中经济体53.4和56.1的平均水平。在WTO关注的17个分部门中，大多数开放程度低于发达国家。根据世界银行测算，我国服务贸易的政策友好度总体得分为63.4，不仅低于发达国家的平均水平，也低于发展中经济体的平均水平[②]。其中，跨境提供、商业存在和自然人流动的指数分别为60.78、62.73、25，不仅低于发达国家的平均水平（79.6、79.7、40.7），也低于发展中经济体的平均水平（67、70.1、38.8）。这些都反映出我国服务业开放水平还不能适应世界服务业开放的总体形势。

二是新兴服务领域出口规模较小，尤其在高端服务业领域仍是主要进口国。这是导致服务贸易不平衡，长期处于逆差状态的重要因素。2016年，世界服务贸易占贸易总额的23.7%，印度、美国、日本、德国、英国、法国的服务贸易占贸易总额比重分别为31.4%、25.5%、22.7%、20%、34.6%、31.1%[③]，均高于我国15.1%的水平。从全球服务贸易发展的趋势来看，保险服务，金融服务，知识产权服务，信息技术服务，文化和娱乐服务及其他商业服务等技术密集型、知识密集型、高附加值的新兴服务贸易已经占主导地位（见表2-6）。技术密集型和知识密集型服务贸易在发达国家占比达50%以上，其中美国、英国的比重均超过60%。但在这些领域中我国出口发展还比较滞后。以专利技术为例，2017年我国专利技术出口合同193份，合同金额3.1亿美元，专利技术进口合同544份，合同金额43.1亿美元，反映出我国在高技术、关键服务领域对国外的依赖性较强。

三是传统服务贸易面临数字化、网络化转型升级的任务还十分艰巨。例

①发展中经济体涵盖WTO所覆盖的中国、印度、巴西、墨西哥等41个国家。发达经济体涵盖WTO所覆盖的欧盟（EC-15），美国、日本、韩国等12个国家。

②发达国家涵盖美国、加拿大、日本、欧盟、韩国等7个经济体。发展中经济体涵盖中国、巴西、智利、阿根廷等77个经济体。

③2016年印度、美国、日本、德国、英国、法国服务贸易总额分别为2956亿美元、12555亿美元、3585亿美元、5848亿美元、5258亿美元、4724亿美元。

如，旅游是我国服务贸易的第一大领域，但其一直处于贸易逆差状态。其主要原因是旅游业信息化水平还不高、基础设施不完善、旅游服务品质不高、旅游产品缺乏个性化设计、从业人员素质良莠不齐、企业管理粗放等，这些都制约了旅游服务贸易发展。交通运输领域目前仍然以传统业务为主，企业管理方式陈旧，高附加值的服务增值业务缺乏，信息化建设、供应链管理、数字化水平等方面都严重滞后。

四是人才短缺问题成为长期制约服务贸易发展的主要因素。尤其是在软件与信息技术服务、文化创意、教育、专业服务等新兴服务领域，专业化、国际化、高端化人才的严重不足，已经成为制约服务贸易企业向全球价值链高端攀升的瓶颈。从全球服务贸易发展趋势看，服务贸易正处于从劳动密集型向技术密集型转变的时期。我国服务贸易的人才培养仍然不能满足发展的需要。从人才结构上看，东部经济发达城市人才相对集中，中西部则人才短缺比较严重，这也是导致东中西部服务贸易发展不均衡的重要原因。

五是多数服务贸易企业技术创新、服务模式创新能力薄弱，研发经费投入不足，企业运营难以摆脱传统模式，不能适应数字贸易快速发展的形势变化。我国服务贸易以中小企业为主，企业的品牌、技术、信用等核心竞争力有待提升；同时，多数企业还面临着人力成本持续上涨、整体盈利能力差等挑战。

六是宏观管理部门比较分散，各部门协调难度较大。服务贸易涉及诸多服务行业，由于职能管理分散在多个部门，导致服务贸易发展政策协调难度较大，在数据统计、贸易谈判与救济、对外投资与引进外资、对外劳务合作等方面缺乏有效的协调机制，不能适应新的发展形势。

## 四、推动我国服务贸易向高质量发展的主要思路

当前，全球服务贸易正处在转型发展、规则重构的新时期。尤其是全球数字经济快速发展，数字贸易正在成为全球服务贸易的主要形式，这对于我国来说既是机遇又是挑战。为此，应在继续保持服务贸易快速增长的同时，加快转型升级，着力提升发展质量，推动数字贸易时代的技术创新和服务模式创新。

## （一）着力提高服务业国际竞争力

一要着力提高服务贸易企业技术创新、服务模式创新和管理创新能力。牢牢把握全球数字经济发展的重大机遇，推动服务贸易企业由传统模式向高端化、数字化、智能化转型。鼓励企业增加技术创新投入，提高服务出口附加值。推动软件与信息技术、数字创意、研发设计、供应链管理、知识产权、金融、教育、医疗健康、跨境电商、大数据、人工智能等新兴服务领域发展；推动交通运输、旅游、建筑等传统服务领域转型升级，提高信息化、数字化、智能化水平。尤其应注重通过承接“一带一路”服务外包，不断扩大中国服务的品牌、标准输出。

二要深化服务业体制改革和机制创新。服务贸易竞争力归根结底取决于服务业竞争力。应切实发挥市场在服务业资源配置中的决定性作用，提高服务业发展活力。政府应积极打破服务业的行业垄断，完善服务业的市场准入制度，维护市场公平竞争。推动国企混合所有制改革，鼓励非国有经济参与服务业竞争，鼓励企业并购重组，加快培育跨国服务企业集团。通过税收减让、政府采购等方式，加大对服务贸易的政策扶持力度。尤其是营造新兴服务业发展的市场环境，更好地激发服务业创新能力。

三要注重服务贸易与货物贸易发展紧密结合。坚持服务贸易与货物贸易协同发展的原则。发挥我国货物贸易规模巨大对服务贸易的拉动作用，带动跨境物流、电子商务、供应链管理、信息技术、金融等服务贸易发展，延伸服务贸易价值链，提高货物贸易附加值、技术含量和价值链增值水平。

## （二）不断完善服务贸易治理体系建设

从领域来看，服务贸易涉及服务业的各个行业门类，体系庞大而复杂；从贸易特点来看，服务贸易属于无形贸易，不能简单地依靠关税或配额等管理手段。为此，应建立适应服务贸易发展的体制机制和法律法规。

一是建立政府各部门的协调联动机制。逐渐完善相互协同配合的体制机制，切实改变“各自为政”“多头管理”的局面，使服务贸易管理形成合力。加强商务、发改、产业、海关、商检、财政、工商、税务、银行、教育、科技、外管、统计等相关部门政策协调配合，不断完善人才、科技、财税、统计、法律等政策体系。加强信息共享、监管互认、执法互助等机制化建设，打破部门分割和条块利益。进一步提高政策的科学性、针对性、连续性、稳定性和含金量。

二是建立科学的服务贸易宏观管理体系。在国家层面建立健全相应的管理体制和部门协调部际委员会机制，统筹协调发展服务贸易，提高政府服务效率，并积极借鉴发达国家服务贸易立法的经验，把宏观调控的立足点从以优惠政策为导向转变到优化政策环境、营造良好营商环境上来。

三是完善相关法律法规建设。未来我国服务贸易面对的国际市场角逐越来越激烈，规范行业的竞争秩序将为服务贸易稳步发展营造良好的法制环境。应积极调整已经落后于形势发展的现行法律法规，增加补充适应未来趋势发展的法律法规。

### （三）把培育服务贸易人才作为发展的第一要务

加快培养和引进适应数字经济发展的各类高质量人才是提高服务贸易竞争力的关键所在。

一是加大对教育培训的投入。扶持不同层次门类的职业技术教育和培训，建立高校、职业院校、企业和培训机构共同参与的机制，广泛拓宽人才培养渠道，特别是加强经营管理人才培训。高等教育应增强培养创新型人才的意识，引导学生改变择业就业观念，勉励学生积极投身服务贸易行业。加强校企合作，地方政府应积极搭建校企对接平台。

二是建立与国际化市场相适应的课程体系。以培养国际化、专业化、复合型人才为宗旨，根据服务贸易发展的新趋势，及时设置具有前瞻性的相关学科，细化专业培训方向。在注重提高专业知识和英语能力基础性教育的同时，尤其要注重对国际行业标准、国际市场规则、国际化管理知识、行业推广等高级项目经理、高端技术和管理人才的培养，为提升我国服务贸易国际竞争力提供人才和智力保障。提高企业实际业务与高校专业课程的融合性。

三是实施服务贸易高质量人才引进战略。大力吸引服务贸易国际化领军人才和各类高端人才是快速提高服务贸易竞争力的重要路径，建立多个渠道、多种方式吸引国际化高端技术管理人才的机制，通过领军人才打通国际市场渠道。

### （四）放宽高端服务业外资准入

我国服务业开放滞后重点体现在高端服务业领域，这既影响了利用外资高质量发展，同时也制约了服务贸易发展。外资企业既是我国服务贸易的开拓者，也是一股重要力量，但由于准入方面的限制，难以进入中国市场。应加快放宽金融、教育、医疗、育幼养老、文化创意、软件与信息技术、专业服务、现代物流、电子商务、研发设计等领域市场准入，逐步扩大外资设立独资企业范围。推动实施外资企业人员往来便利化措施，注重对宜居宜业、知识产权保护等软环境建设，为吸收服务业外资创造优质环境。

### （五）提升各类服务贸易试点试验平台的发展质量和改革创新空间

目前，我国设立了31个服务外包示范城市、15个服务贸易创新发展试点城市、11个软件出口基地城市，并将设立文化、中医药服务、数字服务等出口基地。实践证明，试点试验平台对于加快服务贸易集聚发展，尤其在探索模式创新、体制创新、政策创新等方面都发挥了重要作用。应着力提高这些试点试验地区的发展质量，赋予更大的先行先试自主权，不断扩大可复制推广的经验，尤其应重点探索数字贸易环境下的新标准和新规则。

### （六）加快构建我国的数字贸易规则和标准

目前，无论是美国、欧盟、日本等发达国家（地区），还是印度等发展中国家，都在加紧制定相关的数字贸易规则。数字贸易发展也将出现新的贸易壁垒，除关税壁垒之外，还包括本地化要求、跨境数据流量限制、知识产权侵权、独特标准或繁重的测试、网络过滤或阻断、网络犯罪曝光、国家主导的商业秘密盗窃等。这些都要求我们加强研究，积极应对全球数字贸易规则的挑战，加快构建既与国际标准相衔接，又符合我国实际的数字贸易政策体系、标准体系。

# 第二节 “十一五”时期中国服务外包的发展

进入21世纪以来，随着跨国公司服务业不断向中国离岸转移，中国开始承接跨国公司离岸服务外包业务，由此拉开了中国服务外包产业发展的序幕。国际服务外包具有科技含量高、附加值高、国际化程度高、吸纳大学生就业能力强及资源消耗低、环境污染少等特点，成为重点培育的一大新兴服务业领域。因此，“十一五”是中国服务外包产业的形成和高速发展时期。这一时期，中国已经成为全球第二大离岸外包目的地国家，国际服务外包呈现高速增长、规模快速扩张，并形成了以示范城市为主体的区域发展布局。同时，服务外包政策框架也基本形成。国际服务外包成为推动服务贸易增长的新引擎和提升开放型经济质量的有力支撑。发展国际服务外包对于解决城市大学生就业和提高人才素质、推动新兴服务业发展和国际化水平、带动服务业结构升级发挥了重要作用。尤其是对于带动中国服务业嵌入全球服务业价值链体系具有极其重要的意义。

## 一、“十一五”时期中国服务外包产业发展的主要特点

### （一）国际服务外包高速增长，产业初具规模

“十一五”时期，受国际金融危机影响，全球经济、贸易开始陷入长周期低速增长，国际市场开始大幅萎缩，但中国服务外包保持了高速增长态势。2008年中国承接国际服务外包协议金额58.4亿美元，同比增长83%；执行金额46.9亿美元，同比增长192.6%。2009年中国承接服务外包协议金额200.1亿美元；执行金额138.4亿美元。其中离岸外包协议金额147.7亿美元，同比增长152.9%，执行金额100.9亿美元，同比增长115.1%。2010年中国承接服务外包协议金额达274.1亿美元，同比增长37%；执行金额198亿美元，同比增长43.1%，占全球服务外包市场总量的5.4%。其中离岸外包协议金额198.3亿美元，同比增长34.3%；执行金额144.5亿美元，同比增长43.2%，占外包合同执行金额的73%。

从发展规模来看，到2008年全国共完成服务外包合同执行金额66.9亿美元，其中离岸执行金额55.9亿美元。截至2010年全国服务外包合同执行金额403.3亿美元，其中离岸执行金额301.3亿美元，占服务贸易出口比重为17.7%，较2007年（1.3%）提高了16.4个百分点。从企业发展来看，到2008年全国服务外包企业共4775家，截至2010年达到12706家。从吸纳就业来看，到2008年中国服务外包从业人员共83.6万人，截至2010年达到232.8万人，其中拥有专科以上学历的员工数量占从业人员的75%左右。仅2010年就新增就业人员78.1万人，其中吸纳大学生就业48.56万人（见图2-4）。

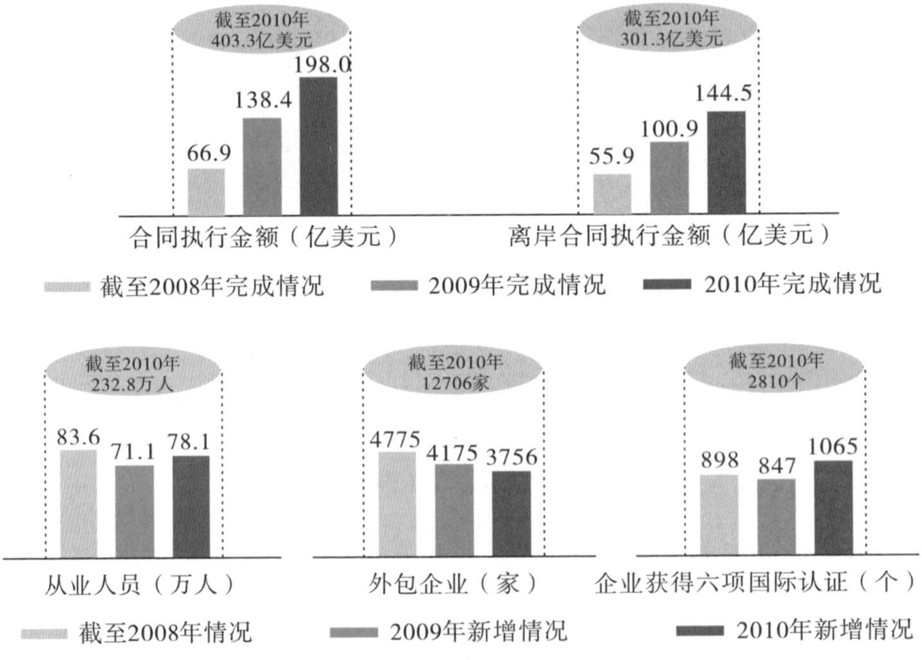


**图2-4　2008—2010年中国服务外包产业发展情况**

数据来源：中国商务部。

## （二）发包方以美国、日本和中国香港为主，来源地高度集中

中国离岸外包前三大来源地主要集中在美国、日本和中国香港。2008年中国承接日本、美国和中国香港服务外包合同执行金额分别为9.7亿美元、9.1亿美元和5.1亿美元，占比分别为20.7%、19.4%和10.9%，三地的业务总量

占总量的51%。2009年中国承接美国、日本和中国香港服务外包合同执行金额分别为28.1亿美元、20.6亿美元和9.0亿美元，占比分别为27.85%、20.43%和8.91%，三地的业务量占总量的57%左右。2010年中国承接美国、日本和中国香港服务外包合同执行金额分别为38.1亿美元、28.5亿美元和15.2亿美元，占比分别为26.3%、19.7%和10.5%，三地的业务量占总量的56.5%（见表2-7、表2-8、表2-9）。

此外，这一时期承接欧洲国家的外包业务基本保持稳定发展。2008年来自英、德、荷、法四国的外包业务合同执行金额占比分别为3.2%、3.1%、1.2%和1.1%，合计占总量的8.6%。2009年来自荷、英、德的外包业务合同执行金额占比分别为2.56%、2.34%和2.26%，合计占总量的7.16%。2010年来自荷兰、英国、瑞士、芬兰的合同执行金额分别为3.2%、2.5%、2.1%和2.1%，合计占总量的9.9%（见表2-7、表2-8、表2-9）。

表2-7　2008年中国离岸服务外包业务十大来源地

| 序号 | 国别/地区 | 合同签约金额 / 亿美元 | 比重 / % | 合同执行金额 / 亿美元 | 比重 / % |
|---|---|---|---|---|---|
| 1 | 日本 | 10.7 | 18.3 | 9.7 | 20.7 |
| 2 | 美国 | 10.8 | 18.5 | 9.1 | 19.4 |
| 3 | 中国香港 | 7.0 | 12.0 | 5.1 | 10.9 |
| 4 | 中国台湾 | 1.8 | 3.1 | 1.5 | 3.3 |
| 5 | 英国 | 1.5 | 2.5 | 1.5 | 3.2 |
| 6 | 德国 | 1.5 | 2.5 | 1.5 | 3.1 |
| 7 | 新加坡 | 1.0 | 1.7 | 1.3 | 2.8 |
| 8 | 韩国 | 1.3 | 2.2 | 0.7 | 1.5 |
| 9 | 荷兰 | 2.4 | 4.1 | 0.6 | 1.2 |
| 10 | 法国 | 0.4 | 0.6 | 0.5 | 1.1 |

资料来源：中国商务部。

表2-8　2009年中国离岸服务外包业务十大来源地

| 序号 | 国别/地区 | 合同签约金额 / 亿美元 | 比重 / % | 合同执行金额 / 亿美元 | 比重 / % |
|---|---|---|---|---|---|
| 1 | 美国 | 41.3 | 27.95 | 28.1 | 27.85 |
| 2 | 日本 | 25.3 | 17.15 | 20.6 | 20.43 |
| 3 | 中国香港 | 12.5 | 8.46 | 9.0 | 8.91 |
| 4 | 新加坡 | 7.8 | 5.27 | 4.5 | 4.49 |
| 5 | 中国台湾 | 3.9 | 2.63 | 3.4 | 3.41 |
| 6 | 荷兰 | 5.8 | 3.93 | 2.6 | 2.56 |
| 7 | 英国 | 3.6 | 2.43 | 2.4 | 2.34 |
| 8 | 德国 | 3.2 | 2.19 | 2.3 | 2.26 |
| 9 | 印度 | 2.6 | 1.74 | 2.0 | 1.97 |
| 10 | 韩国 | 3.2 | 2.17 | 2.0 | 1.94 |

资料来源：中国商务部。

表2-9　2010年中国离岸服务外包业务十大来源地

| 序号 | 国别/地区 | 合同签约金额 / 亿美元 | 比重 / % | 合同执行金额 / 亿美元 | 比重 / % |
|---|---|---|---|---|---|
| 1 | 美国 | 56.1 | 28.3 | 38.1 | 26.3 |
| 2 | 日本 | 34.9 | 17.6 | 28.5 | 19.7 |
| 3 | 中国香港 | 21.2 | 10.7 | 15.2 | 10.5 |
| 4 | 中国台湾 | 7.0 | 3.5 | 5.6 | 3.9 |
| 5 | 新加坡 | 6.0 | 3.0 | 4.7 | 3.2 |
| 6 | 荷兰 | 4.6 | 2.3 | 4.6 | 3.2 |
| 7 | 英国 | 4.3 | 2.2 | 3.6 | 2.5 |
| 8 | 瑞士 | 3.9 | 2.0 | 3.1 | 2.1 |
| 9 | 芬兰 | 5.1 | 2.6 | 3.0 | 2.1 |
| 10 | 印度 | 4.3 | 2.2 | 2.8 | 1.9 |

资料来源：中国商务部。

### （三）服务外包产业结构以ITO为基础，逐步向BPO和KPO扩展

“十一五”时期信息技术外包在中国承接国际服务外包中占绝对优势。在三大业务领域中[①]，呈现出以信息技术外包（ITO）为主，逐步向业务流程外包（BPO）和知识流程外包（KPO）拓展。2008年离岸ITO、BPO和KPO合同签约金额分别为40.7亿美元、13.1亿美元和4.6亿美元，分别占69.7%、22.4%和7.9%；2009年ITO、BPO和KPO离岸合同签约金额分别为88.9亿美元、34.6亿美元和24.2亿美元，分别占60.2%、23.4%和16.4%；2010年ITO、BPO和KPO合同签约金额分别为119.4亿美元、40.1亿美元和34.9亿美元，分别占60.2%、20.2%和17.6%。这一时期中国软件离岸外包市场年复合增长率在40%以上，中国电信外包市场增长率2006—2009年由10.40%上升到28.60%（见表2-10、图2-5）。“十一五”时期中国软件信息技术外包已经形成了技术基础比较雄厚、规模效应明显的产业集群。2010年中国软件出口协议金额126.3亿美元，同比增长24.4%；执行金额97.4亿美元，同比增长34%。中国医药研发外包已经由药物发现、临床前研究、药物基因组学、药物安全性评价等服务，发展到包括数据管理与分析、产品研发、市场推广服务等的全产业链服务。

表2-10　中国离岸服务外包ITO、BPO、KPO规模

| 类别 | 年份 | ITO / 亿美元 | 占比 / % | BPO / 亿美元 | 占比 / % | KPO / 亿美元 | 占比 / % | 其他 / 亿美元 | 占比 / % |
|---|---|---|---|---|---|---|---|---|---|
| 合同签约金额 | 2008年 | 40.7 | 69.7 | 13.1 | 22.4 | 4.6 | 7.9 | — | — |
| | 2009年 | 88.9 | 60.2 | 34.6 | 23.4 | 24.2 | 16.4 | — | — |
| | 2010年 | 119.4 | 60.2 | 40.1 | 20.2 | 34.9 | 17.6 | 3.9 | 2.0 |
| 合同执行金额 | 2008年 | 32.1 | 68.4 | 10.6 | 22.6 | 4.2 | 9.0 | — | — |
| | 2009年 | 63.9 | 63.3 | 24.8 | 24.6 | 12.2 | 12.0 | — | — |
| | 2010年 | 91.7 | 63.5 | 29.3 | 20.3 | 20.2 | 14.0 | 3.2 | 2.2 |

资料来源：中国商务部。

①服务外包三大业务领域为ITO、BPO、KPO。ITO的业务类型主要包括：软件产品开发、软件测试、应用系统开发和全球化服务等。BPO的业务类型主要包括：物流采购、金融财会、客户服务、人力资源管理与培训等领域。KPO的业务类型主要包括：动漫、研发、设计等领域。

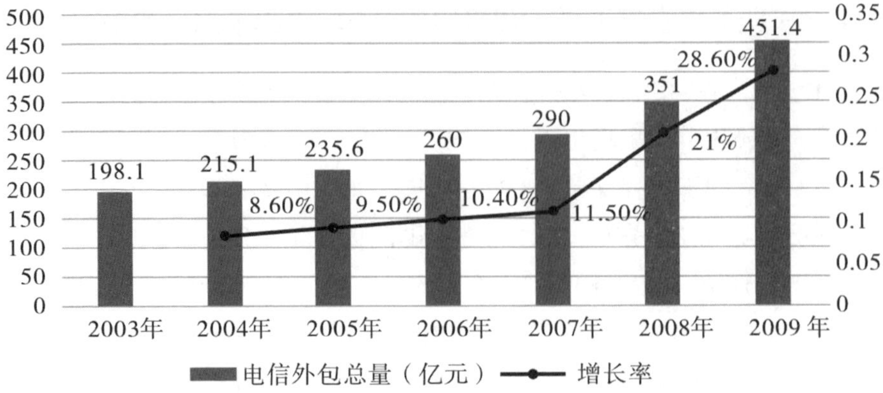


图2-5　2003—2009年中国电信外包市场规模与增长情况

资料来源：慧典研究报告。

## （四）服务外包优势企业开始显现，民营和外资成为主要力量

“十一五”时期中国服务外包企业规模逐步扩大，专业化、国际化水平逐步提高。截至2010年，全国获得六类国际资质认证的企业共2810家（包括CMMI、CMM、PCMM、ISO 2001、SAS 70、ISO 27001），仅2010年就增加了1065家；经认定的技术先进型企业800家左右，有万人以上规模企业4家。涌现出了东软集团、浙大网新、海辉软件、大连华信、中国软件、博彦、文思创新、软通动力等一批具有较强国际竞争力的软件外包企业。服务外包市场逐步向优势企业集中。2008年占全国企业总数3%的服务外包企业，签约的国际服务外包合同金额占全国总额的60%；前5位企业合同签约金额占前100名企业总额的25.4%；全年合同签约金额超过5000万美元的企业达到16家。民营和外资企业成为服务外包产业发展的主力，占服务外包企业主体总量的70%左右。2010年民营、合资、外商独资和国有企业数量分别占54.3%、6.3%、24.4%和15%。

## （五）服务外包主要集中在东部地区，示范城市聚集效应明显

中国服务外包产业主要分布在东部沿海城市。“十一五”时期长三角、环渤海、珠三角和中西部城市分别占全国总量的64.7%、22.1%、4.7%和8.5%。其中，长三角地区具有明显优势，基本形成了以上海、南京、苏州、杭州、无锡5个示范城市为主要聚集区，辐射带动周边地区发展的格局。北

京、天津、济南、上海、南京、苏州、无锡、杭州、武汉、重庆、成都、西安、合肥、南昌、长沙、深圳、广州、哈尔滨、大连、大庆、厦门21个服务外包示范城市已经具备了良好的发展基础，基本形成了特色产业，积累了行业经验，形成了较强的聚集、示范带动和辐射效应，成为中国服务外包产业增长的主要动力。示范城市占全国服务外包规模比重超过80%，其中以离岸业务为主。2010年21个示范城市离岸合同签约金额达185.8亿美元，同比增长36.6%；离岸合同执行金额达135.4亿美元，同比增长41.2%。截至2009年，21个示范城市企业数达7013家，占全国的78.36%；合同签约金额305.16亿元，占全国的87.39%。示范城市2009年获得资格认证的企业达3678家，占全国的79.82%，其中获得6项国际资格认证的企业占全国的77.54%。2010年全国共新增服务外包企业3756家，其中2625家分布在21个示范城市；1/3的示范城市服务外包企业数量增长率达到50%以上。

### （六）区域分工关系开始形成

“十一五”时期，由于北、上、广、深一线城市成本持续上升，二、三线城市在人力成本、生活成本、商务成本及土地、能源、资源等要素价格方面普遍低于一线城市，二线城市已经逐步成为服务外包产业的重点城市，许多三线城市也已经与大城市形成了垂直分工关系。“一线城市接单，二、三线城市交付”的模式和分工格局正在逐步形成。这一分工格局有利于更好地发挥大城市的辐射带动作用，促进中小城市发展服务外包产业。

## 二、“十一五”时期中国服务外包产业存在的主要问题

“十一五”时期中国服务外包产业处于发展初期，存在以下主要问题。

### （一）产业整体竞争力较弱

一是服务外包企业规模普遍较小、组织管理不成熟。2010年全国服务外包企业人员平均规模183人，大部分是100人以下的小企业。2008年中国前20强软件外包企业平均出口额4130万美元，平均外包额5491万美元，平均人数为1510人。而印度过万人的软件外包企业就有20多家，Infosys已经超过10万

人；中国软件外包行业利润率平均只有10%左右，而印度则高达40%左右。中国外包企业年人均创造的收入只有1万~2万美元，而印度则达到5万美元；在中国排名前30的软件公司中，仅有20%左右的企业获得了CMM4级或CMM5级认证。二是服务外包产业价值链主要集中在低端。研究表明，2010年全球KPO外包的70%在印度，仅有30%在中国和其他发展中国家。三是缺乏服务外包品牌，企业承接高端外包业务能力不强，缺乏直接从欧美发包商手中接单的能力。据调查，海外直接接包比率在50%~75%之间的企业占31%。四是服务外包企业仍然以承接在岸为主，离岸规模小。目前，中国服务外包企业承接离岸业务水平在20%~30%。

### （二）区域发展不平衡

这一时期的服务外包产业主要聚集在东部沿海城市和一、二线城市，中西部内陆城市和中小城市发展缓慢。长三角、环渤海、珠三角地区由于具有国际化程度较高、基础设施建设完善、人才密集、交通通信发达、产业基础雄厚、服务业基础较好等优势，在发展国际服务外包上起步早，在企业数量、规模、发展速度和集聚效应等方面已经形成了明显优势。而多数中西部地区由于国际化程度低、基础设施较差、产业基础薄弱、人才匮乏等不利因素影响，发展国际服务外包较为艰难。

### （三）缺乏科学规划和综合引导

各地普遍缺乏服务外包产业的科学规划，产业趋同化、恶性竞争逐步显现。发展服务外包行业导向、招商引资对象普遍存在同质化现象，影响了城市之间的合作共赢。一些城市没有根据自己的资源禀赋优势准确定位，涵盖领域过宽、特色不够鲜明、重点不突出，影响了品牌效应和集聚效应。此外，在外包行业上，主要侧重于软件信息技术，对其他行业缺乏规划。

### （四）服务外包人才匮乏

服务外包企业人才数量不足、结构性供给缺口明显、人才适应性较差等问题较为严重，尤其缺乏能够熟练掌握和运用英语的专业性人才，复合型中高端人才和适用性技术人才短缺成为制约服务外包产业的突出瓶颈。以软件产业为例，这一时期的软件外包人才缺口达30万人以上。高端的软件架构师、系统设计师以及底部的软件蓝领都严重短缺，而中端的系统工程师则相对过剩。根据Gartner研究，中国从业人员的交流能力和工作技能低于印度、爱尔兰和俄罗斯等国家。服务外包人才培养机制尚未建立。

### （五）产业服务体系和法律法规不够完善

公共服务平台、行业协会、产业联盟等组织机构发育尚不完善。由于行业组织缺乏影响力，中国还难以在国际推介外包企业，树立服务外包品牌，还没有建立与国际接轨的服务外包技术标准体系和统计指标体系。由于还没形成统一的行业标准，导致外包企业的服务标准、服务水平参差不齐。因为国际服务外包是知识密集型行业，所以跨国公司在考虑发包时对知识产权保护格外重视。企业反映，知识产权保护力度不足和信息安全环境较差是制约国外客户进一步扩大在中国的业务的重要原因，盗版软件、山寨版产品等都影响了离岸外包发展。

### （六）服务外包企业税收负担过重

这一时期，服务外包企业纳税以营业税为主，且存在多环节征收问题。据研究，中国服务业税负高于制造业，存在增值税和营业税并存等重复征税问题。一家制造业企业的内部呼叫中心的营业税为零，增值税可抵扣；而一家专业外包企业呼叫中心则需缴纳营业税，且增值税不可抵扣。此外，企业所得税、营业税存在税负偏高的问题，这些都增加了服务外包企业的负担。

## 三、“十二五”时期中国服务外包产业的发展环境与规划重点

### （一）“十二五”时期中国服务外包产业的发展环境更为有利

“十二五”时期，新一轮技术革命和产业革命已见端倪，更有利于中国扩大服务外包国际市场，更为重要的是服务外包国内市场需求旺盛，为服务外包企业开拓在岸业务、做大做强提供了机遇，有效抵御了因2008年金融危

机持续带来的国际市场动荡。

（1）从国际市场来看，一是全球服务外包市场继续扩大。据麦肯锡公司研究，全球财富1000强中95%以上的企业已经制定了服务外包战略，2010年全球服务外包市场规模达到6000亿美元。联合国贸易和发展会议认为，这一时期全球服务外包市场每年增速为30%~40%。二是接包市场多元化使中国的优势更加突出。这一时期，全球服务外包市场主要集中在北美、西欧和日本，美国约占外包支出的2/3，欧洲和日本约占1/3。中国、印度、澳大利亚、加拿大、爱尔兰都是主要的承接地。印度是主要的接包国家，占全球ITO与BPO市场份额的40%以上。但是，跨国公司出于自身经济安全和分散风险的考虑，已经开始重视对中国、马来西亚、菲律宾、俄罗斯、墨西哥、巴西、罗马尼亚以及非洲等其他发展中国家的发包。相比之下，中国的优势更加明显。三是服务外包价值链中的知识密集型高端环节不断扩大。其中主要原因来自两个方面：一方面，随着新技术、新产业的不断涌现，例如，云计算、物联网技术的运用，新能源、新材料、低碳经济等新兴产业的发展，衍生出各类服务外包领域。另一方面，专业化分工进一步深化也释放出大量的BPO项目，例如，金融、物流采购、研发设计、法律、财务、人力资源等。

（2）从内需市场来看，国内服务外包需求持续增长。一方面，跨国公司在中国制造业、服务业的投资不断增长，对服务支持的需求和规模日益扩大，不仅释放出大量在岸外包，而且延伸出许多离岸业务。尤其在软件信息技术服务及研发、设计、咨询、呼叫中心、数据处理等流程服务外包领域。另一方面，国内企业为了降低成本、提高核心竞争力，服务专业化趋势不断增强、服务分工不断细化，中国制造业体系内置的服务环节加快分离，释放出各种ITO、BPO和KPO外包业务。同时，政府的信息化、服务化、专业化程度不断提高，对外包需求大幅度增加，尤其是在信息技术、研发、咨询、客户服务、品牌策划等服务领域不断释放出外包需求。

（3）从供给层面来看，中国在人才、基础设施方面优势突出。一是人才规模优势明显。中国具有知识结构多元化的人才资源，2010年高等院校毕业生为630万人左右，相当于2000年的6.3倍（见图2-6）。二是电信网络基础条件不断完善。2010年中国互联网普及率为34.3%，超过世界平均水平。2009年国际出口带宽超过每秒86万兆字节，是全球第二大拥有IP（Internet

Protocol）的国家（见图2-7）。2009年长途光缆线路长度达837159公里，互联网宽带接入端口13592.4万个，电信业固定资产投资3724.9亿元，分别相当于2003年的1.4倍、7.5倍和1.7倍（见表2-11）。

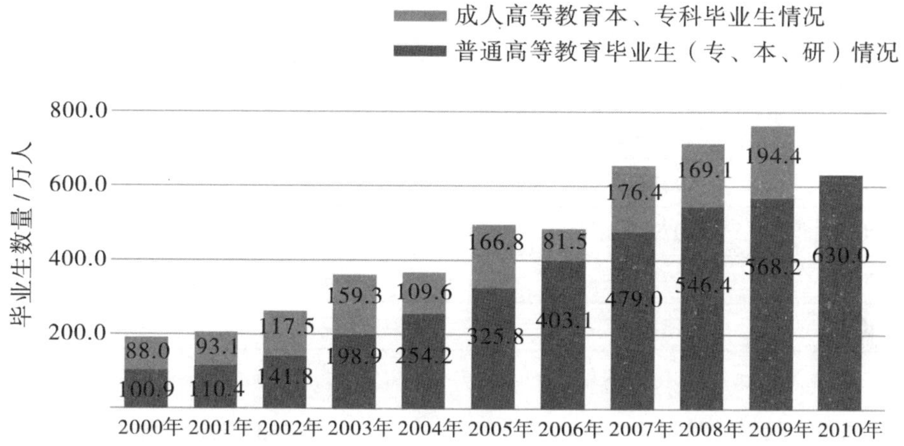


**图2-6　2000—2010年中国高等教育毕业生数量增长情况**

数据来源：国家统计局。

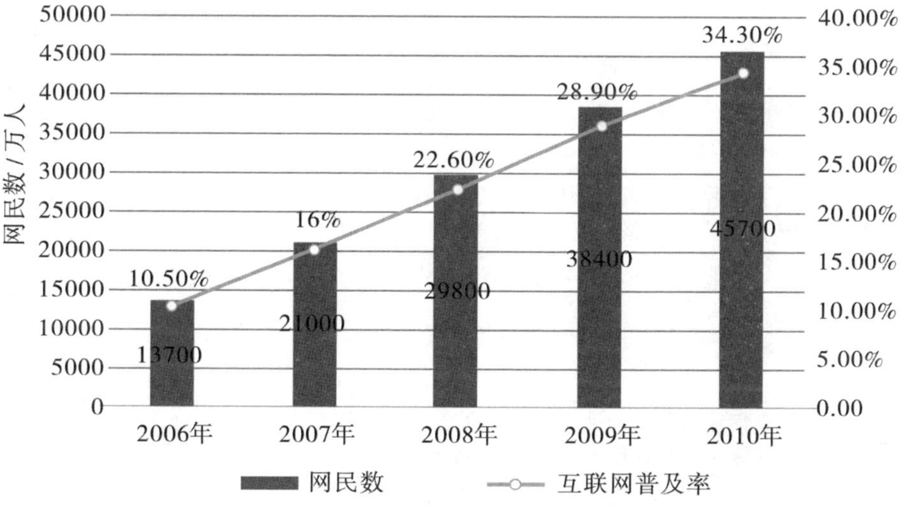


**图2-7　2006—2010年网民数和互联网普及率情况**

数据来源：工信部网站整理。

表2-11　2003—2010年中国电信业固定资产投资情况

| 年份 | 长途光缆线路长度 / 公里 | 互联网宽带接入端口 / 万个 | 电信业固定资产投资 / 亿元 |
|---|---|---|---|
| 2003 | 594303 | 1802.3 | 2215.2 |
| 2004 | 695271 | 3578.1 | 2136.5 |
| 2005 | 723040 | 4874.7 | 2033.4 |
| 2006 | 722439.2 | 6486.4 | 2186.9 |
| 2007 | 792154 | 8539.3 | 2279.9 |
| 2008 | 797979 | 10890.4 | 2953.7 |
| 2009 | 837159 | 13592.4 | 3724.9 |
| 2010 | 818161 | 18759.5 | 3196.7 |

数据来源：工信部数据整理。

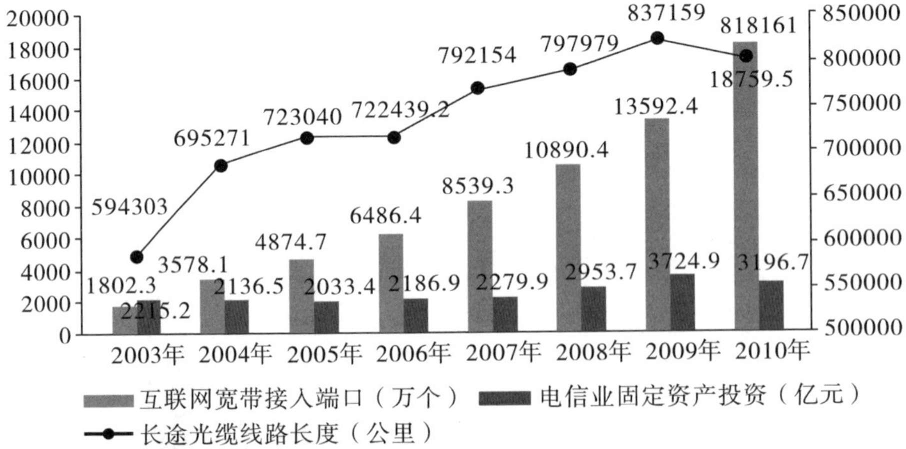


图2-8　2003—2010年中国电信业固定资产投资情况

表2-12　2003—2010年信息技术固定资产投资情况

单位：亿元

| 年份 | 信息传输服务业、计算机服务业和软件业 | 电信和其他信息传输服务业 | 计算机服务业 | 软件业 |
|---|---|---|---|---|
| 2003 | 1645.74 | 1602.05 | 10.66 | 33.03 |
| 2004 | 1637.96 | 1589.87 | 11.73 | 36.36 |
| 2005 | 1561.63 | 1490.17 | 18.51 | 52.95 |
| 2006 | 1772.02 | 1661.05 | 33.47 | 77.50 |
| 2007 | 1819.35 | 1702.01 | 31.66 | 85.68 |

（续表）

| 年份 | 信息传输服务业、计算机服务业和软件业 | 电信和其他信息传输服务业 | 计算机服务业 | 软件业 |
|---|---|---|---|---|
| 2008 | 2131.27 | 1930.91 | 52.36 | 148.00 |
| 2009 | 2543.48 | 2278.92 | 62.00 | 202.56 |
| 2010 | 2393 | 2007.00 | 127.00 | 259.00 |

数据来源：统计局网站整理。

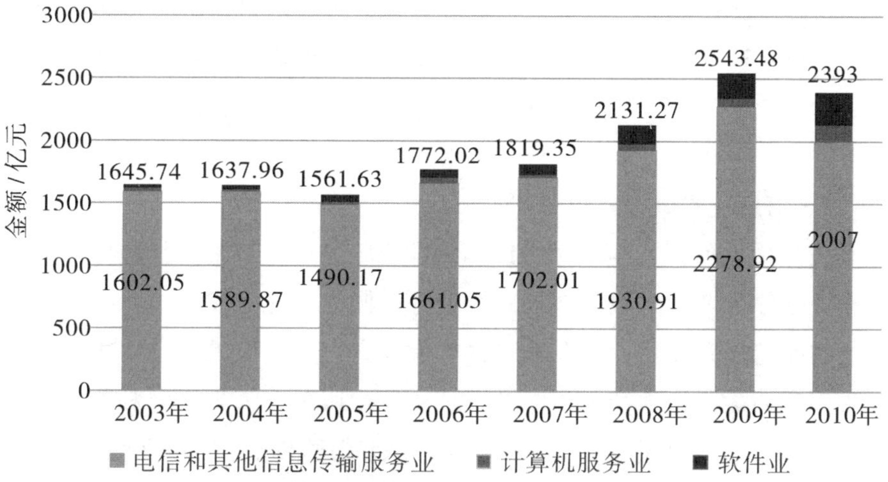


图2-9　2003—2010年信息技术固定资产投资情况

（4）从制度层面来看，政府的产业政策优势逐步发挥作用。国家制定了“十二五”时期国际服务外包发展规划，标志着服务外包产业已经上升到国家战略层面。全国21个服务外包示范城市，以及沿海地区、部分有条件的中西部地区都把发展服务外包产业列入了当地“十二五”规划，并做了服务外包专项规划。随着中央和地方政府对服务外包产业的高度重视，各类税收优惠、财政资金支持等产业扶持政策相继出台。同时，知识产权保护、信息安全保护等法律法规不断完善。

## （二）“十二五”时期中国服务外包产业发展的规划重点

“十二五”时期重点围绕服务外包产业实现量的扩张和质的提升，创造国际竞争新优势，在整体发展思路上采取了以下策略。以ITO为基础继续向BPO、KPO领域延伸，以大型服务外包为龙头带动中小配套企业发展，以本土企业为重点推进服务外包企业结构调整，以服务外包园区为依托推动产业聚集和规模发展，以示范城市为基础带动全国服务外包发展，以东部沿海地区为基础加快向中西部地区加快扩展，以美日欧市场为主体推进发包市场多元化。

1. 确定服务外包发展的重点领域

“十二五”时期中国服务外包选择重点领域的基本原则是，把握后危机时期国际服务业转移和全球服务外包离岸发展的趋势，结合国内服务外包产业发展的基础和要素禀赋，针对国家重点发展的现代服务业和战略性新兴产业，立足转变经济发展方式与促进产业优化升级，促进服务外包与产业发展相结合，增强产业整体竞争力和自主创新能力，使服务外包产业和制造业、服务业之间紧密协作，形成相互联动、相互支撑、相互促进、相互融合的发展体系。重点选择以下领域。

（1）信息技术服务外包（ITO）。

大力发展软件开发与测试、IT基础设施服务、运行维护与服务等业务，加快发展软件咨询、解决方案等高端业务。同时，充分发挥信息技术对于传统产业的改造提升作用，以及对于战略性新兴产业发展的带动作用。重点发展针对用户的运营、生产、供应链管理、客户服务、人力资源和财务管理、计算机辅助设计、工程设计等业务，发展定制软件、嵌入式软件、套装软件、系统软件的开发与测试、应用软件集成以及维护管理等服务外包，承接海内外企业信息管理系统开发、售后运营服务以及数据中心服务等业务。推动软件企业从提供软件和技术服务向整体方案提供商与BPO综合服务提供商转型。加快国家软件出口基地和示范园区建设。到“十二五”末，初步形成中国软件服务外包产业体系。

（2）业务流程服务外包（BPO）。

业务流程服务外包具有覆盖范围广、市场潜力和增长空间大等特点，有利于解决高中低端各类层次、不同知识结构的大学生、研究生就业，适应中国高等院校人才供给规模日益增长、专业学科分类不断细化的趋势。重点发展以下三大领域。

一是金融服务外包。中国金融服务外包增速较快、规模较大、吸纳就业能力强、市场需求旺盛。“十二五”时期的重点是向高端服务拓展，提高金融服务信息化、专业化、标准化和国际化水平。大力发展财务结算、数据处理、呼叫中心、信用卡业务、灾备中心、客户管理等外包业务。发展金融衍生品研发、金融数据挖掘与分析、金融咨询等高端外包业务，提升咨询和解决方案的服务能力。积极促进和提升国内金融服务市场的专业化分工水平。同时，提升大型银行应用系统的整体解决方案能力和信息通信技术（ICT）系统的总承包能力。

二是物流服务外包。物流服务外包重点是支撑信息化改造传统仓储、运输和配送能力，提高生产流通效率，同时为构建中国网络化、标准化、规模化、国际化的现代物流体系提供信息技术服务平台。重点发展物流采购整体解决方案设计、供应链管理、物流平台系统等外包业务，扩大数据处理、订单管理、客户服务、物流信息系统维护等外包业务规模。依托制造业、服务业优势拓展物流外包的领域，延伸物流服务产业链。充分发挥中国陆海空联运、港口和仓储发达、国际大型物流公司较多的优势发展第三方、第四方物流和B2B、B2C电子商务平台，积极培育物流供应链系统集成商。

三是商务服务外包。中国商务服务外包在“十一五”时期已经初具规模，具有很高的成长性和巨大的市场需求。“十二五”时期的重点是发展企业人力资源管理、法律服务、咨询服务、财会管理、客户服务等领域，发挥中国人才结构多元化的优势，更大范围地承接国际商务服务外包，引进国外咨询机构，提高商务人才素质和服务质量。

（3）知识流程服务外包（KPO）。

重点是发展动漫、游戏、演出、影视等文化创意服务外包，研发设计服务外包，教育和培训服务外包，医药研发服务外包等领域，促进国内高端服务业发展。

一是文化创意服务外包。在“十一五”时期文化创意产业已经形成高增长、集群化态势的基础上，通过承接离岸业务提升文化创意产业的自主创新能力，利用信息技术带动数字内容产业增长。重点发展动漫、网络游戏、数字娱乐、影视制作等领域，积极承接原创动画开发、特效制作、游戏制作、漫画数字化应用、媒体后台数据库等外包业务。提高动漫、游戏产业的研发能力、制作能力和衍生品开发能力。提高手机数字娱乐产品的创新水平，推动影视剧制作外包的规模化发展。

二是研发设计服务外包。发展研发设计服务外包的目的在于提高自主创新能力，推动研发设计服务业的专业化、规模化和国际化。重点是发展电子信息产品、日用消费品、时尚产品、医疗器械、汽车、船舶、装备制造等设计服务外包，提高设计创新能力、新材料应用水平和产品附加值；发展电子信息、新能源、新材料、节能减排、环保技术、航空航天等高新技术领域的研发外包，增强战略性新兴产业的核心竞争力。

三是教育和培训服务外包。重点是承接国内外企业、政府等机构的远程教育、课程设计、教育管理、专业培训等外包业务，构建各类人才交流市场、人才数据库、培训信息库等平台，发挥中国各类高校、专业培训机构的综合优势，引进国外培训机构和人力资源外包企业，推动中国教育培训的产业化和国际化。

四是医药研发服务外包。重点是发展新药研发、医学检验技术、动物实验研究及应用、临床试验、生物技术等领域外包业务，力争在高端环节取得突破，打造完整的医药研发服务外包产业链。

2. 优化服务外包区域布局

基本思路是，立足区位优势、产业特色、资源环境、人力资本等要素禀赋，构建以示范城市、区域中心城市为主体，辐射带动周边城市，分工有序、差异化发展的区域发展格局。打造服务外包城市集群和服务外包产业带。

一是继续发挥示范城市的引领带动作用。增强示范城市的辐射带动能力，使服务外包产业链向周边地区和中小城市延伸，发挥示范城市的先行先试优势，积极探索服务外包的政策创新、模式创新、管理创新，为全国推广普及提供经验。

二是继续发挥东部沿海城市的龙头作用。发挥长三角、环渤海、珠三角地区已经形成的服务外包产业聚集优势，辐射带动全国发展。重点发挥北京、上海、南京、杭州、苏州、无锡、大连、深圳、天津等城市高端人才聚集、国际化程度高、接包能力强、服务业发达、总部经济集中，以及服务外包产业基础好、潜力大、规模效应强等优势，形成具有较强国际竞争力的服务外包产业聚集区。打造国际化的金融中心，航运、物流、采购中心，研发设计中心，文化创意中心，技术交易中心等，提高中国生产性服务业的国际化水平。通过发展国际服务外包完善中国在全球生产网络中的布局，提升中国在全球价值链中的分工地位。

三是加速推进中西部内陆地区服务外包产业发展。把推动服务外包产业发展作为扩大中西部对外开放，构建内陆地区开放型经济高地的重要突破口，发挥中西部、东北老工业基地在教育科技资源丰富、产业基础雄厚、智力资源密集及人才、土地等要素成本相对低的优势，重点在西安、成都、武汉、合肥、重庆、大庆、南昌、长沙、哈尔滨等条件较好的城市率先发展。加大中西部地区基础设施建设投资和财政税收支持力度。

四是深化一、二、三线城市之间的分工合作体系。鼓励大型服务外包企业在二、三线城市设立交付中心，逐步深化“一线城市接单，二、三线城市交付”的分工模式。利用北京、上海等一线城市的国际资源和网络优势，以及二、三线城市成本低的优势，向二、三线城市转移服务外包企业，促进城市间合理布局，形成良性互动、共同发展的城市分工体系，重点为二、三线城市提供更多的发展空间。

五是构建以示范城市为主体，区域中心城市、服务外包潜力城市共同推动，有序分工、差异化发展的服务外包城市集群和服务外包产业带。

东部地区：长三角形成以上海、南京、杭州、苏州、无锡为主体，带动宁波、南通、嘉兴等潜力城市发展的格局。以上海为龙头，构建长三角服务外包城市集群。重点发展金融、航运物流、创意服务、研发设计、集成电路设计、建筑工程设计等外包领域，成为中国服务外包产业的主要增长极。环渤海地区形成以北京、天津、济南为主体，带动青岛、烟台、石家庄等潜力城市发展的格局。以北京为龙头，发挥中关村自主创新示范区、天津滨海新区的辐射带动作用，形成软件与信息技术、港口物流、金融、研发等高端服务外包产业集群。珠三角地区形成以深圳、广州为主体，带动佛山、珠海、东莞等潜力城市发展的格局。依托珠三角外向型经济和雄厚的加工制造业基础，发挥比邻香港的优势，在工业设计、产品研发、创意服务等外包行业形成聚集效应。海峡西岸经济区形成以厦门为主体，带动福州等潜力城市发展的格局，打造两岸共建服务外包示范城市。

中部地区形成以武汉、合肥、南昌、长沙为主体，带动郑州、太原等潜力城市发展的格局。发挥武汉、合肥的龙头带动作用，依托两地高校科技资源优势和制造业优势，发挥武汉东湖自主创新示范区的辐射带动作用，推动中部地区服务外包产业做大做强。在嵌入式软件和空间信息技术、信息安全、制造业信息化等应用软件领域，以及金融后台服务、动漫和网络游戏、物流、工程设计等外包领域取得突破。

表2–13 “十二五”时期服务外包产业的主要城市布局

| | 主要内容 | 主要城市分布 |
|---|---|---|
| 信息技术服务外包（ITO） | — | 北京、深圳、上海、大连、武汉、西安、成都、天津、广州、南京、济南、杭州、合肥、苏州、大庆、哈尔滨、重庆、南昌、无锡等 |
| 业务流程服务外包（BPO） | 金融服务外包 | 北京、天津、上海、大连、深圳、广州、济南、杭州、西安、重庆、成都、南京、苏州、无锡、厦门等 |
| | 物流服务外包 | 上海、天津、大连、深圳、广州、济南、合肥、苏州、西安、厦门、成都、重庆等 |
| | 企业管理、财务服务、人力资源服务外包 | 北京、上海、天津、广州、杭州、济南、合肥、西安、大连、合肥、哈尔滨、南昌、长沙、无锡、成都等 |
| 知识流程服务外包（KPO） | 产品研发 | 北京、深圳、武汉、成都、济南、合肥、南昌、苏州、大庆、西安、重庆、无锡等 |
| | 工业设计 | 深圳、北京、上海、广州、天津、大连、济南、合肥、南昌、苏州、无锡、南京 |
| | 医药研发外包 | 广州、天津、南京、苏州、无锡 |
| | 创意服务外包 | 上海、北京、长沙、杭州、广州、成都、重庆、南昌、无锡、天津、深圳、成都、南京、济南、苏州、哈尔滨、西安、厦门 |
| | 工程设计技术服务外包 | 武汉、大庆、南京、成都、无锡等 |

资料来源：根据21个示范城市服务外包规划整理

西部地区形成以西安、成都、重庆为主体，带动兰州、南宁等潜力城市发展的格局。发挥西安、成都服务外包高端聚集、特色鲜明及技术人才密集、服务业发达的优势，带动西部服务外包产业成长壮大。以成都为龙头打造西部软件与信息技术外包基地，以西安为龙头打造西部研发外包、人才培训基地。发挥两江新区高端聚集优势带动重庆服务外包发展。

东北地区形成以大连、哈尔滨、大庆为主体，带动沈阳、长春等潜力城市发展的格局。依托东北老工业基地科教资源密集、产业体系完整等优势，以大连为龙头发展软件与信息技术、工程设计技术、地理信息系统服务、石油信息技术服务等外包行业，为振兴东北老工业基地和资源枯竭型城市转型升级提供有力支撑。

此外，海南、广西、云南、新疆、内蒙古等边境地区也具有一定的开放基础。结合海南国际旅游岛建设发展规划、中国—东盟自贸区建设、广西北部湾经济区发展规划、大湄公河流域经济合作、中俄蒙古边境开发开放等国家战略的实施发展服务外包。

## 第三节 “十二五”以来中国服务外包的转型升级与创新发展

“十一五”时期是中国服务外包产业的形成期和高速增长期，“十二五”则是中国服务外包产业实现量质齐升并形成国际竞争力的时期。2012年12月，中国发布了第一个《中国国际服务外包产业发展规划纲要（2011—2015）》[①]，标志着服务外包产业作为科技含量高、人才素质高、国际化程度高、资源消耗低的新兴服务业被正式纳入国家战略。这一时期，服务外包产业加快提高创新能力和综合实力，在促进服务贸易发展和新动能成长，提升服务业国际化、信息化、专业化水平，推动价值链迈向中高端以及促进区域开放型经济平衡发展等方面发挥了重要带动作用。“十三五”时期是中国服务外包产业实现高质量发展、向全球价值链高端攀升并形成国际竞争新优势的战略机遇期。全球经济复苏进程不断加快、创新全球化趋势不断增强，数字经济引领的全球新产业革命正在加速发展，大数据、云计算、物联网、移动互联网、人工智能、区块链等新一代信息技术和数字技术不断涌现和扩大应用，为服务外包转型升级和创新发展提供了宏观环境和技术支撑。但也必须看到，世界各国争相发展服务外包产业将导致全球市场竞争更加激烈，逆全球化思潮和保护主义有所增强，以美国为首的发达国家迫于促进就业的压力可能继续限制本国服务业离岸，国际汇率波动、金融动荡有所加剧以及国内综合成本上升等因素都对服务外包产业带来压力和挑战。为此，必须扎实推进供给侧结构性改革，加快服务外包技术创新、服务模式创新和体制机制创

①商务部和发改委联合印发《中国国际服务外包产业发展规划纲要（2011—2015）》，2012年12月14日。

新，推动服务外包标准化、数字化、智能化和融合化发展，构建在岸与离岸互动发展、东中西部融合发展、内外资企业共同发展的服务外包产业发展新格局。

## 一、“十二五”以来中国服务外包产业发展的主要特点

### （一）服务外包规模集聚壮大，成为推动新兴服务贸易增长的主要动力

#### 1. 服务外包产业保持高位增长

“十二五”以来，受全球经济低速增长的影响，中国服务外包产业呈现波动性增长，但总体上保持了强劲、稳健的高位增长态势。2011—2015年，服务外包合同金额从447亿美元增长到1309亿美元，相当于2010年的4.8倍，年均增长达31%；执行金额从323.9亿美元增长到966.9亿美元，相当于2010年的4.9倍，年均增长达38.14%。2011—2015年，离岸服务外包执行金额从238.3亿美元增长到646.4亿美元，相当于2010年的4.5倍，年均增长达35.96%。其中2011年服务外包执行金额、离岸服务外包执行金额同比增长分别高达63.59%和64.91%，是增速最高的年份。

“十三五”以来，离岸服务外包呈现明显的下滑趋势。2016年服务外包产业增速虽继续呈现回落态势，但仍保持了两位数的高增长；服务外包合同金额1472.3亿美元、执行金额1064.6亿美元，同比分别增长12.45%和10.11%，分别相当于2009年的7.4倍和7.7倍；其中承接离岸服务外包合同金额952.6亿美元、执行金额704.1亿美元，同比分别增长9.1%和8.94%，分别相当于2009年的6.4倍和7.0倍。2017年中国服务外包合同金额1807.5亿美元、执行金额1261.4亿美元，同比分别增长25.10%、18.49%。其中，离岸服务外包合同金额1112.1亿美元、执行金额796.7亿美元，同比分别增长16.70%、13.15%（见表2–14、图2–10、图2–11）。

表2–14　2011—2017年中国服务外包产业发展情况

| 年份 | 服务外包 | | | 离岸服务外包 | | |
|---|---|---|---|---|---|---|
| | 执行金额/亿美元 | 增速/% | 全球占比/% | 执行金额/亿美元 | 增速/% | 全球占比/% |
| 2011 | 323.9 | 63.59 | 23.23 | 238.3 | 64.91 | 23.20 |

（续表）

| 年份 | 服务外包 | | | 离岸服务外包 | | |
|---|---|---|---|---|---|---|
| | 执行金额 / 亿美元 | 增速 / % | 全球占比 / % | 执行金额 / 亿美元 | 增速 / % | 全球占比 / % |
| 2012 | 465.7 | 43.78 | 27.64 | 336.4 | 41.17 | 27.60 |
| 2013 | 638.5 | 37.11 | 26.95 | 454.1 | 34.99 | 27.00 |
| 2014 | 813.4 | 27.39 | 30.56 | 559.2 | 23.14 | 30.20 |
| 2015 | 966.9 | 18.87 | 32.31 | 646.4 | 15.59 | 32.30 |
| 2016 | 1064.6 | 10.11 | 33.01 | 704.1 | 8.94 | 32.90 |
| 2017 | 1261.4 | 18.49 | – | 796.7 | 13.15 | – |

资料来源：中国商务部

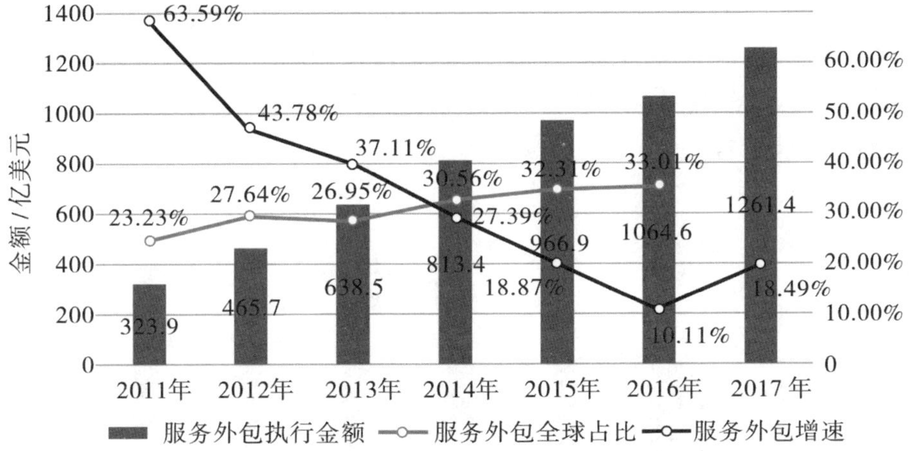


图2-10　2011—2017年中国服务外包产业发展情况

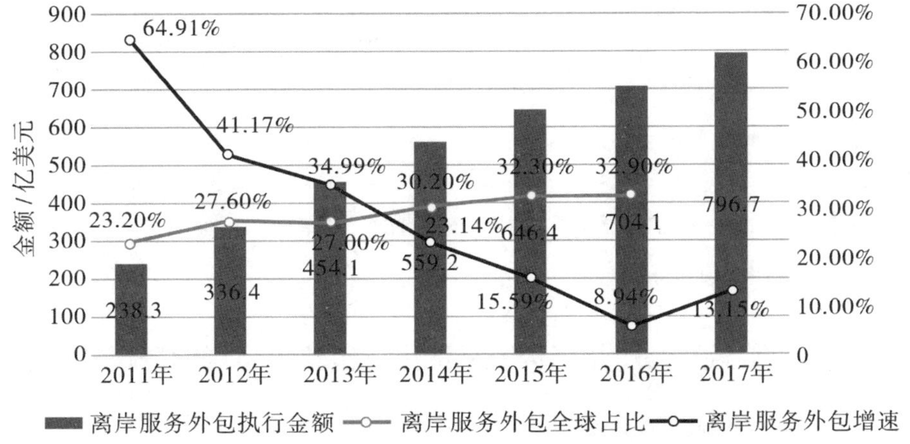


图2-11　2011—2017年中国离岸服务外包产业发展情况

### 2. 服务外包对服务贸易增长的贡献度明显提升

国际服务外包已经成为推动中国服务贸易发展的新引擎和新动能。目前，新兴服务贸易通过服务外包的方式出口占70%。从占比来看，2011—2016年中国服务外包的全球占比由23.23%提高到33.01%，上升了近10个百分点。2016年中国离岸服务外包占服务出口总额的比重达到25%，较2010年提高7.3个百分点；2017年离岸服务外包占服务出口总额的比重上升到35%，较上年增长10个百分点。从增速来看，2011—2015年中国服务进出口总额平均增速为12.26%，低于同期离岸服务外包执行金额增速约23.7个百分点。其中2011年服务进出口总额同比增长20.80%，低于当年离岸服务外包执行金额增长率44.11个百分点。2014年服务贸易进出口总额同比增长21.3%，是增速较高的年份，但仍低于当年离岸服务外包执行金额增长率1.8个百分点。2017年服务贸易进出口总额同比增长5.00%，低于离岸服务外包执行金额增速8.20个百分点（见图2-12）。

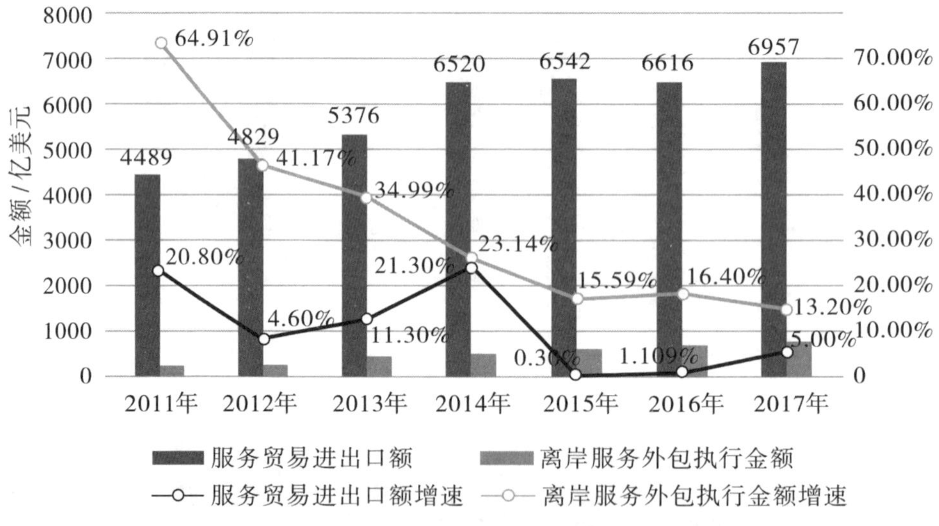


图2-12　2011—2017年服务贸易进出口额及增速、离岸服务外包执行金额及增速

数据来源：中国商务部。

## （二）服务外包产业结构明显优化，价值链呈现向高端跃升态势

### 1. 三大业务领域发展更加均衡，知识流程外包成为主要增长引擎

从信息技术服务外包（ITO）、业务流程服务外包（BPO）、知识流程

服务外包（KPO）三大业务领域结构的变化可以看出，“十二五”以来中国服务外包产业进入结构调整时期并取得明显成效（见图2-13）。

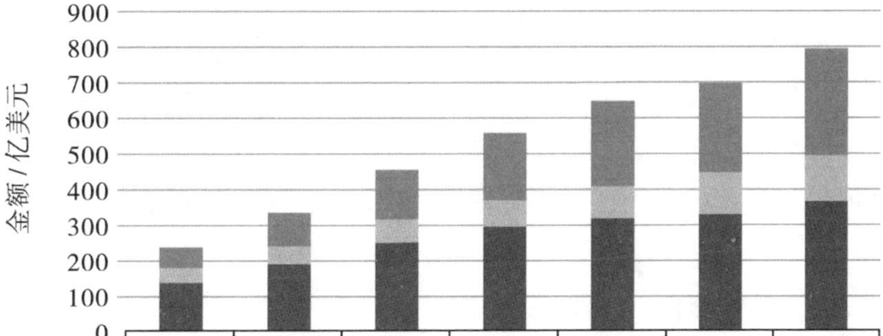


| | 2011年 | 2012年 | 2013年 | 2014年 | 2015年 | 2016年 | 2017年 |
|---|---|---|---|---|---|---|---|
| KPO离岸执行金额 | 61.5 | 95.6 | 142.6 | 186.7 | 237.8 | 257.1 | 303.3 |
| BPO离岸执行金额 | 38.2 | 52 | 63.5 | 79 | 91.7 | 116.6 | 129.3 |
| ITO离岸执行金额 | 138.7 | 188.7 | 248 | 293.5 | 316.8 | 330.5 | 364.2 |

■ ITO离岸执行金额　■ BPO离岸执行金额　■ KPO离岸执行金额

**图2-13　2011—2017年中国离岸ITO、BPO、KPO的发展**

数据来源：中国商务部。

“十二五”时期，ITO始终在服务外包中占主体地位，但占比逐年下降，KPO成为增长的主要引擎。2001—2005年中国离岸软件外包服务市场年复合增长率高达52.1%，2006—2011年下降到38%左右。2011—2015年ITO、BPO、KPO的离岸外包执行金额占比由58.2%、16.0%、25.8%调整为49.0%、14.2%、36.8%，其中ITO占比较2008年下降了19.4个百分点，KPO占比较2010年的14.0%上升了22.8个百分点。2011—2015年KPO执行金额平均增长率达40.71%，其中2011年KPO离岸服务外包执行金额61.5亿美元，同比增长高达215.1%。2015年中国承接ITO、BPO、KPO的离岸服务外包执行金额分别为316.8亿美元、91.7亿美元和237.8亿美元，同比分别增长7.9%、16.1%和27.4%。

“十三五”以来，知识流程服务外包继续成为推动服务外包增长的动力。2016年，ITO、BPO、KPO三大业务领域服务外包执行金额分别为531.5亿美元、195.1亿美元、338亿美元，同比分别增长7.8%、19.3%、8.9%，占比分别为50∶18∶32；离岸服务外包执行金额分别为330.5亿美元、116.6亿美元、257.1亿美元，同比分别增长4.32%、27.2%和8.1%，占比分别为47∶17∶36。

2017年，中国服务外包产业在向高技术含量、高附加值业务拓展中迈出坚实的步伐，成为新常态下外贸转型升级的有力支撑。基于云计算、大数据、人工智能的服务外包交付模式变革、数字化转型升级、平台应用快速发展，促进服务外包产业结构进一步优化，尤其是知识流程外包快速上升。2017年，ITO、BPO、KPO三大业务领域服务外包执行金额分别为618.5亿美元、235.7亿美元、407.2亿美元，占比分别为49：19：32；离岸外包服务执行金额分别为364.2亿美元、129.3亿美元、303.3亿美元，同比分别增长10.2%、10.9%、18.0%，占比分别为46：16：38。KPO快速增长的主要原因是知识产权、管理咨询、数据分析、工业设计、医药研发等领域的服务外包发展较快。2017年，中国企业承接国际IT解决方案业务同比增长367.1%，全年承接国际电子商务平台、互联网营销推广、数据分析外包服务执行金额同比分别增长226.4%、73.8%、51.9%。

三大业务领域的结构调整可以清晰地反映出，KPO的快速增长是拉动整个服务外包产业增长的主要引擎，这一时期的服务外包增长主要来自研发设计、文化创意等知识密集型服务业的驱动。此外，知识流程服务外包带动整个服务外包产业价值链向高端延伸和拓展。同时，反映出中国产业创新能力增强，尤其是知识密集型服务业国际竞争力不断提升。

2. 高附加值业务增长较快，结构升级效应明显

随着中国服务外包企业创新能力、服务能力、服务质量不断提升，服务外包不断向核心业务拓展，承接高端增值服务的外包业务日益扩大，推动了三大业务领域不断向研发设计、数据分析和挖掘、整体解决方案、系统设计服务等高端价值链拓展。

从ITO的内部结构来看，软件研发及开发服务占主导地位，其次是软件技术服务、集成电路和电子电路设计、电子商务平台等领域，反映出由于ITO领域的研发设计能力不断增强，促进了外包价值链向知识密集型和高附加值领域的拓展。同时，随着服务型制造、电子商务等新业态的发展，也推动了ITO价值链的拓展。2014年，软件研发及开发服务、软件技术服务、集成电路和电子电路设计离岸服务外包执行金额占比分别为41.0%、27.3%、11.5%，其中集成电路设计增速高达100.8%。2015年，软件研发及开发离岸服务外包执行金额占比68.8%，其次是软件技术服务、集成电路和电子电路

设计，电子商务平台离岸服务外包执行金额同比增长59.6%。2016年软件研发及开发服务外包占比67.1%，并出现了一批覆盖咨询、方案设计、开发、运营、维护等全服务流程等业务合同。2017年ITO业务离岸服务外包执行金额364.2亿美元，其中软件研发外包及开发离岸外包执行金额243.4亿美元，占ITO离岸服务外包总量的66.83%。

从BPO的内部结构来看，涵盖的服务领域日益宽广，尤其是在推动传统企业向数字化、网络化的业务流程、管理模式重构中发挥了重要作用。金融服务、人力资源、供应链管理等外包领域都表现出较好的发展势头，反映出服务专业化分工不断深化带来的业务外包领域增多，也体现出中国服务外包人力资源的丰富多样性特征在全球服务外包市场竞争中的巨大潜力。同时，从近几年主要领域的增长变化中可以反映出，企业为了适应网络经济和数字经济的全球产业变革加快了流程再造和管理，不断释放数字化转型后的专业服务需求。2014年，企业业务流程设计、企业内部管理、业务运营、供应链管理离岸服务外包执行金额占比依次为35.3%、31.9%、14.6%、13.3%。2015年，业务运营、供应链管理离岸服务外包执行金额占比分别为47.6%、34.8%。2016年，业务运营外包占比最高达53.5%，互联网营销、采购、数据处理三类服务外包增长超过1倍。2017年，BPO离岸服务外包执行金额129.3亿美元，其中内部管理、业务运营、供应链管理三大项服务外包分别达7.0亿美元、66.6亿美元、54.7亿美元，占比分别为5.4%、51.5%、42.3%。

从KPO的内部结构来看，研发设计外包成为增长的主要驱动力，尤其是产品研发、工业设计、工程技术、医药和生物技术研发、知识产权研究、数据分析等高技术服务发展较快。知识流程服务外包快速增长主要来自三个方面的推力：一是研发创新全球化趋势从客观上扩大了知识流程服务外包的市场需求；二是物联网、云计算、大数据、人工智能、区块链、生物医学等新技术革命蓬勃发展推动了全球KPO业务成长；三是中国服务外包企业技术创新和服务模式能力不断增强，尤其是加快应用大数据、云计算、人工智能、区块链等新技术不断适应产业变革的需要，提高了高端业务承接能力。2014年，产品技术研发、工业设计、工程设计的离岸服务外包执行金额在KPO中的占比依次为35%、18.4%、14.5%。2015年，工业设计、工程技术、医药和生物技术研发占比依次为28.4%、17.7%、15.8%。2016年，KPO领域技术服务外包占比达65.1%，居主导地位；检验检测、管理咨询、工业设计等外包业务迅速增长。2017年，KPO服务外包执行金额303.3亿美元，其中商务服务、技术服务、研发服务三大领域外包执行金额分别为19.5亿美元、190.3亿美元、91.1亿美元，占比依次为6.4%、62.7%、30.0%。（见表2-15）

表2-15　2017年中国承接离岸服务外包按出口方式分类情况

| 合同类别 | 合同份数 / 份 | 同比增速 / % | 协议金额 / 亿美元 | 同比增速 / % | 执行金额 / 亿美元 | 同比增速 / % |
|---|---|---|---|---|---|---|
| 总计 | 159218 | 26.9 | 1112.1 | 16.7 | 796.7 | 13.2 |
| 信息技术服务外包（ITO） | 55177 | 15.5 | 553.6 | 23.7 | 364.2 | 10.2 |
| —软件研发外包 | 40866 | 13.3 | 394.0 | 29.0 | 243.4 | 6.7 |
| —信息技术服务外包 | 7604 | 33.9 | 83.9 | -4.2 | 68.8 | 16.5 |
| —运营和维护服务外包 | 6700 | 11.7 | 75.3 | 39.9 | 51.5 | 21.3 |
| 业务流程服务外包（BPO） | 16925 | -5.1 | 175.0 | 2.0 | 129.3 | 10.9 |
| —内部管理外包服务 | 829 | -11.2 | 10.5 | 20.0 | 7.0 | 10.7 |
| —业务运营外包服务 | 5767 | -30.5 | 89.9 | -7.1 | 66.6 | 17.7 |
| —供应链外包服务 | 10308 | 20.1 | 73.2 | 13.0 | 54.7 | 5.0 |
| 知识流程服务外包（KPO） | 87116 | 45.6 | 383.5 | 15.0 | 303.3 | 18.0 |
| —商务服务外包 | 5738 | 36.8 | 28.0 | 64.2 | 19.5 | 44.2 |
| —技术服务外包 | 59007 | 50.1 | 241.3 | 10.5 | 190.3 | 17.2 |
| —研发服务外包 | 22328 | 36.9 | 113.0 | 17.5 | 91.1 | 20.1 |

资料来源：中国商务部。

### （三）服务外包企业实力增强，技术创新能力和国际化水平显著提高

#### 1. 服务外包企业总体数量较快增长，尤其是大中型服务外包企业实力明显增强

由于“十二五”以来各地竞相发展服务外包产业，扶优扶强的政策导向加速了服务外包市场向优势企业集中，促进了服务外包企业通过并购重组等方式实现快速扩张规模和提升实力。2011—2015年，中国累计新增服务外包企业数1.7万家，其中2011年新增企业增长高达33.20%。大中型企业数量明显

增长，2008年服务外包合同签约金额超过5000万美元的企业仅16家；2010年承接离岸服务外包执行金额超1亿美元的企业达到15家，2011年增长到22家，2015年增长到86家，其中2014年有9家企业入选全球服务外包100强。全国服务外包企业上市融资数量由2012年的14家增长到2015年的101家。2014年100人及以下的企业比重下降为43.8%。企业承接大额合同比例不断上升，其中2014年500万美元以上的离岸大额合同签约数量增长了15%[①]。截至2016年，中国服务外包企业39277家，相当于2010年的2.3倍，其中2016年新增服务外包企业5506家（见图2-14）。

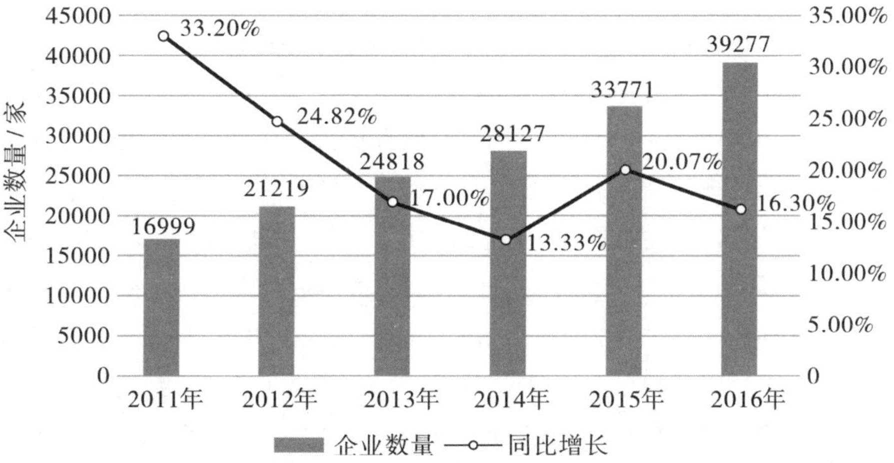


**图2-14　2011—2016年中国服务外包企业数量增长情况**

数据来源：中国商务部。

### 2. 以民营企业为主体的内资企业成为服务外包产业发展的主力军

中国服务外包最早发源于外资企业，2010年之后形成了内资主导的格局。2010年，民营企业、合资企业、外商独资企业和国有企业数量在服务外包产业中的占比分别为54.3%、6.3%、24.4%和15.0%，其中内资与外资企业的占比分别为68.3%和30.7%。根据课题组问卷调研（2015）结果显示[②]，

①数据来源：中国服务外包研究中心。

②2015年，社科基金重大项目《扩大我国服务业对外开放的路径与战略研究》之子课题《服务外包：开放发展与能力提升》调研组（王晓红、朱福林），共向北京、上海、合肥、成都四个示范城市的100家服务外包企业发放了调研问卷，回收有效问卷69份，该数据根据这69份问卷的结果计算得到。

服务外包企业整体呈现出内资为主、外资为辅，两者占比分别为59.8%和34.7%，其他性质的企业占5.5%。其中民营企业占比达54.2%，国有企业仅占5.6%。说明在服务外包领域民营企业比国有企业具有更大的活力与发展潜力。2017年，全国内资企业、港澳台企业、外资企业协议金额分别为684.8亿美元、130.8亿美元、305.2亿美元，占比分别达61.1%、11.7%、27.2%；执行金额分别为463.1亿美元、91.1亿美元、248.1亿美元，占比分别为57.7%、11.4%、30.9%。

#### 3. 服务外包标准化、国际化水平及技术创新能力、综合服务能力明显提升

近年来，服务外包企业不断加大基础技术研发投入，加大数字化转型力度，通过国际并购和国内重组不断获取核心技术，逐步由成本驱动向创新驱动转变，由提供单一技术服务向综合服务提供商转变，由承接单一项目向与发包方长期战略合作关系转变。一方面，企业获得国际资质认证、技术先进型企业认定数量较快增长。截至2015年，企业认证数量累计达14203个，其中13项国际认证8774个，同比分别增长10.35%、20.47%。截至2016年，服务外包企业认证数量16006个，相当于2010年的5.7倍；13项国际认证数量10417个，相当于2014年的1.4倍。其中2016年新增企业认证数量1803个，13项国际认证数量1643个。另一方面，软件著作权登记数量明显增长，说明软件信息技术企业技术创新能力增强。“十二五”时期中国软件著作权增长率保持在30%左右。2011年全国软件著作权登记量109342件，相当于2006年（21495件）的5倍；2015年全国软件著作权登记量达到292360件，同比增长33.63%，相当于2011年的2.7倍，相当于2006年的13.6倍。2016年全国软件著作登记量40.8万件，同比增长39.6%，也是2010年以来增长最快的一年。

### （四）形成以发达国家为主、面向全球的多元化市场布局

“十二五”以来，中国承接服务外包的主要来源地从美国、日本、欧盟和中国香港四大传统市场已经拓展到东南亚、大洋洲、中东、拉美和非洲等201个国家和地区，尤其是“一带一路”建设，有力拓展了发展中国家市场空间。

#### 1. 四大传统发包市场比重有所下降

美国、欧盟、日本、中国香港一直是中国的主要发包市场。2011年，中

国承接上述四地服务外包执行金额占离岸外包总量的68.9%；2016年，承接上述四地服务外包执行金额合计444.9亿美元，同比增长11.7%，占比63.2%。从四大发包市场内部来看，中国承接美国外包业务执行金额由2012年的89.4亿美元增长到2017年的170.3亿美元；市场占比由2012年的26.6%下降到2017年的21.4%。承接日本外包业务执行金额由2012年的48.3亿美元增长到2017年的69亿美元；市场占比从2012年的14.4%下降到2017年的8.7%，降幅最大。承接欧盟外包业务执行金额由2012年的54.6亿美元增长到2017年的129亿美元，市场占比一直保持在16%左右，较为稳定。承接香港外包业务执行金额由2012年的33.9亿美元增长到2017年的123.1亿美元；市场占比从2012年的10.1%上升到2017年的15.5%（见表2-16）。可以看出，香港作为中国内地企业承接国际外包业务的主要来源地正在发挥越来越大的作用，欧盟作为主要来源地具有较大的增长潜力。

表2-16　2012—2017年中国承接四大市场服务外包执行金额、市场占比情况

| 国家（地区） | 2012年 | | 2013年 | | 2014年 | | 2015年 | | 2016年 | | 2017年 | |
|---|---|---|---|---|---|---|---|---|---|---|---|---|
| | 执行金额/亿美元 | 占比/% | 执行金额/亿美元 | 占比/% | 执行金额/亿美元 | 占比/% | 执行金额/亿美元 | 占比/% | 执行金额/亿美元 | 占比/% | 执行金额/亿美元 | 占比/% |
| 美国 | 89.4 | 26.6 | 117.5 | 25.9 | 128 | 22.9 | 150.6 | 23.3 | 154.3 | 21.9 | 170.3 | 21.4 |
| 欧盟 | 54.6 | 16.2 | 71.4 | 15.7 | 83.4 | 14.9 | 98 | 15.2 | 116.0 | 16.6 | 129 | 16.2 |
| 日本 | 48.3 | 14.4 | 54 | 11.9 | 60.7 | 10.9 | 54.8 | 8.48 | 57.8 | 8.2 | 69 | 8.7 |
| 中国香港 | 33.9 | 10.1 | 51.8 | 11.4 | 74.2 | 13.3 | 95 | 14.7 | 116.8 | 16.6 | 123.1 | 15.5 |

### 2. 来自欧盟和其他发达经济体的外包业务增速明显加快

2016年，中国承接离岸服务外包执行金额前十位的国家和地区依次为美国（154.30亿美元）、中国香港（116.75亿美元）、欧盟（28国）（116.02亿美元）、日本（57.78亿美元）、新加坡（37.20亿美元）、韩国（36.04亿美元）、中国台湾（30.83亿美元）、德国（28.82亿美元）、英国（16.40亿美元）、荷兰（15.86亿美元）、瑞士（10.47亿美元），其中增长最快的前四位依次为德国（43.21%）、荷兰（29.90%）、中国香港（22.94%）、韩国（20.22%）（见表2-17）。

表2-17　2016年承接离岸外包前十位国家（地区）协议金额与执行金额

| 国家（地区） | 协议金额/亿美元 | 同比增长/% | 执行金额/亿美元 | 同比增长/% |
|---|---|---|---|---|
| 美国 | 238.50 | 25.14 | 154.30 | 2.48 |
| 中国香港 | 141.40 | 20.89 | 116.75 | 22.94 |
| 欧盟（28国） | 152.49 | -0.02 | 116.02 | 18.33 |
| 日本 | 72.46 | 11.57 | 57.78 | 5.41 |
| 新加坡 | 51.93 | 2.96 | 37.20 | 12.45 |
| 韩国 | 44.40 | 3.04 | 36.04 | 20.22 |
| 中国台湾 | 39.36 | 17.61 | 30.83 | 7.23 |
| 德国 | 32.64 | 13.73 | 28.82 | 43.21 |
| 英国 | 23.67 | 20.79 | 16.40 | 6.49 |
| 荷兰 | 17.53 | 11.38 | 15.86 | 29.90 |
| 瑞士 | 13.67 | -14.55 | 10.47 | 17.84 |

资料来源：中国商务部。

### 3. "一带一路"沿线新兴市场成为服务外包增长的新引擎

自"一带一路"建设实施以来，中国服务外包的国际市场空间得到扩展，在推动中国技术、设计、标准和服务"走出去"中发挥了重要支撑作用。2013年，中国承接"一带一路"沿线国家（地区）服务外包合同金额99.8亿美元、执行金额72.2亿美元。2014年，承接"一带一路"沿线国家（地区）服务外包合同金额125亿美元，同比增长25.3%，高于当年离岸服务外包合同金额增速10.1个百分点；执行金额98.4亿美元，同比增长36.3%，高于当年离岸服务外包执行金额增速13.2个百分点。2015年，承接"一带一路"沿线国家（地区）服务外包合同金额178.3亿美元，同比增长42.6%，高于整体增速20.5个百分点；执行金额121.5亿美元，同比增长23.5%，高于整体增速4.5个百分点。2016年，承接"一带一路"沿线国家（地区）服务外包合同金额161.46亿美元，占离岸合同总额的16.9%；执行金额121.23亿美元，占离岸服务外包总量比重的17.2%（见图2-15）。中国与"一带一路"沿线（地区）在服务外包领域的合作主要集中在新加坡、印度、伊拉克、马来西亚、俄罗斯、越南、泰国、巴基斯坦、沙特阿拉伯等国家。2016年，承接上述国家的服务外包执行金额89.2亿美元，占比达73.6%，其中承接伊拉克的服务外包执行金额增长最快，达67.5%。2017年，承接“一带一路”沿线国家（地区）服务外包业务合同金额312.5亿美元、执行金额152.7亿美元，分别相当于2013年的3.1倍和2.1倍。说明“一带一路”沿线国家（地区）服务外包的市场潜力正在加速释放。（见图2–16）

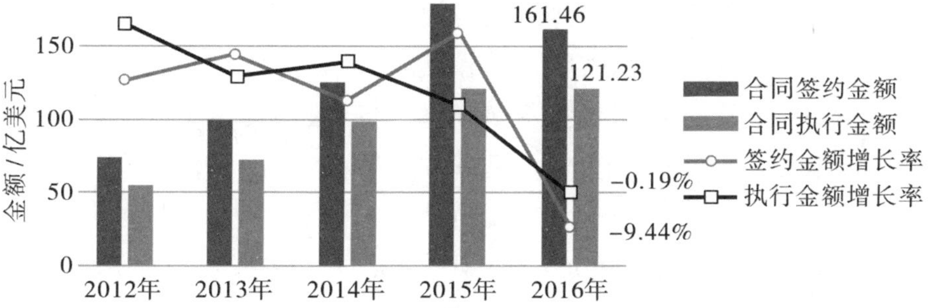


图2–15 2012—2016年“一带一路”沿线国家（地区）服务外包发展情况

数据来源：中国商务部。

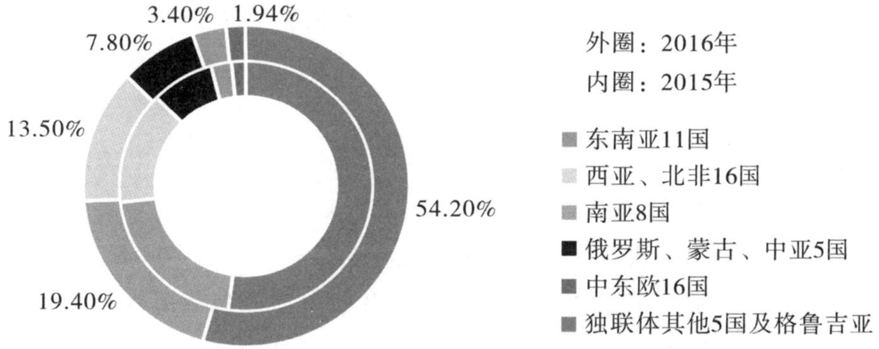


图2–16 2016年“一带一路”沿线国家（地区）服务外包合同执行金额占比情况

数据来源：中国商务部。

从沿线主要区域来看，东南亚11国是中国的主要发包地，其中新加坡、马来西亚、印度尼西亚是主要发包国。2015年，中国承接东南亚国家服务外包合同金额89.9亿美元、执行金额63.2亿美元，同比分别增长30.6%和17.3%，占比分别为50.4%和52.0%。2016年，来自东南亚11国的服务外包执行金额23.5亿美元，占比54.2%。随着我国与东南亚国家的海陆空网互联互通、国际产能合作等不断推进，市场基础不断成熟，尤其受华人文化圈和地缘优势的影响，该区域具有持续增长的空间。其次是西亚、南亚地区。西亚主要发包国是沙特阿拉伯、伊拉克等国家，印度、巴基斯坦等是南亚的主要发包国家。2015年，中国承接西亚地区国家的服务外包合同金额43.5亿美元、执行金额25.2亿美元，同比分别增长113%和61.5%；承接南亚地区国家的服务外包合同金额22.8亿美元、执行金额17.85亿美元，同比分别增长40.1%和35.4%。随着我国对西亚和南亚地区基础设施、交通运输、港口、能源、装备、信息通信等领域的投资合作日益广泛，这两大地区将会更多地释放信息技术、工程技术、专业服务等外包需求，推动我国对"一带一路"沿线国家和地区服务外包合作增长。此外，俄罗斯、蒙古、中亚、中东欧地区与中国服务外包合作逐渐增多。2015年，中国承接俄罗斯、蒙古及中亚5国服务外包合同金额141.1亿美元，同比增长10.6%。2016年，中国承接中东欧16国服务外包执行金额增长达26.3%，是增长最快的区域。

## （五）吸纳高端人才就业能力增强，人才素质不断提升

### 1. 人才结构以大学生为主，不断向高端化发展

2011—2015年服务外包产业就业人数年均增长率为26%，其中2011年、2012年就业人数增长率都在35%左右。2015年服务外包产业新增从业人员127.5万人，吸纳就业总数734.7万人，同比增长21%，相当于2011年的2.3倍；2016年服务外包产业新增从业人员121万人，吸纳就业总数855.7万人，同比增长16.47%。虽然从业人员增长呈现波动状态，但仍保持了较高增速，说明这一新兴服务业活力旺盛。2017年服务外包产业新增从业人员73.37万人，尤其是服务外包产业由北京、上海、广州、深圳等一线城市向二、三线城市转移，河北、河南、湖北、江西等新增就业人员数量增幅较大。

大学生始终是服务外包产业就业的主体。2011—2015年，全行业大学生就业人数从223万人增加到471.6万人，占服务外包就业总人数的比重平均为66%左右。2016年服务外包产业新增大学（含大专）以上学历就业人员80万人，占新增从业人数的65.9%，全行业吸纳大学生就业551.3万人，相当于2011年的2.5倍，占比64.40%。2015年、2016年大学生就业人数占比较2014年下降2个百分点左右，说明研究生比重有所上升。2017年大学生从业人员43.47万人（见图2-17）。

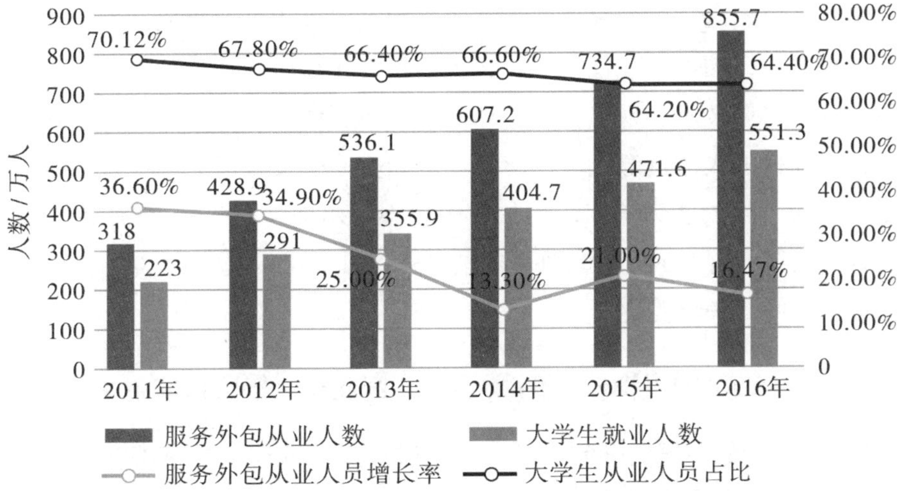


图2-17　2011—2016年服务外包产业从业人员情况

数据来源：中国商务部。

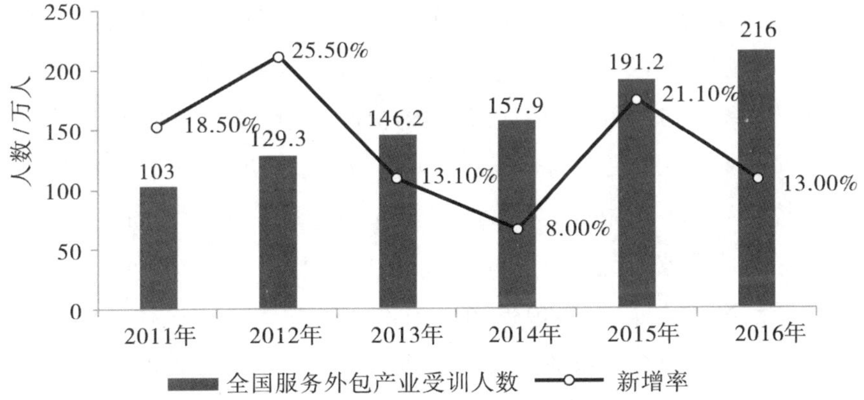


图2-18　2011—2016年中国服务外包产业受训情况

资料来源：中国商务部。

2. 服务外包培训规模不断扩大，并形成了以外包企业、培训机构、职业学院为主体的人才培训体系

2011—2015年，中国服务外包产业受训人员从103万人增加到191.2万人，其中2015年服务外包产业新增受训人员33.34万人，同比增长186.2%。2016年服务外包产业新增受训人员24.76万人。截至2016年，累计受训人数总规模达216万人（见图2-18）。2017年新增服务外包产业受训人员43.47万

人。服务外包园区、大型服务外包企业作为主要人才培训基地，依托政府支持和优惠政策，加强与高校合作，积极创新人才培养模式，开设包括嵌入式软件、数字媒体技术、现代物流、动漫设计与制作、通信网络与设计等专业课程，将高校的人才资源优势、学科优势和企业的实践优势相结合，有效提高了在校大学生的能力培养。例如，中软国际培训中心与400多所大专院校及教育机构展开合作，东大软件学院与IBM、Microsoft等公司建立了企业的实习基地和校内的联合实验室。

## （六）示范城市引领带动作用突出，产业园区集聚效应越来越显著

### 1. 示范城市在服务外包产业中一直保持主体地位，中国服务外包规模主要集中在前十位示范城市

2009年，21个服务外包示范城市在中国服务外包产业规模中离岸业务的占比为87.39%，近几年来基本保持这一水平。2015年21个示范城市离岸外包合同金额765.2亿美元，相当于2010年的4.1倍，平均增长率为24.7%；离岸服务外包执行金额561.1亿美元，相当于2010年的4.1倍，平均增长率为23%；全国占比分别为87.7%和86.8%。截至2015年，21个服务外包示范城市共聚集服务外包企业20920家，相当于2009年（7013家）的2.98倍，全国占比为61.94%，较2009年（78.36%）下降了16.42个百分点，服务外包产业在全国普及率不断提高是导致示范城市比重下降的主要原因。截至2015年，21个服务外包示范城市累计认证数量达9356个，获得13项国际认证5354个，分别占全国总量的60.4%、61.0%；从业人员443.7万人，全国占比为60.39%。

2016年，全国服务外包示范城市已经增加到31个[①]，完成服务外包执行金额999.2亿美元，占全国比重的93.9%；离岸服务外包执行金额657.9亿美元，占全国比重的93.4%（见图2-19）。其中南京、无锡、苏州等前十位示范城市服务外包执行金额共计747.9亿美元、离岸服务外包执行金额共计519.4亿美元，占示范城市比重分别达74.84%和78.95%，说明服务外包产业

①2016年，国务院印发《商务部 发展改革委 教育部 科技部 工业和信息化部 财政部 人力资源社会保障部 税务总局 外汇局关于新增中国服务外包示范城市的通知》（商服贸函〔2016〕208号），同意将沈阳、长春、南通、镇江、宁波、福州（含平潭综合实验区）、青岛、郑州、南宁、乌鲁木齐等10个城市入选中国服务外包示范城市。

主要集中在上述十大城市。2016年新增的10个示范城市服务外包合同金额102.1亿美元，占示范城市规模的10.2%；离岸服务外包执行金额约61亿美元，同比增长32.2%，高于示范城市和全国平均增速，成为服务外包产业新的增长极。2017年示范城市承接的服务外包执行金额1154.3亿美元，离岸服务外包执行金额730.1亿美元，分别占全国比重的91.5%和91.6%，说明示范城市的服务外包产业国际竞争力正快速增强。

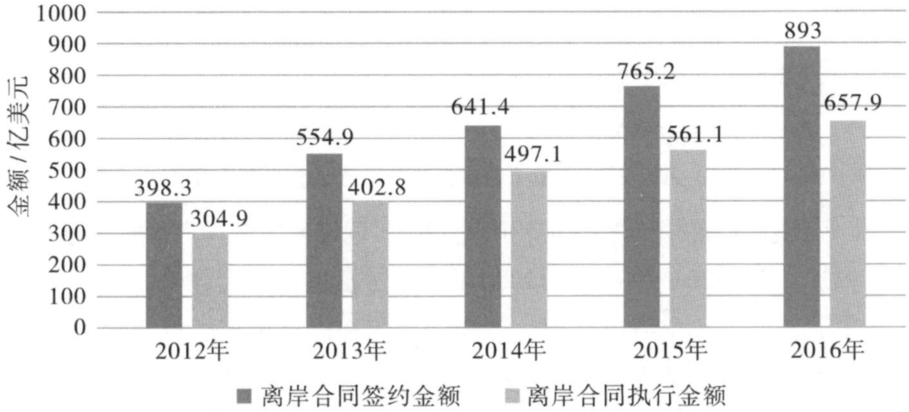


图2-19　2012—2016年示范城市服务外包发展

资料来源：中国商务部、中国服务外包研究中心。

表2-18　2016年前十位服务外包示范城市的增长情况

| | 服务外包执行金额 | | 离岸服务外包执行金额 | |
|---|---|---|---|---|
| | 金额 / 亿美元 | 同比 / % | 金额 / 亿美元 | 同比 / % |
| 南京 | 146.69 | 11.55 | 57.79 | -4.70 |
| 无锡 | 124.87 | -1.74 | 83.77 | 2.79 |
| 苏州 | 96.48 | 7.84 | 66.88 | 6.74 |
| 杭州 | 73.12 | 5.08 | 58.72 | 13.28 |
| 广州 | 68.70 | 20.64 | 45.05 | 16.50 |
| 上海 | 67.31 | 11.89 | 67.25 | 12.36 |
| 深圳 | 57.51 | 21.53 | 38.30 | 18.37 |
| 北京 | 49.10 | 9.05 | 49.06 | 9.04 |
| 青岛 | 33.13 | 18.06 | 27.14 | 20.53 |
| 济南 | 30.98 | -2.93 | 25.45 | -8.51 |

资料来源：中国商务部。

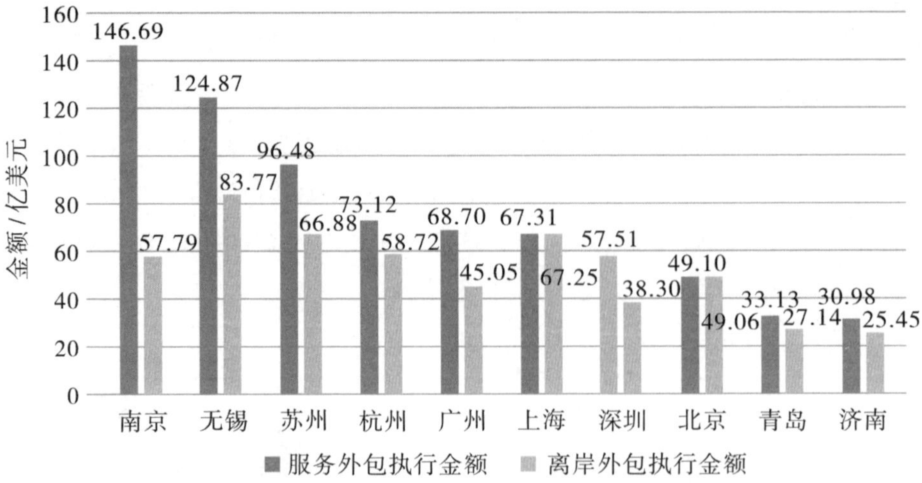


图2-20　2016年前十位服务外包示范城市的增长情况

### 2. 示范城市依托自身区位和产业特色，已经形成差异化发展格局

根据商务部2015年发布的2014年21个示范城市综合评价结果：从综合优势来看，南京、上海、广州、苏州、杭州在产业发展、成本要素、基础设施、人才培养与就业、政策措施5项指标的综合得分中位居前五位（见表2-19）。从产业发展来看，南京、苏州、上海、无锡、广州5个城市表现更为突出，优质企业聚集度较高，高端业务优势明显，其中上海高技术服务业收入和技术先进型企业数量明显高于其他示范城市。从成本要素来看，大庆、厦门、西安、武汉、哈尔滨等城市优势明显。从人才培养与就业来看，广州、上海、南京、天津、济南等城市具有领先优势，这些城市具有较为丰富的教育资源，并且拥有一批社会培训力量。

表2-19　2014年示范城市综合评价各项指标前五名

| 序号 | 综合得分 | | 产业发展情况 | | 成本要素优势 | | 人才培养与就业优势 | | 基础设施优势 | | 政策措施优势 | |
|---|---|---|---|---|---|---|---|---|---|---|---|---|
| | 城市 | 得分 | 城市 | 得分 | 城市 | 得分 | 城市 | 得分 | 城市 | 得分 | 城市 | 得分 |
| 1 | 上海 | 169.08 | 南京 | 110.97 | 大庆 | 13.72 | 广州 | 63.07 | 合肥 | 25.02 | 杭州 | 31.03 |
| 2 | 南京 | 168.48 | 苏州 | 86.08 | 厦门 | 11.29 | 上海 | 56 | 北京 | 11.28 | 苏州 | 30.46 |
| 3 | 广州 | 164.18 | 上海 | 77.73 | 西安 | 10.69 | 南京 | 33.37 | 南京 | 10.89 | 深圳 | 20.71 |
| 4 | 苏州 | 163.37 | 无锡 | 75.08 | 武汉 | 9.49 | 天津 | 32.81 | 苏州 | 10.77 | 上海 | 20.31 |
| 5 | 杭州 | 128.89 | 广州 | 68.84 | 哈尔滨 | 9.09 | 济南 | 30.77 | 上海 | 9.88 | 成都 | 19.00 |

资料来源：根据2015年12月商务部等部委公示的服务外包示范城市评价结果整理。

### 3. 服务外包园区已经成为集聚外包企业、人才和创新资源的重要平台

各地服务外包园区大数据、云计算、互联网等基础设施建设不断完善，在信息服务、研发、培训、融资、创业孵化、人才交流、市场交易等方面的服务能力日益增强，为入园企业提供了越来越好的创新发展环境。“十二五”以来，服务外包园区在业务规模、企业数量、从业人员、商业模式和技术创新能力等方面都表现出良好的发展态势。据不完全统计，2011—2015年，中国服务外包园区由150个增加到300多个，其中240个分布在示范城市。园区成为服务外包企业的主要集聚地和技术创新的重要基地。2015年上海5个服务外包示范园区占全市服务外包执行金额的85.8%；北京市服务外包园区服务外包业务规模全市占比达89%，收入规模达1000万美元以上的企业占全市的95.6%，这些企业有效整合了国内外创新资源，在基础研究、平台开发、关键技术等领域构建自主创新体系，加速自主知识产权技术开发和应用。天津、西安、厦门服务外包园区服务外包执行金额分别占全市的99.3%、95%、90%，西安软件园区聚集了当地90%以上的软件企业，武汉市90%以上的服务外包企业集聚在光谷软件园和武汉软件新城等示范园区。

## （七）东部地区辐射能力增强，区域发展更加协调融合

### 1. 服务外包产业主要分布在东部沿海城市

“十一五”期末，长三角、环渤海、珠三角地区服务外包产业占全国总量的91.5%左右，中西部城市仅占8.5%左右。尤其是长三角地区具有明显优势，形成了以上海、南京、苏州、杭州、无锡5个示范城市为主要聚集区，辐射带动周边地区发展的格局。“十二五”以来，由于中西部城市基础设施不断完善，人力、土地、资源等要素成本较低，且科技人力资源较为丰富等优势，不断吸引国内外服务外包企业加速转移和集聚。2016年东部地区服务外包执行金额和离岸服务外包执行金额分别占全国比重的85.5%和87.3%，分别增长0.4和0.2个百分点。2016年中西部地区服务外包执行金额和离岸服务外包执行金额分别占全国比重的14.5%和12.7%，较上年均提高了4.5个百分点；其中西部地区新增企业数量和服务外包执行金额分别增长181.3%和23.6%。成都、重庆、武汉、西安、合肥对跨国公司的吸引力越来越明显，已经成为有一定影响力的国际服务外包交付中心。

2. 东部与中西部城市之间已经形成了明显的分工关系和融合发展的态势

由于成本因素和产业发展布局的因素，导致一些总部位于北京、上海的外包企业加快在中西部城市设立交付中心，加速东中西部产业链融合，形成了“一线接单，二、三线交付”的产业链布局，促进了中西部地区根据当地资源禀赋参与价值链分工，带动了中西部服务外包发展，从而提升了中西部开放型经济水平。京津冀协同发展战略、长江经济带战略、粤港澳大湾区战略等有效实施，有利于提高北京、上海、南京、深圳、广州等中心城市的服务外包产业辐射能力。例如，北京受疏解非首都功能的影响将产生服务外包的企业迁移到周边和其他地区，由此带动其他地区发展。

3. 东部沿海、北部沿海和南部沿海三个经济区①的服务外包规模持续处于全国领先地位

2014年、2015年、2016年，东部沿海，北部沿海和南部沿海三个经济区合计均占全国的85%以上。首先是东部沿海经济区（上海、江苏、浙江）规模最大、集聚度最高，2015年服务外包执行金额541.6亿美元、离岸服务外包执行金额344.8亿美元，占比分别为56.0%、53.3%；2016年服务外包执行金额590.3亿美元、离岸服务外包执行金额373.1亿美元，占比分别为56.5%、53.0%。其次是北部沿海经济区（北京、天津、河北、山东），2015年服务外包执行金额147.7亿美元、离岸服务外包执行金额124.2亿美元，占比分别为15.3%、19.2%；2016年服务外包执行金额148.5亿美元、离岸服务外包执行金额129.1亿美元，占比分别为14.2%、18.3%。最后是南部沿海经济区（福建、广东、海南），2015年服务外包合同执行金额133.2亿美元，离岸服务外包执行金额为93.1亿美元，占比分别为13.8%、14.4%；2016年服务外包执行金额165.5亿美元、离岸服务外包执行金额112.0亿美元，占比分别为15.8%、15.9%。

①根据国务院发展研究中心《地区协调发展的战略和政策》报告中提出新的综合经济区域划分，把全国（港、澳、台除外）划分为八大综合经济区域：黄河中游经济区（陕西、山西、河南、内蒙古）、长江中游经济区（湖北、湖南、江西、安徽）、东北经济区（辽宁、吉林、黑龙江）、北部沿海经济区（北京、天津、河北、山东）、东部沿海经济区（上海、江苏、浙江）、南部沿海经济区（福建、广东、海南）、大西南经济区（云南、贵州、四川、重庆、广西）、大西北经济区（甘肃、青海、宁夏、西藏、新疆）。

### 4. 黄河中游经济区增速最快

2015年黄河中游经济区（陕西、山西、河南、内蒙古）服务外包执行金额和离岸服务外包执行金额同比增长分别达到200.9%和39.6%，增速居首位；其次是南部沿海经济区，2015年服务外包执行金额和离岸服务外包执行金额同比增长分别为22.8%和27.0%；长江中游经济区、东北经济区增速略有上升；东部沿海经济区、北部沿海经济区及大西南经济区均有所放缓；大西北经济区仍延续下滑趋势。（见表2-20）

表2-20　2014年、2015年全国各综合经济区域服务外包情况

| 综合经济区域 | 2014年离岸服务外包合同执行金额 | | | 2015年离岸服务外包合同执行金额 | | | 2014年服务外包合同执行金额 | | | 2015年服务外包合同执行金额 | | |
|---|---|---|---|---|---|---|---|---|---|---|---|---|
| | 规模/万美元 | 同比/% | 全国占比/% | 规模/万美元 | 同比/% | 全国占比/% | 规模/万美元 | 同比/% | 全国占比/% | 规模/万美元 | 同比/% | 全国占比/% |
| 黄河中游经济区 | 41185.9 | −29.1 | 0.7 | 57510 | 39.6 | 0.9 | 73810.5 | −20.8 | 0.9 | 222113 | 200.9 | 2.3 |
| 长江中游经济区 | 192323.2 | 6.3 | 3.4 | 212435.5 | 10.5 | 3.3 | 463191.9 | 21.2 | 5.7 | 555889.8 | 20.0 | 5.7 |
| 东北经济区 | 268376.7 | 4.8 | 4.8 | 291781 | 8.7 | 4.5 | 320426.6 | 15.4 | 3.9 | 355595.2 | 11.0 | 3.7 |
| 北部沿海经济区 | 1177161 | 22.4 | 21.0 | 1241849 | 5.5 | 19.2 | 1314611 | 24.1 | 16.2 | 1477353 | 12.4 | 15.3 |
| 东部沿海经济区 | 2910160 | 27.9 | 52.0 | 3448158 | 18.5 | 53.3 | 4590694 | 31.2 | 56.4 | 5415848 | 18.0 | 56.0 |
| 南部沿海经济区 | 733047.2 | 25.1 | 13.1 | 931008.7 | 27.0 | 14.4 | 1085282 | 28.2 | 13.3 | 1332418 | 22.8 | 13.8 |
| 大西南经济区 | 270048.8 | 21.6 | 4.8 | 280761.3 | 4.0 | 4.3 | 284524.3 | 26.6 | 3.5 | 309588.5 | 8.8 | 3.2 |
| 大西北经济区 | 103.6 | −75.7 | 0.002 | 63.6 | −38.6 | 0.001 | 1169 | −17.5 | 0.01 | 289.7 | −75.2 | 0.003 |
| 全国合计 | 5592406.4 | 23.1 | 100 | 6463567.1 | 15.6 | 100 | 8133709.3 | 27.4 | 100 | 9669095.2 | 18.9 | 100 |

资料来源：中国商务部，中国服务外包研究中心。

## 二、当前服务外包产业面临的主要问题

### （一）服务外包企业国际竞争力仍然比较薄弱

#### 1. 服务外包企业仍以中小规模为主，综合效益、国际化程度有待提升

目前，中小企业占服务外包企业总数的99%。2016年7月，普华永道发布“全球软件百强企业”报告显示，全球软件重点企业美国占比达75%，排名前二十的软件企业有15家是美国企业；其次是欧洲、加拿大和日本企业，占比为22%；中国企业仅有东软集团一家入围。中国与印度相比也存在较大差距，印度拥有WiPro、HCL、Infosys、TCS等国际知名软件外包企业，2015年仅TCS一家营业额就达145亿美元，但同年的43家火炬软件计划产业基地园区平均每家企业收入仅6075万元。根据课题组问卷调研（王晓红、朱福林，2015）结果显示①，从人员规模来看，企业人员在1000人以下的企业占72.9%，1000人以上的大型企业占比不足1/3，其中特大型企业（5000~10000人）仅占17.1%，10000人以上的超大型企业仅占2.9%。从营业收入规模来看，年收入低于1亿元人民币的企业占75.7%，其中低于5000万元的企业占64.3%，高于1亿元的企业占24.3%，超过5亿元的企业不到5%。在调研企业中，有近60%的企业承接离岸服务外包业务在50%以下，其中43.9%的服务外包企业离岸率低于30%，服务外包离岸率占比超过50%的企业仅占41%，说明中国服务外包企业多数以国内业务为主，国际化能力还有待大幅提高。目前，服务外包企业在国外设立交付中心、参与国际并购的数量都较少。

#### 2. 承接外包业务主要位于价值链中低端，高端服务供给能力较弱

中国与印度相比，高端专业技术缺乏，许多印度企业能够为发包企业提供全方位咨询和系统服务，而中国多数企业缺乏整体解决方案、系统服务和集成能力。一项调查表明，中国只有22%的服务外包企业实施了六西格玛，60%的企业采用ISO标准，而国际服务外包企业的这个比例分别为47%和

①2015年，社科基金重大项目《扩大我国服务业对外开放的路径与战略研究》之子课题《服务外包：开放发展与能力提升》调研组，共向北京、上海、合肥、成都四个示范城市的100家服务外包企业发放了调研问卷，回收有效问卷69份，该数据根据这69份问卷的结果计算得到。

76%，反映出中国服务外包企业在业务标准化程度方面还存在较大差距。

3. 自主创新能力较弱、创新投入不足

中国服务外包企业的技术研发投入仅占4%，制约了企业技术创新能力的提升，服务外包企业难以享受国家重大招标项目政策和参与国家重大科研项目。尤其是一些服务外包企业通过海外并购在境外上市后成为国际企业、有了所谓的“国际背景”之后，凡涉及系统集成、信息安全的国家项目通常都被排斥在外，从而影响了这类企业开拓国内服务外包市场。

### （二）成本过快增长导致企业负担过重，国际服务外包吸引力有所弱化，促使离岸服务外包向越南、菲律宾、马来西亚等东南亚国家转移

近年来，服务外包企业的人力成本及融资、土地、资金、交通、通信、水电、税收等要素成本全面快速上升。人力成本在服务外包企业总成本中一般占60%~70%。近年来，企业工资水平年均增幅达10%左右，加上44%的“五险一金”缴费，总体上使中国企业成本高于印度20%~25%[①]。据调查，2016年一些软件企业人员工资总额增长15.3%，人均工资增长8%；全国软件开发者中平均月薪1万元以上者占45%，较2015年上升12%；月薪2万元以上者占比增长67%。自2010年以来，服务外包企业逐渐由北京、上海、广州、深圳等一线城市向西安、武汉、成都等二、三线城市转移，但目前二、三线城市的成本优势也逐渐减弱。这些因素都将导致离岸服务外包向印度、越南、菲律宾、马来西亚等东南亚国家转移。综合成本上升导致许多外包企业不堪重负、惨淡经营，虽然营业收入增长，但利润呈下滑态势，严重影响了企业的创新能力和市场竞争力。

### （三）中高端人才供给严重不足是困扰服务外包产业发展的主要瓶颈

中高端人才缺口较大，严重影响了企业承接国际服务外包能力，尤其是承接高端价值链业务竞争力，这一问题长期未能得到很好的解决。据中国

①中国服务外包研究中心调查数据。

服务外包研究中心（2012年）调查，有40%的企业认为难以吸引高端人才，38%的企业认为难以招到中端人才，尤其缺少具备丰富的垂直行业知识和商务运营经验、较强的技术开发管理能力、较高的外语水平的高端专业技术和管理人才。高精尖人才培养渠道狭窄，企业待遇不高对人才吸引力较弱等都是重要因素。根据课题组问卷调研（2015年）结果显示，有81%的服务外包企业研究人员占比低于10%，仅有20%左右的企业研究人员高于10%，说明目前服务外包企业研发人才匮乏，严重影响了企业的创新能力和承接高端业务能力。

### （四）公共服务体系建设比较薄弱是影响企业参与国际竞争的重要因素

目前，全国服务外包平台建设存在投入不足，技术研发、信息服务、市场交易、大数据、云计算等平台建设不完善的问题，导致资源难以共享；行业协会在国际市场中缺乏影响力，导致我国在国际市场推介服务外包企业、树立服务外包品牌方面缺乏力度；行业标准制定不完善，服务外包企业的服务标准、服务质量和服务水平参差不齐，尤其是在承接离岸业务时不利于抱团获得海外订单。此外，知识产权服务体系还不够健全，知识产权保护力度不足、信息安全环境较差也是制约国际发包商继续扩大在中国业务的原因之一。

## 三、推动服务外包转型升级的主要思路

第一，以创新驱动为引领，推动服务外包价值链向高端跃升。着力提高软件研发、集成电路设计、云计算等信息技术外包的整体解决方案和系统集成能力；拓展金融、供应链管理、电子商务平台等业务流程外包的价值增值空间；扩大数据分析、工业设计、工程技术、管理咨询、医药和生物技术研发、文化创意等知识流程服务外包的规模效益。鼓励外包企业加大创新投入，在技术研发、交付模式、业务流程、经营管理等方面创新变革，支持有条件的外包企业参与国家重大科技招标项目，提升系统设计、整体解决方案等高端服务能力。加强服务外包园区大数据、云计算等创新平台、创客空间的建设，推动众包、众创、众筹等社会创新模式。强化服务外包标准体系建

设，在重点领域制定一批具有国际领先水平的标准，提高主导权和话语权。

第二，以提高企业国际竞争力为导向，构建协同发展、互利共赢、竞争有序的服务外包企业生态。注重发挥领军企业在接包、品牌、创新、标准、网络渠道等方面的优势，带动中小外包企业参与国际竞争，打造中国服务外包整体品牌。支持服务外包企业通过国内企业重组快速壮大规模，通过开展国际并购获取关键技术、高端人才、品牌渠道等战略资源，提升核心竞争优势。同时，注重发挥外资企业优势，加强吸引跨国公司的信息技术、研发设计、物流供应链管理、财务结算、专业咨询等服务机构，鼓励在华跨国公司向内资企业外包服务。政府应进一步放宽市场准入，改善营商环境，提高出口退税效率，降低税费及房租、水电、土地价格，切实降低企业综合成本。同时，加大在技术研发、引进人才、国际资质认证、培训教育等方面的财政补贴力度。

第三，以专业化、国际化、高端化为目标，加快服务外包人才体系建设。注重发挥高等教育的基础性和支撑性作用，支持“985”“211”院校设置服务外包相关专业。建立创新创业和技能人才培养相结合的培训机制，发挥服务外包企业、培训基地、培训学院的作用，共同推动岗前培训、岗位培训、委托培训、定制培训、线上线下培训等多样化模式。不断完善国际化高端人才的引进政策和激励机制。

第四，以在岸促离岸为抓手，推动国际国内服务外包市场融合发展。2008年金融危机之后，由于国际市场大幅萎缩，一批外包企业将重点转移到在岸业务，增强了规模效益和实力，由此带动了国际业务的发展。我国在岸市场规模巨大，对夯实服务外包企业基础、做大做强服务外包企业提供了有利条件。随着网络智能制造、服务型制造、绿色制造的发展，将释放大量的软件与信息服务市场需求；数字化和信息化在政府、医疗、教育等部门的广泛应用也将产生大量外包服务。应引导支持外包企业服务国内市场，培育一批专业化、品牌化的优质服务供应商，为承接离岸服务外包奠定有利基础。

第五，以“一带一路”建设为契机，形成发达国家与发展中国家双向拓展的全球市场战略布局。多数“一带一路”沿线国家和地区工业化和信息化滞后，为中国服务外包企业拓展国际空间、推动中国标准和品牌“走出去”提供了重要机遇。应在继续保持传统发包市场主导地位的同时，稳步开拓

"一带一路"市场。利用基础设施互联互通、产能合作、装备合作的重大项目，带动研发设计、信息技术、供应链管理、广告创意、金融等服务外包。利用沿线自贸区政策优势，强化境外经贸合作区、产业园区等平台载体的服务配套功能，不断扩大服务外包规模。

## 第四节 我国服务外包产业促进政策的演进

服务外包产业是我国21世纪以来大力培育的新兴服务贸易领域和新兴服务业态，也是促进全球产业分工和提升全球价值链的重要途径。从"十一五"到"十三五"，国家相继出台了一系列促进服务外包产业加快发展的相关扶持政策，旨在提升我国承接国际服务外包的竞争力，提升"中国服务"品牌的影响力，推动服务外包企业做大做强，提升国际市场开拓能力。长期以来，我国服务外包产业政策以"示范引领发展，培育环境要素，重点突破离岸，扩大产业规模"为主要导向，在示范城市发展、产业培育、企业扶持、人才培养、扩大就业、知识产权保护等方面不断加大力度，收到了良好效果。我国服务外包产业的政策演进大致经历了"十一五""十二五"和"十三五"三个主要阶段。

### 一、"十一五"是我国服务外包政策体系形成的时期

#### （一）2006—2009年国家密集出台各类服务外包促进政策

"十一五"时期是我国服务外包产业夯实基础的阶段。2006年商务部组织实施"千百十工程"，标志着我国服务外包产业发展的起步阶段。"千百十工程"的主要目标是："十一五"期间（2006—2010年），在全国建设10个具有一定国际竞争力的服务外包基地城市，推动100家世界著名跨国公司将其服务外包业务转移到中国，培育1000家取得国际资质的大中型服务外包企业，创造有利条件，全方位承接国际（离岸）服务外包业务，并不断提升服务价值实现到2010年服务外包出口额在2005年的基础上翻两番。这

一计划的实施得到了跨国公司和服务外包企业的广泛响应和普遍欢迎，有力推动了服务外包产业在全国快速发展。

围绕这一目标，2006年国家密集性地出台了有关促进服务外包产业发展的相关文件。例如，《商务部关于实施服务外包“千百十工程”的通知》（商资发〔2006〕556号），《商务部关于做好服务外包“千百十工程”企业认证和市场开拓有关工作的通知》，《商务部关于做好服务外包“千百十工程”人才培训有关工作的通知》（商资函〔2006〕111号），《商务部　信息产业部关于开展“中国服务外包基地城市”认定工作有关问题的通知》（商资函〔2006〕102号），商务部、信息产业部、教育部等9部委《关于发展软件及相关信息服务出口的指导意见》（商服贸发〔2006〕520号），财政部、国家税务总局、商务部、科技部《关于在苏州工业园区进行鼓励技术先进型服务企业　发展试点工作有关政策问题的通知》（财税〔2006〕147号），《国家发展和改革委员会信息产业部　商务部　国家税务总局关于印发〈国家规划布局内重点软件企业认定管理办法〉的通知》（发改高技〔2005〕2669号），《软件过程能力及成熟度评估管理办法》（国家认证认可监督管理委员会2005年第4号公告），《中小企业国际市场开拓资金管理（试行）办法》（财企〔2000〕467号），财政部、国家税务总局、海关总署《关于鼓励软件产业和集成电路发展有关税收政策问题的通知》（财税〔2000〕25号），《关于印发〈软件企业认定标准及管理办法（试行）〉的通知》（信部联产〔2000〕968号），《关于软件出口有关问题的通知》（外经贸技发〔2000〕680号）等一系列相关文件。这些文件涵盖了基地城市认定、技术先进型服务企业认定、人才培养、财政补贴、税收减免、企业资质认定、软件出口激励等相关优惠政策，为建立我国服务外包产业的政策框架体系奠定了良好的基础。

2007—2009年，国家为鼓励加快发展服务外包产业，进一步加大力度制定了一系列优惠政策。例如，商务部、财政部《关于支持承接国际服务外包业务发展资金管理工作的通知》（商财发〔2007〕343号），商务部办公厅《关于执行〈服务外包统计报表制度〉的通知》（商服贸字〔2007〕12号），财政部、商务部《关于做好2008年度支持承接国际服务外包业务发展资金管理工作的通知》（财企〔2008〕140号），商务部、中国进出口银行《关于服务外包产业发展融资支持工作的指导意见》（商资发〔2008〕169

号），财政部、商务部《关于支持承接国际服务外包业务发展相关财税政策的意见》（财企〔2008〕32号）等文件。

2009年是国家服务外包产业支持政策最为密集的一年。2009年1月，国务院办公厅发布《关于促进服务外包产业发展问题的复函》（国办函〔2009〕9号）①。围绕这一文件各部委相继出台了11个配套文件，制定了一系列相关的财政资金、税收政策、人才培训、大学生就业、特殊工时、海关保税监管、电信服务便利化、金融支持、知识产权保护、投资促进等。新的政策力度加大、内容覆盖面广泛、体系不断完善、创新与时俱进。例如，商务部关于落实国务院办公厅《关于促进服务外包产业发展问题的复函》（商资发〔2009〕147号）情况的报告，财政部、国家税务总局、商务部、科技部、国家发改委《关于技术先进型服务企业有关税收政策问题的通知》（财税〔2009〕63号），人力资源和社会保障部、商务部《关于服务外包企业实行特殊工时制度有关问题的通知》（人社部发〔2009〕36号），《关于支持服务外包示范城市国际通信发展的指导意见》（工信部电管〔2009〕107号），教育部、商务部《关于加强服务外包人才培养促进高校毕业生就业工作的若干意见》（教高〔2009〕5号）等一系列文件。

2010年，国务院办公厅发布《关于鼓励服务外包产业加快发展的复函》（国办函〔2010〕69号）进一步完善服务外包产业发展环境，国家层面政策进一步完善、地方配套政策进一步细化且落实力度加大。各示范城市纷纷出台政策措施，从总体推进、信息安全与知识产权保护、人才培育与引进、投融资促进和财政税收等方面细化完善服务外包支持政策。

这一时期的政策进一步加强了针对性和有效性，从国际服务外包的特点、政策需求出发，在财税、融资、通信基础设施、人才培养、用工制度等方面重点发力，形成了一套政策组合拳。这些政策的出台基本形成了我国服务外包产业发展的系统框架，并形成了较好的协同效应，为我国服务外包产

①在该文件中同意将北京、天津、上海、重庆、大连、深圳、广州、武汉、哈尔滨、成都、南京、西安、济南、杭州、合肥、南昌、长沙、大庆、苏州、无锡20个城市确立为中国服务外包示范城市，并在这些城市实施特殊扶持政策。2010年国家又批准厦门成为第21个示范城市，因此，2010—2015年期间有21个示范城市。

业发展奠定了较好的基础。

表2-21　2009年国家层面政策的主要内容

| 财税政策 | 投融资政策 | 人力资源 | 企业扶持 | 公共服务体系 |
|---|---|---|---|---|
| 对符合条件的企业进行税收减免<br>补贴企业招募员工及专项培训<br>支持各地建设公共服务平台<br>对中西部地区基础设施项目贷款贴息 | 探索适合服务外包业态的多种信用增级形式<br>深化对服务外包产业配套服务的信贷支持<br>多渠道拓展服务外包企业直接融资途径<br>创新适应服务外包企业需求特点的保险产品<br>鼓励创业投资投向服务外包企业 | 允许企业实行特殊工时工作制<br>设立国际服务外包业务人才库<br>建立服务外包人才培训体系<br>深化高校与服务外包企业的合作<br>优化工作生活环境 | 对服务外包企业创建品牌、知识产权保护、参观境内外各类相关展览、国际推介会等给予必要的资金支持<br>支持企业取得相关国际认证<br>鼓励政府和国有企业通过购买服务等方式，将数据处理等外包给专业企业<br>改进外汇管理，便利服务外包企业外汇收支 | 为服务外包企业网络接入、国际线路租赁提供便利<br>建立和完善与服务外包产业特点相适应的通关监管模式<br>设立服务外包研究机构和行业性组织<br>研究制定商业信息数据保密条例和我国服务外包产业相关标准 |

资料来源：中国服务外包研究中心，《中国服务外包发展报告（2009）》。

## （二）政策组合拳的主要作用和成效

第一，开展“中国服务外包基地城市”的认定工作。商务部、信息产业部、科技部等部委共同选择了一批具有服务外包发展基础和增长潜力的中心城市认定为“中国服务外包基地城市”。截至2008年，认定大连、西安、成都、深圳、上海、北京、天津、南京、济南、武汉、杭州、合肥、长沙、广州、重庆、哈尔滨16个城市作为“中国服务外包基地城市”，并认定苏州工业园、无锡太湖保护区、大庆服务外包产业园区、南昌高新技术产业开发区为“中国服务外包示范区”。基地城市和示范园区为我国服务外包发展起到了窗口、示范作用，尤其是在政策先行先试的探索方面发挥了重要作用。2009—2010年，确立了21个“中国服务外包示范城市”。由此，形成了我国服务外包的产业基础和基本空间布局，并形成了以服务外包示范城市为主体的产业聚集效应和以服务外包示范城市为核心的政策扶持体系。

第二，实施服务外包“千百十工程”人才培训计划。其重点是解决服务外包人才短缺和高校毕业生从事服务外包业所需的专业知识和技能。重点包括：根据服务外包企业的业务需求进行人才定向培训、跨国公司服务外包业务从业人才资质培训、新入职人员岗前业务技能培训、专业培训机构的服务外包人才培训等。人才培训计划的实施大力促进了职业技术学院、服务外包培训机构的发展，为了解决大学生就业“最后一公里”的问题，各地纷纷成立职业学院和培训机构，有条件的城市引进国际院校、国际培训机构，通过合作办学等模式进行大学生培训，形成了企业、培训机构、职业院校“三位一体”的服务外包人才培训体系，有效解决了服务外包产业发展的人才短缺瓶颈。

第三，鼓励服务外包企业取得国际认证。重点包括对符合条件且取得行业国际认证的服务外包企业给予一定的奖励，并支持其国际认证的维护升级。国际认证包括：开发能力成熟度模型集成（CMMI）认证、开发能力成熟度模型（CMM）认证、人力资本成熟度模型（PCMM）认证、信息安全管理标准（ISO 27001/BS7799）认证、IT服务管理认证（ISO 20000）、服务提供商环境安全性认证（SAS70）。力争在5年内促进700家企业取得CMM／CMMI3认证，300家企业取得CMM/CMMI5级认证。

第四，为服务外包基地城市和企业提供融资服务。除相关文件之外，商务部与国家开发银行签署了《商务部、国家开发银行支持中国服务外包基地城市及服务外包企业发展合作意向书》，按照“商务部积极组织推动，开发银行进行独立审贷，按照市场化操作”的原则，由国家开发银行为基地城市建设和服务外包企业开展业务提供政策性贷款支持，用于支持基地城市发展服务外包所需的基础设施及投资环境建设，帮助服务外包企业开拓国际市场。商务部与中国出口信用保险公司共同签署了《支持中国服务外包产业发展全面合作协议》，中信保作为政策性金融机构将支持基地城市和企业积极承接国际服务外包业务，提供包括信用管理、融资便利、风险保障、海外投资保险等支持。

第五，开展服务外包统计管理工作。商务部与国家统计局联合制定并下发了服务外包统计制度。通过加强服务外包统计、业务数据信息管理等工作，准确反映我国服务外包产业和企业的发展状况，并成为考核各地服务外包产业发展的重要指标。由此，建立了我国服务外包产业的统计指标体系，并不断推动与国际标准接轨。

第六，对于全国服务外包产业具有重要引导和导向作用。这一时期的政策对服务外包产业提供了全方位、真金白银的支持。从表2-22可以看出，2007—2009年，中央财政培训资金共支持8.1亿元，获得中央财政补贴的企业、培训机构和人数累计分别达到2420家、441家、60万人（见表2-22）。

表2-22　获得中央财政培训资金支持的企业、培训机构和人数

| 年份 | 服务外包企业 / 家 | 培训机构 / 家 | 培训人数 / 万人 | 支持金额 / 亿元 |
|---|---|---|---|---|
| 2007 | 425 | 54 | 5 | 1.5 |
| 2008 | 1101 | 167 | 11 | 3.2 |
| 2009 | 894 | 220 | 44 | 3.4 |

数据来源：中国商务部。

中央政策的出台也为各地出台相应的配套政策措施发挥了重要的促进作用。一是基地城市普遍设立了服务外包支持资金。例如：北京市在地方政府财政专项资金安排不低于国家专项资金两倍的配套资金；广州、武汉、济南、杭州市安排1亿元；西安市计划每年至少安排8000万元；大连市每年安排6000万元等。二是参照高新技术、软件等产业制定税收奖励、财政补贴、投融资支持、专项补贴、直接奖励等各类优惠政策。三是制定人才引进政策。一些城市将服务外包人才列入引进高层次人才目录，给予项目启动经费、个税奖励、购房或租房补贴等各种鼓励政策，重点引进海外服务外包领军人才和实用性人才。四是地方政府高度重视，积极构建联席会议制度，推进服务外包政策实施落地等。

## 二、"十二五"是我国服务外包产业促进政策的战略发展期

"十二五"是我国服务外包产业进入大发展、大繁荣的历史时期，也是我国服务外包产业政策进入深化发展的新阶段。这一时期的产业政策注重规划顶层设计，注重国家与示范城市的政策相互衔接与配套，注重服务外包产业与相关行业的政策衔接与协调，并注重政策实施的效果评估。

### （一）《中国国际服务外包产业发展规划纲要（2011—2015）》颁布实施具有里程碑意义

2013年，商务部和国家发改委联合发布《中国国际服务外包产业发展规划纲要（2011—2015）》（以下简称《规划》），这是我国历史上第一个服务外包产业规划，它标志着服务外包产业正式成为国家大力扶持、鼓励发展的新兴服务业领域。《规划》第一次把服务外包作为一个新兴产业提出其基本概念、产业特征、发展目标和总体要求，是第一次对我国服务外包产业发展战略的系统构架和顶层设计。《规划》明确提出，“十二五”期间我国国际服务外包产业要努力实现规模进一步扩大，自主创新能力大幅提高，人才队伍建设进一步强化，运行环境进一步改善，区域布局更加科学，国际竞争力大幅提升等目标。国际服务外包产业总量保持高速增长，承接离岸服务外包业务执行金额年均增幅保持40%左右，2015年达到850亿美元，占我国服务贸易出口额比重达到28%。《规划》明确了“十二五”国际服务外包产业发展的重点领域、重点区域和重点任务，提出围绕“十二五”时期我国国际服务外包产业发展目标，坚持做大产业规模与增强创新能力并举，推动国际服务外包产业规模和水平再上新台阶，着力提高产业国际竞争力，培育国际服务外包领军企业，加快产业集群化发展；大力开拓国际市场，推进“中国服务”品牌建设，优化国际市场结构，提高产业开放水平，增强全球资源配置能力；增强企业创新能力，大力优化创新环境，健全创新机制；优化人力资源结构，建立多层次人才结构体系，健全多元化人才培养机制；改善公共服务质量，不断完善政策环境，着力优化政府服务，加强载体平台建设，积极开展基础研究。同时提出了相应具体的实施保障措施。

围绕国家规划，各示范城市和部分省市也纷纷针对自身发展情况，出台地方服务外包产业发展规划，将服务外包产业作为促进当地新兴服务业发展、提高服务贸易竞争力、提升对外开放水平的重点行业鼓励发展。由此形成了中央和地方上下联动的服务外包产业政策体系。地方政府的组织保障系统更加完善，并围绕国家政策相继出台了税收减免、财政支持、基础设施建设、投资促进、公共服务平台建设等一系列优惠政策措施，基本形成了政府引导扶持，行业协会、中介机构、企业、院校相互协同的产业体系。进一步优化了服务外包发展的整体政策环境，为服务外包企业做大做强提供了良好的政策保障和营商环境。各示范城市结合本地实际情况新增的配套措施，主要包括以下方面的内容。

一是增设地方配套资金。主要用于服务外包人才培训费用的补贴；服务外包企业获得国际资质认证费用的补贴；服务外包企业开拓国际市场的补贴；服务外包培训和实训基地基础设施投资的补贴；支持总部型、高新科技类服务外包企业落地的奖励和补贴；支持服务外包企业在境外开拓新兴市场的补贴；支持服务外包公共平台建设和运行费用的补贴；对于引进的服务外包中高端人才房租或购房的补贴。

二是鼓励发展离岸服务外包。对离岸业务较上年有增长，根据完成的执行金额给予奖励；软件产品年出口额超过一定数额可享有自营出口及相关奖励；凭外包合同和出口证明，给予技术研发与自身建设方面的资助。

三是支持创办科技孵化企业和自主品牌研发。主要包括以下类型：创办科技孵化类服务外包企业；留学人员创办服务外包企业；开发具有自主知识产权的高技术服务外包项目；支持经国家、省、市认定的科技类研发机构；服务外包企业自主开发新产品、新技术、新工艺；在技术转让过程中，相关的技术咨询、技术服务和技术培训免征企业所得税。

四是鼓励创办服务外包专业园区。鼓励企业自筹资金创办服务外包专业园区；奖励业绩发展较快的服务外包专业园区。

五是奖励企业创建自主品牌。奖励获得省级、国家级、世界级的“品牌”服务外包企业以及取得版权登记和专利授权的服务外包企业，设立知识产权和个人信息安全保护基金等。

### （二）服务外包示范城市评价体系和产业发展体系进一步完善

2013年5月，商务部等九部委联合发布了《关于开展中国服务外包示范城市综合评价工作的通知》，并制定了示范城市综合评价办法和评价指标体系，使示范城市的考核与动态管理进入常态化、制度化的轨道，对于示范城市的持续健康发展具有重要意义。2014年国务院发布的《关于促进服务外包产业加快发展的意见》（国发〔2014〕67号）是我国服务外包产业政策继续深化的重要文件。该文件提出了坚持改革创新，面向全球市场，加快发展高技术、高附加值服务外包产业，推动从主要依靠低成本竞争向以智力投入取胜转变，使服务外包产业成为推进结构调整，形成产业升级的新支撑、外贸增长的新亮点、现代服务业发展的新引擎和扩大就业的新渠道。提出了保持国际服务外包业务规模年均增长25%以上的目标，明确了大力发展软件和信息技术、设计、研发、互联网、医疗、工业、能源等领域服务外包；加快发展文化创意、教育、交通物流、健康护理、科技服务、批发零售、休闲娱乐等领域服务外包；积极发展金融服务外包的产业导向，并定期发布《服务外包产业重点发展领域指导目录》。该意见提出了构建以中国服务外包示范城市为主体，结构合理、各具特色、优势互补的产业发展格局，从区域和领域上扩大对技术先进型服务企业减按15%的税率缴纳企业所得税和职工教育经费不超过工资薪金总额8%部分税前扣除的税收优惠政策实施范围。同时提出将中国服务外包示范城市数量从21个增加到31个①。实行国际服务外包增值税零税率和免税政策。此外，还提出了深化境外投资审批制度改革，推进境外投资便利化，提升通关便利化水平，创新服务外包海关监管模式等一系列保障措施。

## 三、《国际服务外包产业发展“十三五”规划》颁布实施标志着我国服务外包产业政策进入创新发展的新时期

“十三五”时期是我国服务外包产业由高速发展转向高质量发展的关键时期。因此，推动服务外包企业创新发展和转型升级，全面提升国际竞争力和品牌影响力是这一时期的主要任务。2017年商务部等五部委出台了《国际服务外包产业发展“十三五”规划》（以下简称《规划》），这是我国第二个服务外包五年规划，《规划》结合国际环境与国内服务外包产业发展的实

①2016年5月，商务部等九部委联合发布了《关于新增中国服务外包示范城市的通知》，将沈阳市、长春市、南通市、镇江市、宁波市、福州市（含平潭综合实验区）、青岛市、郑州市、南宁市和乌鲁木齐市10个城市确定为中国服务外包示范城市，并将享受现有服务外包示范城市同等的专项扶持与支持政策。从此，中国服务外包示范城市增加至31个。

际情况，提出“十三五”时期是我国全面提升服务外包产业竞争力的关键阶段，应积极围绕“创新、协调、绿色、开放、共享”发展五大理念完善政策体系。“以推进服务外包供给侧结构性改革为主线，以服务外包标准化、数字化、智能化、融合化为主攻方向，不断完善服务外包体制机制，继续扩大服务外包规模，加快推进服务外包向价值链高端延伸，推动结构优化调整，促进离岸业务和在岸业务协调发展，充分发挥服务外包在现代服务业中的引领和驱动作用，为建设贸易强国做出更大贡献。”《规划》科学制定了我国服务外包产业的发展目标，提出到2020年我国企业承接离岸服务外包合同执行金额超过1000亿美元，年均增长10%以上。产业结构更加优化，数字化、智能化的高技术含量、高附加值服务外包比重明显提升。提高服务外包标准化程度，打造一批众创平台，培育一批具有国际先进水平的知名企业。以服务外包示范城市为中心，扶持一批主导产业突出、创新能力强、体制机制完善的重点园区，形成区域特色鲜明、功能完善、差异发展的服务外包产业新布局。结合“一带一路”倡议培育服务发包市场，推广和传播中国的技术和标准。促进离岸和在岸业务协调发展。同时，提出了“推进创新驱动、优化产业结构、推进区域协同发展、优化国际市场布局、培育壮大市场主体、强化复合型人才培养、提高标准化水平”的重点任务，从而明确了我国服务外包发展的战略思路。

## 四、服务外包产业政策导向

“十三五”时期我国服务外包产业政策应以经济全球化和数字经济发展趋势为背景，以创新驱动战略为核心，推动服务外包企业转型升级。在政策导向上应注重促进服务外包企业的技术创新、模式创新、管理体制创新，提高产业的融合发展能力。

一是继续发挥示范城市的体制创新优势，加速复制成功经验和做法。示范城市是我国服务外包产业发展的一项重要制度创新，其主要目的是通过示范城市的率先发展形成带动效应和产业集聚效应，并在体制机制上进行先行先试探索。因此，示范城市首先是制度创新高地，而不是政策洼地。目前，我国已有31个服务外包示范城市，中央各项扶持服务外包产业的优惠政策都是用来支持示范城市发展的，因此要加快推广复制示范城市多年来在“管理体制、促进机制、政策体系、监管模式”等方面的成功经验，加快在有条件的地区开花结果。

二是坚持政府引导、市场主导、企业主体的发展原则。在服务外包产业发展初期，为引导企业行为和刺激市场需求，政府通常通过大力度的产业政策干预和优惠政策扶持，促进产业快速成长。目前，我国服务外包产业已经度过产业幼稚期进入市场化发展阶段，国家政策着力点应从以实行优惠政策为重点转向营造公平竞争的法制环境和优质的营商环境，如制定行业标准、规范市场秩序、完善评估机制、加强监督管理、维护知识产权等方面。

三是继续实施东中西部区域差异化政策。鼓励东部地区继续发挥在产业基础、技术人才、国际化水平、基础设施、商务环境等方面的优势，推动服务外包产业向高端化、专业化、国际化发展，重点优化吸引研发设计、供应链管理、资金结算和区域性总部等高端项目落地的相关优惠政策。继续加强中西部城市基础设施投入，建议对建设服务外包园区基础设施投资增加贴息贷款额度和延长贷款时限，适当补贴服务外包平台建设中的设备购置和运行费用，补贴中高端人才引进和基础技术培训的相关费用。

四是继续加大对服务外包企业的支持力度。建议减免制造企业向生产性服务企业转型升级中的土地“改性扩容”费用；鼓励有条件的企业推行“债转股”“员工持股”等方式提高竞争力和凝聚力；将企业内部一定期限以上的员工培训纳入国家人才培训补贴范围；鼓励企业开拓国际市场，制定企业海外并购的相关优惠政策，将企业在离岸业务中因汇率波动造成的损失在上缴所得税中予以返还补贴；降低企业成本，对落户园区的服务外包企业在能源通信、办公用房、境外设点、产品展示、企业孵化等方面给予一定补贴。

五是创新人才引进激励政策和教育培训机制。有效利用移民政策引进海外高级技术管理人才。政府应支持行业协会、高等院校、培训机构、企业就服务外包人才培养标准、计划等建立战略合作关系，制定与美国、欧洲、日本、中国香港等主要发包地区以及印度、爱尔兰等主要服务外包接包国的人才交流计划，建立定期交流和资质互认机制。

六是建立东中西部地区融合协同发展机制。近几年来由于东部地区在劳动力、房地产、原材料、能源、融资、生活等方面的成本均大幅度提高，服务外包产业发展受到严重制约。同时，二、三线城市在基础设施、环境配套、产业基础、人力资源等方面不断改善，在人力资源、能源、房地产、生活消费等方面成本较低，不断吸引一线服务外包企业陆续转移。为此，应建立一线城市溢出与中西部二、三线城市承接的互利共赢机制。

## 参考文献：

[1] 王晓红. 中国服务外包：跨越发展与整体提升. 太原：山西经济出版社，2012.

[2] 中国国际投资促进会，中欧国际工商学院，中国服务外包研究中心. 中国服务外包发展报告2007. 上海：上海交通大学出版社，2007.

[3] 中国服务外包研究中心. 中国服务外包发展报告，2008.

[4] 中国服务外包研究中心. 中国服务外包发展报告，2009.

[5] 中国服务外包研究中心. 中国服务外包发展报告，2012.

[6] 中国服务外包研究中心. 中国服务外包发展报告，2015.

[7] 中国服务外包研究中心. 中国服务外包发展报告，2016.

[8] 中国服务外包研究中心. 中国服务外包发展报告，2017.

[9] 商务部. 中国软件出口发展报告，2015.

[10] 商务部. 中国软件出口发展报告，2016.

[11] 商务部. 中国服务贸易发展报告，2017.

[12] 商务部. 中国服务贸易发展报告，2018.

# 附件1：中国服务外包产业相关促进政策的主要内容

附表1 财税扶持政策

| 政策内容 | 政策效应 |
|---|---|
| ①对经认定的技术先进型服务企业，减按15%的税率征收企业所得税<br>②对经认定的技术先进型服务企业，其发生的职工教育经费按不超过企业工资总额8%的比例据实在企业所得税税前扣除；超过部分准予在以后纳税年度结转扣除<br>③对经认定的技术先进型服务企业离岸服务外包业务收入免征营业税<br>④研发设计、检验检测认证、节能环保等科技型、创新型服务企业，可申请认定为高新技术企业，享受15%的企业所得税优惠税率<br>⑤服务外包企业纳入科技型中小企业，可申请创新基金、中小企业发展基金的支持 | 降低技术先进型企业运行成本，鼓励加快发展离岸和科技类企业发展 |
| ⑥服务外包企业取得CMMI、CMM、PCMM、SAS70、ISO27001/BS7799、ISO20000等相关认证及认证的系列维护、升级，每个企业每年可申报3个认证项目，每个项目不超过50万元的资金支持<br>⑦符合条件的企业可申请对外经济技术合作专项资金支持和出口信贷优惠利率 | 增强服务外包企业的国际竞争力 |
| ⑧中西部地区国家级经济技术开发区内的服务外包基础设施建设项目贷款，可按规定享受中央财政贴息政策 | 支持中西部发展服务外包 |
| ⑨中央财政每年安排示范城市各500万元资金用于服务外包公共平台建设。用于公共技术服务平台、公共信息服务平台和公共培训服务平台所需设备购置及运营费用 | 增强信息共享 |

注：上述政策内容中，①②③摘自国办函〔2013〕33号（注：相关文件名称见附件3，下同），④⑤摘自国发〔2014〕49号，⑥⑦摘自财政部财企〔2009〕44号，⑧摘自商务部商办资函〔2009〕81号，⑨摘自国办函〔2013〕33号。

附表2　人力资源扶持政策

| 政策内容 | 政策效应 |
|---|---|
| ①对技术先进型服务外包企业每新录用1名大专以上学历员工并签订1年以上劳动合同的，中央财政给予企业不超过每人4500元的培训补贴；对符合条件的培训机构培训的从事服务外包业务人才（大专以上学历），通过服务外包专业知识和技能培训考核，并与服务外包企业签订1年以上劳动合同的，中央财政给予培训机构每人不超过500元的培训支持<br>②服务外包企业吸纳高校毕业生就业，享受社会保险补贴等扶持政策。参加服务外包培训可按规定享受职业培训补贴和职业技能鉴定补贴 | 促进和吸纳大学生就业 |
| ③技术先进型服务外包企业实施特殊工时工作制。其中，对软件设计人员、科技研发人员、中高级管理人员和其他工作无法按照标准工作时间衡量或需机动作业的职工，可以实行不定时工作制；对因工作性质特殊需连续工作的职工和其他适合实行综合计算工时工作制的职工，经批准可以实行综合算工时工作制 | 根据行业特点，进行工时和用工制度创新，提高工作效率 |
| ④符合人力资源社会保障部门规定条件的服务外包企业均纳入“五缓四减三补贴”政策范围之内 | 降低用工成本 |
| ⑤将服务外包人才纳入“海外高层次留学人才回国工作绿色通道”范围，享受出入境、子女入学、户口迁移、家属就业等方面的优惠政策 | 鼓励海外高层次人员入职外包企业 |
| ⑥在实训基地建设、师资培训、服务外包人才培养培训补贴等方面加大支持力度。试点高校要提供组织保障、经费保障和制度保障 | 大力培养服务外包专业人才 |

注：上述政策内容中，①②摘自财政部财企〔2009〕44号，③摘自人社部发〔2009〕36号，④摘自国办函〔2010〕69号，⑤摘自人社部发〔2009〕123号，⑥摘自教育部、商务部教高厅函〔2010〕34号。

附表3　金融外汇支持政策

| 政府内容 | 政策效应 |
|---|---|
| ①加大间接融资力度、开拓多元化融资渠道、鼓励投资资金支持、支持解决担保难问题<br>②通过动态监测、循环授信、封闭管理等具体方式，开发应收账款质押贷款、订单贷款等基于产业链的融资创新产品<br>③通过创新信贷产品和服务方式等途径，扶持一批有实力、有市场、有订单的服务外包企业尽快做大做强<br>④ 探索发行服务外包中小企业集合债券。鼓励各类担保机构联合提供担保服务，提高集合债券信用等级<br>⑤ 为服务外包企业提供出口收汇保障、商账追收服务和保险项下的贸易融资便利等服务<br>⑥ 对服务外包企业对外支付一定金额以下的服务外包、收益和经常转移外汇资金，免交税务证明 | 创新融资渠道和融资品种，做大做强服务外包企业 |
| ⑦ 允许承接服务外包业务的企业开立经常项目外汇专用账户，用于收付代外包客户发放的薪酬、津贴等外汇资金<br>⑧ 服务外包企业在境内转（分）包离岸服务外包业务，可以凭服务外包企业资格认定文件、转（分）包合同或协议直接在金融机构办理境内外汇划转<br>⑨ 通过产品创新为服务外包企业提供包括设备、财产、技术以及技术人员人身安全在内的一揽子风险保障<br>⑩ 境外开办企业核准权限放至省级商务主管部门 | 鼓励承接离岸服务外包 |

注：上述政策内容摘自银发〔2009〕284号。

附表4　相关配套服务支持政策

| 政策内容 | 政策效应 |
|---|---|
| ① 履行或代行政府职能，安装和维护与政府部门联网办理业务的计算机软件，不收取任何费用 | 降低企业运行成本 |
| ② 电信企业经营者为服务外包企业网络接入、国际线路租赁提供便利，做好服务外包园区直达国际通信出入口的国际专用通道的调配和相关通信服务工作<br>③ 建立和完善与服务外包产业特点相适应的通关监管模式，提供相应的通关便利<br>④ 海关在服务外包示范城市全面推广将国际服务外包业务进口货物实施海关保税监管模式 | 为开拓离岸业务提供通信、通关便利 |

（续表）

| 政策内容 | 政策效应 |
|---|---|
| ⑤ 对于全部面向国外市场的服务外包企业经营呼叫中心业务（即最终服务对象和委托客户均在境外），在示范城市实施不设外资股权比例限制，推广实施服务外包保税监管<br>⑥ 推进境外投资实行备案为主的管理方式，简化审批手续 | 鼓励外商投资和企业“走出去” |

注：上述政策内容中，①摘自国办发〔2008〕11号，②摘自国办函〔2009〕9号，③④摘自海关总署总署公告〔2009〕85号，⑤摘自海关总署、商务部署加函〔2010〕281号，⑥摘自商务部令2014年第3号。

# 附件2：主要国家发展服务外包产业促进政策

附表5　印度、菲律宾、中东欧、墨西哥、爱尔兰等国家服务外包产业政策

| 国家 | 主要政策内容 |
|---|---|
| 印度 | （1）1991年开始对承接软件和IT服务外包企业实行20年内免除所得税以及设备进口关税，后来在软件园和经济特区进一步扩大和完善优惠税收政策<br>（2）实行鼓励外商投资这一领域的自由化政策<br>（3）注重保护数据安全和降低发包方风险<br>（4）制定《版权法》《信息技术法》和《半导体集成电路设计法》，以保护知识产权和信息安全。建立全国人才库，本国设立专用卫星地面站，使印度软件企业加快实现离岸业务 |
| 菲律宾 | （1）IT工业园区的企业免出口税费，免税进口特殊设备及材料、免缴码头使用费、自由使用托运设备等。设立服务外包企业的“应用型人才培训基金”<br>（2）制定《数据安全和隐私法》《菲律宾公共电信法案》和《电子商务法》，未经授权进入计算机系统将被处以罚款或者入狱 |
| 中东欧国家 | （1）确定优先吸引外资进入的服务外包行业<br>（2）提出培训高素质专业人才、加大对工业园区建设投入规划<br>（3）重点扶持中小企业，提供税收优惠、劳动力成本补贴和员工培训补贴，鼓励外资在本国设立软件开发、科技研发、产品设计、跨国公司地区总部等<br>（4）对在高失业率地区创建制造业、特殊服务业或新的就业岗位的投资项目给予金融支持等 |

（续表）

| 国家 | 主要政策内容 |
| --- | --- |
| 墨西哥 | 大力提倡发展近岸外包。国外公司在墨西哥建立软件与信息服务外包企业，能够得到最多达50%的项目投资返还，最高达30%的研发投资返还。墨西哥还出台工资和遗产税减免，优先购买或租赁土地等进一步的优惠政策 |
| 爱尔兰 | 在当地注册的国际服务企业（如金融、批发、咨询），最高只征收公司所得税12.5%；对工厂、建筑和设备给予折旧补贴，不扣税；获得专利并开发的产品免征所得税；公司利润可以自由汇出爱尔兰。爱尔兰立法明确将计算机软件作为文学作品来保护其版权。先后制定《数据保护法》《信息自由法》《通信管理法》《工业设计法案》《版权及相关权利法案》等 |
| 俄罗斯 | 政府把信息通信产业作为10年内优先发展的领域，每年投入专项资金支持信息产业发展，以政府采购形式促进国内信息技术企业的发展。鼓励对软件业进行投资和贸易，软件业出口已成为俄罗斯信息产业的重要组成部分，并成为外国对俄罗斯直接投资的一个重要领域 |
| 新加坡 | 把发展高端服务业作为摆脱经济衰退的重要手段，重点发展国际金融、国际通信和国际服务外包产业。凡固定资产投资在200万新加坡元以上的服务业企业或营业额在100万新加坡元以上的咨询服务、技术指导服务等企业，所得税可减半，并规定对服务外包出口收益只征收10%的所得税。对在新加坡进行的离岸金融业务收入免征所得税 |

# 附件3：2007—2016年国家层面鼓励发展服务外包的部分文件

附表6　国务院文件

| 文件与文号 | | |
| --- | --- | --- |
| 1 | 《关于加快发展服务业的若干意见》 | 国发〔2007〕7号 |
| 2 | 《关于加快发展服务业若干政策措施的实施意见》 | 国办发〔2008〕11号 |
| 3 | 《关于促进服务外包产业发展问题的复函》 | 国办函〔2009〕9号 |
| 4 | 《关于鼓励服务外包产业加快发展的复函》 | 国办函〔2010〕69号 |
| 5 | 《关于进一步促进服务外包产业发展的复函》 | 国办函〔2013〕33号 |
| 6 | 《关于促进服务外包产业加快发展的意见》 | 国发〔2014〕67号 |
| 7 | 《关于加快发展高技术服务业的指导意见》 | 国办发〔2011〕58号 |

（续表）

| 文件与文号 | | |
|---|---|---|
| 8 | 《关于加快发展生产性服务业促进产业结构调整升级的指导意见》 | 国发〔2014〕26号 |
| 9 | 《关于加快科技服务业发展的若干意见》 | 国发〔2014〕49号 |
| 10 | 《关于加快发展服务贸易的若干意见》 | 国发〔2015〕8号 |
| 11 | 《关于加快发展生活性服务业促进消费结构升级的指导意见》 | 国办发〔2015〕85号 |
| 12 | 《关于同意建立服务业发展部际联席会议制度的函》 | 国办函〔2016〕8号 |

**附表7　国家部委相关文件**

| 文件与文号 | | | 发布部委 |
|---|---|---|---|
| 1 | 《关于支持承接国际服务外包业务发展相关财税政策的意见》 | 财企〔2008〕32号 | 财政部 |
| 2 | 《关于做好2009年度支持承接国际服务外包业务发展资金管理工作的通知》 | 财企〔2009〕44号 | 财政部、商务部 |
| 3 | 《关于技术先进型服务企业有关税收政策问题的通知》 | 财税〔2009〕63号 | 财政部、国家税务总局等 |
| 4 | 《关于鼓励政府和企业发包促进我国服务外包产业发展的指导意见》 | 财企〔2009〕200号 | 财政部等 |
| 5 | 《关于示范城市离岸服务外包业务免征营业税的通知》 | 财税〔2010〕64号 | 财政部、国家税务总局、商务部 |
| 6 | 《关于服务外包企业实行特殊工时制度有关问题的通知》 | 人社部发〔2009〕36号 | 人力资源和社会保障部、商务部 |
| 7 | 《关于进一步做好促进服务外包产业发展有关工作的通知》 | 人社部发〔2010〕56号 | 人社部、商务部 |
| 8 | 《关于加快服务外包产业发展促进高校毕业生就业的若干意见》 | 人社部发〔2009〕123号 | 人社部、商务部 |
| 9 | 《关于加强服务外包人才培养促进高校毕业生就业工作的若干意见》 | 教高〔2009〕5号 | 教育部、商务部 |
| 10 | 《关于在江苏、浙江两省开展地方高校计算机学院培养服务外包人才试点工作的通知》 | 教高厅函〔2010〕34号 | 教育部、商务部 |
| 11 | 《关于支持服务外包示范城市国际通信发展的指导意见》 | 工信部电管〔2009〕107号 | 工业和信息化部 |
| 12 | 《关于服务外包产业发展融资支持工作的指导意见》 | 商资发〔2008〕169号 | 商务部、中国进出口银行 |

（续表）

| 文件与文号 | | | 发布部委 |
|---|---|---|---|
| 13 | 《关于中西部等地区国家级经济技术开发区服务外包基础设施项目享受中央财政贴息政策的通知》 | 商办资函〔2009〕81号 | 商务部 |
| 14 | 《关于支持和鼓励服务外包企业海外并购的若干意见》 | 商合发〔2010〕358号 | 商务部 |
| 15 | 《关于服务外包企业人民币跨境贸易结算有关问题的通知》 | 商办财函〔2010〕1439号 | 商务部、中国人民银行 |
| 16 | 《关于金融支持服务外包产业发展的若干意见》 | 银发〔2009〕284号 | 中国人民银行、商务部等 |
| 17 | 《关于开展国际服务外包业务进口货物保税监管试点工作的通知》 | 署加函〔2009〕435号 | 海关总署、商务部 |
| 18 | 《关于开展国际服务外包业务进口货物保税监管试点工作的公告》 | 总署公告〔2009〕85号 | 海关总署 |
| 19 | 《关于全面推广实施国际服务外包业务进口货物保税监管模式的通知》 | 署加函〔2010〕281号 | 海关总署、商务部 |
| 20 | 《境外投资管理办法》 | 商务部令2014年第3号 | 商务部 |

# 第三章　服务外包推动服务业开放创新

服务外包产业是高技术、高附加值的行业，具有明显的知识溢出效应，是我国推动服务业开放创新的重要驱动力量。服务外包产业的发展对促进技术创新、扩大服务贸易规模、改善服务贸易结构、推动经济结构升级及提高服务业人才国际化素质具有重要的现实意义。第三次工业革命浪潮带来了数字技术与数字革命，随着以云计算、大数据和移动互联网为标志的数字化时代的到来，服务外包也进入新阶段。外包企业在项目管理模式等领域内的创新实践促成了众包模式的产生，众包模式的应用对企业产品研发、管理模式、科学研究等带来了新的机遇。服务外包作为高度国际化的产业，客观上需要更多具有全球视野、通晓国际惯例、熟悉服务业国际竞争规则的高技能人才，其发展极大促进了服务业人才的国际化水平。

## 第一节　服务外包的溢出效应

服务外包产业具有高技术、低能耗、轻资产等特征，具有突出的外溢效应。本节阐述了技术外溢的机制与影响因素，重点分析了服务外包促进产业结构升级的传导机制，服务外包对企业、产业、整体经济产业结构升级的作用，并通过生物医药行业服务外包、浙江省服务外包产业探讨了服务外包的溢出效应。

# 一、服务外包的技术溢出机制与影响因素

## （一）服务外包技术外溢机制

传统的技术外溢（Technological Spillovers）通常解释为，跨国公司的技术、研发、管理经验、人力资本等无形资产通过提供技术、设立子公司以及其他各种渠道向东道国非自愿性地扩散，促进了当地技术进步和经济增长，跨国公司却无法获得任何回报和全部收益的行为。但是，随着全球知识化和信息化的迅速发展，跨国公司产业转移越来越向知识密集型、技术密集型发展，教育培训成为产业转移中不可或缺的环节，跨国公司的技术扩散也表现为自愿行为。因此，技术外溢主要是指跨国公司由于在东道国设立子公司、成立合资公司或开展其他形式的国际化生产和服务活动，使技术及相关知识自愿或非自愿地向东道国扩散，从而带动东道国企业技术水平、研发能力、管理水平和人才素质的提升，促进东道国提高自主创新能力和生产力的进步。

保罗·罗默（Paul M.Romer）在其“内生经济增长”理论中指出，企业技术水平的进步本质上是由知识积累和人力资本积累所造成的，而这种内生的技术进步才是保证经济长期增长的决定性因素。他还认为，知识天然存在着外部性，在生产实践过程中会不自觉地对外产生传播和扩散，这就是技术溢出效应产生的根本原因。技术落后的国家和地区的企业通过承接先进技术国家的服务外包业务，在“干中学”的过程中获得技术的溢出效应，掌握了先进技术并提高了劳动生产率。根据保罗的理论，服务外包技术溢出的机制如下：

第一，知识流转效应。在承接国际服务外包过程中，发包方对接包方交付的服务质量有一定的要求和标准。一般而言，这些要求和标准都高于接包方，在双方接洽的过程中进行的信息与知识的交流沟通，人力资源之间的相互协作，为接包国家和地区的企业创造了一个交流和学习的平台，利用这个平台和网络，接包企业就可以学习和吸收发包企业转移出来的知识与技术，包括显性的技术和隐性的管理技术。从业务结构来看，在ITO业务中，大量的软件外包能使软件中的创新成果向接包商直接以显性知识的方式溢出。而

BPO业务使接包企业在推进合同执行的过程中，深入发包企业的内部去了解企业的内部运行流程，而这会使接包企业接触到更先进的企业流程管理等诸多隐性技术。这样，在国际服务外包的供需方之间就产生了知识流转的机制。

第二，学习模仿效应。由于技术溢出效应的存在，国际服务外包企业在完成业务的同时会激发其他相关企业的学习和模仿，产生“干中学”的积极效应。对于发包方而言，如果转移的服务环节和区段是通过直接投资形式，那么这将会对接包国和地区的企业产生主动的技术转移，即主动技术溢出。如果技术是在实现本地化的过程中通过示范效应与模仿效应，通过自由市场竞争、产业关联效应以及人力资本的充分流动等效应发生溢出，则它是一种被动的溢出，但无论是主动溢出还是被动溢出，均会对接包国企业的技术进步产生积极影响。

第三，人才培养效应。为了使本土员工素质符合跨国公司生产服务的要求，发包方通常对接包方的员工进行各种方式的培训，提升了接包国的产业人才素质，这些本地员工不断地获得行业的技术、知识和管理技能以后，在其转化为雇主或进入本土企业等工作流动中，技术就得以扩散，为接包国建立自己的产业体系提供了人才队伍，跨国公司产业转移的知识含量越高，培训成本越高，人力资本开发的作用就越大。Ngo Van Long（2005）的研究认为，服务业离岸外包可以产生外溢效应使东道国竞争企业获益，主要是通过外包企业对低工资国家雇员培训带来的。通过模型分析，Ngo Van Long发现，外包企业基于降低成本和战略考虑，将产业价值链高端业务，如研发、设计等外包到劳动力成本低的国家。

## （二）服务外包技术外溢的影响因素

服务外包技术溢出程度受到诸多因素的影响，许多学者对其进行了探讨，归纳起来主要的影响因素有：经济发展水平、贸易开放度、人力资本存量、发包方与接包方之间的技术差距等。

### 1. 经济发展水平

一般来说，经济发展水平越高，经济基础设施越完善，通信和网络等基础设施越发达，这为离岸服务外包的技术外溢提供了一定的物质基础。一国之内不同地区的经济发展水平，也直接影响到该地区的服务外包产业发展程度。跨国企业通常会将外包分公司设立在经济基础设施较为完善的地区，或者在选择外包商时考察东道国的经济发展水平，以解决技术适配性问题。经济发展现状既体现了一国的基础设施硬环境，也体现了该国已有的技术水平。一般认为，经济发展水平越高的国家，其第三产业在总体产业结构的比重越大，知识存量也越大。

2. 贸易开放度

贸易开放度反映了一个国家或地区的对外开放程度，这会直接影响接包国承接发包国服务外包的便利化程度。贸易开放度大的东道国，其贸易壁垒相对较小，越能够承接更多的、更高质量的服务外包，从而提高技术外溢的可能性。改革开放以来，我国各地的贸易开放度不断增强，为我国带来了巨大的开放红利，服务外包产业发展迅速。长三角地区是我国贸易开放度相对高的地区，其服务外包产业发展相对较好，带来的技术溢出效应更明显。

3. 人力资本存量

人力资本是服务外包产生技术外溢的一个重要影响因素。许多跨国企业会将外包目的地选在人力资本充裕、质量较高的地区。21世纪以来，越来越多的优秀留学人才选择归国创业或就业，我国的大学教育规模不断扩张，教育质量不断提升，高科技知识人才和专业人才的储备越来越大，为我国承接国际服务外包奠定了坚实的人力资本基础。

4. 发包方与接包方之间的技术差距

许多研究表明，服务外包技术外溢效应的产生需要承接国与发包国的技术差距水平保持在一个适度的范围内。由于技术模仿差距越大，对技术方面相对落后的承接国而言，其具有模仿和学习的空间就越大。但是，技术外溢也具有一定的门槛效应，如果国内企业技术水平与国外企业差距过大，虽然可供国内企业进行技术模仿、学习的机会很多，但是由于国内企业自身没有足够的能力去吸收模仿国外企业的技术，其结果获得的技术外溢效应就比较小。因此，承接国与发包国之间必须存在一个最优的技术差距水平，只有当承接国与发包国的技术差距保持在一个适度的范围内时，参与国际服务外包才能获得技术外溢的好处。

5. 知识产权保护力度

知识产权保护对于离岸知识流程服务外包外溢效应的影响主要存在于两个方面：一方面，出于维持专有技术的排他性和垄断性、抵抗因泄密而发生的商务风险的考虑，发包方倾向于选择知识产权保护力度较强的接包国，从而加大对接包国技术外溢的可能性；另一方面，严格的知识产权保护力度又会对接包国国内的技术外溢产生一定的负向影响，这加大了接包国本土外包业示范和吸收发包国先进技术的难度。

## 二、承接服务外包的产业结构升级效应

### （一）产业结构升级的内涵

产业结构问题一直是经济学界重点关注的内容之一。一般认为产业结构升级是指产业结构从低级形态向高级形态的变迁过程，即产业结构的高级化过程，其内在机理是要素生产函数的高效化过程，外在表现是一国产业体系的国际竞争力增长、国际分工地位提高，产品附加值提升。产业结构升级应当包含三个不同的层次。从微观来看，产业结构升级指企业通过技术升级、管理模式改进、企业结构改变、产品质量与生产效率提高、产业链升级实现企业整体结构升级。从中观来看，产业结构升级指一个产业中主要企业的技术水平、管理模式、产品质量、生产效率、产业链定位、产品附加值全部上升到一个新的层级，从而形成新的、更高级的产业结构。从宏观来看，产业结构升级指一个国家经济增长方式的转变，如从劳动密集型增长方式向资本密集型、知识密集型增长方式转变。

产业结构升级可以从以下三个指标来衡量：一是科技创新能力。经济增长的过程实际上就是产业结构全面转换的过程，产业结构升级需要创新行为，创新可以提升产品的技术含量，技术含量的提升可以提高产品的附加值，为产业提供超额利润，并且使该国产业体系在国际分工体系中处于优势地位。许多实证研究也表明，自主创新能力是产业结构升级的关键所在。二是人力资本水平。产业结构升级所具有的产业结构高级化特征实际上就是经济增长高效化过程的一种表现形式，人力资本水平直接影响着产业结构升级

的程度。人力资本的扩展可以通过改变需求结构、加速技术进步和提高资源配置效率三个方面来促进产业结构升级，同时人力资本的外部性在经济结构效率整体提升上也发挥重要作用。三是能源利用效率。产业结构升级集中表现为产品附加值提升和产业体系国际竞争力增强，提高能源利用率能够有效降低生产成本，提高产品利润率，同时推进产业体系低碳化可以有效减少碳排放，缓解环境负载压力。短期内来看引进新的生产工艺可能需要重新投入一定的沉没成本，但长期来看生产的可持续性和国际竞争力将得到增强。

## （二）服务外包促进产业结构升级的传导机制

国际服务外包具有高技术含量、高附加值、低资源消耗等特征。承接离岸服务外包对于接包国提高国际分工的地位、推动产业升级具有重大意义。

### 1. 通过技术溢出效应促进产业结构优化升级

服务外包的技术溢出效应分为产业关联效应和示范效应：一是产业关联效应。接包国为了和国际水平接轨不断提高自身的承接实力，提高管理和技术水平，优化从业人员的就业结构，国内同行业企业间也由外部效应引发良性竞争，从而优化了产业结构。二是示范效应。发包商对接包企业提供资金、技术、管理、培训等各方面的支持来保证业务的完成，在这个过程中接包国企业就会利用示范效应仿效发包商的技术和管理经验，不知不觉提高了自身的接包实力，进而促进产业升级。

### 2. 通过资本积累促进产业结构优化升级

服务外包可以通过两个方面的途径为接包国积累资本。首先是促进接包国的资本流入。发包商为了保证发包完成的质量，在接包国内不断投入办公场所、资金、技术、先进设备等，从而提高了接包国的税收收入及办公设施水平、环境水平等。其次是提升资本质量。服务外包种类繁多，外商在投资过程中顺应市场趋势，不断开发出新的投资热点，促进服务业内部的结构调整，提升劳动者的工资水平，改善消费结构，从而优化接包国的产业结构，拉动经济发展。

### 3. 通过就业效应促进产业结构优化升级

服务外包的就业效应表现为就业人数的增加和劳动者素质的提升两个方面，它们共同促进接包国的产业结构升级。一方面，服务外包行业作为新兴的行业创造了许多新的服务业就业岗位，吸纳了大量人员就业，促进了服务业行业间和行业内部的竞争，提高了服务业生产效率，尤其是接包商通过承接高端外包业务，使就业结构明显优化。另一方面，很多跨国公司选择在接包国投资，对员工实行本地化政策，这样就引入了大量先进的技术和管理经验，优化了当地的人才结构，接包国的人力资本质量最终得以提高。服务外包的就业效应可以通过改善就业结构来改善劳动者收入和社会需求结构，从而促进消费结构和产业结构升级。

## （三）我国服务外包产业自身正在加快转型升级

### 1. 服务外包高端化和国际化特征日趋明显

当前，全球服务分工网络体系的迅猛发展使得服务渗透到生产的每一个环节，整合协调全球化生产的“碎片化”和“网络化”，服务外包也由此成为全球价值链的关键节点。我国服务外包产业不断向高端化、数字化、融合化、标准化方向创新发展，向高新技术、高附加值、高品质、高效益方向转型升级，成为数字经济时代提升我国全球价值链层级的重要选择。创新成为我国服务外包产业发展的关键因素，建立创新机制、培育创新企业、拓宽创新领域、拓展新市场、创新管理政策，通过创新促进产业向高新技术、高附加值方向发展。服务外包企业通过上市融资或国际并购，在全球范围内设立研发中心、交付中心、共享中心、服务中心、营销中心和管理中心等，整合技术、资本、市场、人才、信息、渠道、管理等国际优势资源，不断扩大国际市场业务规模、提升产业技术研发创新能力、增加新的业务模式与服务产品组合，培育转型升级过程中以设计、研发、营销、服务为核心的增长新优势。

### 2. 服务外包新业态不断涌现

云计算、大数据、物联网、移动互联网、人工智能、区块链等技术的快速研发与应用，促进云服务、互联网反欺诈、大数据征信、供应链金融服务、工业物联网应用、场地智能化设计、知识产权管理服务、新能源汽车服务、空间地理信息服务、创意设计等技术与价值含量高的业务成熟化发展，为我国服务外包产业注入新的动力。由我国发起的首个全球区块链理事会已经成立，该平台致力于将区块链技术应用于资产托管、产业链金融、消费金融、金融科技等领域。我国在该领域的领先技术将推动更多的国内外企业与服务提供商建立基于区块链技术的区块链服务合作，将该技术应用于运输、制造等非金融领域，促使服务外包更具技术密集型产业特性，推动服务外包产业能级再上台阶。与此同时，互联网让服务外包共享经济、网络协作成为可能，通过线上线下融合、大数据与平台化，打破地域、资源与成本的限制。众包模式为服务提供方与需求方的对接提供了新的渠道，不仅提高了资源整合效率，形成新的平台数据价值，也为我国服务外包促进大众创业、万众创新提供了重要载体。

#### 3. 服务外包与其他产业融合不断深入

我国服务外包正加速与技术、行业及国家战略全方位、宽领域、深层次的融合发展。技术方面，新一代信息技术加速与传统服务外包产业融合，基于云的服务模式被广泛认可，云端交付也大量被传统服务外包企业所采用，SaaS（软件即服务）和On-demand Payment（按需付费）成为主流的交付与定价模式。行业融合方面，“服务外包+”逐步构建出新型的农业、制造业、现代服务生产体系，实现传统产业的信息化、数据化、智能化与服务化。国内服务外包领军企业软通动力，近年来专注于智慧城市、产业互联网、跨境电子商务领域的服务外包业务，同时积极挖掘工业链上下游的产业机会，形成企业级服务外包集群效应。越来越多的服务外包企业通过行业内外并购实现资源整合与服务能力拓展。战略融合方面，服务外包与“互联网+”“大数据行动纲要”等国家战略、“一带一路”倡议紧密融合。当前，在从“中国制造”向“中国智造”和“中国服务”转型的过程中，服务外包产业正成为培育国际竞争新优势与提升全球价值链的中坚力量。

### （四）服务外包促进产业结构升级

#### 1. 企业通过服务外包提升价值链，实现微观层面的结构升级

服务外包可以有效地降低成本、引进和利用外部资源，有效地确立企业的竞争优势。外包模式可以给企业提供较大的灵活性，尤其是在购买新技术、新产品或复杂系统组成零部件方面更是如此。另外，当多个供应商同时生产一个系统的组成部件时，就会降低企业的专有资产投资，缩短设计和生产周期。供应商既有相关方面的人才优势，又有专门领域的复杂的技术知

识，而且可以不断地更新产品。企业实行价值链的外包战略，把其所研制技术和零部件所要承担的风险扩散到每个供应商身上，这就降低了承担零部件的研究与开发失败的全部风险。因此，企业应重新审视自己所参与的价值过程，在企业价值链所包括的“研发—采购—生产—营销—销售—服务”环节中，从功能与成本的比较中，研究在哪些环节上自己具有比较优势，或有可能建立起竞争优势，集中力量培育并发展这种优势；从维护企业品牌的角度研究哪些是重要的、核心的环节，保留并增强这些环节上的能力，把不具有优势的或非核心的一些环节分离出来，利用外包市场寻求合作伙伴，共同完成整个价值链的全过程。

例如，海尔集团产品出口160多个国家和地区，在中国企业价值品牌中列第一名。海尔集团一直追求管理思想的不断创新和业务流程的持续改进，坚持对IT系统建设的持续投入，用IT技术支撑管理模式和业务流程的创新优化。自1998年起，东软集团在商流系统、物流系统、售后服务系统以及IT系统维护服务等众多方面为海尔提供一系列的解决方案，为海尔提供的IT外包服务内容涉及海尔集团商流及42家工贸的IT业务。海尔集团将IT业务外包给东软集团，一方面节约了运营成本，减少了经营风险，同时又获得了东软集团优质的IT服务。几年来，双方合作范围不断扩大，合作程度不断深化。海尔对管理创新和IT系统建设的大手笔投资，以及东软集团对解决方案的深刻理解和准确把握，为双方构筑起了优越的双赢合作模式。

**2. 服务外包与传统行业结合，促进中观层面的产业结构升级**

通过外包使服务与传统产业的融合，形成“服务外包+农业”“服务外包+制造”“服务外包+金融”“服务外包+信息技术”“服务外包+能源”“服务外包+医药”等新模式，促进传统产业提升附加值，延伸产业链。

以“服务外包+制造”为例。新一轮制造业技术革命以自动化、智能化、网络化为发展方向，产品的研发设计、全球化采购、技术支持、维护服务、信息咨询等环节的增加值所占比重明显上升，产品制造环节在制造业产业价值链中的比重日趋下降，服务环节的投资回报率已经明显高于制造环节，特别是云计算、物联网、工业互联网等新一代信息技术和传统制造业的融合，推动制造业服务化成为全球制造业发展的重要趋势。与此相适应，现代物流、金融保险、市场调研、广告公关等产业市场需求也随之增大。服务化已经成为引领制造业向高端升级的重要路径，全球制造业巨头都在从传统产品制造供应商向产品与服务整体解决方案提供商转变，通过产业链重组，逐渐将加工制造环节转移出去，从而集中要素资源开展产品设计、市场营销、品牌维护、客户管理和流程控制等，推行依靠服务实现经营差异化的发展战略，提高整体盈利能力。

欧美“再工业化”不仅推动了产业技术创新，更推动了生产组织方式创新和经营模式创新，发展服务型制造已经成为国际产业投资的布局方向。据德勤对全球80家领先制造企业的调查显示，服务净利润贡献率平均值达到46%。如英国罗尔斯、罗伊斯公司通过改变运营模式，扩展飞机发动机维护、租赁和数据分析管理等服务，服务型收入占公司总收入的比重已经超过60%；美国通用公司依靠“技术+管理+服务”所创造的价值占公司总产值的66%以上。世界500强中19%的制造业企业的服务业务收入占总收入的比重超过50%。根据麦肯锡的研究，在美国制造业的从业人员中，有34%是在从事服务类的工作，制造业企业生产性服务业务的产值占整个制造业产出的20%~25%。

目前，我国制造业服务化程度仍然很低。根据机械工业联合会对我国198家装备制造企业进行的调查结果显示，78%的企业服务收入占总营业收入的比重不足10%，只有6%的企业服务收入占总营业收入的比重超过20%。我国81%的制造业企业服务业务净利润贡献率不足10%，其余制造业企业的服务业务净利润贡献率基本在10%~20%徘徊，与国际先进水平存在很大差距。因此，从整体来看，我国制造业企业应加强服务化的商业模式创新，加大在技术研发、工业设计、营销渠道、技术服务、运营维修等领域的服务外包力度，打造服务型制造的全球产业布局，并在制造业服务标准上加强规范化建设，充分利用国际市场和资源推动制造业转型升级发展。

## 三、生物医药服务外包行业的外溢效应分析

### （一）促进产业集聚效应

服务外包的一个显著特点在于，从事外包的企业大都集中于某一地区或

区域，在某区域内又集中于某一产业园区，如软件园区、高新区内部。在区内集聚效应的作用下：一方面，同业者合作更为方便，信息共享更加便捷，企业之间通过示范带动作用协同发展；另一方面，企业的专业化水平更高，导致区域内企业的竞争也更为激烈，进而激励企业加大研发投入，促进技术的外溢。

从我国区域分布上来看，生物医药服务外包产业主要分布在北上广和长三角地区（见表3-1）。我国目前涉足CRO业务的企业约有500家。根据《中国CRO产业图谱》，国内CRO产业主要分布在北京、上海、江苏等地，这三个地区的共同特征是：产业园区发展相对成熟、医药企业相对集中、创新创业产业发展活跃、人才以及教育资源较为丰富等。人才的供给和产业的相对集中促使医药外包行业在北上广和长三角地区快速发展。

表3-1　我国生物医药服务外包公司分布

| 省份 | 数量 / 家 | 代表企业 |
|---|---|---|
| 北京 | 167 | 北医仁智、康龙化成、昭衍医药 |
| 上海 | 100 | 药明康德、昆泰、美迪西 |
| 江苏 | 90 | 华威医药、金斯瑞、益新集团 |
| 广东 | 51 | 博济医药、广州驭时、中山珐玛斯 |
| 天津 | 19 | 方恩医药、天津卫凯、凯莱英 |
| 山东 | 15 | 迈百瑞、山东欣博 |
| 浙江 | 14 | 秦格医疗、赛润生物 |
| 四川 | 14 | 成都希安诺、成都海杰亚 |
| 湖北 | 11 | 励合化学、普诺赛 |
| 陕西 | 10 | 西安明晨、西安赛美科 |

数据来源：《中国CRO产业图谱》，中信建投证券研究发展部。

### 1. 环渤海地区

环渤海地区生物医药人力资源储备最强，拥有丰富的临床资源和教育资源。各省市在医药产业链方面具有较强的互补性，围绕北京形成了创新能力较强的产业集群。北京市是环渤海地区生物医药的研发中心，初步形成以生命所、芯片中心和蛋白质组中心为主体的研发创新体系；天津市以出口为导向，是环渤海地区重要的现代生物医药产业制造基地和关键技术的研发转化基地；山东省、河北省是环渤海地区生物医药制造业的重要省份，均具有良好的传统医药产业基础。其中，山东省行业产值、利税多年来位居全国前列。

2. 长三角地区

长三角地区生物医药产业创新能力和国际交流水平评分最高。长三角地区拥有最多的跨国生物医药企业，在研发与产业化、外包服务、国际交流等方面具有较大优势，已逐步形成以上海为中心的生物医药产业集群。上海市跨国生物医药企业研发中心密集，融资环境良好，集聚了世界生物医药前十强中的大部分企业，已经形成了以中科院药物所、国家基因组南方中心为主的“一所六中心”体系，是长三角地区乃至我国生物医药的技术研发与成果转化中心。江苏省是我国生物医药制造业领域的领军者。

3. 珠三角地区

珠三角地区市场经济体系成熟，市场潜力巨大。珠三角地区医药流通体系发达，毗邻港澳，对外辐射能力强，民营资本比较活跃。围绕广州、深圳等重点城市形成了商业网络发达的生物医药产业集群。深圳生物医疗设备、生物制药企业规模全国领先，以创新药物研发和产业化、药品制剂出口和生物医药研发外包为核心的产业体系发展较快。广州生物医药产业集群已形成了“两中心多区域”的产业布局，聚集了150多家生物企业和一批国家级生物科研机构，形成了从生物技术研究、中试到产业化的完整产业链条。

## （二）促进人才集聚效应

服务外包大多是智力密集型行业，其对人才的依赖比较显著，人才的流动使专业技术、知识、管理经验也随之外流，进而推动技术的外溢。因此，人才效应也是服务外包技术外溢的主要作用途径之一。

在生物制药蓬勃发展中，企业对于生物制药专业人才的需求陡增，生物医药领域对相关人才的招聘需求也在大幅攀升。据医药英才网数据显示，截至2017年4月末，高级生物研发人才招聘需求同比增长11.7%。在区域方面，一线地区人才需求量大幅增加，北京、上海、深圳的同比涨幅分别达14.4%、15.5%和13.8%；而其他地区，浙江、江苏两地人才需求增长幅度较大，同比涨幅均超过10%。除了研发人员，医药管理岗位招聘需求较上年同期相比上涨13.2%。一线地区北京、上海、深圳的同比涨幅分别达16%、

15.4%和14.7%；浙江、江苏两地人才需求与上年同期相比分别上涨10.9%和12.6%。薪酬方面，以生物制药研究人员为例，2017年北京、上海、深圳地区的平均薪酬分别为7285元/月、7810元/月、7050元/月，浙江、江苏地区平均薪酬分别为6466元/月、6954元/月。

生物医药人才的流动也日趋活跃。依托各种人才中介机构，各地方人才引进优惠政策，人才的流动渠道日益畅通。生物医药服务外包领域人才流动也显现出鲜明的特点：人才流动的方向从国有中小型企业流向国有大型股份制企业或民营企业的趋势明显；人才流动呈现出向医药相关行业流动的现象，如流向与医药生产流通相关的医学、化学、生物学及电子机械等行业。

### （三）促进信用体系建设不断完善

通过承接服务外包促进企业创新能力的提升，带动劳动生产率的提高。在服务外包行业中，技术外溢的创新能力溢出效应主要是通过参加国际标准认证、加强知识产权保护等方式实现的。接包企业要提高自身的能力首先必须提高自身信用评级，这是衡量其接包能力的重要标准。通过国际认证，如软件能力成熟度模型CMM或CMMI的认证，由于CMM/CMMI评估是目前世界公认的软件产品进入国际市场的通行证，深具权威性，用于评估软件机构的发展能力，也是提高信用的重要方法。生物医药服务外包的中大型企业都非常重视国际认证。江苏省南通市截至2016年共有41家企业通过国内药品GMP认证，8家企业通过美国FDA、欧盟EDQM、世卫组织PQ、日本PMDA等发达国家或组织认证。政府也鼓励企业积极参与国际认证。江苏省无锡市高新区（新吴区）科技与信息化局2017年出台政策，对药物、医疗器械研发和产业化进展中各关键环节给予支持，鼓励申请各项国际国内相关认证，对于通过国家GMP（药品生产质量管理规范）、GSP（药品经营质量管理规范）的企业，凭证书等相关证明文件分别给予50万元、30万元的支持；对实现与发达国家双边或多边互认的GMP、GLP、GCP技术平台，给予一次性50万元的支持。

由于生物医药服务外包属于知识技术密集型产业，知识产权保护对软件外包业的发展至关重要。发包企业在选择合作伙伴时，首要环节是必须对潜在合伙人地区（国家）的经济和政治环境进行评估，特别是详细考察和了解承接国的相关法律规定，评估该国法律是否具备保护知识产权的功能。可见，知识产权能否得到很好的保护是发包商做出外包决策时最为关注的问题，也是接包方能否获得外包业务的关键因素。

《中关村生命科学园知识产权发展状况报告（2017）》显示，北京市已形成创新能力较强的生物医药产业集群，专利申请量持续增长，在某些细分领域优势明显，其发展质量和速度与发达国家已不相上下。中关村生命科学园通过开展知识产权工作，推进“高精尖”项目发展，加快培育拥有技术主导权的“高精尖”产业集群，已逐步发展为国内较为领先的生物医药产业园区。经过多年发展，园区已逐步形成高端项目聚集、高科技人才荟萃、高质量科研成果涌现的发展态势，目前中关村生命科学园已聚集了440余家医药企业。报告显示，70%的园区企业建立了知识产权管理制度，90%的园区企业具有较强的引进和培养知识产权人才的意愿。截至2017年底，园区累计提交专利申请3404件，登记软件著作权233件，注册商标3062件。从专利申请量和授权率来看，园区企业专利储备和维持情况良好，专利质量保持了较高水平。从发展趋势来看，专利申请还将保持快速增长态势。

## 四、浙江省服务外包的溢出效应分析

### （一）浙江省服务外包产业的发展现状

浙江省位于我国的东南沿海，其优越的地理位置与充满活力的民营经济使其天然具有发展国际服务外包产业的优势。浙江省位于全国经济最具活力的长三角南翼，紧邻上海市和江苏省，区位优势明显，拥有人才、技术、外资等方面的先发优势，截至2018年3月，浙江省拥有34个国家级开发区、82个省级开发区、1个自由贸易试验区、2个全国服务外包示范城市，具备开放型经济的全部功能性平台和政策，因此具有适合国际服务外包发展的体制优势和国际化环境。2009年，浙江省政府出台《关于支持和鼓励国际服务外包产业加快发展的意见》，使全省的国际服务外包产业进入高速发展阶段。2010年以来，浙江省国际服务外包产业进入发展轨道。到2017年，浙江省国际服务外包产业已经具备了全国领先的规模和产业集群优势。2017年，浙江省承接国际服务外包合同执行金额达98.91亿美元（折合人民币为668.09亿元），同比增长19.96%，连续7年保持高速增长，全省有9个市实现年度增长10%以上（见图3-1）。

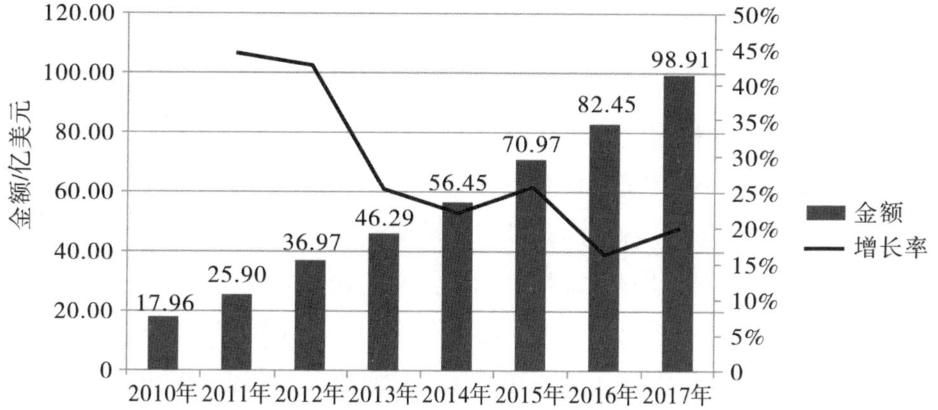


图3-1　2010—2017年浙江省承接国际服务外包合同执行与增长率

注：数据来源于浙江省商务厅。

## （二）浙江省服务外包产业的主要特点

### 1. 服务外包结构不断优化，KPO占比上升

2017年，浙江省离岸服务外包业务的三大门类结构变化趋势明显。信息技术服务外包（ITO）合同接包执行金额337.13亿元，占总执行金额的50.47%，较去年的58.97%下降了8.50个百分点。业务流程服务外包（BPO）合同接包执行金额占11.11%，知识流程服务外包（KPO）合同接包执行金额占38.42%，分别上升2.01%和6.65%，市场占比均有明显上升，反映出这两类新型服务外包门类具有发展潜力，特别是知识流程服务外包（KPO），包括工业设计外包、医药和生物技术研发外包、工程技术外包等，需要大量专业型、知识型复合人才提供支撑。从具体业务分类看，按照离岸服务外包合同执行金额排序：软件研发及开发服务出口203.62亿元，占比30.48%；工业设计外包出口163.71亿元，占比24.51%；软件技术服务出口56.36亿元，占比8.44%；供应链管理服务出口42.63亿元，占比6.38%。以上四类是2017年浙江省离岸服务外包业务的主要接包类型，占全省离岸业务执行金额的69.80%。第五到第八位的外包业务类型依次是医药和生物技术研发外包、工程技术外包、信息系统运营和维护、集成电路和电子电路设计。

### 2. 发包市场格局总体保持稳定，“一带一路”市场增长迅速

2017年浙江省服务外包出口市场已覆盖全世界196个国家和地区，比2016年增加了13个。主要发包市场格局相对稳定，美国、中国香港、日本是浙江省服务外包业务的主要发包地，三者市场份额相加达到45%。其中承接美国执行金额153.34亿元，同比增长6.55%，占全省离岸执行金额的22.95%，合同业务类型主要以杭州巨星科技股份有限公司的工业设计外包、浙江大华技术股份有限公司的软件研发及开发服务、新华三技术有限公司的IT解决方案等为代表。承接日本执行金额有了恢复性增长，同比增长31.18%，合同业务类型主要以东芝信息机器（杭州）有限公司的软件研发及开发服务、杭州科明电子有限公司的工业设计外包、泰尔茂医疗产品（杭州）有限公司的医药和生物技术研发外包等为代表。2017年浙江省服务外包出口面向“一带一路”沿线市场增长迅猛，增速达87.43%。有63个“一带一路”沿线国家和地区与浙江企业发生服务外包业务往来，累计离岸合同执行金额154.33亿元，占比增长8.32%。其中执行金额排名第一、第二的分别为印度和新加坡，同比增速达97.13%和103.01%。“一带一路”沿线国家和地区的服务外包业务目前占比还不高，还有很大的提升空间。

### 3. 杭州、宁波继续领跑，地区差距逐渐缩小

杭州、宁波作为中国服务外包示范城市分别列全省第一、第二位，在2017年继续带头领跑外包产业，是浙江省服务外包发展的主力军。杭州市在离岸服务外包执行金额基数较大的情况下继续保持较快增长，稳居全省龙头地位。宁波市紧随其后，同比增幅达43.62%，外包产业发展势头喜人。省内地区间差距逐渐缩小，外包执行金额在10亿元以上的市达到8个。杭州在全省的占比有所下降，排名第二位的宁波占比为20.65%，比去年提高3.4个百分点。金华、嘉兴、舟山、温州、湖州、绍兴6市的离岸执行金额均超过10亿元人民币，以上6市占比合计为13.37%，构成服务外包的第二梯队，发展潜力较大。

## （三）服务外包对浙江服务贸易的溢出效应分析

### 1. 服务外包促进了浙江省服务贸易出口，实现服务贸易顺差

自2009年起浙江省大力发展国际服务外包产业，以计算机和信息技术

服务为主的国际服务外包呈现高速发展的态势，离岸服务外包执行金额占服务贸易出口的比重逐年加大，对服务贸易的贡献越来越大。2010年浙江省服务外包出口占服务贸易出口的比重仅14.76%，2015年离岸服务外包首次成为服务贸易出口第一大行业，占全省服务贸易出口的比重达24.91%；2017年该比重达27.53%，进一步扩大（见图3–2）。服务外包的增长，一方面扩大了浙江省服务出口的总量，另一方面也是浙江省服务贸易顺差的重要来源。浙江省服务贸易多年以来一直保持顺差并保持顺差扩大趋势，这其中服务外包产业的发展功不可没。2017年浙江省服务出口为2428.61亿元，同比增长17.12%；进口为1234.38亿元，同比增长12.30%；服务贸易总额占全省外贸总额的12.52%，服务贸易顺差达1194.23亿元。

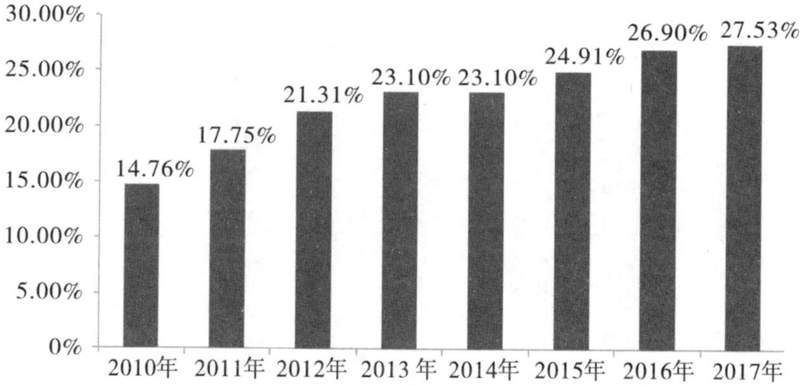


**图3–2　2010—2017年浙江省离岸服务外包执行金额占服务贸易出口的比重**

注：数据来源于浙江省商务厅。

**2. 承接国际服务外包优化浙江省服务贸易结构，促进服务业结构升级**

首先，服务外包优化了浙江省的服务贸易结构。浙江省传统服务贸易仍然占据主导地位，但在服务贸易总量中所占比例持续下降。2017年浙江省运输、旅游和建筑三大传统服务贸易增长平稳，平均增速达6.87%。以电信、计算机和信息服务为代表的服务外包产业的发展，使浙江省新兴领域服务贸易快速增长，所占比例也持续上升。2017年浙江省离岸服务外包执行金额同比增长19.96%，仅次于文化服务贸易增速（28.43%）。

其次，服务外包促进浙江省服务业从传统的劳动密集型服务业向资本与技术密集型服务业不断升级。从业务种类上，ITO是最先发展起来的服务外包业务，并且其发展速度非常快。近几年，BPO和KPO这些更加偏向于知识密集型的服务外包业务也逐渐发展起来，具备了一定的规模，整个服务外包的产业链得到了延伸和优化。国家“互联网+”战略的实施，跨境电商平台的建设，物联网和云计算技术的兴起等，为浙江省国际服务外包业务种类拓展和产值规模带来了发展空间。2017年，浙江省服务业增加值为27279.31亿元，居全国第四位，占GDP比重52.7%（见图3-3）。截至2017年底，浙江省服务业增加值增速已连续10年（2008—2017年）快于GDP和工业增速。服务业增加值占GDP的比重不断提高，2016年首次超过50%，并有持续提高的趋势。

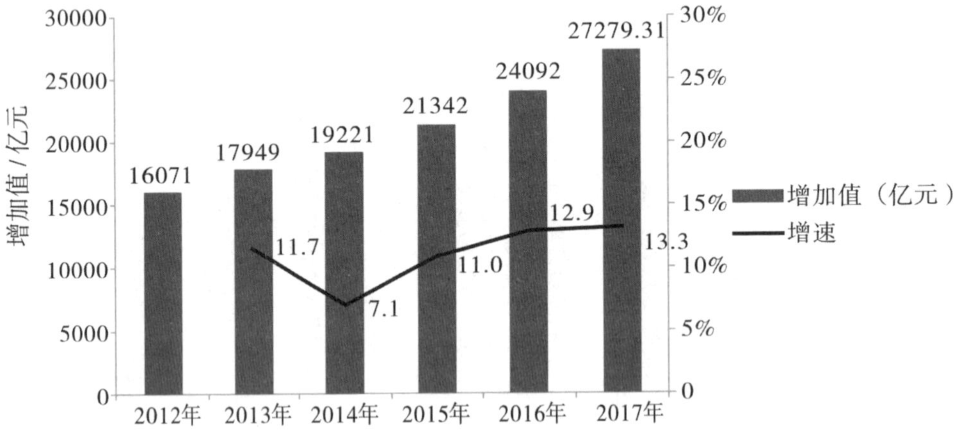


图3-3　2012—2017年浙江省服务业增加值及增速

注：数据来源于浙江省商务厅。

## 第二节　“众包”模式推动“众创”发展

“众包”作为一种新型的开放式创新模式，正在冲击并改变着传统的市场模式。在开放式创新环境下，众包模式整合全社会大众的创新资源，不仅可以降低创新成本，而且可以为企业的战略选择提供更多的备选方案以提升企业竞争力。本节从众包与企业研发创新、众包与企业管理模式创新、科研众包在科技创新中的应用三个方面探讨。

## 一、众包的定义与内涵

### （一）众包的概念

自从“众包”这个概念被提出后，陆续有国内外相关学者围绕它的定义、基础要素和应用等方面进行大量研究，得出了很多有意义的研究成果。众包（Crowd Sourcing）这个词最早在2006年6月的美国《连线》杂志上出现，记者Jeff Howe后将其定义为“一个公司或机构将过去由员工执行的工作任务以自由自愿的形式外包给非特定的大众网络的做法”。Enrique等（2012）认为，众包是一种多人参与的在线活动，发起者可以是个体、公共机构、企业，甚至是非营利机构，它们公开召集一群具有不同特征的个体自愿参与某项任务。Saxton（2013）认为众包是“组织或个人利用先进的互联网技术将传统上交由指定的机构或个人（雇员或承包商）所做的工作以公开征集的方式外包给非特定的分布式网络大众来完成”。由此可见，众包还没有一个公认的统一的定义，但众包模式指出了扩大解决问题的资源范围，统筹运行企业内外资源要素，形成高效率、具有独特核心竞争力的运行系统。

### （二）众包的主体

#### 1. 众包的发起者

众包的发起者是企业。企业为了实现外部资源的整合，必须不断提高自身的吸收学习能力、对创新资源的整合管理能力和不同文化背景下的组织能力。1990年，Cohen和Levinthal提出吸收能力理论，认为吸收能力是企业认识到外部信息的新价值，进而消化、吸收它们，并将它们应用在重要的创新过程，从而实现商业化的能力。外部的资源通过搜索在进入组织内部时可能会丢失，这将阻碍企业进行知识转移和吸收，在这种情况下，要提高企业的吸收能力，共享活动及工具是公司必不可少的元素。反之，企业内部亲密和舒适的组织连接可能限制知识转移，不利于对外部创新资源的吸收，进而对企业的创新能力有一定的损害作用。企业内部缺乏协调、研发周期长以及组织文化过于保守都会在企业实现商业化的过程中影响企业对外部创新资源的吸收，削弱其研发和创新力度。企业进行开放式创新，除了需要具有吸收能力外，还应具有披露能力、占有能力和整合能力。

2. 众包平台

一些网上众包平台（如Dell的“创意风暴”和IBM的“全球创新项目”）是由企业自己进行管理并寻找推动持续创新的商业渠道；还有一些网上众包平台并非由企业自己构建，而是由中介公司创建并运行的，致力于为企业提供创新解决方案，并扮演着虚拟的知识中介公司的角色。众包平台通常分为解决问题的平台和创意产生的平台。解决问题的平台是一种开放式创新研发媒介，汇集了问题提出者和潜在的问题解决者，通常后者是受过高等教育的科学家和学术研究人员。创意平台的产生，主要是运用大众人群进行头脑风暴的创新竞赛，进而获得大量的产品创意。目前，有很多商用的众包平台，其中国内主流的众包平台包括脑力库、猪八戒、三打哈等。

3. 大众参与者

众包的参与者来自世界各地，他们通过网络聚集、利用信息技术进行沟通，可以说社会大众都是众包的参与者。在众包模式下，企业的内部研发被外包给外部创新资源，任何人都可以采取开源生产的形式参与众包。用户作为一种潜在的创新资源逐渐被研究者纳入分析领域，Von Hippel在1986年就提出了领先用户的概念，认为用户尤其是“领先用户”是创新的源泉。企业只有通过对领先用户进行调查分析、理解市场需求、获取方案信息，才能最终在领先用户和自身的技术人员和营销人员的合作下开发出新的产品或提出新的服务概念。

## 二、众包与企业研发创新

众包研发指的就是企业在互联网开放式创新的背景下，把传统上由内部员工或外部承包商所做的研发活动，以网络众包的方式交给大众完成的做法。这种工作任务可以是构想一个创意、开发一项新技术、改善一个算法、测试一个产品、分析一组数据等。

### （一）众包研发的主要形式

众包研发形式按照相关方的关系可以分为竞标式和合作式。竞标式的接包方为竞争关系，多个感兴趣的用户可以提供自己的智力成果，而发包方只选择少量的解决方案。

1. 威客模式

威客模式是典型的众包模式。在威客平台上，任务发包方在网站上提出具体的任务，感兴趣的用户可以通过提交方案获得报酬，威客平台则通过提成或广告收入来盈利。威客模式具体又可以分为以下几种模式：①知识问答型，如百度知道等，这是威客模式的雏形；②悬赏型，参与者通过投标的形式对网站上的项目进行投标，通过竞标获得项目开发机会后，提交方案并获得报酬，比如国内的猪八戒网、任务中国、一品威客等；③点对点型，用户通过展示智力成果与发包方建立点对点的交易关系；④威客地图，任务发布者可以查看威客的基本信息、专业特征、威客空间等，类似淘宝平台，然后进行需求对接。

2. 开源模式

开源是指企业开放源代码，供用户研究、测试、修正和反馈。目前非常火热的开源产品包括但不限于Linux、Python、Emacs、MYSQL、Mako等。以Linux举例，“Linux之父”Linus开发了Linux的初始版本，然后就把Linux以开源的形式交给开源社区去共同维护，参与者不仅包括像微软这类的大公司，而且有大量个人爱好者，其共同完善Linux功能。

3. 维基模式

以维基百科为例，用户可以在维基百科的网站上创建、编辑词条或针对争议性问题进行讨论，共同完成一部百科全书。这是通过大众的劳动和智慧来创造企业的某种产品或服务。

## （二）众包模式的企业实践

参与众包研发相关的企业分为两类：一是采用众包模式进行研发的企业，二是提供服务的众包平台。

1. 创造的众包：互联网文化创意产业

许多互联网产品能够受到用户的喜爱，一个非常重要的因素就是它极大地激发了用户的创造力。这种创造的众包，已经包括知乎、微博、微信表情、搜狗输入法等在内的文化创意产业实现。以微信表情包为例，设计师可以在平台上投稿自己设计的表情包，一旦作品被采纳就可能会被亿万的微信用户使用。除此之外，用户自定义表情也可以在微信平台上传播，共同构建了庞大的表情生态体系。这些表情创意很少由内部团队开发，众包式的创意实现、用户的高频参与与互动，实际上构成了对微信的“路径依赖”，除了增强用户黏性，也在无形中帮助微信构建了更坚实的竞争壁垒。

2. 筛选的众包：硬件产业互联网化

电子产品的传统运营模式是大规模生产单一产品，然后在线下推广销售。与传统硬件产业有显著区别的是，互联网时代下的硬件产业将互联网模式应用于技术支撑和市场营销上。品牌商通过众包平台升级自己的生产方式，实现消费者与产品开发之间的深度参与，将产品优化与消费者需求紧密结合起来。小米是制造业互联网化的典型代表，其推出的MIUI系统就是一种基于MIUI论坛的众包开发模式。在MIUI论坛中，MIUI的使用者、官方开发者和民间开发者对产品进行讨论，发布对产品的看法和改进意见、方案，还有用户对于方案的评价，吸纳众包的成果。

3. 合作的众包：整合IT行业资源

阿里云新品开发几乎囊括了时下流行的十余种编程语言。阿里云经过7年的发展已经建立起多样化的用户生态。2015年，阿里云通过开源中国众包平台，以悬赏的方式寻找合作者开发阿里云产品的SDK开发包，从而帮助阿里云客户降低使用阿里云产品的门槛。在2018年云栖大会北京峰会上，阿里云宣布启动AliSQL数据库开源项目，这是阿里云又一个重大开源事件，阿里俨然成了国内企业贡献开源软件数目的领军者。这种开源战略，给阿里云带来了业务上和技术上的价值与创新，更重要的是，通过整合IT行业资源，给产业链上的各群体带来实惠和便利，并发挥了更大的价值。

## （三）众包模式的发展趋势

随着互联网的愈发普及，社会对众包的研究方法普遍接受，加之资本的强大吸引力，众包研发的前景十分广阔。未来，众包研发将朝着参与普遍化、任务多样化和平台专业化的方向发展。

一是参与普遍化。目前，众包研发的发包方多为企业组织，接包方多为拥有专业技能、提供解决方案的个人。并且，众包研发并未广泛地应用于企业研发创新中，对众包模式利用得不够充分。未来，随着社会对众包研发的普遍接受，众包研发将更大范围地应用到更多的领域和环节之中，更多的企业会用众包来组织生产和经营，消费者和用户也会越来越多地积极参与到众包研发中。

二是任务多样化。众包创造了全新的资源组织方式，通过互联网将碎片化的海量资源聚集起来，形成海量的资源供给。人的智慧、知识、技能将以各种形式在各种领域展现出巨大的生命力，众包模式将为新型的劳动分工搭建舞台。

三是平台专业化。众包模式在我国目前还是一个比较新的业务形态，提供专业众包服务的平台尚未起势，专业化程度相对较低，平台数量和质量都有待提升。众包平台只有能吸引到足够数量的项目方和开发团队入驻，才能在众多竞品中存活下来，才能通过提供更加专业化的服务，实现良性循环。

此外，众包研发是共享知识、共享经济的重要部分，也是全球创意虚拟交易的领跑者。众包平台在聚众智创造价值的同时，也存在其自身的缺陷，比如知识产权问题、信任机制问题等。由于信息不对称，加之整个市场制度环境不完善，众包仍旧存在失控的风险。要使众包能够帮助企业降低成本、提升核心竞争力，就必须为这种经营模式作进一步的规范和完善。

## 三、众包与企业管理模式创新

随着信息技术和互联网的发展，以互联网为根本的众包模式的出现，代表着传统企业的管理模式将逐渐被替代。最大限度地利用互联网众包模式，以企业、互联网、个人三方受益为发展宗旨，将有利于实现现代企业内部资源和外部信息的整合，创造更高的经济效益。

### （一）众包在企业经营管理中的优势

互联网的发展和普及，为互联网众包模式在我国的发展奠定了基础，也为国内企业对于互联网的应用创造了机会。企业可以在原有的管理模式基础上应用互联网众包创立新的经营模式，不仅可以使企业获得可观的收入，还可以推动企业的转型升级、产品的更新换代，最终做到产品理念源于消费者，又回归消费者。互联网众包对于企业经营的影响有以下几个方面：

首先，打破传统企业对于某一行业的垄断形式，增加了企业的存活率。自古以来，我国商业发展模式就是大型的官营商业模式处于垄断地位，而在现代企业中虽然情况得到了转变，但是一些大型的企业对于行业的垄断现象依旧存在。互联网众包模式的出现，改变了原有企业的商品设计和生产环节，让更多的企业有机会参与到生产中来，这既改变了这一领域产品单一的现象，还打破了商业垄断的结构，对于微型优质的企业来说，无疑是最适合的发展道路。

其次，革新企业的管理经营模式大大地降低了企业的生产成本。一个企业的发展之初，必定存在一个专业的设计经营团队，这意味着一个企业要想在一个领域取得良好的可持续发展，就需要投入大量的资金来进行研发。互联网众包模式恰巧打破了这种传统的思维方式，因为需求点不同，通过众包对商品进行完善，不仅节省了研发投入资金，而且还直接考察了消费市场，让企业在更直观地了解社会需求、获得更高经济收入的同时，体现了企业以人为本的精神风貌。

再次，提高工作效率，优化企业内部组织结构。互联网众包对企业最核心的影响就是内部结构的调整，通过互联网众包，企业可以接触到更广泛的人才资源，这也就意味着企业内部不能够完全适应的部分将被替代和淘汰，采用这一新型的管理模式，不仅可以提升整个团队的知识储备量，还可以增加企业对外部信息的了解，提高整个公司的工作效率，创造更高的生产总值。

### （二）众包模式在管理创新中的应用

互联网众包的优势在于加强企业内部与外部的联系，提高工作效率、降低成本投入。如果企业作为一个发包方，将任务发布在互联网平台上，企业外部的非专业人员就可以参与其中，发表自己关于本问题的解决方案；企业内部的员工同样可以在网络平台中提出自己的想法，企业再进行最后的整合。所以互联网在现代企业中的应用，最重要的就是互联网公众平台的建立和维护。建立企业互联网公众平台，首先就是要确立企业发包者的身份。即一个任务的发布，要明确其来源出处是否具有法律效力。而对于企业来说，则要担当起责任、义务，在互联网平台中，认真管理参与者的各项信息，做到公平、公正、公开，同时平台方应对企业的各项信息进行求证和检查。企业和互联网众包平台应该相互监督、相互监管。管理平台在确定企业发布的任务后，面向大众征集解决方案，筛选出合理有效的方案，在平台中进行公示，采取投票、评选等方式，根据任务的完成度给予问题回复者相应的奖励和悬赏，被企业认可接受的方案，则在企业以后的生产活动中实施应用，维护互联网众包平台的秩序。

同时，应对互联网管理平台中发布的内容加大审查力度。首先，对平台上的内容进行监督，确保各项信息的健康合法。其次，每个登录个体需要进行初步的信息注册，对参与者进行信息核实，确保登录者的质量。对于一个虚拟的网络平台通道来说，建立起完善的评选制度尤为重要，对于参与者的方案进行公开投票或评选，做到网络平台机制的透明化，真正让大众了解到互联网众包的正式性和存在的意义。互联网众包作为一个企业和社会的平台，将企业与个人密切地联系起来，只有真正做到公平、公正，杜绝一切虚假、欺骗行为，才能让互联网众包模式呈良性发展。通过互联网众包，有效改善企业的生产经营模式，提高企业的工作效率及经济效益。

### （三）应用互联网众包模式应注意的问题

#### 1. 推动信息化进程

互联网众包模式是随着互联网技术的发展而发展起来的，所以企业要想加快使用这一模式的进程，就必须推动企业向信息化、自动化方向发展，为这一模式的使用提供基础。企业要加强信息化建设，应积极引进先进的信息技术并及时应用到实际生产管理中。另外，企业还应提高创新能力，夯实基础网络设施的建设，从而推动企业的信息化进程。

#### 2. 重视广大网络用户的需求

互联网众包模式的核心部分就是利用互联网平台收集消费者的意见和建议。由于我国网络用户数量在急剧增长，所以要想运用互联网众包模式促进企业发展，就必须重视网络用户的需求。通过征求网络用户的建议，能够使企业充分了解消费者的消费习惯，分析他们的心理动态，使产品既能够满足消费者的需求，同时又能实现对消费者的个性化服务，提高服务水平。另外，消费者可通过发布在平台上的信息，了解企业的发展动态，增强对企业产品的认知，从而建立品牌效应，提高企业在市场上的影响力。

3. 改进互联网众包模式应用的信用和激励问题

目前，企业应用互联网众包模式主要有两个问题需要改进：一是众包模式的信用问题。只要涉及互联网技术，人们不可避免地就会想到信用问题，因为合作双方可能是完全陌生的关系，所以可能存在不法分子利用网络诈骗的现象。二是激励问题。目前，众包模式在企业中的应用还很不成熟，很多企业还未认识到这一模式在企业发展中的作用，所以应采取激励措施，促使企业能够自主进行管理模式转型。

## 四、科研众包在科技创新中的应用

科研众包作为通过互联网汇集网络大众智慧、协作完成科研和技术创新活动的新方式，为“大众创业、万众创新”提供了一种有效的“众创空间”。

### （一）科研众包参与主体与业务流程的特殊性

1. 科研众包参与主体的特殊性

一是众包平台的中介性。科研问题的发布者与科研众包平台相互独立，科研众包平台为科研问题的发布者提供科研问题发布的空间和网络社区场所，并通过众包平台规则来规范和引导科研问题发布者和科研问题解决者的行为，科研众包平台具有明显的中介性质。

二是发布者身份多元化。在科研众包中，众包任务的发布者即科研问题的发布者可以是企业、机构和个人，身份呈现多元化特征。例如在InnoCentive网站，科研问题的发布者主要是企业。InnoCentive网站吸引了多家全球500强企业，作为科研问题的发布者针对企业面临的技术创新科研难题来进行科研众包。2008年，盖茨基金会发起了“探索大挑战”众包项目，主要由盖茨基金会作为科研问题的发布者定期提出特定科研主题，主要鼓励全球各地的科研人员来攻克科学难题。数学领域的“博学者8号问题”众包项目由加州大学数学家陶哲轩作为协调人来探索数学研究中的世界性难题，迄今已公布9个世界性数学难题，有些难题已得到解决，已经代表了研究的先进水平。

2. 科研众包业务流程的特殊性

一是科研众包在具体的业务流程中也存在明显的特殊性。众包任务的发布更加严格。在科研众包中，科研问题的发布独立于众包平台。因此，为确保科研问题的有效性和众包的顺利完成，众包平台对任务的发布制定了严格的规定。例如，在InnoCentive网站上进行众包任务发布时，科研问题的发布者不仅要提供完整的身份证明，还需要对任务项目进行详细的说明，并将众包奖金提交至众包平台，由InnoCentive网站专门账户来管理。

二是科研问题解决者的专业性要求更高。在科研众包中，由于科研问题的复杂性和专业性要求都比较高，因而科研问题解决者主要为专业人士和有相当专业功底的业余爱好者。例如，InnoCentive平台集聚了全世界十多万名科学家作为科研问题解决者参与到科研众包，这些科学家主要是利用业余时间工作的在职科研人员和退休科研人员。由“博学者计划”2014年推出的关于孪生素数猜想的“博学者8号问题”项目，就邀请著名数学家陶哲轩作为首席专家，通过互联网邀请全世界数学界专业人士参与改进华人数学家张益唐得到的突破性结论。

三是科研问题解决方案的选择更加复杂。在科研众包中，科研问题的发布者无论是企业、机构还是个人，都需要对科研问题的解决者的解决方案进行分析和评价，选择最优的方案作为最后的众包方案并支付众包奖金。由于科研问题的复杂性和解决方案数量众多，科研问题的发布者需要花费相当的资源来完成解决方案的遴选。例如，Mazon Mechanical Turk就通过邀请著名专家组成专家知识库，为参与众包的科研问题发布者提供问题解决方案选择的支持服务。

## （二）科研众包的创新效应

科研众包网络创新模式的建立和完善必将对科研活动产生积极影响，不仅能解决科研创新面临的诸多问题，而且也将促进科研活动的快捷和高效，其创新效应通过以下效应来显现（张绍丽、郑晓齐，2016）。

1. 科研投入降低效应

科研众包网络平台通过信息共享中心提供专业的科技咨询服务，避免科研大众、企业、高校及科研机构等对同一问题重复研发，减少人力、物力重复投入。一方面，公众参与科研活动的范围、领域会不断扩大，并将成为科研活动的重要组成部分，这样专职科学家就可以有更多时间和精力投入到对专业水平要求更高的研究创新中去，减少了研发操作成本。另一方面，科研发包方可借助平台选择到最优的接包团队开展研发，切实减少建设研发团队、购置设备等问题带来的运营困难和资金压力。

2. 科研资源共享效应

科研发包方、接包方在信息共享中心平台上进行知识成果和酬劳交易，能有效解决科研活动中的信息不对称、资源对接难等问题。中小企业可通过平台持续不断地输送自身的科研需求；民间科学家可将科研创意或成果放到网上展示，或者直接联系中小企业对接开展研发；同时，高校和科研机构可利用自身科研特色以及资源开展研究，获取收益。此外，大型科研仪器、场地、实验室等资源均可通过众包网络平台开放共享，减少科研资源闲置。

3. 科研成果转化效应

在良好的社区网络环境下，科研众包可以发挥规模效应，产生高质量的科学数据和可靠有效的科研产出，以及出乎意料的洞见和创新，能大大改善知识交互过程，进而加快知识创新进程。与此同时，传统科研应用模式是学校或机构研发出成果再推向社会，科技成果并不符合社会需求，而知识创新社区和在线交易市场，能够促进供需双方的高效对接，实现科研成果与实际应用接轨，使研发能力真正转化为生产力，加速科研成果转化。

4. 科研大众创新效应

科研众包突破了专职科学家和业余科学家的界限，使具有一定科研素质和技能的网络大众参与到知识创造中。科研项目经网络平台委托给网络大众研究，待研究成果交付后，支付奖金给大众，大众有了资金支持后又激发了自身创新创业的兴趣和欲望，同时，还可吸引更多的大众参与进来，形成广泛意义上的大众创新和万众创业。另外，科研大众可通过网络共享平台，进行知识与成果开放共享，获知科研前沿知识、最新进展及利用成熟的科研成果。

5. 科研环境净化效应

在线交易市场上展示科研成果及进行交易，科研数据、成果、专利等就好比暴露在阳光下，时刻被大众获知并检验验证，有助于提高科研学术道德水平，净化科研学术环境。同时，通过征信数据库可获取接包方的诚信等级以及违规记录，减少科研过程中的暗箱操作和学术欺骗。在更深意义上，这也将促使学术治理形式发生根本转变，即从传统的自上而下且带有强制性意味的学术治理形式，转变为自下而上且带有很强自发性的学术自治形式。

6. 科研交易优化效应

在互联网知识创新社区中，企业、科研机构、科研学者、专家以及普通大众通过互联网交流、沟通，能够减少科研交易沟通成本。科研众包网络平台通过公开的任务需求、研发成果等来增加人气和知名度，聚集各领域的科学家和技术人才，从而增强买卖双方对接的成功率，方便交易价格形成。同时，由于网络交易具有公开透明性和程序规范化特点，能有效防止人为暗箱操作，实现公平交易。此外，网上实行交易委托代理制，能够简化交易手续，缩短交易过程，提高交易效率。

## （三）科研众包平台的发展类型与主要趋势

1. 科研众包平台的主要类型

科研众包平台大致分为以下三类。

一是科研服务众包平台。科研服务众包平台的功能是将科研过程中所需要的服务进行外包处理，例如数据分析及实验等，其中最为著名的是Science Exchange平台及Kaggle平台。Science Exchange平台是一个科学实验外包在线社区。科学家可以在该社区将研究外包给科研机构，如大学实验室或者商业化科研机构。科研人员在社区发布实验外包需求，并接受服务提供商报价，从而选择最合适的合作者。在此过程中，Science Exchange可以促进双方沟通，并提供项目管理和支付平台服务。项目完成后，Science Exchange将根据项目的金额收取一定数额的服务费（黄敏聪，2016）。

二是科研技术众包平台。科研技术众包平台的功能是为科研中所需的技术、专利等进行众包处理，其与科研服务众包的最大不同在于其面向的对象往往是一些技术专家或者已经有成熟技术方案的机构，其中最著名的平台是InnoCentive平台和Yet2.com平台。在InnoCentive平台中，大公司可以在平台上张贴挑战，而解决者可以访问、评估或提交解决方案，方案最优者将得到5000美元到100万美元不等的现金奖励。目前，该平台拥有来自近200个国家的30万名注册“解决者”，平台上张贴有1600多个外部挑战和成千上万个内部挑战，平均获奖率为74%，累计颁发奖金达4000万美元。InnoCentive由美国礼来制药公司于2001年创立，起初只是一个生物和化学领域研发供求平台，目前研究领域有数学、物理、化学、生命科学、工程、计算机科学等。

三是科研基础众包平台。科研基础众包平台是为了解决科研基础设备、文献以及空间等支撑基础的共享问题而产生的。当前比较成功的是科技文献的众包平台，一些大学图书馆或专业图书馆都有类似的运营平台。而在科研仪器上，国内易科学（EasyScience）平台成了运营较好的平台之一。易科学通过科研仪器共享，紧密连接科学实验需求者和供应方：需求者可以发布实验需求，找到理想的试验服务提供者；供应方发布试验服务内容找到客户。目前，平台上分享的科研仪器超过5000套。同时，值得关注的是科研空间众包平台，例如，在创新工场以及创客空间等新型科研组织形态下，对于空间的需求越发迫切。在国内外的一些创新工场中可以根据不同科研要求，通过短期资助形式，从而满足科研创新对于空间的要求。

2. 科研众包的发展趋势

一是多语言、多地域系统的融合趋势。从科研众包平台的发展趋势看，跨种族、跨地区以及跨学科将成为未来平台的发展趋势。但是，不同科研群体，其所运用的语言等各因素不尽相同，要想实现真正的全球科研众包合作，平台内部的多语言、多地域系统的融合将成为趋势。例如，日本企业或者科研人员通过日文和当地的科研习惯进行众包问题描述，而平台系统则自动翻译成对应各地区的文字。目前，对于比较规范化的科研用语来说，IT技术在这方面已经有很好的支持。基于此，科研众包平台的多区域、多语言融合系统将是未来的趋势之一。

二是专业化分工趋势。从科研众包平台的发展历程看，专业化分工一直在持续不断地演进中。科研众包平台一开始是基于问题导向的众包模式，并没有形成对问题的有效分类与解决。而随着Kaggle、Yet2.com等平台的出现，数据分析、技术交易等已经开始独立成为科研众包平台的一个类别。从发展的趋势看，科研众包平台将逐渐围绕科研创新产业链的各环节形成不同类型的科研众包平台。

三是社区化趋势。从科研众包平台的萌发开始，社区一直是支撑科研众包平台发展的基础。随着Facebook等社交网络平台的发展，社区化越发成为一个平台能否成功的关键，而且在未来科研众包平台的发展中，社区并不只是科研人员的社区，而更有可能包含对科研感兴趣的一般民众。例如，最近比较流行的“公民科研”模式，公民科研主要是指将一般的科研观察活动委托给对课题感兴趣的民众进行，从而形成对科研对象长期而且费用低廉的观察，并收集科研数据。基于此，未来社区化的科研众包平台有可能成为民众生活的一部分。

四是成为政府科技投入的再分配机构。从近年国内外的趋势看，科研众包平台已逐渐成为政府科技投入再分配的一种重要途径。例如，美国航空航天局的“联赛实验室（Tourmament Lab）”和跨部门网站“Challenge.gov”，这些平台由政府提供资金支持，邀请专家学者为技术和工程项目提供解决方案。同时，对于一些突发性的公共危机事件，例如食物污染等，一些国外的政府部门也会在这些科研众包平台上发布调研项目，从而发动群众进行调查和分析。科研众包平台之所以逐渐受到政府重视，并作为科技投入的一个重要分配机构，其原因在于其高效的市场化运作机制，免去了从项目申报、立项到结题的烦琐过程，一切科研技术的研发和创新都基于平台完成，同时也打破了地域的壁垒，使全球科研人员都能服务于技术难题与创新，其高效性是一般科研机制所难以相比的。对于一些需要跨学科合作的科研课题，通过众包的层层分包，课题就能形成一个广泛的合作网络，发挥跨学科组织的重要作用。基于此，科研众包平台有可能成为未来政府科技投入的重要方式之一。

## 第三节　数字化时代服务外包模式创新

第三次工业革命浪潮带来了数字技术与数字革命，颠覆了许多传统理论与概念，也迫使传统的经济发展路径面临转型的瓶颈。随着以云计算、大数据和移动互联网为标志的数字化时代的到来，服务外包进入新阶段，被称为服务外包3.0。它与以降低成本为目的的服务外包有本质区别，对企业来说是巨大的发展机遇，同时要求企业在技术、业务领域和业务模式上创新。本节阐述了数字化变革的特征与数字贸易的发展现状，探讨了数字化时代服务外包模型创新，分析了云外包的发展现状与趋势。

## 一、数字化变革与数字贸易

数字化是基于互联网，依赖于数字交换技术，获得交换互动所需的数字化电子信息。随着互联网的快速发展，数字化发展被给予极大的关注，以网络为媒介的数字贸易在服务贸易领域开始被重视。

### （一）数字化变革的主要特征

数字化变革的本质是信息基础设施的完善，信息技术特别是以大数据、云计算、物联网为代表的新一代信息技术和人工智能、新一代高性能传感器、高性能机器人、3D打印机等设备对经济各部门的渗透、融合，从而改变整个经济的生产模式、产业业态和商业模式，提高经济的创新能力和生产效率。

#### 1. 数据成为重要的生产要素

通过互联网、传感器和软件，将人力、设备、自然资源、生产线、物流网络、消费习惯、回收流以及经济和社会生活的各个方面连接起来，它们在交互过程中产生大量数据。一方面，这些信息在流动、分享中才能产生价值，流动范围越大，分享的人群越多，价值越大。另一方面，信息处理技术和处理能力的提升，特别是云计算、大数据的兴起，使信息能低成本深度挖掘，从而释放出其所蕴含的巨大价值。互联网成为重要的基础设施，数据成为如同土地、资本、自然资源一样的经济生产活动的重要投入要素。

#### 2. 产业的跨界融合和制造业的服务化趋势

随着技术的变革与市场需求的变化，产业边界趋于模糊，产业融合成为经济发展中的重要现象。主要表现为服务业与制造业融合、金融投资与实业投资融合、以互联网为纽带的产业跨界融合、技术革命引领行业融合、新的市场需求推动产业跨界。发展最快、影响最深入的则是随着互联网的广泛应用而出现的互联网产业与其他产业的融合。在数字化时代，制造业的价值分布从制造环节向服务环节转移，研发、设计、品牌管理、综合解决方案提供等活动从制造企业独立出来，成为专业化的生产性服务企业。过去由于缺乏信息技术的支持，制造企业提供增值服务的成本很高甚至根本无法承担，而信息技术的发展使制造业的多元服务化转型成为可能。

3. 新的商业模式改变传统产业的竞争模式和竞争格局

数字化时代要求企业与客户、供应商、分销商建立紧密联系，企业的成败取决于其商业生态系统的完善程度和整体水平。建立平台是企业领导生态系统建设的重任，从而商业生态系统的竞争也就成为平台之间的竞争。移动互联网高度发展，把需求端和供给端有效整合、让社会资源得到高效利用的共享经济成为一种普遍的商业模式。信息技术、3D打印、智能制造极大地提高了企业对用户需求的响应速度，并能快速对产品进行改进，及时将产品发送给用户。由于产品改进、重新生产及分发成本大幅降低，企业不再等待重大改进后再发布产品，而是基于研发的改进和市场反馈不断进行微创新和快速迭代。虽然每一代产品的改变不大，但大量的微创新积累起来就会形成重大创新，而且产品迭代速度已成为数字时代企业吸引用户、提高用户满意度的重要手段。

## （二）数字贸易发展的趋势性特征

1. 关于数字产品与数字贸易

数字产品的界定还未形成统一认识，通常指软件、游戏、数字媒体（电子书和数字音频文件）等，以及数据的处理和托管等服务内容。WTO谈判中虽然未给出明确的数字产品的定义，但已将电视电影、音乐、软件、录音录像、计算机以及娱乐节目列为数字产品。在以美国为主导的经济贸易谈判内容中，数字产品是指以数字化信息存在的内容产业，包括文本、音频、程序软件、视频、图像等数字化产品。数字产品既可依赖于物理载体传输数字信息，也可直接通过网络运送数字信息，前者是实物商品形式被使用，后者是提供服务的形式。美国国际贸易委员会将数字产品分为数字交付内容、社会媒体、搜索引擎、其他数字产品和服务四种类型。

互联网的快速发展助推电子商务服务在服务贸易领域的发展，使得全球数字化发展趋势越来越强，也产生了新型的贸易方式——数字贸易。数字贸易具有三大显著特征区别于传统贸易活动。一是以互联网为基础，依靠数字信息交换技术，通过互联网传递信息，创新了商品和服务的交付模式。二是产品多为知识密集型，以数字化信息作为交付商品，具备高知识、高技术、高互动、高创新等特点。三是云计算、大数据、移动互联网等新信息技术的不断涌现，拓展了数字贸易产品服务的种类范围，满足消费者个性化、实时性、低成本的需求。

2. 数字贸易的快速发展

2017年8月，美国国际贸易委员会发布《全球数字贸易的市场机遇与主要贸易限制》的研究报告，报告从互联网基础设施及网络通信服务、云服务、数字内容服务、电子商务、产业对数字技术的应用、消费者通信服务及互联设备等领域介绍了全球数字贸易的发展现状及前景，并归纳了限制数字贸易发展的主要贸易监管和政策措施，包括数据保护及隐私（包括数据本地化）、网络安全、知识产权、内容审查、市场准入及投资限制等。

2016年，全球包括视频游戏、视频点播（VoD）、数字音乐和电子出版物在内的数字贸易实现总收入895亿美元。这些数字贸易主要以B2C模式运营，其中占最大部分的是视频游戏，2016年收入为489亿美元，视频点播收入达162亿美元，电子出版物收入153亿美元，数字音乐收入91亿美元。在大多数数字贸易领域中，美国拥有最大的市场，利润率相对较大，然而凭借着强大的手机游戏市场，中国在视频游戏领域紧随其后（见图3–4）。

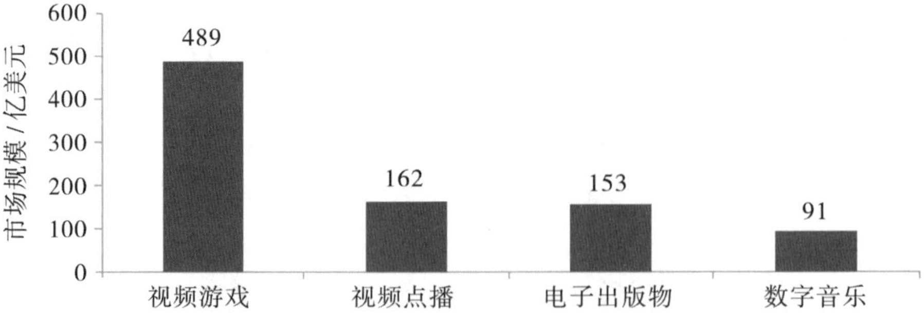


**图3–4 2016年数字内容行业全球市场规模**

资料来源：*Global Digital Trade*，2017年8月。

B2B和B2C模式的电子商务销售量近年来增长迅速，2016年全球B2B电子商务交易额达23.9万亿美元，B2C电子商务交易额达3.8万亿美元。在线平台使用了创新的数字技术，例如集成了后端和前端处理进程并且节省成本的云计算系统，平台数量的激增促进了电子商务业务的扩张。消费者和企业越来越多地使用移动设备（智能手机和平板电脑）进行搜索、付款，移动技术成为电子商务发展的关键动力。电子商务平台如eBay、Etsy和Symphony促进了跨境贸易的增长，使出口企业，尤其是中小企业更容易接触到客户。然而，跨境贸易依赖于开放的数字渠道，不同市场的政策措施存在差异，这些差异也为贸易中的支付、财务、海关程序、合同和物流等方面带来了挑战。

尽管云计算数据处理和分析的能力在全球数字贸易发展上起到重要促进作用，但一些国家已经制定实施了监管及政策措施，以减缓或停止在国内采用数字技术和开展数字贸易。阻碍数字贸易发展的监管与政策措施一般分为六大类：数据保护及隐私（包括数据本地化）、网络安全、知识产权、内容审查、市场准入、投资限制。企业从事数字贸易的主要障碍是数据本地化规则。该规则要求在单一国家进行数据的存储、管理和处理，会削弱企业利用云技术的分布式特性所带来的成本、速度和安全优势。该规则会对不同的企业造成不同的影响。例如，尽管成本较高，但是一些企业仍可以在本地存储数据实现盈利，而另一些企业则会发现，在实施数据本地化规则较小的国家，它们根本无法实现盈利。

数据本地化规则通常是出于隐私或网络安全原因而制定实施的。目前，全球服务贸易的一半业务都依赖于跨境数据流的使用，企业越来越依赖于数据流，但近年来数据本地化措施的数量却大大增加（见图3-5）。

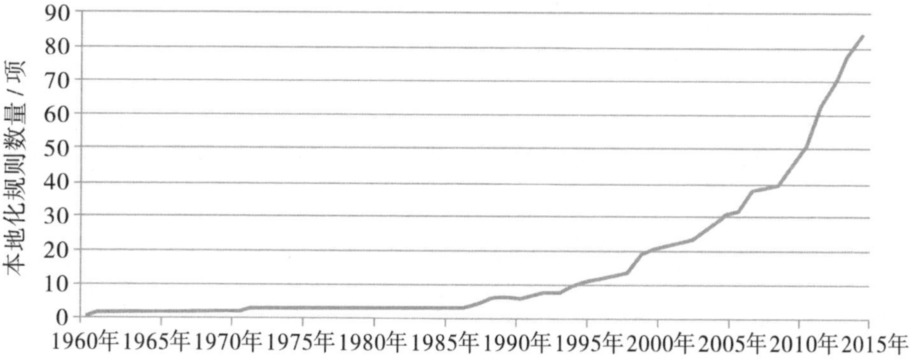


**图3-5　全球数据本地化规则数量（1960—2015年）**

资料来源：*Global Digital Trade*，2017年8月。

注：该数据库中包含了全球65个国家的数据本地化规则。

### 3. 全球云计算市场的规模急剧扩大

Market Line估计，全球云计算行业收入在2012—2016年以年均34.1%的速度增长，从276亿美元上升至893亿美元。近年来，云服务的三大部分（SaaS、IaaS、PaaS）都在稳步增长。2016年全球公共云服务支出达884亿美元，虽然SaaS在规模上继续占据云服务市场的主导地位，但是在这一时期增长最快的部分是IaaS，年均增长率达38.9%（见表3-2）。

表3-2　2012—2016年全球公共云服务支出

| 类别 | 2012年支出／亿美元 | 2013年支出／亿美元 | 2014年支出／亿美元 | 2015年支出／亿美元 | 2016年支出／亿美元 | 年均增长率／% |
|---|---|---|---|---|---|---|
| SaaS | 286 | 351 | 438 | 561 | 604 | 20.6 |
| IaaS | 46 | 51 | 75 | 124 | 171 | 38.9 |
| PaaS | 30 | 38 | 54 | 88 | 109 | 38.1 |

资料来源：*Global Digital Trade*，2017年8月。

美国云计算服务市场规模最大，2016年营收达508亿美元，占了当年全球893亿美元云计算行业规模的56.9%。相比之下，欧盟占21.2%（189亿美元），而亚太则占15.1%（135亿美元）。美国大型的云计算市场受到美国供应商大规模投资的推动，中国和欧盟的云计算公司正试图增加在云市场上的投资。总体而言，美国和欧盟在2016年共占全球公共云服务支出的3/4以上，分别达627亿美元和190亿美元。相比之下，新兴市场国家（中国、俄罗斯、印度、巴西和印度尼西亚）在2016年仅占全球公共云服务支出的5%。

表3-3　2016年各个国家和地区公共云服务支出

单位：百万美元

| 类别 | 美国 | 欧盟 | 巴西 | 俄罗斯 | 中国 | 印度 | 印度尼西亚 |
|---|---|---|---|---|---|---|---|
| SaaS | 46428 | 12702 | 440 | 275 | 804 | 402 | 37 |
| IaaS | 8076 | 4007 | 262 | 83 | 1427 | 229 | 63 |
| PaaS | 8193 | 2325 | 143 | 32 | 75 | 61 | 7 |
| 总计 | 62697 | 19034 | 845 | 390 | 2306 | 692 | 107 |

资料来源：*Global Digital Trade*，2017年8月。

中国企业主导中国的云计算。阿里巴巴的AliCloud是最大的提供商，

2016年在全球的销售额为8.3亿美元。阿里巴巴的业务范围局限于国内市场，但其开始通过合资企业将阿里云计算基础设施扩展到国外。美国的一些大型云供应商已经通过与当地企业合资在中国建立了业务。例如，微软与中国数据服务公司21Vianet合作，亚马逊与中联网合作。

## 二、数字化时代服务外包模型创新

### （一）从服务外包1.0到服务外包3.0的发展

服务外包作为一个以技术为核心驱动力的产业，其诞生和发展紧紧伴随着每一次的技术革命浪潮。技术基础决定了服务外包的内涵和外延，并驱动服务外包行业的不断升级和发展。

服务外包1.0时代是在以计算机为代表的IT产业的推动下诞生和发展起来的。这一阶段大致为1960—1980年，是服务外包的起步期。世界范围的IT服务主要以硬件为依托，并逐步开展起软件上线测试和后续维护等外包业务；同时，早期业务流程服务外包企业开始提供以数据处理为主的服务。跨国公司与服务供应商签订服务外包合同，将企业的非核心、重复性高的业务外包给其他国家的第三方软件公司。在服务外包2.0时代以互联网革命为核心的ICT（Information and Communications Technology）产业代表了推动服务外包产业发展的三个关键技术要素（信息、通信和技术）。这一阶段大致为1981—2010年，是服务外包的发展期。此阶段服务业的国际化发展进程加快，各国政府积极支持服务外包产业发展，出台了各种优惠政策，逐渐提升了企业对服务外包的参与度与接受度。部分离岸服务外包供应企业之间建立了战略伙伴联盟关系，并设立全球范围的交付中心来巩固自身的竞争优势。数字经济时代即服务外包3.0时代，这一阶段从2011年起持续至今，为服务外包成熟期。ICT将更多地被赋予信息化、智能化的内涵，并向ICD（Internet，Cloud & Data）迁移。“信息”被“数据”取代，互联网新业务、各类商业应用、大数据等将成为新Data所代表的主要内容；传感网络、智能终端、All-IP化网络、云数据中心将成为全新形态的“通讯”，并由“云”取代；而技术由于具备宽泛性，将成为新一代信息技术特别是光通信技术、IP化技术、虚拟化等技术的代名词，泛互联网是其中的核心标识。服务外包3.0时代，将在新的

ICD技术的基础上重新组合现有的服务领域和服务模式，并衍生出各种全新的服务业态。

## （二）数字化时代服务外包的特点

### 1. 合作伙伴的服务模式

数字化时代的服务外包，发包企业愈发需要与外包企业进行全方位的合作，形成基于信任控制并结合价格和权力控制的跨组织战略关系，以构筑满足自身发展需求的生态系统并创造纵深的行业价值。这要求接包企业更加专注于和发包企业业务流程的深度整合，与发包企业形成你中有我、我中有你的关系，共创价值。因此，战略客户的布局和开发便具有了前所未有的重要性。

### 2. 网络化管理的运营模式

在数字化时代，随着移动互联网、云计算等技术的兴起，服务外包企业的运营模式向轻资产运营转变，自带设备办公、移动办公等的出现，推动众包时代的到来。服务外包企业更加强调技术替代劳动、网络替代场地，通过网络化管理降低企业的固定成本，利用技术和系统取代对劳动力的过度依赖。服务外包逐步向知识密集型、数据密集型产业演进。

### 3. 放弃型外包交易模式

数字化时代，企业外包战略发生了根本性的变化，发包方和接包方的利益更加趋同一致，由商业关系向战略合作伙伴关系蜕变。在这种环境下，企业通过外包方式从外部市场中获得本身没有的IT产品或功能，即放弃型外包。一般来说，放弃型外包是企业为满足业务战略需求而选择的外包，接包方不仅需要提供IT资源（人力、物力），还需要与企业一起甚至是独立提供与企业业务流程相关的行业解决方案，这种解决方案集成了企业与接包方双方或者多方的能力，远超出企业自身的能力，更能适应市场和客户需求，在市场竞争中获得优势。因此，放弃型外包下的外包功能已经超越了节省成本的范畴，迈进了解决业务、优化业务的领域，创造的附加值要远高于替代型外包，接包方拥有更高的议价能力。

### 4. On-demand Payment、SaaS与平台化企业的商业模式

数字化时代的核心就是服务外包企业建立标准化的统一服务外包处理平

台，通过标准化、模块化和流程化将服务集成到统一云平台上，在数据库里面进行统一处理。基于云的技术和云的理念与移动互联网、大数据等新兴技术的进一步融合，服务外包的商业模式、交易模式、交付模式以及定价模式将得到改变。

一是交付模式与定价模式的变革。随着互联网技术的发展和云时代的到来，在服务外包3.0时代，基于云的服务交付模式，即SaaS（Software-as-a-Service，软件即服务）与On-demand Payment（按需付费），将成为新的交付模式和定价模式的主流。

二是商业模式的变革。在数字化时代，服务外包产业走向矩阵式，分工变得越来越专业、细化。所以，服务外包产业从垂直走向水平，再走向矩阵。云外包最重要的内容是服务，没有应用就没有服务。这会催生新的资源优化、新的模式和产业分工，从而形成全新的商业模式。首先，云外包将推动共生关系的建立，可促进服务商与用户和合作伙伴一起实现价值的协同创造。其次，云外包将带来云创造，企业将越来越多地利用网络或者生态系统创造竞争优势，协调活动以获得价值。最后，云外包会从服务延伸到制造领域，制造业将从成本导向延伸至设计导向。

三是平台化企业。数字化时代的服务外包推动传统服务外包企业商业模式的根本变革，即企业平台化的趋势开始出现。平台有两方面的意义，具备其中任何一方面意义，均可称为“平台”。第一是合作伙伴间利益共享的机制，强调其承载商业模式的特性；第二是不同应用共享数据的技术架构，强调其承载不同合作伙伴提供的应用程序的特性。另外，服务外包的交易模式也在发生变革，从传统的直接交易——中介机构向社会化平台与众包的模式转变。

### 5. 人才结构的重新配置

数字化时代的服务外包将重新配置产业的人才结构。原有的以大规模人工处理提供服务为核心的商业模式将随着新兴技术的出现，转变为以技术平台为核心的按需使用的商业模式，这一转变也将极大地改变行业对人才的需求。低端IT和服务专业人员的岗位正逐步从技术性的具体岗位向综合性岗位转变，垂直行业经验、平台管理、供应商合同管理、分析学、网络应用技术、移动应用技术等，都是未来10年需要掌握的知识和技术。例如：设计人才必须跟上云计算技术的快速发展，为企业提供具备更先进的管理理念、更先进的技术架构和更具协作趋势的服务；开发人员将会越来越多地被要求从事快速开发、快速反馈、简单架构、随需应变的SaaS软件的开发；服务外包企业管理人员既需要了解云计算技术，精通垂直行业需求，具备管理方法和经验，又要懂云计算应用和管理；应用人才需要具备行业知识和服务能力的复合型应用能力；而对低端操作人才的需求将持续减少，语言能力、专业知识和对技术的基本掌握将成为操作人员入职的基础条件。

#### 6. 泛服务化（XaaS）推动泛外包化

新技术革命导致以技术创新为主演变为以应用创新为主，以用户为中心取代以厂商为中心，软件、硬件主导让位于软件和服务主导。IT业的服务化不再是传统意义上的服务化，而是泛服务化，即XaaS（Everything as a Service），如随着区块链技术的兴起，BaaS（Blockchain as a Service）出现了。换句话说，在通常所说的信息流、资金流和物流的各个层面和维度上，都会有平台级的服务商为企业，尤其是为小微企业提供生产资料共享服务。虽然这些商业模式早就存在，但产业互联网的发展，将使这些早就存在的商业模式得到更广泛、高效的应用。

#### 7. 软件与硬件一体化、产品服务化与服务产品化

制造业的低成本化和海量信息的免费化趋势，将导致制造业与服务业的深度融合。依赖单纯的制造或是单纯的内容获利的时代渐近尾声，制造与服务、软件与硬件、终端与应用的一体化体验才是获取超额利润的稀缺资源。惠普收购EDS、戴尔收购佩罗系统和毕博咨询、施乐收购ACS，都体现了软件与硬件一体化给外包产业带来的整合浪潮。与此同时，服务外包3.0时代的服务外包企业通过将服务产品化，即由纯服务适当向产品领域延伸，实现了从线性增长向非线性增长的跨越。例如，东软集团将针对医疗和社保行业的综合性行业解决方案与硬件设备相结合，推出熙康品牌的服务产品，涵盖了包括硬件终端、移动APP、解决方案和软件产品在内的综合服务体系。而印度Infosys3.0时代的核心就是推出了自主品牌，包括针对银行的核心系统、移动解决方案等的多种产品化服务。

#### 8. 从专业服务到跨界融合

“终端+应用”“工业+信息”“制造+服务”的跨界融合是在未来变幻

莫测的商业环境下满足用户价值最大化需求的业务模式变革。在服务外包产业的整体变革中，服务产品化以及产品服务化两大趋势越来越明显。例如，以立思辰、东软为代表的国内企业整体解决方案的推出，以及以谷歌、亚马逊等为代表的国际企业打造的云平台服务，都显示服务外包产业从原来的专业服务向跨界整合的趋势。更重要的是，有越来越多的新企业开始进入服务外包这个领域，有更多的传统行业的企业开始跨界进入服务外包领域，且该领域不断得到拓宽。

## 三、云外包的现状与趋势

### （一）云外包的内涵

云（Cloud）是一个虚拟的形象比喻，指的是一些大型的计算资源，比如一些大型服务器集群资源，这些集群资源可以实行自我维护和自我管理功能，具体包括大型计算服务器集群资源、大型存储服务器集群资源与宽带资源等。

云计算（Cloud Powered Computing）旨在提高云端的大数据处理能力，指的是将各种计算本领、数据存储、网络虚拟化、电脑负载均衡等基本电脑功能与现行复杂网络技术融合在一起，借助SaaS、PaaS、IaaS等先进的商业模式为市场终端客户提供强大的数据计算、数据挖掘、数据处理等服务的一种应用计算技术，它是一个完全虚拟化的计算资源提供仓库，也是一种全新的动态计算资源提供理念。一些专家形象地把它比喻成一个大数据处理仓库，在这个大数据处理仓库中，所有的电脑都可以实行自我管理和自我维护资源的功能，可以自动安装程序软件与开启响应，还可以动态地分配与再分配、部署与再部署、配置与再配置资源以及回收资源。

云外包（Cloud Powered Outsourcing）是一种基于云计算资源与平台的新型服务外包模式，由软件云、平台云、设施云及处于云端的各种终端服务组成（郁德强等，2012）。鼎韬咨询公司认为，云外包模式应该包括三个基本层面：一是基于云平台的服务外包，即“云计算+SaaS软件服务”云模式；二是基于云模式的服务外包，即“云计算+PaaS平台服务”云模式；三是基于云理念的外包，即“云计算+IaaS设施服务”云模式。

在云外包领域，可以按照云的服务对象分成三类：①服务云，是外包业互联网化的体现，即公共云模式。可以为用户提供较为完整的应用外包服务，并能完全以SaaS模式交付服务。由于其本身已经SOA化，用户之后的应用扩展会变得很便利。因此，通过服务云多种服务可以一次性完成。②运营云，即私有云模式。服务外包企业在内部建立统一运作的云平台，将对客户的各项外包服务以流程化、集约化、软件化的方式执行，同时企业的内部管理也全部集成在云平台中进行，这是针对企业内部的云外包应用。③行业云，行业云是服务云和运营云的结合。以垂直行业为基点，针对某一垂直行业的特征和需求，对内整合服务资源，对外提供全线服务的云外包模式（鼎韬研究报告，2016）。

## （二）云外包为服务外包企业的业务模式带来根本性变革

云外包为服务外包企业的业务模式带来的变革性影响可以分成以下几个方面。

（1）传统的BPO（Business Process Outsourcing）服务，包括数据处理、人力资源管理、财务外包、行政后台服务等，将形成SaaS模式下的云服务，服务商通过标准化、模块化和流程化的云平台，为客户提供统一和即需即用式的无缝服务。

（2）传统的软件外包服务，包括软件开发、软件测试、软件支持服务等，将形成PaaS模式下的云服务，服务商通过统一的云应用程序开发及部署平台，进行内部开发、测试以及与客户的协调开发管理。

（3）传统的IT基础设施服务，包括IDC服务、IT服务、Help Desk等，将形成IaaS模式下的云服务，服务商以服务形式提供服务器、存储和网络硬件以及基于硬件的IT服务，ITO（Information Technology Outsourcing）也将重新定位为ITCO（IT Cloud Outsourcing）。

（4）传统外包模式下IT基础设施服务很难实现离岸，在云外包模式中，IT基础设施服务，特别是在数据中心和基础设施管理方面，远程基础设施管理（RIM）将成为可行的运营模式，这是全球服务交付模式的新形态。

（5）基于传统软件开发外包、IT管理、数据中心和呼叫中心托管等IT外包服务，在云计算模式下，未来的趋势可能是数据的外包和应用的外包采取软件的SaaS模式。

（6）在云外包模式下，IT与业务服务的交付越来越趋近于一种供应链，这将促进客户对服务的管理从工厂式转变成供应链式。及时获取（Just-In-Time）、按使用收费（Pay-as-you-go）等精益生产模式将应用到管理服务和外包过程中。

（7）云外包将带来服务外包企业运营模式的根本变革，从以人员规模论的线性收入增长模式向非线性收入增长模式（即与以劳动为基础的增长没有直接关联，与服务的能力和规模呈正相关关系）转型，这将带来产业经营理念和方式的重大变革。

### （三）云外包给服务外包企业带来的机遇

首先，云外包将推动共生关系的建立，促进服务商与用户和合作伙伴一起实现价值的协同创造。云外包使许多公司联合在一起创造出更加全面的解决方案以满足市场需要，小公司与大公司结合在一起成为一个价值创造体系，这一体系不仅仅是为了效率，更是为了响应速度与创新。其次，云外包将带来云创造。在众包概念的基础上，云创造就是企业与个人和其他公司等外部机构合作创造新的商业服务。云创造允许企业扩展到其地理边界之外，并利用几何倍数于其员工人数的智力。企业将越来越多地利用网络或者生态系统创造竞争优势，协调活动以获得价值。最后，云外包会从服务延伸到制造领域，随着EMS与ODM的疆域日渐模糊，在云服务构架下，预计未来设计制造整合服务（Design and Manufacturing Service，DMS）模式将取代EMS，制造业将从成本导向延伸至设计导向。

### （四）云外包模式下服务外包企业的成长路径

云外包是企业发展的关键动力，关键特征就是推动服务外包从“成本—套利”模式向“效率—规模”模式转型。目前我国服务外包企业可采取两种发展路径：一是自己作为云外包服务提供商，建造以云计算为基础的多客户数据中心，这样可以将云服务嵌入更多的外包产品中。二是打造基于垂直行业的云服务。垂直行业知识能够提高企业的综合实力及竞争力，使其拥有更好的发展前景。企业要想构建和应用云外包，还要解决数据的存储以及安全问题。

# 第四节　服务外包产业发展推动服务业人才国际化

企业是服务外包产业发展的主体，人才则是服务外包产业发展的核心和关键要素。服务外包产业的发展需要更多具有全球视野，通晓国际惯例，熟悉服务业国际竞争规则，了解国际服务外包市场变化，具有国际市场运作能力、管理理念且与国际接轨的高技能人才，因此客观上，服务外包产业的发展促进了服务外包人才的国际化。本节阐述了服务外包产业人才国际化的内涵，分析了服务外包产业推动服务外包人才国际化的机制，探讨了服务外包人才国际化的措施。

## 一、服务外包人才国际化的内涵及主要特征

### （一）人才国际化的素质要求

在全球化、信息化背景下，国际化人才引进与培养是国家的战略需求，国际竞争需要一大批具备在各个领域内进行深层次交流与对话、沟通的能力，具有兼容并蓄的精神，能够不断学习和吸收先进文化和知识的国际化人才。国际化人才需要拥有合理的知识体系，包括专业知识、国际知识和语言知识，同时具有较强的跨文化沟通能力，并能够灵活调整自身的行为模式和规则，积极参与团队合作。此外，还应该具备创新能力和终身学习能力，能够应对多文化体系的不同问题。最后，国际化人才应该具备较深厚的人文素养、科学素养和信息素养，富有人文精神和开放思维，掌握基本的数据统计应用方法、信息搜集整理和应用技能等，从而切实适应经济全球化对国际化人才的需求（王雪梅，2014）。需要强调的是，信息化背景对国际化人才的信息素养要求很高。信息素养即一个人能够认识到何时需要信息，能够检索、评价和有效利用信息，并且可以对所获得的信息进行加工、整理、提炼、创新，从而获得新知识的综合能力（陈坚林，2010）。

### （二）服务外包人才国际化的基本特征

服务外包产业是一个知识密集、低碳、高附加值、国际化和跨行业的新

兴产业，它要求人才需具备优秀的语言沟通能力及较强的实践能力，要求人才具备跨专业的知识结构。与其他技术行业相比，软件服务外包行业对人才的要求呈现观念全球化、知识复合性、技能多样性等诸多特点（柳婵娟等，2011）。

1. 知识结构呈现复合性

服务外包业务集科技、经济、环境、文化等多方面知识元素于一体，因此，服务外包人才的知识结构应该是专宽结合、多学科交叉复合。即在掌握本专业基础知识和应用技术的同时，还应该具有较宽广的知识面，具备金融、管理、经济、商务、制造等方面的基本知识。

2. 能力、素质呈现综合性

服务外包人才的能力主要包括工程设计能力、工程实践能力、工程集成能力、产业市场策划及战略管理能力等。其素质主要包括国际化视野、创新精神、市场意识和战略意识，具备较好的跨文化理解与国际交流、沟通能力，还需要有团队协作的精神，能适应多变的工作领域。这种能力、素质的综合性是产业快速发展和经济全球化对人才提出的根本要求。

3. 人才成长过程呈现长期性

高端服务外包人才需要具备丰富的行业经验，精通国际服务外包行业规则和运作管理模式，能够开拓国际市场，了解世界前沿的技术动态和发展趋势，有较强的执行力和决策力。因此，高端服务外包人才的成长过程呈现长期性，他们必须在工作实践中不断学习，增长才干。

4. 人才结构呈现金字塔形

发达国家服务外包产业成功的实践证明，合理的服务外包人才结构应呈金字塔形：处于高端的是项目经理和系统分析师；处于中间层次的是软件工程师；处于低层的是程序员，即从事软件编码、技术文档编写等初级工作的人员。

### （三）服务外包国际化人才的知识能力要求

就服务外包行业而言，其职位包括开发设计、软件测试、系统架构、项目管理、业务分析、系统管理、界面设计、代码编写、文档编写和技术支持等。基层的服务外包人员应具备以下三种能力：一是跨文化理解与沟通能力。由于服务外包业务主要来自国外，要求从业人员具有较强的外语应用能力，能熟练地与团队成员、客户进行交流和沟通。要了解、尊重分包业务国家的文化、传统和习俗，对外国文化具有较强的认同感。二是团队协作能力。善于进行团队合作，具有较强的责任心和事业心。三是编程能力。掌握外包软件开发、设计、测试和项目管理的专业技能，至少能独立应用一种软件开发工具和语言编写代码。

对于中层的服务外包人员来说，除具备以上三种能力外，还应该具有国际化视野，具有较强的沟通和团队领导能力，能够协调和分配各种资源，具有较强的逻辑思维能力，具有软件系统分析和设计的能力。作为服务外包“金字塔”顶端的高层人才，要具有技术和管理双重能力，要求既懂管理又了解软件开发各个环节，具有外包市场开拓能力，熟悉国际化企业的管理模式，能紧跟世界前沿技术动态和趋势，掌握国际标准和规范，熟悉国际软件市场需求与运作模式。

## 二、服务外包推动服务外包人才国际化的机制

### （一）服务外包对承接国人力资本提升的影响

服务业属于高就业弹性的行业。服务外包作为服务全球化以及服务业国际转移的重要载体，在吸纳劳动力就业、扩大承接国就业空间方面发挥着积极的作用，对于承接国人力资本提升的影响尤为显著，而承接国人力资本禀赋也是影响服务外包发展的关键性因素（李永乐，2016）。通常来说，人力资本的形成途径主要有正规教育、培训以及在“干中学”获得工作经验。对于承接国而言，服务外包对人力资本提升的影响主要是通过人力资本投资诱发效应以及溢出效应等途径来实现的。就人力资本投资诱发效应来说，服务外包本身对人力资本要素投入的需求必然诱发承接国人力资本投资。发包方通常依靠技术领先优势确立其在行业中的领导地位，在开展服务外包上必然对人力资本要素投入提出更高要求，以强化其技术领先优势，这直接引致对承接国人力资本投资的需求。承接方只有通过不断加大人力资本投资，提高自身的整体创新能力和技术开发能力，才能向发包方提供符合定制标准的产品和服务。

就溢出效应来说，在服务外包开展过程中一些客观因素会导致知识、技术、管理经验等流向承接方从而带来承接国人力资本的提升。国外服务业跨国公司FDI的流入，对承接国人力资本的开发具有很大帮助。大型服务业跨国公司拥有一整套成熟的员工培训计划，能通过培训帮助承接国的就业人员快速提高工作技能和管理能力。当这些人才在企业之间流动的时候，这种培训和人力资本开发的成果就会外溢，从而带动承接国人力资源进步。在技术方面，尽管发包方出于自身利益的考虑会对关键技术实施严格管制，严控关键技术的转让、扩散及传播，尽可能地避免承接方接触到核心技术，但是在服务外包过程中，为了使承接方的技术水平达到要求，发包方往往会派遣技术人员对承接方进行必要的培训和指导。由于知识本身具有流动性和扩散性，相关知识、技术、管理经验等会不可避免地通过非商业化途径扩散。

### （二）承接国人力资本对服务外包的影响

人力资本是推动现代经济增长的重要因素之一。在服务外包发展过程中，特别是在研发服务、金融服务、信息服务等生产性服务外包发展过程中，承接国人力资本要素发挥着关键性作用。可以说，人力资源禀赋决定着承接国服务外包的比较优势。承接国人力资本总量和结构直接影响服务外包的规模和水平，决定着服务外包的产业定位。在服务外包承接国的选择上，发包方主要是基于承接国的整体承接能力及其比较优势来决定的。而相比其他要素资源，人力资本是一个重要的考量，特别是针对生产性服务外包来说，人力资本更是关键因素。如果单纯依靠低水平劳动力投入，服务外包只能处在产业链的低端，对于高端服务外包的吸引力会严重不足。而人力资本投入的增加，可以使劳动者教育、培训及相关方面的投资不断增加。劳动者受教育程度的提高以及劳动技能的提高，会直接推动劳动生产率的提高，增强承接国在承接高端服务外包上的能力。

另外，承接国人力资本环境会影响到人力资本效能的发挥，进而影响服务外包的价值创造能力。只有适宜的发展环境才能使人力资本的创造性和能动性得以释放，才能真正发挥人力资本在服务外包中的价值创造能力。而服务外包溢出效应的高低也会受制于承接国人力资本状况。国际服务外包对承接国的溢出效应不会自动产生，它在很大程度上取决于承接国接包企业的吸收能力，接包企业的吸收能力对于国际服务外包知识溢出及其技术提升起着关键影响作用。在影响技术吸收能力的众多因素中，人力资本是一个重要因素。

由此可见，服务外包产业的发展与承接国人力资本素质之间是相辅相成的关系。服务外包产业的发展，扩大了承接国服务业就业，提升了承接国人力资本，开拓了从业人员的国际化视野，增强了从业人员的创新精神、市场意识，从而推动了服务外包人才的国际化。

## 三、我国服务外包产业国际化人才培养现状

### （一）服务外包人力资源供给

服务业具有人力资本密集型产业的特点，服务外包一直是高素质人才就业的聚集地，已经成为吸纳我国大学生就业的新高地。2016年我国各类高等教育在校学生规模达到3699万人，毕业生规模达到1005.06万人，同比增长3.4%。其中全国普通本、专科毕业生达704.2万人，同比增长3.4%；研究生毕业生达56.4万人，同比增长2%；成人高等教育本、专科毕业生达244.4万人，同比增长3%（见图3–6）。持续增长的高校毕业生为服务外包产业发展输送了大量高素质人才，服务外包产业发展所需要的基础性人才逐步得到满足，但高端人才匮乏仍然是我国服务外包产业在转型升级中面临的问题之一。

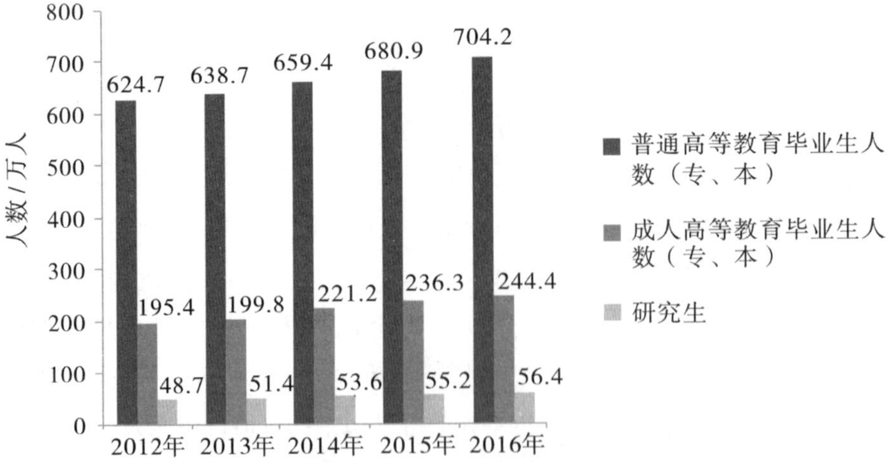


图3–6　2012—2016年中国高等教育毕业生情况

资料来源：《2016年全国教育事业发展统计公报》。

## （二）服务外包从业人员规模与结构

表3–4 中国服务外包从业人员结构

| | 2012年 | 2013年 | 2014年 | 2015年 | 2016年 |
|---|---|---|---|---|---|
| 服务外包从业人数 / 万人 | 428.9 | 536.1 | 607.2 | 686.5 | 855.7 |
| 大学生（含大专）及以上学历从业人员人数 / 万人 | 291.0 | 355.9 | 404.7 | 452.6 | 551.3 |
| 大学（含大专）及以上学历从业人员占比 / % | 67.8 | 66.4 | 66.7 | 65.9 | 64.4 |

资料来源：商务部。

截至2016年底，我国共有服务外包从业人员855.7万人，其中大学（含大专）及以上学历从业人员为551.3万人，占服务外包从业人员比重达64.4%（见表3–4）。广东、江苏和山东依然是全国服务外包从业人员最为密集的省份，从业规模分别为154.4万人、142.2万人和118.2万人，较上年分别增长20.07万人、29.77万人和16.85万人。

2016年全国新增服务外包从业人员121.16万人，新增大学（含大专）及以上学历从业人员79.72万人，占新增服务外包从业人员总数的65.8%，其中江苏省新增服务外包从业人员32.73万人，同比增长319.87%，集聚优势明显。2016年示范城市新增服务外包从业人员大幅增长，达84.18万人，其中新增服务外包从业人员排名前三的分别为苏州、南京和北京，前三名之和占示范城市新增服务外包从业人员总数的39.3%，领先优势明显。

## （三）人才培养优化的步伐加快

随着产业发展转型升级日益深化，服务外包人才培养优化提升的步伐也在加快，各地在强化校企合作培养基础型人才的同时，更加注重专业高端人才的培养。知途网与阿里云联合发布了阿里云大学云计算大数据人才培养和智慧校园解决方案，并与南京大学、南京理工大学等九所高校共同启动了大数据人才联盟，实现“学校方、平台方、服务方”三方联动，共同打造人才标准、课程体系、教师培养、技能认证、创新创业“五位一体”的云计算、大数据人才培养方案。国家高新技术企业华信智原教育技术有限公司在全国19个省市建立了高校DT实训基地和DT工程师培养基地，同时建立了19个DT

云技术实训平台，与百度、腾讯、阿里、东软等多家知名企业合作，在全国各地成立大数据分析技术实验中心，开创了DT时代大数据人才培养先河，走出一条从IT到DT时代的高技能精英人才培养之路，2016年被授予“中国首家大数据人才培育示范基地”称号。苏州工业园区服务外包职业学院与苏州金唯智生物科技有限公司开展深度校企合作，定向培养生物医药领域专业人才，开设“基因测序”“基因合成”课程，是全国唯一一所开设这两门特色专业课程的大专院校。

## 四、服务外包人才国际化的措施

服务外包人才国际化的措施主要涵盖四个方面：本地人才的国际化、国际人才的引进、人才培养体系的国际化、人才服务体系的国际化。

第一，提高本地人才的国际化水平。人才国际化要以本地人才国际化为基础。本地人才是人才结构组成的主体，实现本地人才国际化将极大地增强服务外包的国际竞争力，有充足的国际化人才储备来开拓国外市场。为此，政府机关、企业要搭建平台，与国外高校、科研机构和企业开展合作，建立赴美国、欧洲、日本、印度等国家和地区学习、交流与培训的机制，拓宽国际化视野。通过国际交流与实践及时获得国际服务外包的最新信息，把握外包业务新的经营模式、新的趋势，以及先进的技术、经验和发展理念等。印度政府把人才跨国就业作为一种培养国际化人才的重要渠道。几十年来，印度的大学生都可以自由地到国外去求职，这些在国外发展的经受过锻炼的所谓“外流”人才，为印度的软件业发展做出了巨大的贡献。

第二，加强国际人才的引进。在国际人才引进上，以引进领军人才、拔尖人才为重点，积极引进海内外具有从事服务外包经验的优秀人才，特别是熟悉国际服务外包业务流程管理的中高级专业技术人才和管理人才。通过国际人才的引进，引入国际服务外包产业的新技术、新经验和新理念，推动本地产业改革创新发展。通过高端及创业型人才的引进，推动本地外包企业的快速发展。目前，我国国际人才所占比例偏低。2016年我国国际人才占常住人口比重的0.06%，而世界一般国家的平均水平为3.3%，发达国家的比例则达到10%。且国际人才地区分布不合理，东部省市尤其是北京、上海等地聚集了大部分国际人才，中西部地区严重偏少。为此，要设立更灵活的管理体制机制，如建立首席科学家、访问学者制度，鼓励科研院所、高校的相关研究岗位进行全球招聘。同时，发展专业猎头机构，主动寻找各类顶尖人才，在一定程度上缓解高层次人才匮乏的局面。建立与社会经济发展需求相适应的大数据人才需求预测机制，同时，实施专项人才需求与短期人才需求预测，编制人才需求信心指数等。

第三，促进人才培养体系的国际化。将国际化的人才标准体系应用于服务外包人才的培养体系中，从师资力量、教材和课程设置等方面加强人才培育体系的国际化建设，基本形成比较实用、成熟的课程体系，基本做到高校、培训机构、企业、学生的无缝对接，培训后的大学生可直接进入通信运营商和服务外包机构工作。我国服务外包人才培养体系主要由学历教育、培训机构、实训基地、企业培训四个方面构成，基本形成了以普通高校、职业技术学院等学历教育为基础，专业培训机构、企业等非学历教育为依托的服务外包人才培养体系。在高等院校层面，许多高校增加了服务外包课程，一些地方引进海外高校资源联合办学，加快培育服务外包人才。在职业教育层面，各地方根据实际情况设立服务外包职业培训学院，形成了师资培养、研究咨询、培训服务、技能鉴定全链条的培训服务。在专业培训机构层面，大力发展服务外包培训机构，积极吸引海内外培训机构，开展定制培训、从业人员资质培训、国际认证培训等业务。在企业层面，坚持对新上岗的应届毕业生进行培训，使企业成为院校的长期实习基地等。

第四，促进人才服务体系的国际化。我国已基本形成了以本地政府为核心，整合猎头、第三方平台、人才派遣企业等各类人才服务机构资源，引进国际化的发展理念，打造国际化的人才服务体系，实现整体服务外包人才环境的优化并同国际接轨。我国正在积极推进国际化人才服务机构的市场化建设，将政府委托业务如档案管理、国籍管理等功能进行有效合并，形成具有企业法人性质的经营实体。同时，加强同行业或跨行业国际化人才服务机构的联合，扩大资产经营规模，推动国际化人才中介服务机构向专业化、集约化、高效化的方向发展。鼓励国内中介人才机构与国外人才评价机构和著名猎头公司联合，学习它们先进的管理、规范的运作、丰富的经验。在宏观管理层面，我国正逐步建立各部门协调沟通的宏观管理机制，初步形成了人事、教育、侨务、外事、科技、公安部门等统一的协调机构，建立定期召开国际化人才培养与引进的联席会议的制度。各系统、各部门也结合实际，及时对国际化人才的需求现状做出客观预测，把握国际化人才需求的发展趋势，科学制定国际化人才培养与引进工作的中长期规划，保证国际化人才工作具有前瞻性和创新性。同时，也正在加强国际化人才政策法规体系建设、立法指导和执法检查，防止国际化人才竞争中的不当行为，保护用人单位的正当权益。

## 案例一　网新恒天的自主创新路径①

浙江网新恒天软件有限公司（以下简称“网新恒天”）作为浙江大学、浙大网新和美国道富银行的战略合作结晶，是一家致力于为中外企业提供专业的IT服务及产品的软件公司。公司秉承“让信息系统更简单、让金融活动更简单”的愿景，逐步积累了深厚的业务知识，达到领先的技术服务水平，具备成熟的项目管理能力。研发出包括云计算、大数据、区块链、人工智能等在内的各类技术产品。公司以为国际金融巨头提供服务作为突破口，发展核心技术与服务能力，以绝对优势抢占金融信息服务的国际高端市场。公司重点为中外企业提供应用开发、测试与质量保证、云与大数据、移动应用、系统重构、架构咨询、研究与开发等多项技术服务，现拥有金融数据挖掘、商业智能服务、金融风险管理服务、系统管理服务、整合管理服务等主导技术服务产品。与此同时，网新恒天消化、吸收浙大网新和道富银行丰富的管理经验、市场营销能力，为全球金融机构提供高质量、高精度的技术开发和服务支持。目前，网新恒天与国内外200多个客户建立了合作关系，客户遍布美国、日本、加拿大、澳大利亚、英国、爱尔兰、德国、法国等，业务覆盖金融、制造、医疗、零售、物流、高科技、新能源等行业，在IT应用服务和软件出口方面已经位居国内前列。

①根据浙江网新恒天软件有限公司提供的材料整理，感谢陈军副总裁提供相关材料。

## 一、创新发展机制

技术创新是网新恒天整体战略的核心，也是企业发展壮大的动力。其主旨是，致力于全球金融信息服务，以国家战略和全球市场需求为导向，以新技术开拓提升金融信息服务业的自主创新能力。同时，网新恒天通过不断完善企业服务创新的系统支持机制及研发中心的软硬件设施，提升技术预见能力等，逐步形成引领国内行业、代表国际先进水平的技术实力。

网新恒天提出“技术市场化、产品化、产业化”的技术创新理念和模式，即利用网新恒天的优势和资源，对传统金融IT服务技术进行系统整合与拓展，形成新的服务能力，在市场竞争中获胜。同时，通过国际合作、产学研合作，以消化引进吸收再创新、集成创新等方式获取关键的核心技术。

## 二、严谨的企业研发管理体系

结合现有管理结构、流程重组的要求及公司自身的产业特点，网新恒天按照ISO 27001：2013信息安全管理体系及CMMI5的要求，设立了技术研发管理相关部门和一系列有利于技术创新和发展的管理制度。PMO（Project Management Office）部门作为独立于各个项目组之外的职能部门，主要承担了项目监管、过程控制和沟通协调的相关职责，是公司高层管理和项目组之间的桥梁。通过建立项目管理和过程管理的标准流程，采用标准的流程、工具和模板对项目与过程执行进行监管，实现项目的标准化管理。通过PMO部门对服务外包流程的有力管控，确保每个研发项目都能够高质量、高效率地完成。

此外，公司设立了ACS（Advanced Consulting Services）部门。以最快、最专业的方式配合市场营销和销售部门，按照客户要求提供一流的解决方案。同时ACS部门为公司各项目组提供服务，比如为各项目组提供相应的解决方案、架构咨询服务，不仅使服务流程更趋专业化，更提高了各项目组的协同工作能力和工作效率。

网新恒天在管理体系中还专门设立了软件质量保证部门，分别从产品质量保证、过程质量保证、人员质量保证等方面为客户提供高质量的软件产品，在公司内部对项目质量进行独立和全面的监控，提高了公司的全面质量管理意识。目前，软件评测中心已经取得中国合格评定国家认可委员会（CNAS）的实验室认可证书，意味着网新恒天具备按照国际公认标准来展开软件产品综合质量检测和校准服务的资格和能力，出具的报告更具权威性和国际公信力。

### 三、全方位的技术创新和分享系统

网新恒天开发了一套名为Innovation Lab的系统，即创新实验室系统。其鼓励技术人员在此系统中提出创新想法，集思广益进行优化创新。利用Innovation Lab系统，网新恒天拥有更高效的技术创新交流平台，极大地缩短了技术创新思想转化为实践的时间，成为企业技术创新的助推器。网新恒天成立了创新筹划指导委员会，在其领导下内部成立了多个技术卓越中心（Center of Excellent，COE），例如Java COE，.NET COE，QA COE，Mobile COE和UED COE等，为公司内的技术达人创造良好的创新和交流环境，总结各项目的“最佳实践”，将技术达人的创新概念提炼成新产品、新技术。网新恒天的知识分享系统——天知道是一个用于收集、处理和分享网新恒天全部知识的线上信息系统，包括知识分享平台和企业内部信息搜索引擎。利用这些平台，公司可对大量有价值的解决方案、架构、具体技术、经验等知识进行分类存储和管理，促进知识的学习、共享、培训、再利用和创新。

### 四、产学研合作

产学研合作是网新恒天研究开发的灵魂，也是自主创新最重要的方法。作为一家整合浙江大学计算机和软件学科优势组建的高新技术企业，网新恒天的建立、发展与壮大与浙江大学计算机和软件学科的发展息息相关（见图3–7）。公司在战略上充分与浙江大学等高校互动，并通过与高校联合研发、开展项目合作、联合培养人才等方式，走出了一条具有鲜明特色的产学研互动发展道路。网新恒天与浙江大学软件学院签订了战略合作协议，旨在于互惠互利、共同发展的基础上建立全面的产学研合作关系，以充分发挥高校雄厚的技术研发和人才实力，以及网新恒天强大成熟的信息技术服务经验的资源优势，实现“产学研共赢”。网新恒天拥有很浓的“学院风”，公司每年安排独立研发费用来鼓励自主创新，目前至少有三位副总裁是年轻的浙大博士。另外，在国际产学研合作方向，网新恒天和爱尔兰著名的科克大学启动战略合作，双方在人工智能和机器学习领域就技术产品与服务的开发进行深度合作。

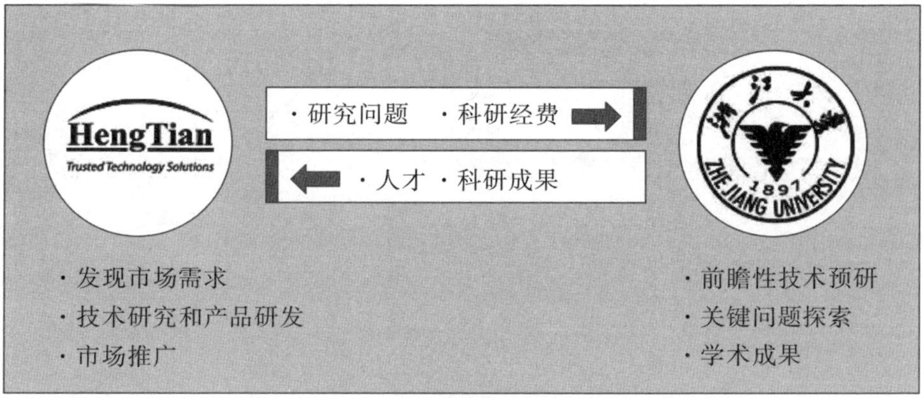


图3-7 产学研一体化创新

## 五、创新研发成果——重点产品与解决方案

网新恒天除在原有的金融科技总包领域保持领先的市场业绩，还持续开拓了互联网金融产品、电子商务等新兴领域，并且在云计算、大数据以及遗留系统再工程技术领域都拥有自己的具有自主知识产权的核心技术。

### 1. 金融数据服务平台

恒天金融数据服务平台系统能够帮助金融机构实现统一的外部数据源接口，把来自外部系统的中国外汇交易中心的外汇、本币，黄金交易所的黄金

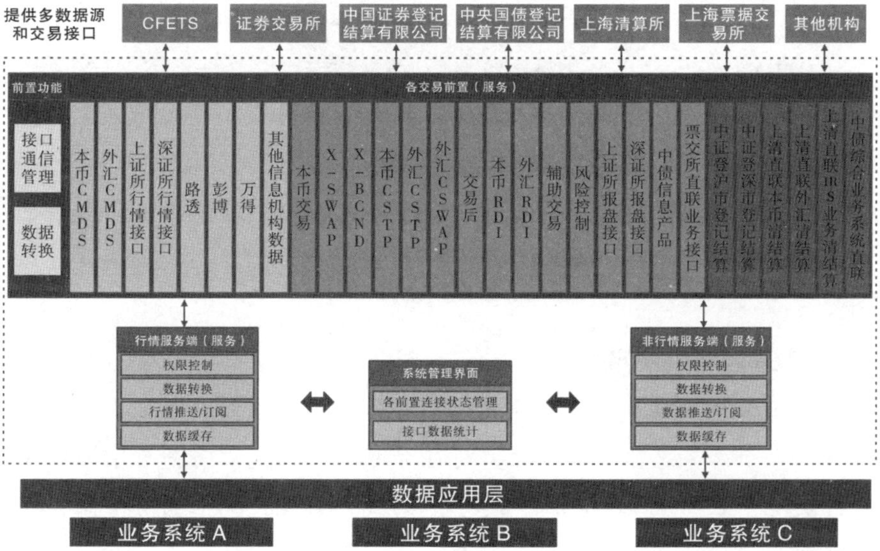


图3-8 金融数据服务平台

交易，上海清算所、中央国债登记结算有限公司以及上海票据交易所的票据交易等数据导入一个前置平台，可订阅和分发到金融机构内各个业务系统，满足机构对不同业务数据的需求（见图3–8）。

2. 互联网金融市场产品（见图3–9）

网新恒天通过恒信互联网金融解决方案完善互联网金融服务。该方案基于广大的小微金融主体需求，完美集成会员线上注册审核、融资产品发布、多样化行情展示、担保公司风险保障及平台全程监控，为互联网金融企业构建了安全高效的投融资交易服务平台。该平台凭借高效的数据处理、多重的资金安全保障机制、全面且严谨的交易平台化管理极大地提高了运营效率。同时采用多维度保证金体系，为投资人的利益保驾护航，为互联网金融创造了安全、稳定的环境。此外，网新恒天依靠网络技术和机器运算，运用智能算法及投资组合理论模型，为用户提供智能化的投资管理服务。机器人理财服务没有边际成本，可以对任何规模的资金、任何层级的用户做到一视同仁，有效避免道德风险，淘汰佣金驱动型的劣质理财产品，从而推动整个理财行业生态的不断改善，让用户享受更高品质的理财服务。

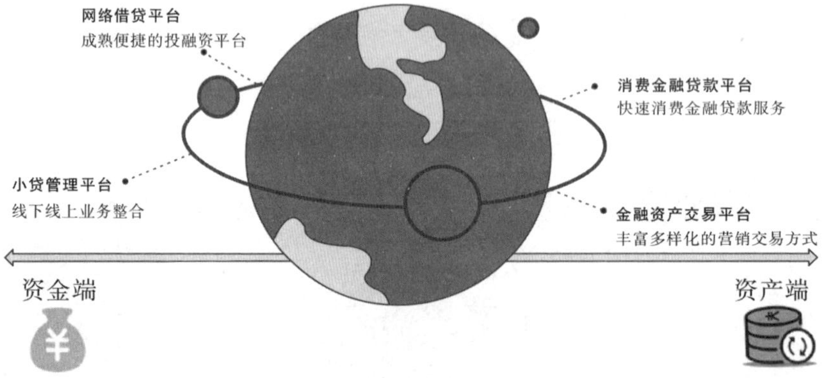


图3–9 互联网金融市场产品

3. 电子商务解决方案

网新恒天企业技术中心基于电子商务领域的项目经验以及技术积累，打造了恒天电子商务整体解决方案，旨在为品牌厂商建立完全自主的电子商务门户，实现企业物流、信息流、资金流的统一管理，树立品牌形象，同时依托互联网和移动社交网络的强大触角，实现营销渠道的扩展。该方案能让品牌厂商快速构建在线商城，同时可根据品牌厂商自身的业务特点，增加定制化业务流程和功能模块。目前，这一成果已成功应用于国内多家知名快消品企业，帮助企业打造全新的互联网门户，满足企业互联网化的需求。

### 4. 恒天云——企业基础设施私有云管理平台

恒天云是网新恒天自主研发的一款企业级的基础设施私有云管理平台。恒天云以openstack云操作系统作为内核，紧跟社区版本，选择合适的存储方案、网络架构，对虚拟化技术进行优化，提高监控能力；把资源提交做进企业流程中，并提供细粒度的资源管理、环境管理系统，使得云在企业的落地成为可能。网新恒天将云计算与教育行业、IT行业相结合，分别推出了高校云实验室整体解决方案和测试云解决方案。

恒天云可用于统一管理数据中心，对企业传统数据中心的IT基础设施进行融合重构，将传统的x86架构服务器集群变成一个透明的计算、网络和存储资源池，并支持多区域部署，为各行业客户实现IT资源的高效管理，提升资源利用率，降低使用成本。使企业的IT支撑系统从成本中心转型成为推动企业核心业务不断发展的引擎，实现商业价值最大化。

### 5. 恒天大数据解决方案

恒天大数据解决方案是以“自主平台+行业解决方案+服务”为核心的综合产品线，把自主研发的恒天数据分析平台与开源大数据技术进行有效集成，并结合企业在大数据的采集、存储、处理、挖掘、报表和可视化方面的具体需求，打造定制化的相关产品和服务。该方案覆盖从数据采集、数据存储、数据处理、数据挖掘到数据可视化的整个技术栈。其基于开源的分布式处理和流式处理框架，具有海量数据处理和实时数据处理能力；利用HDFS、HBase、MongoDB等NoSQL技术，支持非结构化数据的管理和分析；内置了多维度统计、分类、聚类、关联分析、推荐系统、文本挖掘等高级分析和挖掘模型，利用机器学习算法发掘数据的深层价值；支持各种前沿的大数据展现方式，包括动态报表和高级可视化分析功能，将数据分析结果完美地呈现出来。目前，平台已经积累了欺诈监测、精准营销、新闻聚类、舆情监控、金融合规等多个行业垂直模型，可快速切入相关领域，打造可落地的企业数据分析解决方案。该方案获得第十八届中国国际软件博览会创新奖，2014年获工信部“优秀金融创新解决方案”。

6. 恒盈量化交易系统

恒盈量化交易系统是由网新恒天企业技术中心自主研发的一款量化交易（也称“程序化交易”）软件平台系统。它基于分布式服务技术构建，具有很好的可靠性、可用性、安全性和扩展性。恒盈量化交易系统提供自定义高速行情数据、实现基于C#高级语言的投资策略编写、无缝集成基于MATLAB开发的交易策略、提供独立稳定的自动交易、提供全方位的投资分析报告、实行灵活的交易风险控制、支持分账户投资管理等。目前，该系统已经为多家投资机构提供了集实用性和前瞻性于一体的高性能量化交易系统。微宽是一款基于大数据和AI技术的智慧投资研究平台，能帮助投资者精准而快速地从海量数据中洞察市场、发掘机会。微宽基于海量数据的汇聚，打造了一系列智能、新颖的投资模型，如市场情绪的监控、行业风格的发现、公司护城河的评估、个股驱动因子的预测等。

7. 智慧物流配送系统

网新恒天提出了一整套基于自动学习优化路径算法，整合GIS、GPS、移动互联网等技术的配送系统。该系统通过智能算法配送路线规划、实时监控、实时导航实现全配送周期管理，并借助移动APP、数据挖掘等先进技术，解决目前配送过程中存在的问题，优化物流配送最终环节，真正实现“科技物流、精益物流、人本物流、智慧物流”。网新恒天智慧物流配送系统拥有智能路径规划、配送实时监控、自动导航、无名道路自动识别、统计分析、数据挖掘、全方位多角度的服务体验等特点，可广泛应用于具有配送环节的各个行业及企业，有效解决目前配送过程中存在的问题，平衡各路线的送货任务，降低配送成本。

## 案例二　不忘初心，打造世界级软件产业创新社区[①]

上海浦东软件园成立于1992年，是由原机械电子工业部和上海市政府共同组建的部市合作项目，是中国最早成立的软件园区之一。其发展顺应浦东开发开放的国家战略，也承载着振兴中国软件产业的国家使命。历任国家领导人都曾莅临上海浦东软件园视察指导工作，吴邦国、江泽民先后为上海

①根据上海浦东软件园提供的材料整理。

浦东软件园题写园名。1992—2018年，从部市合作到第一批国家软件产业基地、第一批国家软件出口基地、国家新型工业化示范基地、国家科技企业孵化器、全国青年创新创业示范园区、亚洲最佳孵化器，每一个历史瞬间的背后，都凝聚着上海浦东软件园所承载的不同寻常的历史使命和责任。经过26年的摸索实践，上海浦东软件园已发展为全国软件和信息服务产业发展的重要载体之一，形成六大园区联动、七大产业集聚的建设成果，产业引领示范效应和品牌影响力在全国软件园区中名列前茅。截至2017年上海浦东软件园共有企业1600多家、营收总额约700亿元、总利润约100亿元、纳税总额约50亿元。

上海浦东软件园围绕"打造世界级软件产业创新社区"的愿景，实施和深化园区向社区转变、提供服务向连接分享转变、招商引资向产业培育转变，在"十三五"期间的目标是成为软件与信息服务业领域具有国际影响力的智慧产业社区和创新创业示范区。

**一、开发浦东，培育上海浦东软件园**

1991年按照党中央关于"开发浦东、开放浦东"的重大决策，为加快推动我国软件产业发展，时任机电部副部长曾培炎同志率队赴上海考察，决定在上海浦东选址建设软件园。1992年3月决定部市共同投资建设上海浦东软件园（以下简称"浦软"）。从此之后，浦软就开始了软件园区建设营运模式的探索之路。在浦软发展和成长的过程中，"部市合作""市场化运营"这两个关键词起到了至关重要的作用。在部市协议商定之初，即决定以企业模式组建并以市场化机制来运作浦软，并赋予上海浦东软件园发展公司园区建设和产业发展的双重任务。

在前期探索如何拿地、如何建园区的过程中，浦软一直以一个软件公司的身份在运作，参与到了秦山核电站的操作系统、上海市检察院政务系统等项目的开发中，从一个软件公司的角度来切身体会软件产业该如何发展。1997年9月进一步明确了专业园区的规划、定位、功能，并实际启动了园区的建设。1998年中国电子信息产业集团公司和上海市张江高科技园区开发公司分别代表部市政府出资，并将发展公司改制为有限责任公司。

2000年3月18日，浦软正式举行开园典礼。园区建成后，三代党和国家的领导人江泽民、胡锦涛、习近平都先后来到浦软视察工作，充分体现出国家最高决策层对于浦软发展的关心和支持。2000年、2003年园区分别获得了“国家软件产业基地”“国家软件出口基地”称号。

## 二、“三商”战略，创新转型

“三商”战略是浦软在对软件园区三个不同发展阶段的实践和思考的基础上总结出来的。任何园区运营企业，第一个阶段都是造房子，然后通过优惠政策引入企业，这是空间开发商的概念。园区进入第二个阶段，企业入驻后，需要园区运营方为其提供各种各样的服务，包括软件测试、通信网络、人才招聘、基础物业等，这是集成服务商的概念。当园区发展到第三个阶段时，需要更多地思考打造产业集群、打通企业上下游产业以及通过制定企业发展的标准来推动园区发展、分享企业成长成果，这个阶段就可以对企业进行科技投资了。

有了以上的实践基础，浦软正式提出“三商”战略，“三商”即软件与信息服务业的空间产品开发商、集成服务商和科技投资商。2009年，全国各地的软件园如雨后春笋般兴起，面对激烈的竞争，软件园常用的老三招“圈地、招商、优惠政策”似乎已越来越不起作用。那么究竟该如何打造软件园的核心竞争力？怎样才能吸引更多优秀企业入驻，在中国乃至世界软件产业发展中占得一席之地？浦软给出了“服务创造价值”这个答案。

作为国家级的软件园，浦软一直在思考如何帮助园区内的企业发展，为此其提出了打造一个良好的产业生态环境的新理念：通过良好的产业生态环境来帮助企业在园区内部找到上下游的合作伙伴甚至潜在客户，从而达到合作多赢的目的。然而，想要营造出这样的环境不仅需要在招商时注意保持产业链的完整，维持园区原有的企业规模和保持经营范围的多样性，更需要园区在企业服务上下功夫。2009年浦软向所有园区企业发布全新的服务模块，即技术支持与网络通信、人才培养与人才交流、运营咨询与商务推广、企业孵化与投资融资、生活配套与基础保障。这五大服务模块涵盖了企业从业务到后勤、从资金到人力资本等各个层面的需求，而运营咨询与商务推广更是帮助不少企业在园区内部牵线搭桥，甚至帮助部分企业争取到了政府层面的支持。当时这在全国的软件园中乃领先之举，也进一步提升了浦软的精细化服务水平和核心竞争力。

在软件园的服务体系中，浦软的技术服务在全国园区中具有明显优势和特色。2002年浦软与浦东新兴产业投资有限公司、数讯公司共同组建浦东软件平台公司，进行软件技术公共服务平台的建设和运营，这是浦东第一家从事软件增值服务的公司，也是发展至今上海唯一拥有国家中小型企业公共服务示范平台、国家软件信息与服务示范平台双平台资质的公司，公司成立以来共服务近万家企业。2011年6月，浦软率先推出面向全国科技型中小企业的全业务IT公有云——浦软汇智IT服务云，并成立专门的公司负责云平台运营，这是当时国内首个由软件园区建设和运营并拥有知识产权的全业务IT公有云，被上海市经信委授予了“上海市云计算应用示范项目”的称号，运营至今覆盖企业用户超过1100家。2013年，浦软承建了商务部、上海市政府的部市合作项目上海服务外包交易促进中心，该中心已拥有数据库企业4万家、注册会员4000家，在全国范围内发布了外包交易指数和外包企业信用评价体系，其权威性受到国家各相关主管机构和外包业界的认可。同年，浦软在工业和信息化部软件服务业司的倡议下，集中力量编制了《上海浦东软件园“智慧园区”总体规划》。2014年，浦软参与起草的《全国智慧园区建设标准化方案》正式发布。同年，浦软成为工业和信息化部公布的全国智慧园区建设首批试点园区以及上海市首批12家智慧园区试点建设单位之一。目前，浦软智慧园区解决方案已经在上海、西安、厦门、南京、苏州、青岛、天津等地的园区落地。

在探索服务模式和创新形式方面，这两年浦软注重两大客服品牌——汇智TEK、浦软乐活汇的打造。通过汇智TEK邀请业内技术大咖，汇聚企业CEO、CTO，交流分享企业创新实践经验、最新开发技术和产品理念；每年通过浦软乐活汇开展丰富多彩的活动，如运动会、好声音比赛、相亲会，并组织摄影、舞蹈、绘画等各种社团活动，丰富园区IT青年的业余生活。

与此同时，作为产业聚集区，软件园必须同时顾及大中小和不同领域的企业，才能打造平衡的产业生态系统。浦软的办公楼出租率接近100%。在房源紧张的情况下，其先后辟出了近40000平方米的孵化楼，用以帮助创业者实现自己的创新梦想。其实，早在1993年浦软就以事业部的形式进行项目孵化的尝试；2008年浦软孵化器正式揭幕；2010年浦软创业投资基金正式成立。浦软通过为新创办的科技型中小企业提供物理空间和基础设施、各类服务支持，降低了创业者的创业风险和创业成本，提高了创业者的成功率，促进了科技成果的转化，培养了一批成功的企业和企业家。浦软孵化器经过10年发展，已累计孵化400多家孵化企业，帮助企业获得融资超过50亿元，构建完成“苗圃—孵化器—加速器—基金”科技创新创业全产业链条，为处于不同发展阶段的新一代信息技术领域创业企业和团队提供包括物理空间、投融资、专业技术、人力资源、市场拓展、政策咨询等全方位的专业创业服务。浦软不但“筑巢引凤”，吸引了海内外诸多跨国科技企业，更是一片神奇的创新创业乐土，见证了一个又一个奇迹的诞生，成功孵化出天天果园、洋码头、七牛、喜马拉雅等知名企业，已成为上海活跃的信息技术产业创新创业集聚区。如今，在上海的创业圈内，浦软孵化器已被称为IT领域创业的“黄埔军校”，入孵企业存活率超过90%，连续多年荣获“国家优秀孵化器”称号，2016年荣获“亚洲最佳孵化器”称号。

**三、数字经济，引领发展**

2014年起，浦软已经从以房屋及税收优惠、产业基础配套为主要优势的传统科技园区，快速向以产业生态服务为主要优势的智慧园区转变。这就需要园区把握产业发展脉搏、挖掘企业深层次的需求，从而运用先进的技术手段，整合社会化资源，提供更加专业、有针对性的服务解决方案。正是基于对园区服务状况的掌握分析，结合企业产业的服务需求以及互联网浪潮下的技术进步和模式创新，2016年浦软再次出发，进行服务再升级，在以往服务理念和服务体系的基础上，发布实施浦软“互联网+服务”战略，真正实现园区“精智服务、触手可及”。浦软的发展愿景是“打造世界级软件产业创新社区”。社区是开放包容、自由流动的，服务来源是多元的，提供服务的不仅仅是社区的管理者，更多的是来自社区的成员。通过社区中每一名成员的信息交互、服务共享，使得彼此的需求得到满足、社区的价值得到提升。在上海建设全球科创中心、张江建设国家科学城之际，浦软希望和园区内的创新企业相互扶持、携手并进，通过“互联网+服务”战略创造价值、共享未来。

作为浦软“互联网+服务”战略实施的重要载体，集成科技企业服务、团队创业服务、员工生活服务、配套商业服务的一站式园区O2O平台——汇智e站正式上线。该平台历经一年多时间的精心筹备建设，拥有生活中心、服务中心和活动中心三大核心板块。服务中心覆盖了浦软五大服务模块优质的服务资源，能满足科技企业全生命周期服务需求；生活中心网罗了园区及周边百余家商户最新鲜的优惠信息和热门活动，用户可对商户的产品和服务进行评价和分享；活动中心用户可以通过加入圈子、参与活动、发表话题和参与讨论，及时了解园区内外新鲜有趣的事，也能够找到志同道合的同伴，为自己工作之余的休闲生活增添乐趣。与以往的服务模式相比，汇智e站的服务流程更透明、服务获取更便捷、服务效率更高、服务价格更优惠、平台模式更开放、覆盖范围更广泛。通过汇智e站，可实时查阅到业务需求的处理状态和时间节点，各项服务的流程更加透明，提升了客户体验度和参与度。除400电话接入、窗口式服务外，平台还提供PC端、手机移动端、微信等新兴服务方式的接入，园区企业和员工可以摆脱时间和空间限制，随时随地获取园区服务。

浦软的“互联网+服务”战略，以互联网技术和平台作为载体，从根本上转变园区服务方式，将浦软单一的服务提供转变为社区信息资源的连接分享，让园区企业成为彼此的服务对象及服务者，通过服务将大家的梦想连接在一起，共同打造智慧新型社区。未来，浦软还将通过“互联网+服务”平台的进一步深入建设，集结更多优秀企业的创新资源和创新服务，形成可拓展、可复制的合作模式，实现浦软“互联网+服务”在全国范围内的输出，真正与更多企业共享合作发展带来的新机遇、新价值。

在线上服务平台汇智e站推出一年后，浦软于2017年推出了APP版“汇智e站”，定制线上个性化服务，同时不断连接更多园区企业和第三方服务机构并达成合作，逐步形成园区服务生态圈。

在智慧园区方面，浦软已经构建了覆盖园区9个大类、13个信息化系统、近16000个点位的园区物联网，通过园区内人、车、物的互联、感知和定位，建设全景协同中心。浦软已与华为、电信、联通、爱博精电等业界知名企业达成合作，将在园区能耗、停车、通信、消费等领域的智慧化上做进一步布局和实践，通过智慧化手段使有限资源下的服务能效上一个新台阶。在新园区发展方面，浦软在致力于深耕现有园区服务的同时也对未来园区的创新要素做了深刻解剖，提出建设集线上线下于一体的智慧新型社区。未来的新园区，应以用户思维、无缝衔接、移动为先、有机互联、数据为王为建设目标，以连接分享为创新要素，采用先进的技术平台、开放的商业模式和低成本高效率的管控与支持体系，构建、完善由用户多元化、需求个性化驱动的多方共赢互利的ICT产业生态系统。这些对于未来园区的想法和理念，将被运用到即将开园的新三林园。新三林园是浦软继郭守敬园、祖冲之园、三林世博园、昆山园之后开发建设的第五大园区，也是浦软建设与实践智慧新型社区的首次尝试，其建设以三大平台（以云计算为基础的技术平台、以资本为纽带的创新创业平台、以客户为核心的园区服务平台）的连接，实现覆盖全园区的信息数据库的分享利用。

**四、连接分享，共创未来**

2018年是中国改革开放40周年、浦东开发开放28周年。因中国改革开放、浦东开发开放而兴的浦软也在积极思考和蓄势，将在新时代的新起点上进一步探索，在营商环境打造、载体平台构筑、产业辐射带动等方面取得新突破。

浦软与园区企业的紧密合作，将进一步完善园区营商环境，发挥平台聚集效应，构建产业生态圈，为企业提供连接分享的平台。同时，浦软将更好地服务园区内行业领军企业，让它们安心地在园区扎根，通过这些领军企业的带动，进一步营造充满创新活力的园区生态，提升产业集聚的密度、创新拓展的维度、创意碰撞的频度，更好地体现创新的“浓度”。合作内容分为三大板块：服务升级、产业升级、资源分享。在服务升级板块中：提升人才服务，特别是对企业专家及高端人才的服务；提升政策服务，特别是加强对企业发展有利的政策申报解读；提升品牌服务，特别是加强在活动宣传、公共关系方面的支持，这些都是企业最迫切的需求。在产业升级板块中，聚焦不同园区企业的行业特点，双方将进行创业投资、战略拓展、产业研究、智慧建设等方面的合作。在资源分享板块中，园区企业的优势资源可在汇智e站、园区展厅以及园区其他相关公共服务平台上连接分享，双方还可在工会、公益、培训等方面开展资源分享性合作。浦软也将根据企业类型和其发展的不同阶段制定相应的服务清单，让企业真正感受到连接分享带来的全新价值。

浦软成立了上海浦东软件园产业研究院，形成产学研一体的合作机制，不仅研究园区的产业发展，如园区经济、产业规划、政策分析、平台服务等，也研究人工智能、金融科技、数字文化、信息安全等产业细分领域的远景方略或行业难题。未来，浦软将持续投入进行产业研究，逐步汇聚园区优秀企业的技术骨干、相关领域的行业专家学者，帮助园区、企业把握好未来的发展方向。

到2020年，浦软将建设成为软件与信息服务业领域具有国际影响力的智慧产业社区和创新创业示范区。在“改革开放再出发”的号角下，浦软将深入行动和实践“连接分享”的发展理念，为进一步推动中国软件产业的发展继续贡献力量。

## 案例三　北京联合大学探索本科院校服务外包国际化人才培养模式①

我国服务外包人才在学术背景、语言、服务交付能力等硬实力方面，以及实践能力、项目管理、国际经验等软技能方面，与世界领先外包地区存在较大差距。因此，探索服务外包人才培养的模式与路径，成为我国高等教育服务经济社会发展的重要任务之一。北京联合大学在服务外包人才国际化培养上进行了有益的探索。该校以IT类和管理类本科专业综合改革为试点，依托计算机科学与技术、软件工程、电子商务、金融学等专业，全程提供优质教育资源，跨学院、跨学科培养复合应用型服务外包人才，提出并实施了“三阶段、三分流、两平台、五计划”新型服务外包人才培养模式。

### 一、培养目标

北京联合大学服务外包人才培养模式创新实验区在认真研究国际国内信息技术服务标准，并对典型服务外包企业进行深入调研的基础上，确定了我国高校本科服务外包人才的培养目标：面向服务外包产业发展需求，培养具有国际化视野，掌握服务科学、信息技术、管理科学的基本理论与方法，具有较强的服务意识及运用信息技术进行服务的实践能力和跨文化沟通理解能力，具有良好的信息服务素质和职业道德，兼具务实与创新精神，能够从事信息技术服务外包（ITO）、业务流程服务外包（BPO）、知识流程服务外包（KPO）的复合型、应用型服务外包高级技术与管理人才。

①鲍泓、周华丽、沈洪：《服务外包本科人才培养模式的改革与创新——以北京联合大学为例》，《中国高教研究》2013年第7期。

## 二、服务外包人才培养模式设计思路与原则

实验区确定了“一体两翼”人才培养思路。即以服务能力培养为主体，以信息技术运用能力和服务外包业务领域工作能力培养为两翼，并遵循如下4项原则：第一，面向产业发展需求原则。明确适应服务外包产业发展的人才培养目标，确定其主干学科和核心能力。第二，坚持知识、能力与素质协调发展原则。服务外包人才应符合国家对大学本科人才培养的基本要求，同时要突出强化服务意识和服务能力、IT技术基础能力和服务面向的业务能力。以知识学习为基础，能力培养为重点，素质教育为核心，形成融知识、能力、素质于一体的服务外包人才培养模式。第三，实现学科交叉融合原则。融合管理学科、计算机学科的基本理论知识，引入新兴的服务学科相关知识与理论，并构建三个学科交叉融合的课程体系，开发服务外包相关领域所需要的系列课程。第四，注重实践能力和创新精神原则。通过产学合作大力加强实践教学环节，建立校内外实践教学平台，构建行业认知、职场体验、职业定向的产学合作实践教学体系，丰富实践教学内容，将实践能力和创新创业精神培养贯穿人才培养全过程。

## 三、构建“三阶段、三分流、两平台、五计划”人才培养模式及保障体系

“三阶段”即将4年的培养进程划分为三个阶段。第一阶段为大类培养、行业认知，安排在前两学年。按照工管学科融合、外语先行、综合素质为本的原则，依托相关学科，强化学生综合运用跨学科基础理论知识和方法解决实际问题的能力。第二阶段为“分流培养、职场体验”，安排在第三学年。该阶段综合考虑学生的兴趣取向和智力、个性特点，实施专业分流，培养学生的专业技术核心能力。第三阶段为“实战训练、职业定向”，在第四学年进行，结合学生未来的就业方向，依托校外典型服务外包企业，进行综合项目实战训练。

“三分流”即从培养模式的第二个阶段开始，按照ITO、BPO和KPO三类业务方向进行分流培养。第一，面向行业，依托学科构建培养体系框架。主干学科是计算机学科、管理学学科和服务学科，注重相关学科的交叉与融合，培养复合型人才。第二，课程体系设计应符合教育部对大学本科人才培养的规格要求，遵循教育教学基本规律。这里的“服务”不仅仅是一种概念，而是与服务学科的融合，应包含服务学科和与服务外包相关的课程。第

三，信息技术相关课程是服务外包人才的技术支撑。第四，不同服务外包领域，有不同的技术、素质、能力要求，应针对不同领域的需求开发服务外包相关系列课程。

“三阶段、三分流”主要阐述了该模式的培养阶段和课程体系，“两平台、五计划”主要是人才培养模式改革的保障体系。人才培养模式框架内容见图3-10。

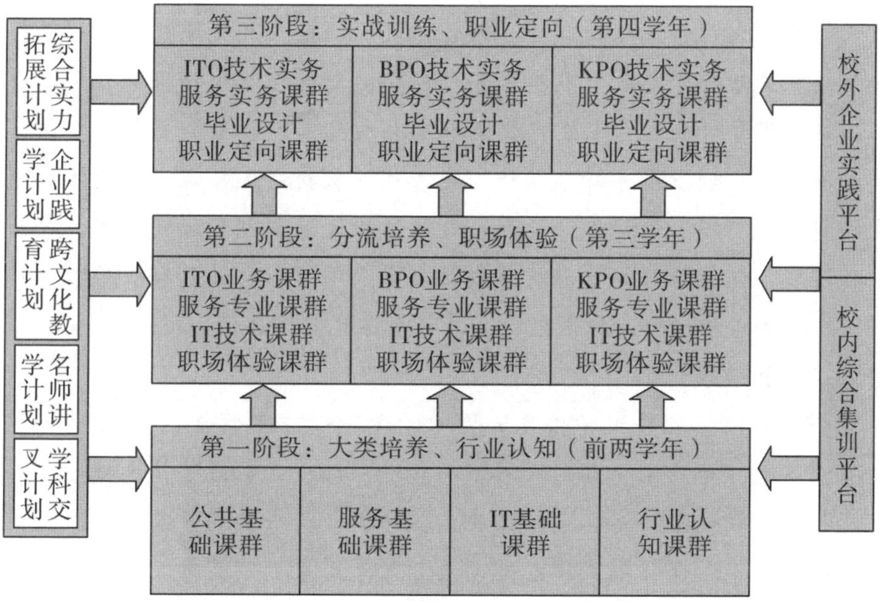


**图3-10　北京联合大学服务外包人才培养模式框架**

“两平台”即校内综合集训平台和校外企业实践平台。校内综合集训平台以“校园企业”、市级实验教学示范中心、北京市高等学校创新平台等为依托，搭建学生在校内进行综合集中训练的平台，实现了教学和实训的互动，培养了学生的综合实践能力，为校外企业顶岗实践打下了扎实的基础。校外企业实践平台则是学校在校企紧密合作的基础上，与中讯软件集团股份有限公司等20多家企业合作建立的校外实践教学基地，学生在校外企业进行认识实践、顶岗实习。

“五计划”即学科交叉计划、名师讲学计划、跨文化教育计划、企业践学计划、综合实力拓展计划。学科交叉计划将培养复合应用型人才作为服务外包本科人才培养模式改革的重要目标。根据人才需求的特点，用整合或集成的思想，跨学科重构知识体系和课程内容。名师讲学计划通过校内外名师和企业名师将服务外包的业务流程、工作方式、企业价值观引入课堂，实现开放办学。跨文化教育计划通过开设与服务外包业务密切相关的国家政治、经济、历史和社会文化等课程，以及依托中外合作办学资源，资助学生到国外相关高校进行学习深造，使学生开阔视野，增强其跨文化理解沟通能力。企业践学计划通过与中关村软件园签署协议实现学科专业与企业集群合作，实现教师和学生对企业双出双进。教师通过承担企业相关课程的培训任务或直接承接相关业务等形式，熟悉服务外包企业的管理及运作规则，了解前沿技术，把握服务外包人才的需求特点和业务核心能力要求，更新教学内容，改革教学方法，创设服务外包课程，完善相关教材。综合实力拓展计划通过学生科研项目立项、学科专业竞赛、就业技能大赛、创业计划大赛、校园企业项目实践、创业项目孵化以及暑期社会实践等形式，鼓励和引导学生将所学知识用于实践活动中，积累经验，进一步拓展其综合实力增强。

### 四、实施效果

该模式在北京联合大学信息和管理学院5个学院7个专业中开展了为期4年的探索实践，毕业生受到用人单位的欢迎。该模式突破了传统校园主导、单一学科中心的局限，实现了跨行业、跨学科、跨专业的协同创新。该模式的理论研究及产学合作教育模式两项教育教学成果分别获得北京市高等教育教学成果一、二等奖。

## 参考文献

［1］喻美辞．国际服务外包、技术外溢与承接国的技术进步．世界经济研究，2008（04）：50–55，65，88

［2］王晓红．中国承接国际设计服务外包的技术外溢效应研究：基于中国80家设计公司承接国际服务外包的实证分析．财贸经济，2008（8）：84–89.

［3］王晓红，胡景岩．利用FDI技术外溢效应提高自主创新能力的研究．宏观经济研究，2006（11）：11–16.

［4］王晓红．服务外包：推动产业转型升级与创新发展．中国战略新兴产业，2016（8）：56–57．

［5］刘绍坚．承接国际软件外包的技术外溢效应研究．经济研究，2008（5）：105–115．

［6］郑宏博．浙江省承接国际服务外包的经济效应研究．硕士论文，杭州：浙江大学，2016．

［7］江小涓．服务外包：合约形态变革及其理论蕴意——人力资本市场配置与劳务活动企业配置的统一．经济研究，2008（7）：4–10．

［8］李元旭，谭云清．国际服务外包下接包企业技术创新能力提升路径：基于溢出效应和吸收能力视角．中国工业经济，2010（12）：66—75．

［9］任志成，张二震．承接国际服务外包、技术溢出与本土企业创新能力提升．南京社会科学，2012（2）：26–33．

［10］李子伦．产业结构升级含义及指数构建研究：基于因子分析法的国际比较．当代经济科学，2014（1）：89–98，127．

［11］韩敏敏．促进新型城市化建设——产业集聚、产业结构优化升级．当代经济，2017（2）：62–63．

［12］鲍泓，周华丽，沈洪．服务外包本科人才培养模式的改革与创新：以北京联合大学为例．中国高教研究，2013（7）：81–85．

［13］朱福林．基于灰色关联理论视角下离岸服务外包结构与产业升级实证研究．科技与经济，2015（4）：61–65．

［14］李永乐．推进我国服务外包发展的人才策略分析．商业会计，2016：（12）89–91．

［15］柳婵娟，邹海林，邹宁．国际化应用型软件服务外包人才培养模式研究．计算机教育，2011（11）：18–22．

［16］黄敏聪．科研众包平台的发展现状与演变趋势分析．广东科技，2016（4）：17–20．

［17］李晓华．“互联网+”改造传统产业的理论基础．经济纵横，2016（3）：57–63．

［18］涂舒．共享经济下服务外包模式创新．开放导报，2018（3）：52–55．

［19］李长江．关于数字经济内涵的初步探讨．电子政务，2017（9）：84-92．

［20］庞建刚，刘志迎．科研众包参与主体及流程的特殊性．中国科技论坛，2015（12）：16-21，32．

［21］黎娟．互联网众包对现代企业管理模式创新的启示及应用．商业经济研究，2017（1）：113-115．

［22］李娟．承接跨国公司服务外包对我国就业影响分析．哈尔滨商业大学学报，2010（4）：53-57．

［23］郝渊，郭玉宝．互联网众包模式对企业管理创新的促进作用及应用．经营与管理，2016（5）：74-75．

［24］卫垌圻，姜涛，陶斯宇，等．科研众包：科研合作的新模式．科学管理研究，2015（4）：16-19．

［25］黄怡淳．科研众包创新平台的运作机制研究及其可持续发展的经验总结．科技管理研究，2017（10）：125-129．

［26］郑亮炜，叶文宇，罗俊杰．互联网环境下“公民众包”的兴起与公共管理创新．经营与管理，2018（4）：151-153．

［27］徐航．企业创新的众包研发探索．互联网经济，2016（10）：20-25．

［28］方慧，王梦婷，秦涛．承接服务业国际转移与中国服务业人力资本提升研究．世界经济研究，2010（8）：69-74，89．

［29］任志成，张二震．承接国际服务外包的就业效应．财贸经济，2008（6）：62-65．

［30］唐慧．我国承接国际服务外包对服务业就业与工资的影响研究．硕士论文，湖南大学，2010．

［31］陈银娥，魏君英．国际服务外包对中国就业结构的影响分析——基于1997—2007年时间序列数据的计量检验．中国人口科学，2009（2）：55-64．

［32］肖芍芳，王俊杰．外包与生产率和就业：基于中国的实证．国际经贸探索，2012（2）：54-66．

［33］王中华，梁俊伟．国际服务外包、就业与工薪差距：基于中国工

业行业数据的实证分析. 经济经纬，2012（1）：72-76.

［34］魏浩，黄皓骥. 服务外包与国内就业：基于全球15个国家25个行业的实证分析. 国际贸易问题，2012（5）：64-73.

［35］孟雪. 反向服务外包如何影响中国的就业结构：以中国作为发包国的视角分析. 国际贸易问题，2012（9）：82-95.

［36］王习农. 服务外包不等于服务业外包——服务外包概念再认识与理论新析. 国际贸易问题，2012（8）：91-100.

［37］MARIN A，BELL M.Technology spillovers from foreign direct investment（FDI）：The active role of MNC subsidiaries in Argentina in the1990s. Journal of Development Studies，2006，42（4）：678-697.

［38］ASISH A，ALFONSO G.The Globalization of the Software Industry：perspectives and opportunities for developed and developing countries. Innovation Policy & the Economy，2005（5）：1-32.

［39］LINDA A，PATRIK K.Offshoring and relative labor demand in Swedish firms. American Economic Review，2008（5）：241-245.

［40］SHAILEY D.Human capital as a basis of comparative advantage equations in services outsourcing：a cross country comparative study. Information and communication technologies and development，2006（5）：165-175.

［41］NGO V L.Outsourcing and technology spillovers. International review of economics and finance，2005，14（3）：297-304.

［42］MC C，JOHN C.Near-Term Growth of Offshoring Accelerating. Forrester Research Trend，2004（5）.

［43］AGRAWAL，VIVEK，DIANA F.Who wins in offshoring. Special Edition：Global Directions，2003：37-41.

［44］BHAGWATI J，PANAGARIYA A.SRINIVASAN T N：The muddles over outsousing. The journal of economic perspectives，2004（4）：93-114.

［45］CRINO R.Service offshoring and white-collar employment. Review of economic studies，2010（77）：595-632.

# 第四章　信息技术外包：提升我国软件和信息技术出口竞争力

信息技术外包服务（ITO）指组织将基于软件、信息技术和网络系统的开发、运营、维护等业务，以购买服务的方式交由专业信息技术服务提供商承担，主要包括以软件为主的信息技术外包和部分基于信息技术的业务流程外包两大领域[①]。进入21世纪以来，以信息技术为主导的科技创新成为主要特征。以软件、网络通信、微电子、计算机为主的信息技术蓬勃发展，不但催生和推动了全球服务外包产业，使得服务业日益突破传统的范畴并具有跨越地理空间的可交易性，而且形成了以信息技术外包为代表的服务业转移浪潮。在信息技术外包领域中发展最早的是软件外包。由于欧美日等发达国家和地区的人力成本上升、IT人才短缺，大型软件企业纷纷将软件产品和服务，如咨询、需求分析、系统设计、编程、测试、维护等服务以外包形式委托给服务提供商，由此形成了全球软件外包产业链。信息技术外包的发展，使信息技术由硬件主导型向软件和信息服务主导型发展，从而改变了全球信息技术产业的增长方式和路径。云计算、大数据、人工智能、移动互联网等新的信息技术的广泛应用，进一步推动了信息技术外包向平台化、数字化、

①按照商务部的统计标准，ITO主要包括信息系统设计、信息技术运营维护、测试评估、信息系统规划、信息技术管理咨询、信息技术培训、信息系统工程监理、IC设计、软件设计、软件开发等外包服务。（BPO主要包括数据处理、软件运营服务、容灾服务、物流管理服务平台、电子商务平台、在线娱乐平台、在线教育平台、数字内容加工处理、呼叫中心、互联网数据中心等外包服务。）工业和信息化部从软件和信息服务业等角度出发，将软件和信息技术服务分为系统集成服务、信息技术咨询服务、数据处理和运营服务、IC设计、软件产品、嵌入式系统软件等六大类。

智能化转型升级。信息技术外包是我国承接国际服务外包的最大领域，也是推动软件和信息技术服务出口的主要方式，以及提升软件和信息技术服务业国际竞争力的重要路径。

## 第一节　我国信息技术外包发展的主要阶段

我国信息技术外包大致经历了以下几个主要阶段。第一阶段（2005年之前）是我国软件外包发展的初始阶段，即雏形时期，主体是跨国公司设立的离岸中心。第二阶段（2005—2010年）是我国信息技术服务外包的快速形成和发展阶段，这一时期本土软件服务外包企业迅速发展，信息技术服务外包规模快速扩大，并在服务外包产业中占据绝对主导地位。第三阶段（2011—2015年）是信息技术服务外包的规模化、国际化发展阶段，涌现出一批具有国际影响力的信息技术服务供应商。第四阶段（2016年至今）是我国信息技术服务外包的转型升级和创新发展阶段，传统的软件和信息服务外包企业正在向数字化、平台化、智能化、服务化转型，技术创新、管理创新和交付模式创新成为企业发展的主要动力。

### 一、以跨国公司设立离岸公司为主导的软件外包初期阶段

我国服务外包产业发端于软件服务外包，软件服务外包是我国早期承接离岸服务外包的主体，2001—2005年中国离岸软件服务外包市场年复合增长率达到52.1%。1984年美国施乐公司在北京成立了第一个软件服务外包团队[①]。20世纪末到21世纪初，一批来自美国、日本等发达国家的跨国公司陆续在我国设立离岸软件研发中心，由此开启了我国软件离岸外包的发展历程。这一时期的跨国公司软件研发中心主要设立在北京和上海，设立时间基

①季成：《中国软件和信息服务外包的发展》，载王晓红、李皓主编《中国服务外包产业发展报告（2012~2013）》，社会科学文献出版社，2013，第147页。

本在1995—2002年期间[①]。例如，摩托罗拉、微软、爱立信、朗讯、SUN、IBM、Intel、Oracle、高通、施乐、UT斯达康、HP、富士通、索尼、东芝、松下、诺基亚、LG、阿尔卡特、西门子等公司，都先后到我国设立软件和信息技术研发中心。从承接对象来看，这些离岸研发中心普遍以承接母公司的研发任务为主。从设立离岸软件研发中心的目的来看，一方面是基于跨国公司研发全球布局的需要，另一方面是想要充分利用我国大量优秀的科技人才[②]，以降低成本，解决本国IT人才短缺、成本高的问题。当然，我国巨大的市场需求具有极大吸引力，为跨国公司针对中国市场的本地化软件开发提供了巨大的市场机会。从业务类型来看，这些离岸软件研发机构主要从事基础前沿项目研究、产业技术应用、本地化推广等外包业务。从设立形式来看，它们绝大多数是外商独资公司。这一时期以跨国公司为主导的软件服务外包并不具有显著的经济效益和产业规模，但它的意义在于，具有显著的技术溢出效应和示范带动效应，为我国本土软件服务外包企业的成长及软件和信息技术服务外包发展奠定了基础，同时也为我国软件和信息技术服务业的发展和迈向国际化奠定了基础。一是跨国公司为我国早期软件业培养了一大批技术、管理人才。我国本土软件企业的创始人、高管大部分都有过在跨国公司工作的经历和背景，这些人通过在跨国公司工作，掌握了国际先进的软件开发技术、国际业务渠道、国际行业标准、语言文化、沟通方式等，因此，为创办本土企业、承接大量跨国公司离岸业务创造了有利条件，因而成为我国软件和信息技术服务业的重要开创者。二是跨国公司的运营模式、管理方式等都为本土软件企业树立了标杆。三是跨国公司设立的离岸机构也成为主要发包方，许多本土软件企业通过承接跨国公司在华子公司和研发中心的业务不仅扩大了规模、淘得了“第一桶金”，提高了企业技术能力，而且获得了离岸业务的渠道，从而向承接海外业务迈出了第一步。

这一时期，国家制定了电子信息产业发展战略，并确立了软件业优先发展的战略，从而为软件和信息技术服务外包发展奠定了技术和人力资源基

①刘绍坚：《软件外包：技术外溢与能力提升》，人民出版社，2008，第278页。

②比尔·盖茨认为，微软在中国设立亚洲第一个研究院，其主要原因是中国有许多优秀人才。

础。1993年之后，我国陆续启动了一系列国家电子信息应用重大工程，政府采购催生了一大批软件和信息技术服务外包企业的发展。2000年6月，国务院发布了《鼓励软件产业和集成电路产业发展的若干政策》，为软件和信息技术服务外包企业创造了有利的发展环境和广阔的市场空间。

## 二、“十一五”是我国信息技术服务外包发展的转折期

“十一五”是我国服务外包产业高速发展和规模形成的时期，这一时期主要是承接ITO业务，2006—2011年中国离岸软件外包市场复合增长率为38%左右。我国从事ITO业务的企业约占服务外包企业总数的93%，其中ITO主导型（ITO业务收入占总体收入比重大于70%）企业的比例为78.8%①。我国软件与信息技术服务外包主体逐步从跨国公司主导向“海归”创业、民营企业主导转变。本土服务外包企业迅速成长，企业规模和影响力不断扩大，已经成为我国软件与信息技术服务外包产业的中坚力量。

### （一）增速强劲、业务结构不断优化、吸纳就业能力增强

从规模增速来看，金融危机时期，我国软件与信息技术服务外包产业依然保持了较快发展，显现出强大的生命力和广阔的前景。2009年主营业务收入达到2033.8亿元，同比增长29.7%；2010年达到2750亿元，同比增长35.2%，相当于2007年的2.48倍（见图4–1）。

从业务结构来看，2010年在软件和信息技术服务外包中，ITO业务为1550亿元，占比为56.40%，同比增长31.60%，是2007年的2.35倍；BPO业务为1200亿元，占比为43.60%，同比增长40.10%，是2007年的2.67倍②（见图4–2）。软件与信息技术服务外包逐步向产业链的前后端延伸扩展，基本形成了信息技术咨询服务、软件设计与开发服务、信息系统集成服务、数据处理和运营服务的全产业链发展格局。

①中国服务外包研究中心：《中国服务外包发展报告2008》，上海交通大学出版社，2009。

②数据来源：《2011中国软件与信息服务外包产业发展报告》。

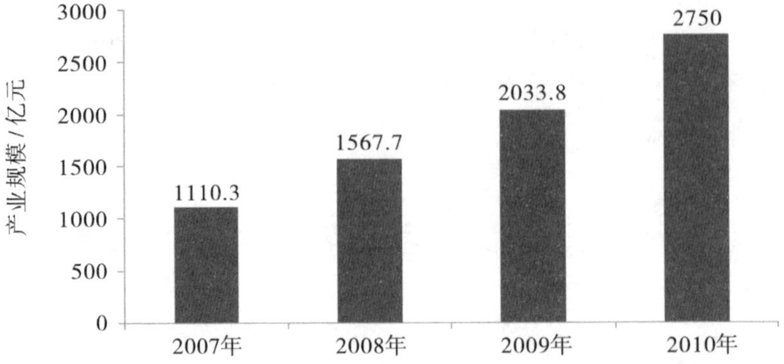


图4-1　2007—2010年中国软件与信息服务外包产业规模

数据来源：CSIP。

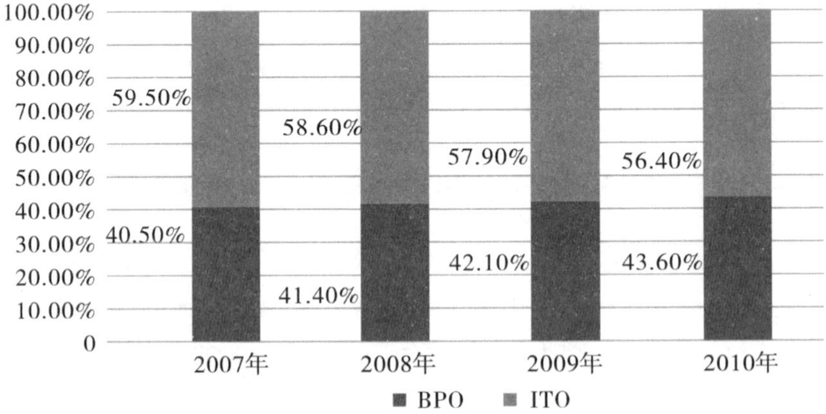


图4-2　2007—2010年中国软件与信息服务外包的业务结构

数据来源：CSIP。

从增加就业来看，2010年我国软件与信息服务外包从业人员达到73万人，同比增长约32.7%，相当于2007年的2.43倍（见图4-3）。人才队伍不断扩大、整体素质得到进一步提高。随着中央和地方政府对服务外包人才优惠政策的出台和落实，越来越多的高技术人才加入软件外包行业，同时良好的产业发展环境也吸引了众多的海外优秀人才到中国创业。

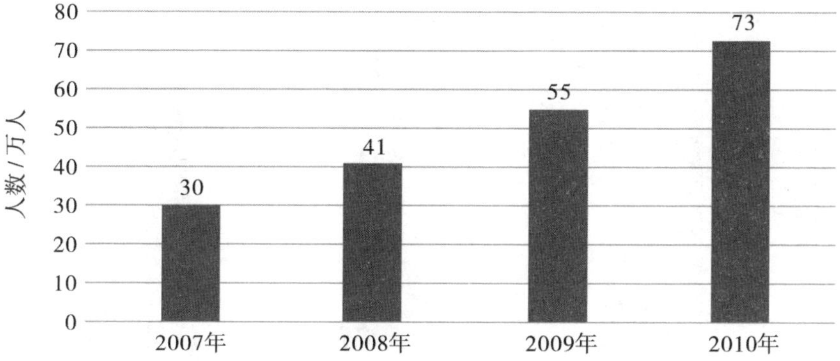


图4-3　2007—2010年中国软件与信息服务外包从业人员数量

数据来源：CSIP。

## （二）在岸外包市场不断扩大，国际市场拓展能力增强，区域布局不断完善

这一时期，国内外包市场在我国软件与信息服务外包中占绝对优势，2007—2009年占比均在85%以上。在金融危机爆发后，我国出台了一系列扩大内需、刺激国内消费的经济振兴措施。伴随着国家政策层面上更加注重扩大内需、调整结构以及各类产业振兴规划的实施，信息技术在传统产业、战略性新兴产业、现代服务业等领域中得到广泛应用，除大型企业、政府继续释放信息服务外包需求外，中小企业、个人市场也得到不断发掘。同时，新技术的服务模式和交付模式的创新，使在岸外包市场潜力得到释放。因此，这一时期的软件与信息服务外包以国内市场为主，同时国际市场的业务量占全球的业务量比重呈现上升趋势。2009年我国软件与信息服务外包的国内业务收入为1749.6亿元，同比增长31.2%；国际业务收入为41.6亿美元，同比增长21.8%，国内业务收入增长率高出国际业务收入近10个百分点。国内业务收入占产业规模总量的比重达到86%，同比上升0.9个百分点（见图4-4）。这一时期的在岸市场拓展十分重要，使国内软件信息技术服务企业在金融危机之后，全球服务外包市场大幅萎缩的背景下，规模实力得到增强，从而为提高开拓国际市场能力奠定了有利基础。

这一时期我国承接的国际软件外包业务主要集中在日本和美国。日本由于在地理上距离我国较近，成为我国最大的国际发包来源地，而我国也是日

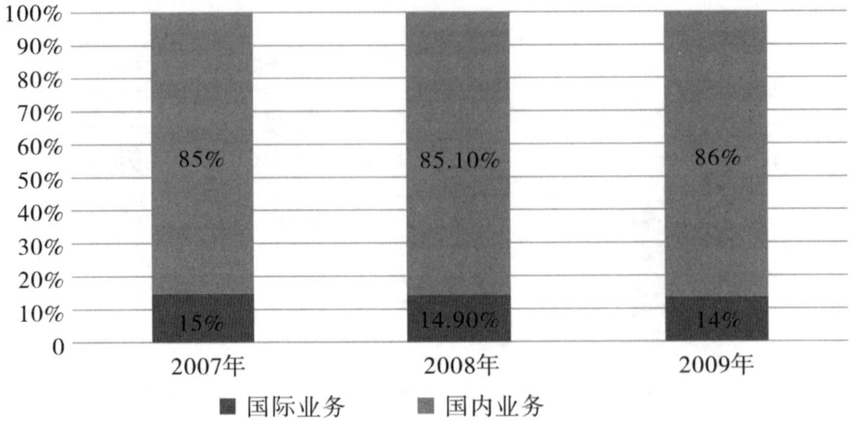


图4-4　2007—2009年中国软件与信息服务外包国内业务收入/国际业务收入占比

数据来源：CSIP。

本最大的承接地。2009年，我国软件与信息服务外包中38.1%的国际业务来自日本，26.2%的的国际业务来自美国，6.6%[①]的的国际业务来自欧洲。

这一时期，我国软件与信息服务外包集聚效应显著，形成了环渤海、长三角、珠三角、中西部和东北五大区域产业集群。2009年，我国软件与信

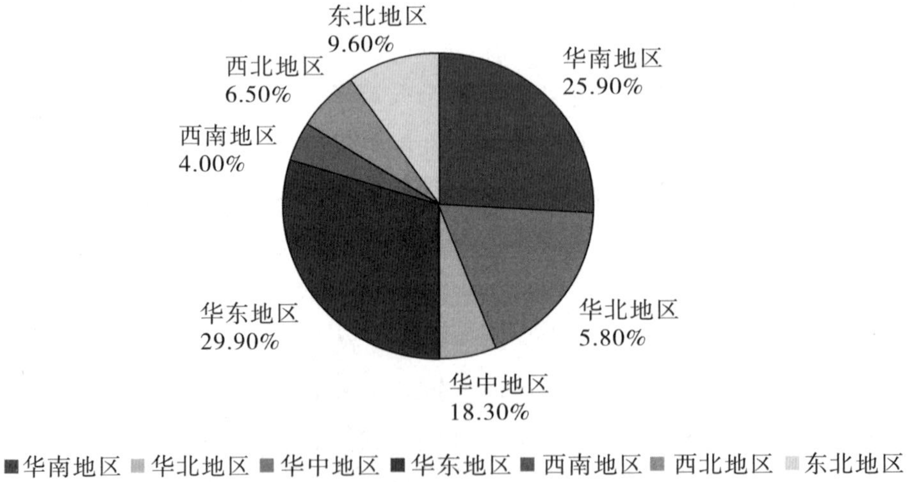


图4-5　2009年中国软件与信息服务外包国内业务分布

数据来源：CSIP。

①数据来源：《2010中国软件与信息服务外包产业发展报告》。

息服务外包国内业务中，29.90%的发包来自华东地区，25.90%的发包来自华南地区，18.30%的发包来自华北地区，三个地区的发包量占全国总发包量的74.10%[①]（见图4-5）。同时，以11个国家软件产业基地、6个国家软件出口基地为代表的软件产业园区，集聚效应日益突出、园区模式不断创新、园区服务逐步完善，为我国软件与信息服务外包产业提供了良好的发展载体。

## （三）企业实力逐步增强，获得国际资质认证数量大幅上升

2010年全国软件与信息服务外包企业约5900家[②]，同比增长约25.5%，相当于2007年的1.97倍（见图4-6）。形成了一大批规模迅速扩张、交付能力不断增强、竞争优势持续提升的优秀企业。

这一时期，在国家政策的大力支持下，我国已经逐步产生了具有国际影响力的软件外包企业。如国际外包专家协会（IAOP）评选的2010年全球外包100强中，东软、海辉软件、浙大网新、文思、中软国际、软通动力、浪潮软件等中国企业入选，这些龙头企业的发展壮大为我国承接国际业务，树立国家品牌，引领软件与信息技术服务外包整体服务能力的提升具有重要意义。当时，东软、文思、软通动力等数家外包企业的员工合计超过1万人，东软、

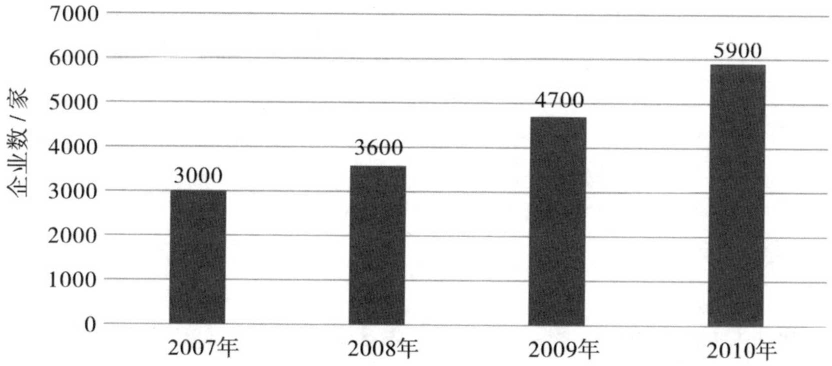


图4-6　2007—2010年中国软件与信息服务外包企业数量

数据来源：CSIP。

①数据来源：《2010中国软件与信息服务外包产业发展报告》。

②数据来源：《2011中国软件与信息服务外包产业发展报告》。

浙大网新等多家企业的营业收入合计超过10亿元。外包企业在市场开拓、服务交付、技术创新等方面的能力也迅速得到提高。截止到2010年9月我国通过CMM/CMMI认证的企业总数为1451家，仅次于美国，是印度的2.6倍①，标志着我国软件和信息技术服务企业的国际化、标准化水平大幅提升（见表4-1）。

从表4-1可以看出，虽然我国通过CMM/CMMI认证的企业总数在全球排名第二，但主要集中在3级，而印度通过5级CMM/CMMI认证的企业数达到197家，比美国多48家，是我国的近4倍。这说明我国软件企业总体竞争力与美国和印度软件企业相比差距较大。

表4-1　2009年部分国家或地区CMM/CMMI认证情况

单位：家

| 国家或地区 | 认证总数 | 5级 | 4级 | 3级 | 2级 | 1级 |
|---|---|---|---|---|---|---|
| 美国 | 1496 | 149 | 23 | 683 | 611 | 30 |
| 中国 | 1451 | 51 | 44 | 1213 | 142 | 1 |
| 印度 | 561 | 197 | 25 | 320 | 19 | — |
| 日本 | 286 | 17 | 16 | 146 | 88 | 19 |
| 西班牙 | 187 | 5 | 3 | 61 | 117 | 1 |
| 法国 | 171 | 2 | 1 | 56 | 108 | 4 |
| 韩国 | 165 | 8 | 19 | 78 | 59 | 1 |
| 巴西 | 164 | 11 | 1 | 62 | 89 | 1 |
| 中国台湾 | 145 | 2 | 3 | 58 | 81 | 1 |
| 英国 | 96 | 4 | 1 | 36 | 52 | 3 |

资料来源：CMMI Prouss Maturity Profile，Carnegie Mellon Software Engineering Instibute，2010-09。

## （四）国际并购增多，交付模式不断创新，国际、国内市场加快融合

这一时期，国际并购已经成为我国软件企业快速壮大的重要方式。例如，2009年7月文思收购总部位于中国香港的东柏集团旗下的CRM业务，文思通过

①数据来源：《2011中国软件与信息服务外包产业发展报告》。

此次收购增强了专业能力，尤其是提高了其客户管理解决方案的能力，能够更好地满足电信运营商、产品供应商以及其他行业客户的需求。2009年10月，东软（欧洲）有限公司与Sesca Group Oy签订股份购买协议，收购其拥有高端智能手机软件开发业务的Sesca Mobile Software Oy、Almitas Oy和Sesca Technologies Srl三家子公司的100%股份，通过收购东软获得200名拥有10年以上智能手机软件研发经验的手机软件设计人员，并建立了与诺基亚等芬兰客户的合作。从而使东软在嵌入式软件开发，尤其是智能手机软件开发领域形成在岸、近岸、离岸的开发体系和格局，在高端智能手机和移动终端设备软件的开发、设计及市场能力等方面获得大幅提升①。

从市场空间来看，这一时期在我国“两化融合”“三网融合”“3C融合”②战略的不断推动下，极大地促进了国内的政府外包、电信外包、金融外包、制造业外包等市场需求，这些新的技术需求都与软件和信息技术紧密结合，从而为软件与信息服务外包产业带来巨大的市场空间和业务模式的创新。根据IDC报告，2010年以后，越来越多的组织，特别是中小企业将采用SaaS、PaaS模式，通过云计算交付各种服务，以期降低成本。3G市场的快速发展，物联网、云计算等应用的不断成熟，不仅为软件与信息服务外包创新了服务交付模式，同时也带来了新技术和新业务，催生了大量的软件与信息服务外包需求。

从业务的提供来看，单纯的离岸模式已逐渐被在岸与离岸的混合模式取代，越来越多的业务出现了在岸、近岸、离岸相结合的模式。服务提供商之间通过建立联盟、合资合作、虚拟组织等形式共同合作提供外包服务，外包服务也由单纯的项目外包拓展到离岸开发中心和全球交付的方式。

### （五）“十一五”信息技术服务外包存在的主要问题

一是企业规模小，缺乏核心竞争力。工业和信息化部软件与集成电路促进中心（CSIP）的企业调研报告显示，我国的软件与信息服务外包企业大部

①资料来源：东软官网，http：//www.neusoft.com/news/html//20090828/ 2219150112.html。

②“两化融合”中的“两化”指工业化和信息化，“三网融合”中的“三网”指电信网、互联网、广播电视网，“3C融合”中的“3C”指计算机、通信、消费类电子产品。

分是成立时间较短的中小企业，市场占有率和人才队伍规模普遍较小。我国排名前十位的信息技术服务企业合计只有约20%的市场占有率，而印度的前十大企业却涵盖了45%的市场份额；在671家调研企业中，65%的企业员工在100人以下，30%的企业员工为100~500人，500人以上的企业仅占5%。企业自主研发投资不足，主要以跟踪模仿为主；大多数企业人员不够稳定，流动性大；且绝大多数企业处于地区性服务商和区域性服务商的阶段，缺乏建设交付中心的能力和实力。

二是业务较低端，服务品质不够高。企业承接的国外项目大多属于低端业务，如简单的软件编码和测试、基础网络和系统集成服务工作。而在高端的IT咨询、应用系统外包服务和业务流程外包服务方面，国内多数软件与信息服务外包企业的能力明显不足，尚不能提供高水平的服务。国内除极少数大型IT服务外包企业能获得具有较高附加值的IT服务外包项目外，中小IT服务外包企业所承接的项目多是合同额不大、利润率低的小项目。

三是软件人才匮乏，人才结构性矛盾突出。软件与信息服务人才结构呈橄榄形，位于产业上层的软件架构师、系统设计师与项目管理人才，以及属于产业基础的软件蓝领短缺，处于中层的系统工程师相对过剩。由于我国是非英语国家，除少量归国留学生外，技术管理人员的外语水平普遍不高，与印度、菲律宾等东南亚国家相比处于弱势地位，国内众多外包企业特别缺乏兼具语言和技术或管理能力的复合型人才。此外，企业人才管理机制比较落后。软件外包服务对年轻人来说比较单调枯燥，没有工作调剂机制，而且从事信息技术、软件设计、程序开发的工作人员经常要日夜加班。

四是市场规范、行业标准尚未形成，相关法律和政策配套措施不完善。由于对服务外包质量的监控不到位，履行合同不严格，规模化的软件开发缺乏通行的标准和规范，很多行业信息化没有统一的规范和行业标准，导致软件开发工作无章可循。我国服务外包的法制环境还不够完善，尤其是信息安全、知识产权立法、知识产权保护政策和相关配套措施不够完善，对触犯信息安全行为处罚较轻，如对模仿抄袭行为处罚力度小，社会上盗用出卖企业和个人信息、贩卖盗版软件等现象比较普遍，这些都影响了发包国的发包意愿。

## 三、“十二五”我国信息技术服务外包进入规模化、国际化发展时期

### （一）国家规划进一步将信息技术服务外包作为优先发展领域

2011年12月工业和信息化部发布了《软件和信息技术服务业“十二五”发展规划》，提出将服务外包作为发展重点，积极拓展服务外包业务领域，重点发展软件开发、软件测试、系统租赁、系统托管等信息技术外包，扶持基于信息技术等的业务流程服务外包，推动工业设计、研发服务、知识产权服务等知识流程服务外包发展。

2013年商务部和国家发展改革委联合发布《中国国际服务外包产业发展规划纲要（2011—2015）》，把软件国际服务外包作为优先发展的重点领域。提出“十二五”期间要大力发展软件开发与测试、运行维护与服务等业务，加快向软件咨询、解决方案等高端环节拓展，不断提升国际分工地位。针对用户的运营、生产、供应链、客户关系、人力资源和财务管理、计算机辅助设计、工程等业务，重点发展定制软件、嵌入式软件、套装软件和软件测试、应用软件集成以及维护管理等国际服务外包。以SaaS应用为先导，在离岸服务中大力推广云服务，不断创新服务模式。该规划纲要的颁布实施使我国信息技术服务外包进入了规模化和国际化的快车道。

### （二）ITO继续占主导，在岸与离岸互动融合，内部结构不断优化

这一时期，国家在人才、资金、平台、服务等方面都加强了对ITO的支持力度，尤其是国内发包市场不断发展，推动ITO企业的规模迅速扩大。据商务部统计，2011年全国ITO合同数为69730份，业务执行金额为197.8亿美元，同比增长53.5%。其中大连、北京、南昌的ITO占比分别达86%、73.4%、74.1%，上海、杭州、厦门、成都、南京的ITO占比分别达68.3%、66.1%、63.5%、60.4%、60.3%。据工业和信息化部统计，2011年我国软件和信息技术服务业收入超过1.84万亿元，同比增长32.4%，超过“十一五”的平均增速4.4个百分点。其中信息技术咨询服务、数字处理和运营服务分别实现收入1864亿元和3208亿元，分别同比增长42.7%和42.2%；信息系统集成服

务和IC设计分别实现收入3921亿元和691亿元，分别同比增长28.4%和33%。2011年软件外包服务出口收入为59亿美元，同比增长40.3%。

2014年，ITO领域业务规模继续保持高速增长。全年共签订合同106896份，签约金额563.5亿美元，同比增长22.6%；执行金额约为449.2亿美元，同比增长24.8%，占服务外包合同执行总额的55.2%，份额虽较2013年降低1.2个百分点，但依然占据主导位置。从离岸市场来看，2014年ITO离岸合同数量为48674份，同比增长1.5%；签约金额为364.8亿美元，同比增长17.0%；执行金额为293.5亿美元，同比增长18.3%。其中，亚洲和北美洲是我国ITO业务的主要发包地区。2014年我国承接亚洲的ITO合同数量和金额占比分别为65.6%和45.4%；其次是北美洲，合同数量和金额占比分别为15.0%和29.6%。从在岸市场来看，在“互联网+”、智慧城市建设的推动下，国内ITO呈现更快增长。2014年ITO在岸合同数量为58222份，同比增长44.5%；签约金额为198.6亿美元，同比增长34.4%；执行金额为155.7亿美元，同比增长39.0%。根据工业和信息化部统计，2014年中国软件和信息技术服务业整体呈平稳较快增长，同比增长达20.2%。

2014年，我国信息技术外包呈现出新技术推动的业务多元化特点。随着云计算、大数据、社交网络、移动互联网在信息技术外包中的应用，智能终端日益普及，新的业态不断催生出新的增长点。IT服务企业积极拥抱互联网、挖掘新的服务价值，服务外包业务开始从线下转为线上与线下相结合，全面提升客户企业管理、销售、运营的整体能力。IT服务从传统、单项的服务逐渐向系统、全流程的服务转变，解决方案等高端业务需求增多，长期伙伴式合作模式逐步增加。

跨界融合成为2个主要特征：一是ITO与新技术渗透融合，在云计算、物联网、移动互联网、大数据、智能制造等技术的推动下，IT服务外包企业在产品开发、服务模式、方案设计、交付方式等方面加快创新；二是ITO与传统行业融合，新的跨领域业务和业态不断涌现。

从业务领域来看，2014年我国信息技术外包呈现出价值链、附加值明显提升的特点：一是软件研发及开发服务占主导地位。在新一代信息技术的推动下，与大数据、云计算、移动互联应用相关的软件研发及开发服务逐渐增多。在ITO离岸业务中，软件研发及开发服务执行金额占比最大，为41.0%，其余依次是软件技术服务、集成电路和电子电路设计，占比分别为27.3%、11.5%，其中集成电路设计增速高达100.8%。此外，测试平台、信息系统运营和维护服务增速分别为88.4%、22.9%。二是信息传输、软件和信息技术服务业是主要发包行业。2014年，来自国际信息传输、软件和信息技术服务业的外包合同数量和金额占比分别为48.4%和48.6%。其次是制造业，由于制造业信息化建设加速，因此IT外包需求不断释放。三是金融业是发包价值最高的行业。2014年，来自国际金融业客户的服务外包合同单价为108.3万美元，高出平均合同单价的55.6%。其次是科学研究和技术服务业的合同单价达到98.3万美元。

2015年，我国完成国际服务外包执行金额646.4亿美元，同比增长15.6%；ITO的离岸执行金额约为317亿美元[①]，同比增长8%，占比为49%。其中，软件研发外包在ITO领域中占主导，全年完成离岸合同执行金额217.9亿美元，占比为68.8%；其次是软件技术服务、集成电路和电子电路设计；伴随着电子商务的快速发展，电子商务平台服务增长迅速，离岸合同执行金额同比增长59.6%。

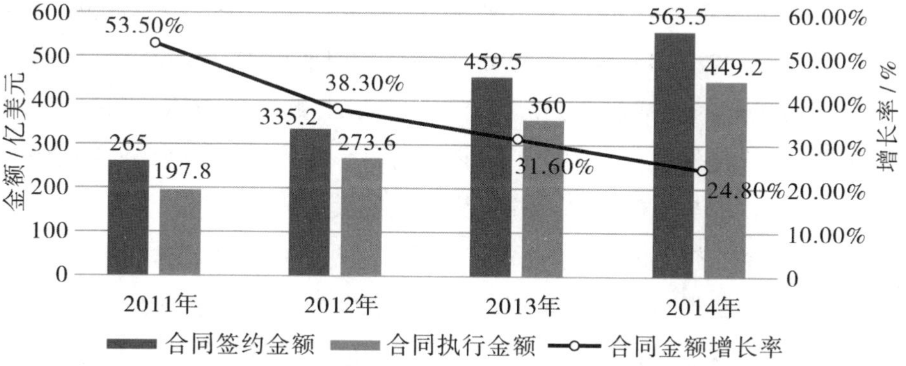


图4–7　2011—2014年ITO行业发展情况

资料来源：中国商务部。

## （三）ITO企业规模快速扩张，并购重组加快，国际竞争力增强

这一时期，国内服务外包万人以上规模的大企业主要集中在ITO领域。企业通过上市融资、国际并购等方式快速扩大规模，实现了国际化发展。例

①根据商务部数据计算得出。

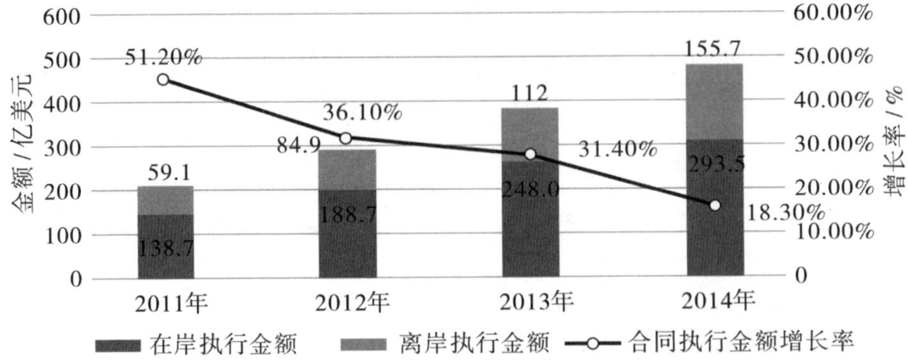


**图4-8　2011—2014年ITO离岸和在岸市场发展情况**

资料来源：中国商务部。

如，东软、博彦科技、海隆软件、浙大网新等10家企业在A股上市，软通动力、文思信息技术、中软国际、海辉软件4家企业在中国香港和美国上市。文思创新通过并购重组，促进了ITO企业向综合服务供应商跨越发展。例如：2011年1月软通动力以30万美元收购iHealthStone公司的医疗行业；2011年4月，文思信息技术以560万美元收购Lifewood公司，进入BPO领域；2011年1月，海辉软件收购Beans公司的研发团队，4月收购iConnect的测试业务，4月收购上海乐通的测试业务，7月以550万美元收购NouvEON公司的咨询业务等。2012年软件外包业也发生了多起并购案，例如：神州数码收购中讯软件；文思信息技术与海辉软件合并成为我国最大的离岸IT服务供应商；博彦科技收购美国企业旗下的6家子公司；等等。通过并购重组，ITO企业扩大了国际市场份额，获得了研发团队等人力资源和客户资源，进一步提高了企业的升级能力和全球业务拓展能力。一批企业已经逐步从提供应用程序开发、测试业务等服务向提供解决方案等高端服务转型，并且通过并购方式设立海外分支机构，构建全球业务网络，扩大企业规模，提升海外接单能力。

我国ITO企业提供服务的规模明显扩大，质量明显提高。许多IT服务企业积极把握“互联网+”、数字化转型的机遇，在技术创新、模式创新、组织创新及特色领域、市场拓展、品牌创建等方面都有出色表现。中软国际、瞬联软件科技、浙大网新、浪潮、软通动力和文思海辉等入选2016年IAOP全球外包100强，中软国际、东软入选ISG突破型外包企业前十名。IT服务企业加速推进人工智能、云计算、大数据等技术的研发应用，培育智能服务与人工服务相结合的服务模式，注重产学研用相结合、自主创新与开放式创新相结合的创新模式，注重美、日、欧等发达国家和地区与“一带一路”沿线国家双向拓展的市场模式。同时，我国服务外包企业积极参与国际行业标准、技术标准制定，提高了品牌知名度。

## 案例1：文思海辉技术有限公司

文思海辉技术有限公司（以下简称“文思海辉”）是中国最大的IT服务提供商，拥有超强的全球运营能力、严格的质量标准和高效的交付流程，致力于成为全球企业“新时代的合作伙伴”。自1995年以来，文思海辉一直致力于为全球客户提供世界领先的商业和IT咨询、解决方案以及外包服务，在金融、高科技、电信、旅游、交通、能源、生命科学、制造、零售与分销等领域积累了丰富的经验。公司汇聚了超过22500名专业人才，战略总部设在中国，并在北美、亚太、欧洲设立地区总部；通过位于美国、欧洲、澳大利亚、日本、新加坡、马来西亚和中国的交付中心，为客户提供企业软件开发、商业智能、应用开发与维护、移动解决方案、云计算、基础设施管理、业务流程外包的一站式服务，满足客户对全球范围无缝交付和技术支持的需求。2007—2014年连续8年被IDC评为中国面向欧美市场软件服务外包提供商第一名，2014年位列全球外包企业100强第八名。文思海辉长期致力于国内金融领域的数据管控与治理和数据平台及数据应用的咨询、规划及实施，在金融IT服务行业一直处于领先地位。2015年IDC发布的《中国银行业IT解决方案市场2015—2019预测与分析》中：文思海辉依靠全方位、全领域的服务，在银行业IT解决方案市场综合排名第二位；在呼叫中心/电话银行解决方案领域连续3年名列榜首；在CRM和支付清算领域排名第一；在商业智能（BI）领域位居第二。近年来，文思海辉主动转型以积极适应市场变化需求，先后为国内多家大型银行、证券、保险、金控集团及金融监管机构提供服务，交付50多个大型数据类咨询、建设项目，并与国内30多家大型金融机构建立长期的战略合作关系。2014年公司完成了团队、业务模式、技术和行业解决方案、客户市场、企业文化等方面的整合，并且重点加强创新能力、行业精耕细作和交付能力，实现矩阵式布局，从成本驱动转向创新驱动，向附加值更高的中高端业务迈进。2014年3月，文思海辉和印尼领先的信息技术和软件咨询公司Jatis集团宣布组成新的合资公司——文思海辉“Jatis”印度尼西亚公司（简称PJI），致力于成为当地市场领先的信息技术与咨询服务商，深度开发目标行业解决方案，提高细分领域业务能力，提升亚太地区交付能力。

## 案例2：博彦科技股份有限公司

博彦科技股份有限公司（以下简称“博彦科技”）是亚洲领先的全方位IT咨询服务、行业解决方案提供商，在全球三大洲的6个国家设有超过30个分支机构和交付中心，具备全球范围的交付能力和灵活多样的交付方式，业务范围涵盖咨询、研发、信息技术、系统集成、业务流程等服务，涉及高科技、互联网、金融、电信、电子信息、制造、制药、医疗、汽车、媒体、能源、科研、教育等领域，先后获得IDC中国离岸软件开发供应商10强、中国服务外包企业50强、工信部Cloud China云帆奖、全球服务100强、中国十佳云服务部署商、中国十佳大数据方案商等荣誉。博彦科技从传统软件外包企业向全方位IT咨询、服务及行业解决方案提供商转型，由纯粹的离岸业务转为离岸和在岸业务并举、由高科技行业向垂直行业延伸。博彦科技已拥有自主知识产权的产品和解决方案，在金融信息化的核心系统、金融测试、金融大数据和商业智能等方面，都研发出自己的综合产品与解决方案。2012年8月，博彦科技全资收购美国大展集团（Achievo Corporation），形成“对欧美外包+对日外包+国内外包”齐头并进的局面。2013年1月，成功整合杭州杰杰科技有限公司视觉设计业务团队，正式进军UED（User Experience Design）领域，成为国内最大的互联网视觉设计服务公司之一。同年6月与欧创集团在中国成立合资公司——亚创博彦，提供相关智能系统的软件工程和研发服务。2014年3月，全资收购上海泓智信息科技有限公司和美国高端商业IT服务公司TPG，进一步提高业务升级转型能力。2015年5月，收购美国IT服务提供商Piraeus Data LLC，6月收购红麦聚信（北京）软件技术有限公司，积极拓展商业舆情和大数据应用业务。

## 四、“十三五”我国信息技术服务外包进入全面转型升级时期

2016年，我国信息技术服务外包保持稳步增长态势，占比继续上升。2016年，全国服务外包企业签订ITO合同118044份，同比增长8.74%；协议金额为712.53亿美元，同比增长14.28%；执行金额为531.53亿美元，同比增长7.81%，占服务外包执行金额总量的49.93%。2016年，企业签订离岸服务外包合同47764份，同比增长-0.63%；协议金额为447.47亿美元，同比增长12.29%；执行金额为330.48亿美元，同比增长4.3%，占全国离岸服务外包执行金额总量的46.93%。从业务领域来看，软件研发外包继续占据主导地位，离岸协议金额为305.38亿美元，同比增长11.51%；离岸执行金额为228.06亿美元，同比增长4.64%，占总量比重69.01%。信息技术服务、信息系统运营和维护服务，离岸执行金额占总量比重分别为17.87%、12.85%。其中，信息系统运营和维护服务增长突出，离岸合同签约金额、执行金额增速分别为33.84%、22.66%。ITO离岸业务单笔合同价值提升，企业提供行业解决方案、搭建众包平台和拓展“一带一路”市场的能力都有所提升。

总体上看，“十三五”时期是我国信息技术服务外包转型升级和优化发展的关键时期。我国IT服务企业的竞争力已经不再是传统的成本领先优势和人力资本低成本、服务低价格，而是较高的自主创新能力和高附加值服务。因此，应致力于进行企业技术创新这一核心能力的建设，注重打造国际品牌，提升全球交付能力，把握跨国并购机遇，提高国际资源整合能力，促进ITO向创新、品牌、技术、标准转变。

一要加强企业创新能力建设。随着信息技术创新速度加快，客户需求专业化、个性化、多样化已经成为主流趋势，技术创新、组织管理创新、商业模式创新已经成为IT服务企业参与国际竞争的核心动力。我国中兴通讯公司遭遇美国长达7年的软件芯片出口禁令，业务受到重大影响，这再一次说明了软件和芯片已经成为我国受制于人的软肋，提高自主研发能力已经成为当务之急。

二要积极扩大国内信息技术服务外包市场。充分利用我国制造业、服务业、农业和政府信息化建设加快发展的有利条件，鼓励国内政府和企业外

包信息技术服务，鼓励金融、电信、制造业等重点行业企业采购国内企业提供的软件与信息技术服务。推广总承包、分包、转包等模式，为IT服务企业提供强大的内需市场，为促进外包企业做大做强，参与国际竞争奠定坚实的基础。

三要对接国际行业标准。加强标准化对行业管理、产业发展的支撑作用，推进软件与信息服务的标准化工作。遵循国际外包管理的标准，制定完善的软件与信息服务外包企业承接能力标准，包括技术水平、知识产权保护层级、人才标准等。鼓励国内企业通过CMM/CMMI等国际认证。

四要打造国际品牌。加强IT服务企业的服务质量体系、诚信体系建设，开展企业诚信等级认定工作。例如，我国建立中国软件与信息服务外包联盟作为产业界优秀企业联盟的形象代表，代表“中国服务”的整体形象拓展国际市场。

五要完善信息安全、知识产权保护等相关法律法规。进一步完善保护知识产权法规体系，为软件与信息服务外包创造良好的法制环境。

## 第二节 “十二五”我国软件出口发展回顾及“十三五”的战略机遇

软件定义成为信息技术革命的新标志和新特征。软件是新一代信息技术产业的灵魂，也是引领科技创新，驱动经济转型升级，建设制造强国和网络强国的核心动力。软件出口竞争力是国家软件业竞争力和服务贸易竞争力的重要标志，也是衡量技术创新能力的重要标准，是“中国服务”品牌的重要组成部分。因此，提高软件出口竞争力是构建外贸竞争新优势、打造外贸持续发展新动能的必然要求。目前，我国软件出口主要是通过承接国际服务外包的方式来实现的。实践证明，积极承接国际信息技术服务外包，对于扩大我国软件业出口规模、提升国际竞争力具有重要作用，同时也为提升我国软件业的自主创新能力，推动软件与信息服务业做大做强奠定了有利基础。本节内容重点分析了“十二五”时期，在全球经济增长低迷的环境下，我国软件出口仍保持了良好的增长态势，软件出口结构不断优化，国内软件出口企业创新能力不断提升，软件出口竞争力不断提高的原因。

## 一、“十二五”时期我国软件出口的主要特点

“十二五”以来，全球经济贸易总体增长低迷。全球治理重构、政局不稳、金融动荡、汇率波动，以及逆全球化思潮带来的贸易保护主义加剧等因素，都导致全球贸易增速处于困境之中。2013—2015年全球GDP增速分别为3.4%、3.4%、3.3%，贸易量增速分别为3.5%、3.2%、4.1%。2015年全球服务贸易出口额由正转负，同比下降6.12%。全球软件业受全球经济复苏缓慢、企业投资乏力、市场需求疲弱、IT深化转型等因素影响，2015年全球软件信息技术产品贸易额约为1.3万亿美元，占全球贸易额的比重约为10%。这些因素都给我国软件出口带来了严峻挑战。但是，通过推进供给侧结构性改革，实施创新驱动发展战略，积极扩大国际信息技术外包，我国软件出口仍然取得了良好业绩。

### （一）软件出口规模和增速强劲增长

总体上看，“十二五”时期，我国软件出口保持了高速增长态势。2009年中国软件外包服务出口额为24亿美元，同比增长15%。2010—2013年我国软件出口平均增速达37%。2014年软件出口执行金额达300.58亿美元，同比增长18.51%，相当于2010年的3倍。2015年受全球整体经济、贸易环境影响，我国软件出口进入增速放缓区间，软件出口执行金额为333.93亿美元，同比增长11.10%，较2014年下降7.41个百分点；协议金额为425.78亿美元，同比增长12.89%，较2014年下降4.7个百分点；合同数量为52173份，同比增长-0.18%，较2014年微弱上升。但从整体来看，2015年我国软件出口执行金额相当于2010年的3.43倍，平均增速为27.97%；协议金额相当于2010年的3.37倍，平均增速为27.53%；合同数量相当于2010年的1.34倍，平均增速为5.97%。说明业务大单逐渐增多，软件出口企业竞争力明显增强（见表4-2）。

表4-2　2010—2015年软件出口规模与增速

| 年份 | 执行金额/亿美元 | 同比增长/% | 协议金额/亿美元 | 同比增长/% | 合同数/份 | 同比增长/% |
|---|---|---|---|---|---|---|
| 2010 | 97.30 | 34.01 | 126.20 | 24.42 | 39044 | 27.17 |
| 2011 | 143.39 | 47.37 | 190.68 | 51.09 | 46159 | 18.22 |
| 2012 | 194.16 | 35.41 | 234.2 | 22.82 | 53887 | 16.74 |
| 2013 | 253.56 | 30.59 | 320.72 | 36.94 | 52683 | –2.23 |
| 2014 | 300.58 | 18.51 | 377.15 | 17.59 | 52265 | –0.79 |
| 2015 | 333.93 | 11.10 | 425.78 | 12.89 | 52173 | –0.18 |

数据来源：中国商务部。

## （二）软件出口价值链向中高端攀升

我国软件出口以信息技术服务外包为主要方式，其中软件研发外包、软件研发及开发服务、软件技术服务一直是我国软件出口的主力。

2013年我国软件出口执行金额为253.56亿美元，其中软件研发外包为166.64亿美元，软件研发及开发服务为100.71亿美元，软件技术服务为65.92亿美元，同比增长分别为30.10%、47.50%和10.23%，分别占出口执行总额的65.72%、39.72%和26.00%（见表4–3、图4–9）。信息系统运营和维护服务同比增长95.01%，增速最快；应用软件同比增长13.74%；系统软件和支撑软件分别下降34.93%、19.89%。此外，2013年软件出口结构中增加了电子商务平台、测试平台的类别，其中电子商务平台出口执行金额为1.03亿美元，占比为0.41%；测试平台出口执行金额为6.25亿美元，占比为2.46%（见表4–3）。

表4–3　2013年中国软件出口按出口方式分类情况

| 项目 | 合同数/份 | 同比增长/% | 协议金额/亿美元 | 同比增长/% | 执行金额/亿美元 | 同比增长/% |
|---|---|---|---|---|---|---|
| 总计 | 52683 | –2.23 | 320.72 | 36.94 | 253.56 | 30.59 |
| 1.软件产品 | 4744 | 26.68 | 9.05 | 42.71 | 5.57 | 2.11 |
| 1.1系统软件 | 1777 | 206.91 | 1.06 | –32.52 | 0.81 | –34.93 |
| 1.2支撑软件 | 52 | 36.84 | 0.09 | –26.26 | 0.07 | –19.89 |
| 1.3应用软件 | 2915 | –6.81 | 7.90 | 69.85 | 4.69 | 13.74 |

（续表）

| 项目 | 合同数/份 | 同比增长/% | 协议金额/亿美元 | 同比增长/% | 执行金额/亿美元 | 同比增长/% |
|---|---|---|---|---|---|---|
| 2.信息技术服务外包 | 47939 | –4.39 | 311.67 | 36.78 | 247.99 | 31.41 |
| 2.1 软件研发外包 | 37629 | 1.22 | 207.88 | 31.54 | 166.64 | 30.10 |
| 软件研发及开发服务 | 22937 | 22.01 | 121.93 | 55.66 | 100.71 | 47.50 |
| 软件技术服务 | 14692 | –20.04 | 85.96 | 7.84 | 65.92 | 10.23 |
| 2.2 信息技术研发服务外包 | 2075 | 103650.00 | 31.74 | 435544.62 | 24.02 | 382095.91 |
| 集成电路设计 | 1524 | 76100.00 | 20.75 | 284680.07 | 16.74 | 266241.00 |
| 电子商务平台 | 166 | — | 1.43 | — | 1.03 | — |
| 测试平台 | 385 | — | 9.57 | — | 6.25 | — |
| 2.3 信息系统运营维护外包 | 6981 | –20.45 | 60.60 | 28.15 | 45.32 | 11.53 |
| 信息系统运营和维护服务 | 2961 | 96.22 | 26.51 | 110.51 | 19.78 | 95.01 |
| 基础信息技术服务 | 4020 | –44.68 | 34.09 | –1.74 | 25.54 | –16.23 |
| 2.4 其他 | 1254 | –70.06 | 11.44 | –49.23 | 12.00 | –39.93 |

资料来源：中国商务部。

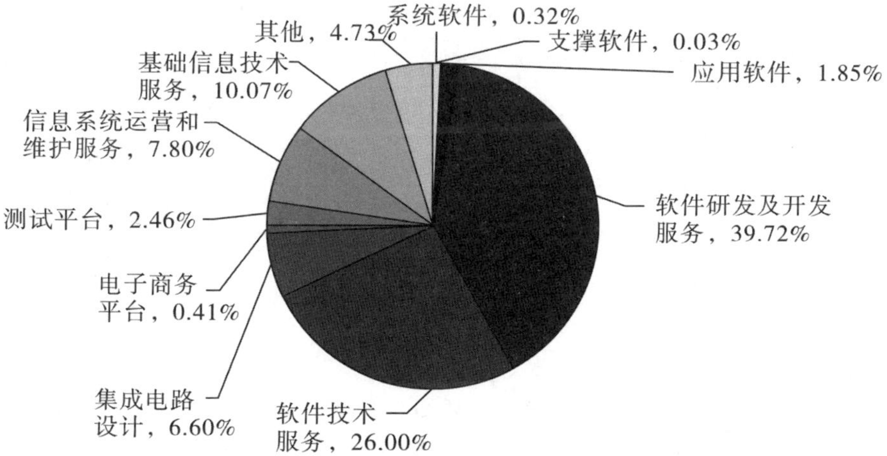


**图4–9 2013年中国软件出口结构占比（执行金额）**

数据来源：中国商务部。

2014年软件出口执行金额为300.58亿美元，其中软件研发及外包为200.40亿美元，软件研发及开发服务为120.40亿美元，软件技术服务为80.00

亿美元，同比增长分别为20.25%、19.54%和21.35%，分别占出口执行总额的66.67%、40.06%和26.61%（见表4–4、图4–10）。2014年软件产品出口执行金额为7.09亿美元，同比增长27.18%，其中系统软件出口执行金额为2.34亿美元，同比增长189.21%。此外，2014年集成电路设计和测试平台均保持高速增长，其中集成电路设计出口执行金额为33.62亿美元，同比增长100.82%；测试平台出口执行金额为11.77亿美元，同比增长88.36%（见表4–4）。

表4–4　2014年中国软件出口按出口方式分类情况

| 项目 | 合同数 / 份 | 同比增长 / % | 协议金额 / 亿美元 | 同比增长 / % | 执行金额 / 亿美元 | 同比增长 / % |
|---|---|---|---|---|---|---|
| 总计 | 52265 | –0.81 | 377.15 | 17.55 | 300.58 | 18.51 |
| 1.软件产品 | 3591 | –24.30 | 12.32 | 36.12 | 7.09 | 27.18 |
| 1.1系统软件 | 433 | –75.63 | 5.47 | 417.25 | 2.34 | 189.21 |
| 1.2支撑软件 | 29 | –44.23 | 0.08 | –11.67 | 0.05 | –24.15 |
| 1.3应用软件 | 3129 | 7.34 | 6.77 | –14.38 | 4.70 | 0.03 |
| 2.信息技术外包 | 48674 | 1.52 | 364.84 | 17.01 | 293.49 | 18.32 |
| 2.1 软件研发及外包 | 38302 | 1.78 | 253.03 | 21.71 | 200.40 | 20.25 |
| 软件研发及开发服务 | 24808 | 8.14 | 153.10 | 25.55 | 120.40 | 19.54 |
| 软件技术服务 | 13494 | –8.15 | 99.94 | 16.26 | 80.00 | 21.35 |
| 2.2 信息技术研发服务外包 | 4055 | 95.42 | 57.91 | 82.45 | 46.60 | 93.98 |
| 集成电路设计 | 2845 | 86.68 | 37.01 | 78.39 | 33.62 | 100.82 |
| 电子商务平台 | 317 | 90.96 | 1.31 | –8.49 | 1.21 | 17.19 |
| 测试平台 | 893 | 131.95 | 19.59 | 104.82 | 11.77 | 88.36 |
| 2.3 信息系统运营维护外包 | 5971 | –14.49 | 47.62 | –21.58 | 40.96 | –9.71 |
| 信息系统运营和维护服务 | 3442 | 16.21 | 28.03 | 5.40 | 24.31 | 22.85 |
| 基础信息技术服务 | 2529 | –37.11 | 19.59 | –42.60 | 16.66 | –34.89 |
| 2.4 其他 | 346 | –72.45 | 6.28 | –45.17 | 5.53 | –53.99 |

数据来源：中国商务部。

2015年我国信息技术外包出口执行金额为316.85亿美元，占比为94.88%，同比增长7.96%。其中，软件研发外包、信息技术服务外包、运营和维护服务

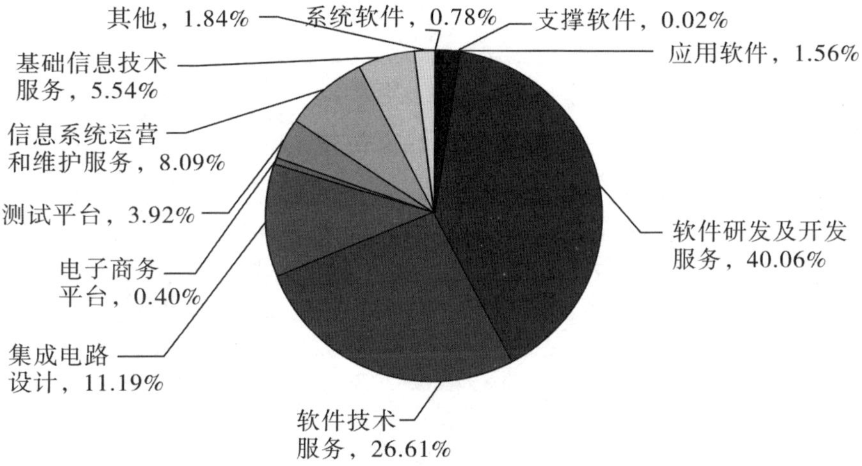


**图4–10　2014年中国软件出口结构状况（执行金额）**

数据来源：中国商务部。

三项出口执行金额分别为217.9亿美元、59.5亿美元和37.52亿美元，占信息技术外包出口执行额比重分别为68.79%、18.78%和11.84%。2015年集成电路和电子电路设计、电子商务平台服务、测试外包服务出口执行金额分别为41.81亿美元、1.93亿美元和10.97亿美元，同比增长24.35%、59.57%和–6.82%。2015年我国软件产品出口执行金额为17.08亿美元，占比为5.12%。其中，应用软件出口执行金额13.64亿美元，占79.86%，同比增长190.54%；系统软件出口执行金额为3.39亿美元，占19.83%，同比增长44.77%；支撑软件出口执行金额为0.05亿美元，占0.29%，增速下降3.2%。

**表4–5　2015年中国软件出口按出口方式分类情况**

| 合同类别 | 合同数 | 同比增长 / % | 协议金额 / 万美元 | 同比增长 / % | 执行金额 / 万美元 | 同比增长 / % |
|---|---|---|---|---|---|---|
| 总计 | 52173 | –0.18 | 4257815.77 | 12.89 | 3339303.5 | 11.10 |
| 1. 软件产品 | 4106 | 14.34 | 272755.92 | 121.46 | 170818.03 | 140.96 |
| 1.1 系统软件 | 443 | 2.31 | 36332.84 | –33.61 | 33875.81 | 44.77 |
| 1.2 应用软件 | 3639 | 16.30 | 236003.66 | 248.84 | 136424.78 | 190.54 |
| 1.3 支撑软件 | 24 | –17.24 | 419.42 | –46.23 | 517.44 | –3.20 |

（续表）

| 合同类别 | 合同数 | 同比增长 / % | 协议金额 / 万美元 | 同比增长 / % | 执行金额 / 万美元 | 同比增长 / % |
|---|---|---|---|---|---|---|
| 2. 信息技术外包（ITO） | 48067 | −1.25 | 3985059.85 | 9.23 | 3168485.47 | 7.96 |
| 2.1 软件研发外包 | 36837 | −3.82 | 2738648.23 | 8.23 | 2179456.56 | 8.76 |
| 软件研发及开发服务 | 25841 | 4.16 | 1929968.34 | 26.06 | 1501684.77 | 24.73 |
| 软件技术服务 | 10929 | −19.01 | 802336.86 | −19.71 | 672403.91 | −15.95 |
| 其他软件研发外包业务 | 67 | — | 6343.03 | — | 5367.88 | — |
| 2.2 信息技术服务外包 | 5380 | 32.68 | 766445.54 | 32.35 | 594979.23 | 27.67 |
| 集成电路和电子电路设计 | 3846 | 35.18 | 491613.61 | 32.82 | 418068.57 | 24.35 |
| 电子商务平台服务 | 253 | −20.19 | 26474.32 | 102.82 | 19336.5 | 59.57 |
| 测试外包服务 | 859 | −3.81 | 182968.39 | −6.61 | 109669.53 | −6.82 |
| IT咨询服务 | 66 | — | 8146.96 | — | 5967.24 | — |
| IT解决方案 | 132 | — | 11178.17 | — | 7526.15 | — |
| 其他信息技术服务外包业务 | 224 | — | 46064.09 | — | 34411.23 | — |
| 2.3 运营和维护服务 | 5760 | −3.53 | 452465.42 | −4.98 | 375170.28 | −8.42 |
| 信息系统运营和维护服务 | 3815 | 10.84 | 301515.57 | 7.59 | 254287.97 | 4.61 |
| 基础信息技术运营和维护服务 | 1893 | −25.15 | 148057.95 | −24.43 | 118781.64 | −28.68 |
| 其他运营和维护服务 | 52 | — | 2891.9 | — | 2100.68 | — |

数据来源：商务部服贸司。

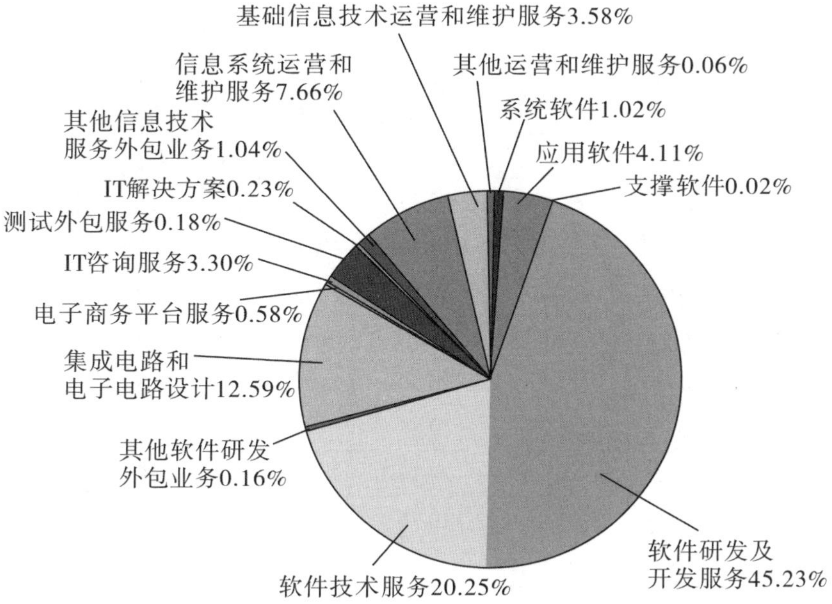


图4-11　2015年中国软件出口结构状况（执行金额）

数据来源：商务部服贸司。

## （三）东部地区为主体，带动中部西部地区增长的格局已经形成

我国软件出口的重心始终在东部地区，并呈现占比提高的态势，中部、西部和东北地区仍有很大的发展空间和潜力。

2013年东部地区软件出口执行金额为213.26亿美元，占84.11%，其中山东、江苏、上海、天津同比增长超过30%。西部地区执行金额为11.21亿美元，占4.42%，其中四川增速较快，执行金额达7.72亿美元，同比增长54.94%，重庆为2.03亿美元，同比增长12.88%。中部地区执行金额为11.39亿美元，占4.49%，其中河南达3.07亿美元，同比增长211.89%，湖南达1.57亿美元，同比增长126.15%，成为全国增长速度最快的两个省份。东北地区执行金额为17.67亿美元，占比为6.97%，其中辽宁达15.78亿美元，同比增长2.86%，吉林增速较快，同比增长44.73%（见表4-6、图4-12）。

表4-6 2013年中国各省（区、市）软件出口情况

| 省（区、市） | 合同数/份 | 同比增长/% | 协议金额/亿美元 | 同比增长/% | 执行金额/亿美元 | 同比增长/% |
|---|---|---|---|---|---|---|
| 总计 | 52683 | -2.23 | 320.72 | 36.94 | 253.56 | 30.59 |
| 江苏省 | 13899 | 8.88 | 96.85 | 48.47 | 82.18 | 47.00 |
| 上海市 | 3602 | -15.01 | 42.57 | 50.19 | 31.21 | 41.82 |
| 北京市 | 4959 | -22.81 | 38.83 | 17.35 | 30.97 | 19.14 |
| 浙江省 | 11194 | 3.84 | 33.76 | 14.96 | 27.50 | 12.68 |
| 广东省 | 1745 | -29.35 | 26.68 | 21.81 | 20.83 | 12.43 |
| 辽宁省 | 5830 | 18.26 | 19.35 | 14.58 | 15.78 | 2.86 |
| 山东省 | 2771 | -23.22 | 24.16 | 112.19 | 15.05 | 71.13 |
| 四川省 | 912 | -26.09 | 10.74 | 83.88 | 7.73 | 54.94 |
| 江西省 | 769 | 36.59 | 4.20 | 26.71 | 3.75 | 25.15 |
| 天津市 | 976 | -17.01 | 5.61 | 101.58 | 3.75 | 31.70 |
| 河南省 | 52 | -14.75 | 3.09 | 126.31 | 3.07 | 211.89 |
| 重庆市 | 485 | 6.36 | 2.78 | 20.76 | 2.03 | 12.88 |
| 湖北省 | 436 | -27.81 | 2.18 | 20.17 | 1.79 | 2.45 |
| 福建省 | 1220 | 24.87 | 1.93 | 15.21 | 1.64 | 8.43 |
| 湖南省 | 426 | 63.22 | 1.96 | 111.73 | 1.57 | 126.15 |
| 黑龙江省 | 529 | -4.34 | 1.39 | -68.91 | 1.55 | -35.98 |
| 陕西省 | 727 | -5.34 | 1.98 | 41.67 | 1.32 | 0.86 |
| 安徽省 | 427 | -30.00 | 1.66 | 17.08 | 1.20 | -5.43 |
| 吉林省 | 122 | 37.08 | 0.57 | 126.73 | 0.35 | 44.73 |
| 河北省 | 1542 | 20.75 | 0.18 | -38.58 | 0.15 | -46.70 |
| 广西壮族自治区 | 20 | 33.33 | 0.11 | 12.37 | 0.05 | -11.63 |
| 新疆维吾尔自治区 | 11 | — | 0.06 | — | 0.03 | — |
| 云南省 | 4 | 0.00 | 0.03 | 14.29 | 0.03 | 44.00 |
| 内蒙古自治区 | 3 | 0.00 | 0.01 | -19.47 | 0.01 | -19.47 |
| 甘肃省 | 3 | — | 0.02 | — | 0.01 | — |
| 山西省 | 13 | -31.58 | 0.01 | -45.93 | 0.01 | -45.93 |

（续表）

| 省（区、市） | 合同数/份 | 同比增长/% | 协议金额/亿美元 | 同比增长/% | 执行金额/亿美元 | 同比增长/% |
|---|---|---|---|---|---|---|
| 新疆建设兵团 | 0 | — | 0.00 | — | 0.00 | — |
| 宁夏回族自治区 | 6 | — | 0.01 | — | 0.00 | — |
| 青海省 | 0 | — | 0.00 | — | 0.00 | — |
| 海南省 | 0 | — | 0.00 | — | 0.00 | — |
| 西藏自治区 | 0 | — | 0.00 | — | 0.00 | — |
| 贵州省 | 0 | — | 0.00 | — | 0.00 | — |

数据来源：中国商务部。

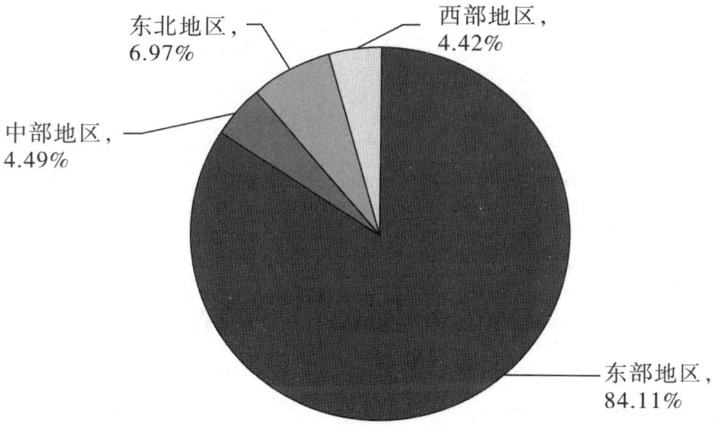


**图4-12　2013年中国软件出口区域分布占比（执行金额）**

数据来源：中国商务部。

2014年东部地区软件出口执行金额为259.39亿美元，占86.30%，其中河北、福建、江苏、上海、广东、山东同比增长超过20%，北京、天津、浙江同比增长分别为11.68%、11.47%、17.59%。西部地区执行金额为14.62亿美元，占4.86%，其中陕西增速较快，执行金额达3.10亿美元，同比增长126.69%。中部地区执行金额为7.50亿美元，占2.49%，其中安徽达1.50亿美元，同比增长24.79%。东北地区执行金额为19.07亿美元，占6.34%，其中辽宁达17.58亿美元，同比增长11.43%（见表4-7、图4-13）。

表4-7　2014年中国各省（区、市）软件出口情况

| 省（区、市） | 合同数 / 份 | 同比增长 / % | 协议金额 / 亿美元 | 同比增长 / % | 执行金额 / 亿美元 | 同比增长 / % |
|---|---|---|---|---|---|---|
| 总计 | 52265 | -0.81 | 377.15 | 17.55 | 300.58 | 18.51 |
| 江苏省 | 14439 | 3.89 | 125.00 | 29.06 | 104.06 | 26.62 |
| 上海市 | 4082 | 13.33 | 50.50 | 18.62 | 38.50 | 23.36 |
| 北京市 | 4095 | -17.42 | 44.00 | 13.32 | 34.58 | 11.68 |
| 浙江省 | 10604 | -5.27 | 42.14 | 24.81 | 32.34 | 17.59 |
| 广东省 | 1889 | 8.25 | 33.39 | 25.16 | 25.10 | 20.51 |
| 山东省 | 3184 | 14.90 | 20.55 | -14.91 | 18.09 | 20.17 |
| 辽宁省 | 5034 | -13.65 | 24.53 | 26.77 | 17.58 | 11.43 |
| 四川省 | 942 | 3.29 | 11.79 | 9.76 | 9.28 | 20.08 |
| 天津市 | 1247 | 27.77 | 4.12 | -26.61 | 4.18 | 11.47 |
| 陕西省 | 1089 | 49.18 | 3.68 | 81.89 | 3.10 | 126.69 |
| 江西省 | 567 | -26.27 | 2.89 | -31.17 | 2.64 | -29.63 |
| 福建省 | 1618 | 32.62 | 2.65 | 37.65 | 2.34 | 42.65 |
| 重庆市 | 442 | -8.87 | 2.54 | -8.63 | 2.16 | 6.12 |
| 湖北省 | 470 | 7.80 | 2.07 | -5.22 | 1.79 | -0.39 |
| 湖南省 | 630 | 47.89 | 2.41 | 23.36 | 1.51 | -3.74 |
| 安徽省 | 228 | -46.60 | 2.48 | 49.08 | 1.50 | 24.79 |
| 黑龙江省 | 375 | -29.51 | 1.40 | -0.10 | 0.94 | -39.73 |
| 吉林省 | 143 | 16.26 | 0.57 | -12.83 | 0.55 | 51.99 |
| 河北省 | 998 | -35.28 | 0.22 | 25.76 | 0.21 | 44.35 |
| 河南省 | 48 | -7.69 | 0.09 | -97.04 | 0.06 | -98.13 |
| 云南省 | 4 | 0.00 | 0.03 | 5.92 | 0.03 | 5.90 |
| 广西壮族自治区 | 120 | 500.00 | 0.06 | -45.98 | 0.02 | -50.78 |
| 内蒙古自治区 | 3 | 0.00 | 0.02 | 34.63 | 0.02 | 34.63 |
| 宁夏回族自治区 | 0 | -100.00 | 0.00 | -100.00 | 0.01 | — |
| 山西省 | 6 | -53.85 | 0.01 | -13.67 | 0.003 | -54.43 |
| 新疆维吾尔自治区 | 5 | -54.55 | 0.005 | -92.24 | 0.001 | -95.01 |

（续表）

| 省（区、市） | 合同数 / 份 | 同比增长 / % | 协议金额 / 亿美元 | 同比增长 / % | 执行金额 / 亿美元 | 同比增长 / % |
|---|---|---|---|---|---|---|
| 海南省 | 0 | — | 0.00 | — | 0.00 | — |
| 新疆建设兵团 | 0 | — | 0.00 | — | 0.00 | — |
| 青海省 | 0 | — | 0.00 | — | 0.00 | — |
| 西藏自治区 | 0 | — | 0.00 | — | 0.00 | — |
| 贵州省 | 0 | — | 0.00 | — | 0.00 | — |
| 甘肃省 | 3 | 0.00 | 0.01 | –51.13 | 0.00 | –100.00 |

数据来源：中国商务部。

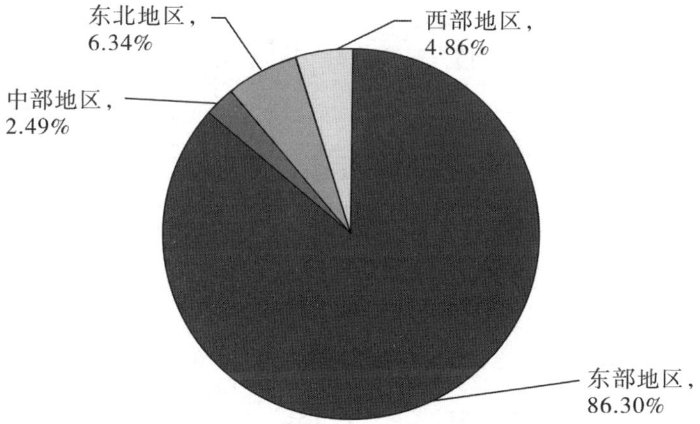


**图4–13　2014年中国软件出口区域分布占比（执行金额）**

数据来源：中国商务部。

2015年东部地区软件出口占比为86.20%；西部地区占比为4.90%；中部占比为3.01%；东北地区占比为5.90%，有所下降。由于东北地区经济总体处于困境，因此对软件出口造成影响。从东部地区内部来看，2015年江苏、浙江、上海位列出口规模前三位，这三个省市软件出口执行金额分别为118.95亿美元、43.43亿美元、35.52亿美元，同比增长分别为14.31%、34.30%、–7.74%。从中部地区内部来看，2015年江西、湖南、湖北分别列前三位，这三个省份软件出口执行金额分别为4.12亿美元、2.30亿美元、1.99亿美元，同比增长分别为56.06%、52.32%、11.17%。从西部地区内部来看，2015年四川、重庆、陕西列前三位，其中重庆表现尤其出色。四川、陕西、重庆软件出口执行金额分别为11.33亿美元、2.82亿美元、2.17亿美元，其中四川、重庆分别增长22.09%、0.46%。这说明西部地区仍具较大发展潜力。从东北地区内部来看，辽宁的软件出口执行金额一直遥遥领先。2015年辽宁、黑龙江、吉林软件出口执行金额分别为17.25亿美元、1.84亿美元、0.61亿美元，同比增长率分别为-1.88%、96.21%、9.65%，其中黑龙江增加一张2015亩中国各省市软件出口情况增长率最高（见表4-8，图4-14）。

表4-8　2015年1-12月中国各省市软件出口情况

| 省（市） | 合同数 | 同比增长 / % | 协议金额 / 万美元 | 同比增长 / % | 执行金额 / 万美元 | 同比增长 / % |
|---|---|---|---|---|---|---|
| 总计 | 52173 | -0.18 | 4257815.77 | 12.89 | 3339303.50 | 11.10 |
| 江苏省 | 15125 | 4.75 | 1401452.27 | 12.12 | 1189530.84 | 14.32 |
| 浙江省 | 10884 | 2.64 | 456455.48 | 8.33 | 434346.51 | 34.31 |
| 上海市 | 4217 | 3.31 | 422034.14 | -16.43 | 355217.96 | -7.73 |
| 北京市 | 3680 | -10.13 | 680977.43 | 54.75 | 316253.35 | -8.55 |
| 广东省 | 2186 | 15.72 | 352888.13 | 5.69 | 298545.08 | 18.94 |
| 山东省 | 2629 | -17.43 | 257059.51 | 25.06 | 230386.01 | 27.38 |
| 辽宁省 | 4760 | -5.44 | 200179.96 | -18.39 | 172462.48 | -1.90 |
| 四川省 | 983 | 4.35 | 154258.51 | 30.89 | 113289.04 | 22.12 |
| 江西省 | 667 | 17.64 | 45082.10 | 55.78 | 41176.20 | 55.86 |
| 陕西省 | 876 | -19.56 | 41564.15 | 12.99 | 28234.61 | -8.90 |
| 天津市 | 1308 | 4.89 | 36698.81 | -10.94 | 27240.58 | -34.86 |
| 湖南省 | 468 | -25.71 | 24964.29 | 3.46 | 23036.44 | 52.45 |
| 福建省 | 1678 | 3.71 | 26877.24 | 1.30 | 22376.66 | -4.29 |
| 重庆市 | 482 | 9.05 | 22412.79 | -11.64 | 21668.77 | 0.36 |

（续表）

| 省（市） | 合同数 | 同比增长 / % | 协议金额 / 万美元 | 同比增长 / % | 执行金额 / 万美元 | 同比增长 / % |
|---|---|---|---|---|---|---|
| 湖北省 | 759 | 61.49 | 24696.16 | 19.44 | 19912.82 | 11.43 |
| 黑龙江省 | 315 | −16.00 | 23090.07 | 64.49 | 18358.53 | 96.21 |
| 安徽省 | 156 | −31.58 | 72582.74 | 192.89 | 16288.00 | 8.90 |
| 吉林省 | 166 | 16.08 | 8273.52 | 44.99 | 6084.82 | 9.65 |
| 河北省 | 725 | −27.35 | 5114.80 | 131.49 | 4130.44 | 97.32 |
| 云南省 | 5 | 25.00 | 264.85 | −13.18 | 260.00 | −14.75 |
| 河南省 | 72 | 50.00 | 526.84 | −42.42 | 219.09 | −61.87 |
| 广西壮族自治区 | 19 | −84.17 | 202.59 | −66.88 | 126.00 | −51.20 |
| 内蒙古自治区 | 2 | −33.33 | 75.98 | −59.59 | 75.98 | −59.59 |
| 山西省 | 6 | 0.00 | 31.27 | −44.16 | 37.89 | 28.14 |
| 甘肃省 | 0 | −100.00 | 0.00 | −100.00 | 31.75 | — |
| 新疆维吾尔自治区 | 1 | −80.00 | 5.36 | −88.67 | 7.82 | −46.15 |
| 海南省 | 4 | — | 46.80 | — | 5.85 | — |
| 青海省 | 0 | — | 0.00 | — | 0.00 | — |
| 新疆建设兵团 | 0 | — | 0.00 | — | 0.00 | — |
| 宁夏回族自治区 | 0 | — | 0.00 | — | 0.00 | −100.00 |
| 贵州省 | 0 | — | 0.00 | — | 0.00 | — |
| 西藏自治区 | 0 | — | 0.00 | — | 0.00 | — |

数据来源：商务部服贸司。

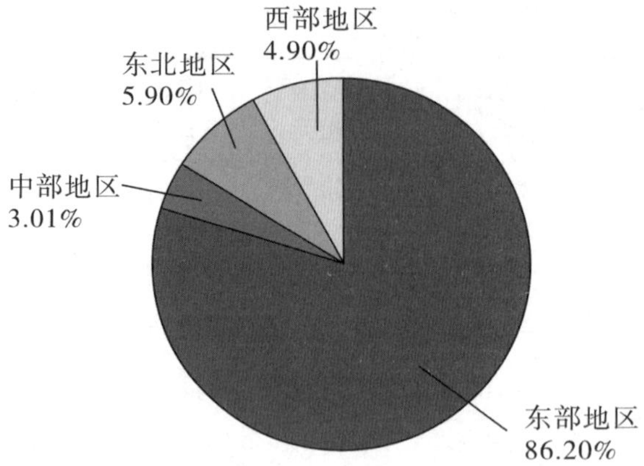


图4-14　2015年中国软件出口区域分布占比（执行金额）

数据来源：商务部服贸司

### （四）以美、日、欧为主，多元化的市场格局逐步发展

中国内地（大陆）软件出口的国际市场长期以发达国家为主，美、日、欧三大经济体占中国内地（大陆）软件出口市场比重基本稳定在50%以上。随着“一带一路”倡议扎实推进，中国内地（大陆）“一带一路”服务外包的快速增长促进了软件出口多元化市场布局的形成。

2014年美、日分别位居中国内地（大陆）软件出口目的地国家第一、第二位。其中，出口美国的执行金额为76.98亿美元，同比增长4.65%；出口日本的执行金额为42.21亿美元，同比增长9.92%。主要出口地区亚洲保持了较快增长，2014年出口中国香港、韩国、新加坡、中国台湾的执行金额分别为30.93亿美元、18.43亿美元、16.45亿美元、13.42亿美元，其中韩国、新加坡同比增长35.91%、45.27%。此外，对欧洲出口也保持了大幅增长态势，出口德国、英国、俄罗斯的执行金额分别为7.02亿美元、6.07亿美元、5.65亿美元，分别同比增长72.35%、48.85%、58.10%（见表4-9、图4-15）。

表4-9　2014年中国软件出口主要市场情况

| 国家和地区 | 合同数/份 | 同比增长/% | 协议金额/亿美元 | 同比增长/% | 执行金额/亿美元 | 同比增长/% |
|---|---|---|---|---|---|---|
| 全球 | 52265 | −0.81 | 377.15 | 17.55 | 300.58 | 18.51 |
| 美国 | 6630 | −1.53 | 97.12 | 11.61 | 76.98 | 4.65 |

（续表）

| 国家和地区 | 合同数/份 | 同比增长 / % | 协议金额 / 亿美元 | 同比增长 / % | 执行金额 / 亿美元 | 同比增长 / % |
|---|---|---|---|---|---|---|
| 日本 | 17098 | −2.47 | 50.12 | 13.47 | 42.21 | 9.92 |
| 中国香港 | 6053 | 5.84 | 40.18 | 28.58 | 30.93 | 26.74 |
| 韩国 | 1524 | −2.18 | 25.58 | 35.49 | 18.43 | 35.91 |
| 新加坡 | 1274 | 0.47 | 19.83 | 47.95 | 16.45 | 45.27 |
| 中国台湾 | 2468 | −1.99 | 16.12 | 13.80 | 13.42 | 7.62 |
| 德国 | 1071 | −0.56 | 7.25 | −16.47 | 7.02 | 72.35 |
| 英国 | 1090 | 8.78 | 8.06 | 8.18 | 6.07 | 48.85 |
| 俄罗斯 | 571 | 1.06 | 6.65 | 76.43 | 5.65 | 58.10 |

数据来源：中国商务部。

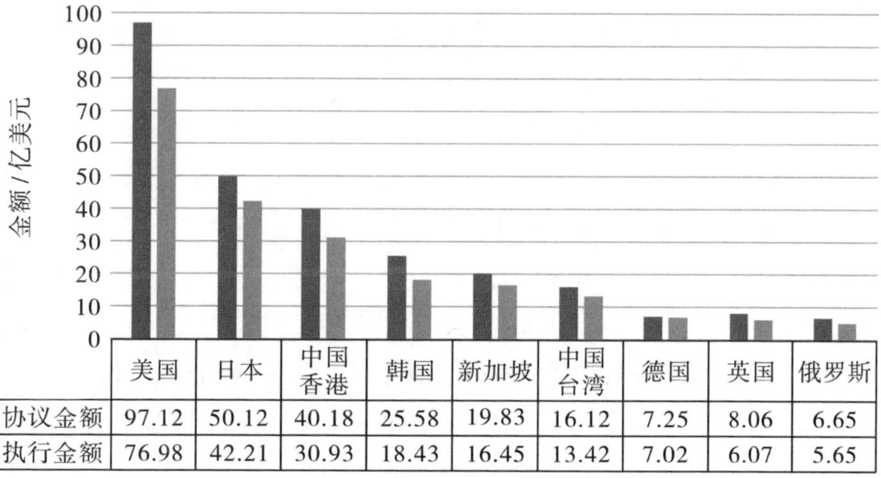


| | 美国 | 日本 | 中国香港 | 韩国 | 新加坡 | 中国台湾 | 德国 | 英国 | 俄罗斯 |
|---|---|---|---|---|---|---|---|---|---|
| ■ 协议金额 | 97.12 | 50.12 | 40.18 | 25.58 | 19.83 | 16.12 | 7.25 | 8.06 | 6.65 |
| ■ 执行金额 | 76.98 | 42.21 | 30.93 | 18.43 | 16.45 | 13.42 | 7.02 | 6.07 | 5.65 |

**图4–15　2014年中国软件出口目的地**

数据来源：中国商务部。

2015年我国对美日欧三大经济体的软件出口执行金额共计为170.50亿美元，占比为51.06%。其中，对美国出口执行金额为87.47亿美元，同比增速为13.62%；对日本出口执行金额为39.88亿美元，同比增速为−5.52%；对欧盟出口执行金额为43.15亿美元，同比增速为−55.89%。2015年中国内地（大陆）对中国香港、韩国、新加坡、中国台湾、德国、英国、芬兰、瑞典8个国家和地区在全球软件出口市场中的占比达33.75%，保持了上升态势。2015年中国内地（大陆）对中国香港的软件出口执行金额为38.87亿美元，增长25.79%，增幅较大；中国内地（大陆）对韩国的软件出口执行金额为19.34亿美元，同比增长4.93%。此外，“一带一路”沿线国家市场取得积极进展。随着基础设施互联互通和六大经济走廊加快建设，软件出口市场也正在积极布局和拓展。目前，软件出口已经遍及除波黑和阿联酋以外的沿线63个国家和地区，2014—2015年出口执行金额分别为44.48亿美元、54.64亿美元，占软件出口总额比重分别为14.8%、16.36%。

### （五）国内软件出口企业加快国际化步伐

我国内资企业通过承接国际信息技术外包已经成为软件出口的主力。2012年、2013年、2014年、2015年国有企业、民营企业软件出口执行金额占总额比重不断攀升，分别为36.59%、37.12%、41.26%、71.29%。我国软件出口企业结构已经由外资企业主导向内资企业主导转变，内资企业已占据软件出口的半壁江山，对软件出口的贡献度明显上升，标志着我国软件业已经形成内生增长模式。在保险信息化等领域，我国软件出口企业实力不断增强，加快了国际化步伐。例如，保险信息化建设、医疗信息化建设、地理信息产业中的相关软件建设得到迅速发展。这些企业通过行业积累，将行业经验转化为提供咨询服务的基础，不仅在国内市场占据较高份额，而且在国际市场中积极向价值链、产业链的高端攀升。2014年软件百强企业实现软件出口209亿美元，同比增长6.7%。我国软件企业加快了全球化战略布局，海外并购迅速增长，一些软件企业在多个国家和地区设立了研发中心和产业基地。移动互联网、云计算、高端软件及服务的发展，有力地促进了软件企业的知识产权成果转化，研发出新的系统软件。

工信部发布的2016年中国软件业务收入前百家企业，华为、中兴通讯、海尔分列第一、第二、第三位。其中，华为2015年软件业务收入同比增长20.5%。2015年软件前百家企业共实现软件业务收入6005亿元，同比增长13.1%；软件业务收入过百亿元的企业有7家，其中京东尚科、科大讯飞、金山软件、华讯方舟、阿里云软件业务收入分别同比增长79%、73%、69%、68%、63%。软件前百家企业共实现利润总额1524亿元，同比增长48.2%。软件前百家企业中民营企业共55家，实现的软件业务收入占我国前百强的60.7%。一批有实力的软件企业加快“走出去”步伐，海外融资、并购、设立海外研发中心等活动明显增多。2015年，蚂蚁金服收购印度支付服务企业One97 Communications 25%的股权，同年阿里与蚂蚁金服投资印度电商Paytm，成为其最大股东。中兴通讯、京东加快在俄罗斯、印尼、印度、巴西等“一带一路”沿线新兴市场进行布局。华为在印度、俄罗斯、土耳其分别设立了研发中心。

## （六）人才素质和创新创业能力显著增强

我国软件从业队伍不断呈现知识化、年轻化、高端化的趋势，为提升软件出口竞争力奠定了坚实基础，成为我国向数字化社会转型的人才储备库和高校毕业生就业的主渠道。2010—2015年，我国软件从业人员年均增长38%左右，成为吸纳就业增长率最高的产业之一。根据工信部统计：2010年我国软件从业人员为260.3万人；2013年软件和信息技术服务业从业人员为470万人，其中软件研发人员达到180万人，占38.29%。2015年软件和信息技术服务从业人员超过540万人，同比增长8.3%。据统计，我国软件从业人员中大学（含大专）学历占65%。2014年我国软件外包企业有2.8万家，新增服务外包从业人员71.1万人，其中大学（含大专）毕业生有48.8万人，约占70%。从年龄来看，软件从业人员以30岁以下为主（占比约为80%），30岁以上的开发者以高级工程师、架构师、技术专家等职位居多，40岁以上的开发者主要从事架构设计岗位。从产业分布来看，除IT领域软件从业人数占比高达35%之外，制造、交通、教育、电信、金融等领域的软件从业人数占比超过48%，说明软件业与制造业、服务业的融合性越来越强。从软件人才的区域分布来看，南京、济南、成都、广州、深圳、上海、北京、杭州8个软件名城占60%以上。软件研发人才增长较快。2015年软件百强企业研发人员共55万人，总人数占比达54%。根据IDC报告，美国占世界软件开发人员19.2%，中国、印度排第二、第三位，分别占10.1%、9.8%。根据CSDN2014年中国软件开发者调查报告，在参与调研的从业人员中：男性大约占93.37%，其中21～25岁占51.2%，26～30岁占31.53%；有64.09%的从业者拥有本科学历，15%以上的从业者拥有硕士及以上学历。此外，超过30岁的群体拥有创业意愿或已经开始创业的人数超过40%，其中，拥有10~15年工作经验的从业人员创业意愿最强。

## （七）众包、众创推动技术创新与服务模式创新

我国软件产业创新能力和应用水平不断提升，自主知识产权的拥有量明显增加。2014年国内软件业专利数量达19740件，同比增长5.95%；软件著作权登记量为21.88万件，同比增长33%。2015年全国软件著作权登记量为29.24万件，同比增长33.64%。“十二五”期间我国累计登记物联网软件26307件，年均增速为138.02%。软件服务模式创新加速，尤其是以互联网、移动终端为主要技术载体的众包模式发展迅速，打破了需要场地、设备、固定人员等的传统生产方式，大大提高了创新效率。2015年开源中国正式上线了第一期众包平台，初步实现作品和服务交易以及开发悬赏模块。众创空间对大众创新创业具有重要的促进作用。2015年国务院印发的《关于发展众创空间推进大众创新创业的指导意见》中提出，到2020年将形成一批有效满足大众创新创业需求、具有较强专业化服务能力的众创空间等新型创业服务平台。这一时期，中关村已出现车库咖啡、创客空间、36氪、天使汇、云基地、创业家等10余家新型创业服务机构。上海浦东软件园于2015年5月正式发布“浦软创业+”5年行动计划，通过升级众创空间、建设在线孵化平台等方式，全面激发企业创新活力。

## （八）出口基地城市、软件园区成为产业聚集的中心和载体

我国软件业出口已经形成以出口基地城市为中心聚集发展的态势。北京、上海、大连、深圳、西安、天津、广州、南京、杭州、成都、济南等11个软件出口基地城市，充分利用软件园的优势条件，积极吸引优势企业、项目、资金、人才、市场等要素资源聚集，引领带动全国软件出口。根据工信部的统计，2013年软件出口基地城市的软件业务收入为20874.28亿元，占全国软件业务收入的68.24%。软件出口面临来自人才、成本、汇率等方面的挑战，而软件园区建设的逐渐完善，使之成为软件外包的重要载体。2015年工信部发布的《中国软件和信息技术服务业竞争力报告》揭晓了2014年中国骨干软件园区前十强，它们分别是：上海浦东软件园、北京中关村软件园、成都天府软件园、西安软件园、江苏软件园、沈阳国际软件园、厦门软件园、大连软件园、南京软件谷、杭州东部软件园。

软件园区成为软件出口和软件业发展的主要载体。软件产业园积极吸引优势企业和创新要素，集聚能力日益增强。据不完全统计，这一时期，全国共有软件园区200多家，成为全国软件出口的主要集聚区。2015年国家火炬计划软件产业基地43个园区总收入为23792亿元，其中软件收入为17623亿元，占全国软件和信息技术服务业收入的41%，同比增长21.36%，高于全国平均增速4.76个百分点。2015年43家园区软件产品收入为5054.6亿元，占全国软件产品收入的36%。2015年43家园区实现总出口额334.1253亿美元，其中软件出口额为206.5627亿美元，同比增长15.85%，约占全国软件出口总额的62%。“十二五”时期的软件园区服务体系不断完善。例如，中关村软件园设有知识产权登记中心、软件产品质量评测中心、软件企业评估与认证中心等。其中软件产品质量评测中心投资1.35亿元建设全国最大的“三库四平台”（“三库四平台”包括软件工具库、开放源码库和软件构件库三个库以及综合服务管理平台、软件质量管理平台、软件开发试验平台和软件测试平台四个平台），为软件企业的产品开发、质量管理等提供服务。此外，出口服务中心为软件企业提供国际商务及贸易等服务；软件出口联盟为软件出口企业提供拓展市场、资源共享等服务。成都天府软件园是国家软件出口创新基地，也是发展最快的专业软件园区之一。大连软件园是国家唯一的软件产业国际化示范城市核心基地，成为国内最具规模的服务外包产业基地和产学研一体的生态科技园区。南京软件谷是我国最大的通信软件产业研发基地，这一时期入驻软件及系统集成企业250多家，其中全国软件百强企业21家，全国服务外包前二十强企业7家。

## 二、“十二五”以来我国软件出口存在的主要问题及制约因素

### （一）出口价值链仍处于中低端水平

在软件出口价值链中，处于高端的是系统软件、支撑软件等，而软件研发外包、信息技术服务外包等服务大多处于价值链的中低端。从全球分工格局来看，以美国、日本、印度、爱尔兰等国家为主的国际软件产业分工体系

已基本形成。美国、欧盟企业主要从事系统软件、支撑软件等基础平台的开发研制及软件标准的制定，在上游主宰着整个产业，产业中游分为上游产品分解后的子模块开发和独立的嵌入式软件开发两类，前一类以印度、爱尔兰为代表，在后一类中日本实力比较强大。产业下游分为高级应用类软件、一般应用类软件和系统集成中的软件开发三类，主要是在上游的基础平台上进行二次开发，我国大部分企业从事一般应用软件的开发，有部分企业从事高级应用类软件的开发。美国在套装软件市场中占据绝对份额，2013年全球套装软件的市场规模为3671亿美元，美国占全球套装软件供给的68%。

我国软件业始终处于全球价值链中低端，高端软件自主创新能力不足。根据商务部的统计，2012年、2013年、2014年、2015年信息技术服务外包占我国软件出口的比重分别为97.19%、97.80%、97.64%、95.94%。系统软件、应用软件和支撑软件占比较小。2016年我国软件市场规模为2849.7亿元，其中应用软件达2174.0亿元，占76.3%。从软件进出口结构看，软件产品出口份额很小且主要是应用软件，系统软件出口能力还很弱。从软件进口看，截至2017年10月集成电路进口额高达2071.97亿美元，同比增长14.5%；芯片进口额相当于原油进口额的1.57倍。说明我国在高端软件、高附加值软件方面的自主研发处于劣势，仍大量依赖进口，核心技术仍受制于人。在软件产品领域（一般是通用的系统软件、应用软件、行业软件和中间件等软件成品），我国面临着国外软件开发商的强力垄断，知名的系统软件、行业软件基本被国外软件企业垄断，如微软、SAP和甲骨文等。

## （二）自主创新能力、国际竞争力仍有较大差距

多数企业缺乏持续创新的动力、意识和研发经费投入。一些企业由于技术人员不足，习惯于引进技术，缺乏消化吸收的能力，导致缺乏核心技术研发能力和自主创新能力，在市场竞争方面长期处于弱势地位。目前高科技领域的软件主要依赖进口，如我国大型企业软件应用高端市场几乎被国外工控系统占领，国产控制系统难以进入重大工程的关键核心主体装备。我国软件出口产品附加值低、企业抗汇率风险能力差，易受国际经济环境的影响。大部分软件企业以服务外包为主，缺乏核心技术。绝大多数软件企业研发投入不足，没有设立研发机构，不能进行自主研发，重点领域知识产权缺乏积

累，尤其缺乏面向垂直行业的咨询与解决方案的能力。

我国大型软件企业的盈利能力、国际品牌影响力仍然较弱。根据2016年7月普华永道发布的全球软件百强企业报告，在全球软件重点企业中美国企业占75%，排名前二十的企业中有15家为美国企业，其次为欧洲、加拿大、日本，合计企业占22%，中国企业仅东软一家入围。2016年我国信息产业有16家上市公司进入全球上市公司2000强，加上华为公司（17家公司）共实现销售额4317亿美元、利润506亿美元；而美国信息产业进入全球上市公司2000强的公司有74家，实现销售额15821亿美元、利润2113亿美元。我国企业的利润仅为美国企业的24%。全球市值最高的前十家公司中，美国互联网企业占5席，分别是苹果、谷歌、微软、亚马逊和脸书。

我国软件企业普遍存在着小、散、弱的现象。国内软件企业超过70%的公司规模不到50人，与印度的公司相比也存在较大差距。2015年TCS营业额达145亿美元，而火炬计划软件产业基地43个园区2015年平均每家企业收入6075万元，多数为中小企业。由于规模较小，难以满足发包方的质量控制要求，因此国内多数软件出口公司对大型国际客户的吸引力很小，许多企业难以接到大订单和找到长期合作伙伴，并且核心人才流失，缺乏抵抗风险的能力。近年来，世界各国纷纷把软件产品视为服务贸易的重点和关键，并利用自己的技术优势设置一系列的技术性贸易壁垒，这使得中小型软件企业在国际市场中的存活率大大降低。

### （三）软件人才缺口较大且结构性矛盾突出

由于我国软件工程教育相对落后、体系还不够完善、缺乏有效的能力培训机制，目前软件人才培养规模不能满足产业发展需要，缺乏领军型、复合型、高技能、国际化人才，仍是制约软件出口和软件业发展的主要瓶颈。软件业长期呈现中间人才多、“高精尖”和基础性人才缺乏的橄榄形结构，尤其是高端人才无法满足行业需求。据统计，近5年我国信息化人才需求量将达1500万~2000万人，其中软件开发、网络工程、网络营销等人才缺口尤其突出。我国软件人才需求量以每年20%的速度递增，每年新增需求近百万人，Java开发工程师、测试工程师、软件工程师、Android开发工程师等IT人才缺口很大。软件出口企业的高端人才需要拥有良好的教育背景、语言和文化优势，能够及时了解前沿技术，同时还需要熟悉国际化企业的工作管理模式、熟练掌握国际标准和规范等。目前，全行业取得国际认证资格的软件人才较少。截至2015年，在11个重点软件出口园区中，仅北京中关村软件园获得CSDP（Certified Software Development Professional）认证的人数占软件及相关信息服务企业人员比重为7.5%，其他园区此项指标皆为零。由于院校毕业大学生多数不适应软件企业的需求，软件企业和外包商大都设有自己的培训学校和基地，以完成就业上岗“最后一公里”，这一阶段的培训企业需要投入5%~8%的经济成本和6~18个月的时间成本。由于大部分院校仅开设英语课程，在语种上严重不足，造成对日、欧外包业务中语言成为最大障碍。从区域分布来看，软件人才主要集中在东部地区，中部、东北、西部地区相对匮乏。此外，软件业人才流失率有所上升。近年来，较多软件业中高端人才流向互联网及其他新兴产业。据调查，软件业跳槽的现象明显增多，软件外包企业年均员工流动率在30%左右。

### （四）要素成本全面上升削弱了软件企业的竞争力

近年来，软件业人力成本及土地、资金、交通、通信、电力、税收等要素成本全面上升，已经成为影响软件出口企业竞争力的重要因素，加之汇率变化波动，导致软件外包企业的利润逐渐下降。人力成本通常占软件外包企业营收的60%~70%。自2010年以来，软件服务外包业人力成本以每年不低于10%的速度递增。据调查，2016年一些软件企业人员工资总额增长15.3%。2016年，在全国软件开发者中，平均月薪在1万元以上的开发者占45%，较上年上升12%；月薪在2万元以上的开发者数量占比增长67%。例如，博彦科技2015年营业收入为17.2亿元，员工近8000人，其中薪酬总额为11.9亿元，占营业收入的69%，这一占比远高于百度、阿里巴巴、腾讯等互联网企业。2016年信息传输、软件和信息技术服务业平均工资为122478元，较上年增长9.3%，首次超过金融业位列各行业榜首。2017年我国软件业从业人员有近600万人，较上年增长3.4%；从业人员工资总额同比增长14.9%，人均工资同比增长11.2%。2010年起软件服务外包业逐渐从北京、上海、深圳等一线城市向西安、武汉、成都等二、三线城市转移。近年来二、三线城市的人力、房租等成本上升较快，成本优势也逐渐减弱。此外，企业在数字化转型中的管理成本提高。2016年软件百家企业管理费用同比增长14%，由于数字化对于软件企业的管理能力、技术能力、营销能力、研发能力等方面提出了更高、更新的要求，企业组织结构和管理体系更加复杂化，导致软件企业管理成本有所上升。

## （五）软件知识产权保护场景面临重大变化

软件业从诞生之日起就是技术和创新演变快速的行业。从我国近几年的知识产权案例来看，软件贸易中既有基于软件著作权的许可证或实物拷贝，又有ITO、BPO和IC设计服务贸易中的服务产品和嵌入式软件的实体产品，还有以SaaS模式为代表的云服务。知识产权在经济运用中，一方面是企业的竞争工具，另一方面是控制产品流通的贸易工具。随着全球数字贸易的发展，知识产权特别是专利权以非关税壁垒的形式，越发频繁地出现在货物贸易和服务贸易场景中，其中以美国国际贸易委员（ITC）发起的“337调查”为典型。“337调查”针对向美国市场出口的企业，一般以侵犯知识产权调查为主，涉及专利权、商标权、著作权和商业秘密，一旦被认定违反该条款，后果可能招致包括对物、对人的全面禁令。2017年美国对我国企业发起“337调查”24起，占发起调查总数的37.5%。其中，通信设备、计算机及其他电子设备等涉及软件业的企业和领域是调查重点，理由全部都是专利侵权。2017年2月美国商会发布的《国际知识产权指数报告》，在专利权、著作权、商标权、商业秘密、市场准入和批准国际条约六个方面对全球45个经济体的知识产权保护情况进行打分，我国排名第27位（14.83分），与美国（32.62分，排名第1位）、日本（31.29分，排名第4位）相比，还存在不小差距。

## （六）数字贸易规则给我国软件出口带来的挑战增多

数字贸易作为一种新型贸易方式，主要依托互联网体现出自由化、开放性等特点，同时在规则方面与传统WTO框架下的货物贸易、服务贸易规则之间产生了冲突。数字贸易具有虚拟化和可复制性等特点，贸易方式隐蔽、复杂，监管难度大，使得现有WTO关税规则难以产生效力，由此将带来国际变革贸易规则的重构。目前，数字贸易已经成为全球服务贸易的主要方式，全球服务贸易中有一半以上已经实现数字化。据测算，2005—2014年通过互联网传输的全球数据流量增长了45倍，远远超过传统的国际商品贸易或金融资本流动的增长速度。数字贸易的快速发展，不仅带来了服务贸易规则的重构，也产生了不同形式的数字贸易壁垒。数字贸易壁垒不仅包括针对电子产品的关税和配额，还包括数字本地化、跨境数据流动、知识产权侵权、国际合规性评估、网络安全风险等非关税壁垒，其方式与传统贸易壁垒相比更为复杂、隐蔽。目前，由于各国对数字贸易规则没有达成共识，全球还没有形成统一的数字贸易规则及争端解决机制，由此产生的贸易摩擦使传统的争端解决机制也面临挑战。当前，SaaS为主要类型的云计算数字贸易已经成为软件贸易的主要形态，正在逐步取代传统软件进出口模式，数字贸易规则与壁垒，将对软件贸易产生重大影响。

首先，目前关于数字贸易及跨境电子商务规则主要存在三方立场。一是以美国为首，包括欧盟、日本等在内的发达国家和地区，主张将数字的跨境自由流动纳入多边贸易规则；二是以中国、俄罗斯为代表的发展中国家及欠发达国家，主张建立以货物流动为主的跨境电子商务规则；三是非洲、加勒比和太平洋岛国等相关国家，由于自身电信与互联网等基础设施较差，反对将数字贸易及跨境电子商务议题纳入多边贸易框架下讨论。其次，发展中国家的数字贸易壁垒一般高于发达国家，这将导致我国与“一带一路”发展中国家软件贸易的风险增加。发展中国家软件和信息技术服务业比较落后，往往设置各种形式、程度高低不同的贸易壁垒，导致我国软件出口在发达国家面临激烈的市场竞争的同时，也在发展中国家遭遇各种壁垒。此外，我国与美国之间在数字贸易规则方面存在较大差异，主要体现在跨境数据流动和源代码规则等方面。美国强调信息和数据的自由流动，提出缔约方不得将数据代码强制本地化作为另一缔约方在其领土内进口、分销、买卖或使用软件的条件。我国对数字贸易壁垒的识别和电子摩擦的判断能力还有待提高，也缺乏相应的贸易摩擦反应机制，容易导致数字软件出口遭受不公平待遇。

## 三、“十三五”时期我国软件出口面临的国际环境和机遇

“十三五”时期，我国软件出口虽面临全球政治局势动荡、贸易增速低迷，尤其是以美国为代表的贸易保护主义挑战更加严峻等不利因素，但也拥有许多有利因素。全球经济正在加快复苏进程，为全球软件贸易创造了有利的宏观环境。据IMF预测，2018年、2019年全球经济增速均为3.9%左右，其中发达经济体增速为2.3%和2.2%，新兴市场和发展中经济体增速为4.9%和5%。智能制造、网络经济、数字经济加快发展正在成为全球经济增长的新动能，尤其是在数字经济的引领带动下，各国智慧基础设施建设加快实现互联互通，传统产业加速向数字化转型升级，数字化的新产业、新业态、新模式不断涌现，将不断释放出对软件市场的强大需求，为扩大全球软件贸易创造出巨大的市场机会。在“一带一路”建设积极引领新型全球化，我国全球治理话语权不断提升，为开拓沿线国家和地区软件出口市场创造了有利外部条件。

### （一）智能化、信息化、网络化、数字化将推动全球软件市场持续增长

#### 1. 数字经济将带来软件业的又一次跨越式发展

软件和信息技术服务是构成数字经济的基础性产业，也是数字经济的灵魂。当前，数字经济正在以信息技术的不断创新为引领，以开放的平台为载体，以数字化产品和服务为内容，快速渗透到研发、制造、物流、贸易、金融、管理等生产经营活动的全部过程，以及政府管理、社会创新和个人生活的各个方面，深刻地影响着人类经济社会的变革。美国商务部1998年发布的《浮现中的数字经济》首次将数字经济定义为信息技术产业和电子商务。英国研究委员会认为，在数字经济中，数字网络和通信基础设施提供一种全球化的平台，促进个人和组织的相互交往、通信、合作和信息分享。据麦肯锡研究，数据流动对全球经济增长的贡献已经超过传统的跨国贸易和投资，支撑起几乎所有类型的全球化活动。因此，在数字经济时代，计算、网络、数据、软件无处不在，软件是计算、网络和数据的基础。随着全球数字经济

的蓬勃发展，大数据、云计算、人工智能、物联网、区块链、AR/VR/MR等新技术正在赋予软件业新的内涵，为软件业的技术创新、服务模式创新、商业模式创新注入动力，全球软件市场供需双向扩张的态势将使软件贸易规模继续保持扩大趋势，从而为全球软件贸易的发展提供新的空间。"十二五"以来，各国都加快了在高速宽带、4G、5G、云计算中心等信息基础设施方面的建设，并实施大力扶持软件业的政策。"十三五"时期，在德国"工业4.0"、美国"工业互联网"、"中国制造2025"等战略的引领下，以智能制造为主的新型制造业革命，具有智能化、信息化、网络化、数字化等主要特征，通过软件、网络和大数据在制造业中的应用实现生产智能化，促进信息化和工业化深度融合，这无疑使软件业迎来了一次新的发展机遇。

2. 全球软件和信息技术服务市场持续增长

据Gartner研究，目前全球软件支出和软件出口增速均高于IT设备和IT服务。2016年全球IT总支出为35360亿美元。其中，数据中心系统支出为750亿美元，同比增长3%；软件支出和软件服务支出分别为3260亿美元和9400亿美元，分别同比增长5.3%和3.1%。2017全球IT与软件支出同比增长2.9%，其中，数据中心系统支出为1770亿美元，软件支出为3570亿美元，IT设备支出为6000亿美元，IT服务支出为9430亿美元，分别同比增长2%、7.2%、0.4%、4.8%。2017年全球软件服务支出达10890亿美元，同比增长4.1%。2005—2016年全球通信，计算机和信息服务出口总额由2027亿美元增长至4080亿美元，其中计算机服务增速最快，由1184亿美元增长至3531亿美元，增长2倍①。2009—2016年全球电信、计算机和信息服务的平均增速为6.35%，超过总服务出口增速，也超过其他细分行业服务出口增速。据IDC预测，2018年、2019年全球离岸服务外包市场规模将达到3582亿美元和4069.9亿美元。从发展领域看，未来软件业的优势领域主要有数据库，支撑软件包，虚拟现实，WAP技术，基于神经系统的多媒体应用，实时和对安全性要求高的软件以及金融、财务软件和娱乐软件等。

3. 云计算平台软件应用日益广泛

融合了大数据、云计算和人工智能等先进技术的平台化软件是平台经

①来源于UNCTAD的统计数据，计算机服务包括软件和硬件两部分。

济的关键支撑，主要体现在软件开发的平台化及基于云计算的平台化软件服务上。平台化软件分为技术支撑型平台和应用实现型平台。技术支撑型平台的用户为软件开发人员，这类平台包括软件中间件、开发工具、应用服务器等。应用实现型平台的用户为终端用户，提供商不但要负责平台的维护和升级，还要负责实现基于平台的上层应用。据Statista分析，2013—2015年全球零售类电子商务年均增幅达35.9%，预计到2020年将增至4.06万亿美元。Gartner的调查结果显示，2015年起有10%的IT企业级安全产品功能通过云服务提供。这将对主要的安全技术领域产生影响，包括安全邮件以及安全网关，远程漏洞评估及身份和访问管理。2016年基于云计算的安全服务市场产值达42亿美元。据Gartner分析，2010—2016年全球公有云市场规模年均复合增速达20.51%，2017—2020年年均增速在15%以上，到2020年市场规模有望达到3834亿美元。据IDC测算，2017年全球云计算市场支出为1070亿美元，相当于2013年的2.3倍，年均增速在20%以上。据Forrester Research预测，到2020年全球云计算业务支出将达到1910亿美元，相当于2014年的2.65倍。据统计，2016年全球以IaaS、PaaS和SaaS为代表的云服务市场规模达654.83亿美元，增速为25.36%，预计2020年将达到1435.3亿美元，年复合增长率达22%。众包平台已经成为全球软件开发的重要模式，如苹果的应用平台吸引了近40万个APP开发者加入该系统，开发了上百万个APP产品，这是苹果在全球手机行业中获得90%的利润的决定性因素。

4. 大数据、人工智能不断带动软件业增长

大数据软件是各类软件企业争夺新兴市场主导权的一个制高点。2016年全球大数据市场规模达580.3亿美元，同比增长26.0%，增速处于较高水平。2016年全球人工智能市场规模达1937.8亿美元，同比增长14.6%，人工智能及其相关产业增速超过35%，其增长动力主要源自智能化工业机器人、服务机器人的快速发展，其中智能硬件平台占比达63.1%。2016年全球大数据市场中的软件规模约为139.3亿美元，全球人工智能市场中的软件平台规模约为110亿美元，两者约提供了软件市场规模的7%。在《MIT科技评论》公布的2017年全球十大突破技术中人工智能领域的技术占3个，分别为强化学习、自动驾驶货车和刷脸支付。2017年，行业巨头纷纷通过开放基础技术平台、计算平台汇集产业资源，力图构建以企业大平台为中心的产业生态体系。在2017年国际消费类电子产品展览会上，欧、美、中、日、韩厂商均发布了最

新的智能化产品，几乎所有的白色家电都开始集成人工智能技术，探索智能家电的智能系统。

5. 互联网和物联网市场规模不断扩大

2016年，全球移动互联网规模为7000亿美元左右。2020年，全球物联网市场规模将突破2630亿美元，尤其是基于网络安全的外包服务不断凸显。2017—2018年全球IT安全外包服务支出分别达167亿美元和185亿美元，均同比增长11%，到2019年全球企业对安全外包服务的支出将占安全软件和硬件产品总支出的75%，高出2016年12个百分点。

## （二）服务业态创新和传统产业升级成为推动全球软件业增长和创新的动力

1. 新技术将不断催生新业态和新模式

随着大数据、物联网、移动互联网、云计算等信息技术以及人工智能、3D打印、VR/AR/MR、区块链等新技术加快应用，众创、众包、众筹等平台经济模式加快成长，云计算、物联网、移动互联网作为未来新经济的主要引擎将带动软件业发展。大数据的发展将带来金融风险管控、智能控制、社交营销和商业模式等方面的变革，围绕大数据的汇集挖掘、处理分析、开发存储等新的外包服务将保持增长。传统软件系统架构难以支撑大数据发展，需要建立虚拟化、并行计算、分布式存储和自动化的云计算架构。智能制造发展将加速推动软件研发创新。当前，世界各国都在加大科技创新力度，推动3D打印，物联网、云计算、大数据、新能源、新材料等领域取得新突破。基于信息物理系统的智能制造在带动传统制造业转型升级的同时，也推动了软件业和制造业的加速融合。个性化定制、数字制造、网络智能制造、软硬件融合等新的制造范式正在兴起；传统制造业正在朝着绿色低碳、网络智能、超常融合、共创分享的高端新型制造模式发展，围绕智能制造的软件产品和信息技术服务将呈现爆发式增长。

2. “软件即服务”成为软件企业进行商业模式创新的重要趋势

未来软件服务增长将快于软件产品增长，增值服务将成为软件企业收入的主要来源，软件企业在发展中更加注重服务模式创新。一些规模较大的软件公司由过去的销售产品转变为与客户签订服务协议，由一次性购买转变为年度订购。软件服务提供商依托云计算有效降低了服务成本，提高了服务效率，实现了交付模式创新。众包平台通过一对多的方式提高了服务规模效益。在合作模式上，发包商和服务提供商之间更加注重利润分享、共享风险回报等新的合作模式。

### 3. 传统产业数字化转型成为全球软件市场持续扩大的重要动力

网络化、数字化、智能化成为产业转型升级的主要发展趋势。大数据、云计算、物联网、移动物联网、人工智能、虚拟现实、区块链等新技术正加速推动在传统产业中的广泛应用，网络化连接、数字化转型、融合化发展成为传统产业未来发展的主要特征。传统产业转型升级不仅为软件业创造了大量需求，而且使处于软件出口价值链低端的国家在全球产业结构深度调整中提高参与度、重构价值链，加速产业链的细分化、专业化，向价值链高端攀升。“互联网+”传统产业是产业升级的关键所在。在这一过程中，由于传统产业中信息化水平参差不齐，因此更加需要软件业针对传统产业提供弹性化、因地制宜的解决方案，以及垂直化、精细化的服务，也需要软件企业向价值链的高端转化，提供高附加值的服务内容。

### 4. 软件产业链和价值链呈现融合化、高端化发展的趋势

在新产业革命和新技术革命的驱动下，发包方更注重利用外包实现自身业务转型，提升创新能力和构建核心竞争力，需要外包企业提供更多具有创新性、高端化和集成化的服务，因而促进了软件企业向解决方案提供商和综合服务提供商转型，导致软件产业向高技术含量、高附加值业务领域发展。

## （三）传统市场和新兴市场具有双向拓展空间

### 1. 美、欧、日三大传统市场有望保持稳步增长

随着金融危机复苏，全球软件市场需求的基本格局正在逐步产生变化，美、日、欧三大传统市场有望保持平稳增长。在欧盟和美国的软件外包出口业务中，占据较大市场份额的是软件服务。美国作为全球最大的软件发包国，发包规模占全球市场的55%以上，欧盟和日本分别占据第二、第三位，市场份额分别为25%和10%以上。目前，美国掌控全球软件产业的核心技术和产品市场，并掌握了相关标准体系。美国软件业的发展态势体现在两方面：一是软件服务增长快于软件产品增长，软件业呈现服务化的趋势；二是

将不具备核心竞争力的软件生产环节外包给其他国家。特朗普政府采取一系列优惠政策，通过结构性减税、实施振兴制造业战略、加强基础设施建设等吸引全球投资，同时也将有利于扩大软件产品和服务出口市场。欧盟在通信软件和企业管理软件方面具有较高的全球市场占有率。目前，我国软件企业通过技术创新以及派遣工程师上门服务、现场与远程相结合等服务模式创新，提高了对欧、美、日软件服务出口的竞争力。

2. “一带一路”新兴市场前景广阔

“一带一路”沿线多数国家和地区的信息化和工业化程度均低于全球平均水平，网络覆盖率低、数字鸿沟巨大。根据IDC预计，“一带一路”建设未来10年①的总投资将超过50万亿元，由此带来的直接IT商机将超过5000亿元。例如，孟中印缅经济走廊区域GDP占全球GDP比重从2000年的12%上升到2015年的25%，缅甸、孟加拉等国家都存在对软件业的强大需求。这些都为我国有条件的软件企业“走出去”，向沿线国家输出人员、技术、服务，建立自主标准，建立全球销售网络，扩大市场提供了重大机遇。随着海陆空网基础设施的互联互通，网络数字信息共享水平不断提高。中哈、中吉、中塔、中巴国际跨境陆地光缆系统以及亚欧信息高速公路等重大工程项目的建设，为软件出口提供了技术支持。“一带一路”促进了国际产能合作、装备合作不断发展，也将带动我国对沿线国家和地区的软件出口。此外，“一带一路”建设促使我国与欧盟、中东欧16国的经贸合作日益密切，随着《中欧合作2020战略规划》的积极实施，中欧全面战略伙伴关系深入发展，将为对欧软件出口创造有利环境。

3. 非洲地区实施工业化和信息化的空间巨大

近年来，非洲开放水平日益提高，南非、加纳、纳米比亚、肯尼亚、乌干达、坦桑尼亚、赞比亚、埃塞俄比亚等国的投资环境受到投资者的好评。南非、加纳和尼日利亚及东非沿海国家的手机普及率上升，移动技术领域蕴含着巨大商机。此外，我国对非投资截至2015年已连续15年增速超过30%，为扩大对非软件出口奠定了有利基础，尤其为中小型软件企业的业务开展带来了更多机遇。

①2015年的预测数据。

#### 4. 全球自贸区网络不断扩大

截至2016年，我国已经签署14个自贸协定，涉及22个国家和地区。区域全面经济伙伴关系（RCEP）谈判、亚太自贸区战略等稳步推进。自贸区的利用效率不断提高，将有利于扩大软件和信息技术服务贸易的市场空间。

## 第三节　“十三五”以来我国软件出口发展及战略思路

“十二五”是我国软件出口的黄金增长期，5年间软件出口执行金额平均增速达28.59%，但增速逐年下降且年均降幅达9.07个百分点，由2011年的47.36%下降至2015年的11.1%。“十三五”以来，我国软件出口已经进入由高速增长转向中低速增长的拐点，进入波动、趋缓增长时期。但软件出口规模明显扩大，增长质量不断改善，对服务贸易发展的贡献度不断提高，出口结构不断优化，出口多元化格局日益丰富，“一带一路”沿线新兴市场加速拓展，软件出口基地和软件园区的产业集聚能力不断增强，软件企业的自主创新能力和国际竞争力持续提升。随着全球经济复苏进程加快，网络经济和数字经济蓬勃发展，新产业革命和新技术革命驱动下的新动能不断成长，“互联网+”与传统动能紧密融合，都将为我国软件出口提供新机遇。应把握有利时机顺势而为，加快推进供给侧结构性改革，提高软件企业的自主创新能力，提升软件出口质量和综合效益，推动出口价值链迈向高端水平。

### 一、“十三五”以来我国软件出口的主要特点

#### （一）软件出口由高速增长转向中低速增长，整体规模实力明显增强

“十三五”以来，全球经济仍处于缓慢复苏状态。2016年、2017年全球GDP增速分别为3.2%、3.6%，全球贸易量增速分别为2.4%、4.2%。2016年全球货物贸易出口额159600亿美元，同比下降3.24%；全球服务贸易出口额48077亿美元，同比出现0.4%的微弱增长。在全球经济环境仍不景气的背景

下，我国软件出口呈现较强波动性。2016年，我国软件出口增速继续出现回落，执行金额342.30亿美元，同比增长2.51%，较上年回落8.6个百分点；协议金额464.89亿美元，同比增长9.19%，较上年回落3.7个百分点；合同数量52790份，同比增长1.18%，较上年有所回升。2017年，我国软件出口恢复中速增长态势，软件出口执行金额375.56亿美元，相当于2011年的2.6倍，同比增长9.72%，较上年提升7.21个百分点；协议金额571.82亿美元，相当于2011年的3倍，同比增长23.00%，较上年提升13.81个百分点；合同数量59943份，相当于2011年的1.3倍，同比增长13.55%，较上年提升12.37个百分点（见表4-10、图4-16）。2016年软件从业人员达855.7万人，相当于2010年的3.3倍，年均增长38.1%，成为各产业吸纳就业增长率最高的产业。

表4-10　2011—2017年我国软件出口规模与增速

| 年份 | 执行金额 | 同比增长 / % | 协议金额 / 亿美元 | 同比增长 / % | 合同数 / 份 | 同比增长 / % |
|---|---|---|---|---|---|---|
| 2011年 | 143.39 | 47.36 | 190.68 | 51.09 | 46159 | 18.22 |
| 2012年 | 194.16 | 35.40 | 234.20 | 22.82 | 53887 | 16.74 |
| 2013年 | 253.56 | 30.59 | 320.71 | 36.94 | 52683 | –2.23 |
| 2014年 | 300.57 | 18.51 | 377.15 | 17.55 | 52265 | –0.81 |
| 2015年 | 333.93 | 11.10 | 425.78 | 12.89 | 52173 | –0.18 |
| 2016年 | 342.30 | 2.51 | 464.89 | 9.19 | 52790 | 1.18 |
| 2017年 | 375.56 | 9.72 | 571.82 | 23.00 | 59943 | 13.55 |

数据来源：商务部服贸司。

## （二）出口价值链持续向高端跃升，出口多元化格局逐渐形成

### 1. 信息技术外包居主导地位，软件产品出口波动发展

软件出口主要包括软件产品出口和信息技术外包两大类。信息技术外包一直是我国软件出口的主要方式，软件产品出口仅占很少部分。2016年信息技术外包出口执行金额为330.48亿美元，占比96.55%，同比增长4.30%；软件产品出口执行金额为11.82亿美元，占比3.45%，同比增长为–30.78%。2017年信息技术外包出口执行金额364.20亿美元，同比增长10.20%，占总量的96.98%；软件产品出口执行金额11.35亿美元，占总量的3.02%，同比增长为–3.98%，降幅较上年大幅收窄（见图4-17）。

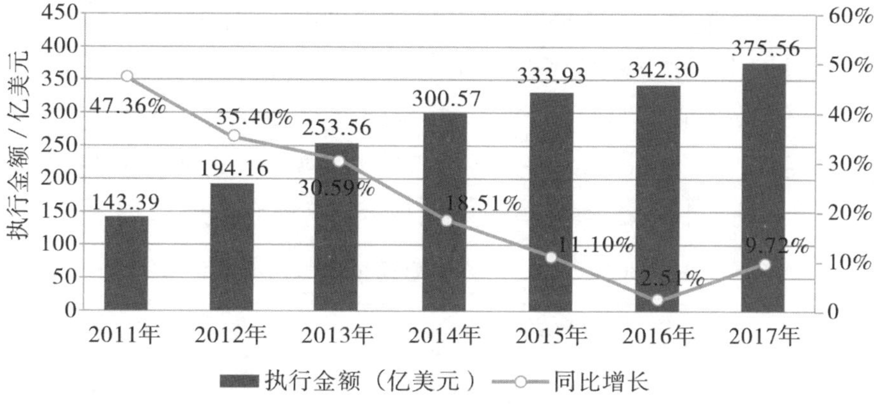


**图4-16 2011—2017年我国软件出口规模**

数据来源：中国商务部。

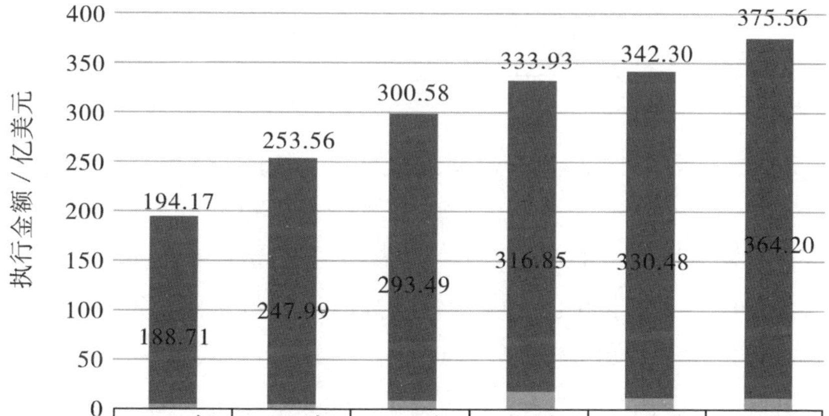


| | 2012年 | 2013年 | 2014年 | 2015年 | 2016年 | 2017年 |
|---|---|---|---|---|---|---|
| 总计 | 194.17 | 253.56 | 300.58 | 333.93 | 342.30 | 375.56 |
| ■信息技术外包出口执行金额 | 188.71 | 247.99 | 293.49 | 316.85 | 330.48 | 364.20 |
| ■软件产品出口执行金额 | 5.46 | 5.58 | 7.09 | 17.08 | 11.82 | 11.35 |

**图4-17 2012—2017年软件出口结构**

数据来源：中国商务部。

### 2. 软件产品出口以应用软件为主，系统软件和支撑软件呈波动发展

从软件产品出口结构看，应用软件占比最高。2016年，应用软件、系统软件和支撑软件出口额分别为10.49亿美元、1.23亿美元、0.10亿美元，占比

分别为88.75%、10.40%和0.85%，其中支撑软件同比增长99.93%，应用软件和系统软件同比分别下降23.09%和63.72%。2017年，应用软件执行金额8.91亿美元，占软件产品出口总额的78.5%，同比下降15.06%；系统软件执行金额2.38亿美元，同比增长93.49%，较上年呈现大幅回升；支撑软件执行金额0.07亿美元，同比下降32.04%，较上年出现大幅下滑（见表4–11）。

表4–11 2016—2017年我国软件产品的出口规模与增速

| 合同类别 | 2016年 | | 2017年 | |
|---|---|---|---|---|
| | 出口额 / 亿美元 | 同比增长 / % | 执行金额 / 亿美元 | 同比增长 / % |
| 软件产品 | 11.82 | –30.78 | 11.36 | –3.92 |
| —系统软件 | 1.23 | –63.72 | 2.38 | 93.49 |
| —应用软件 | 10.49 | –23.09 | 8.91 | –15.06 |
| —支撑软件 | 0.10 | 99.93 | 0.07 | –32.04 |

数据来源：中国商务部。

### 3. 信息技术外包以软件研发外包为主，高端业务不断发展

2016年，软件研发外包、信息技术服务外包、运营和维护服务三项出口执行金额分别为228.06亿美元、59.05亿美元和42.48亿美元，同比增长分别为4.64%、–0.75%和13.23%，占信息技术外包总额比重分别为69.01%、17.87%和12.85%。2017年，软件研发外包、信息技术服务外包、运营和维护三项出口执行金额分别为243.42亿美元、68.80亿美元、51.51亿美元，同比增长6.74%、16.51%、21.26%，分别占信息技术外包总额的66.84%、18.89%、14.14%。在软件研发外包中，软件研发及开发服务、软件技术服务占比较高。2016年，上述两项出口执行金额分别为161.20亿美元、66.45亿美元，同比增长7.35%、–1.18%，分别占软件研发外包的70.7%和29.14%；2017年上述两项出口执行金额分别为170.35美元、72.69亿美元，同比增长5.68%、9.39%，分别占软件研发外包的69.98%和29.86%。

### 4. 逐步形成了软件外包为主，集成电路、电子商务平台等多元化出口格局

在信息技术服务外包中，集成电路和电子电路设计出口居主导地位。

2016年，集成电路和电子电路设计、电子商务平台服务、测试外包服务出口执行金额分别为40.19亿美元、1.28亿美元和10.81亿美元，同比增长分别为-3.87%、-33.67%和-1.46%。2016年IT解决方案、其他信息技术服务外包业务及其他运营和维护服务三项类别执行金额分别为0.80亿美元、5.57亿美元、0.91亿美元，同比分别增长6.15%、61.82%、335.52%。2017年，集成电路和电子电路设计出口执行金额占61.08%，电子商务平台服务、IT解决方案呈现大幅增长，这三项执行金额分别为42.02亿美元、4.19亿美元、3.73亿美元，同比增长4.56%、226.44%、367.10%。在运营和维护服务中，2017年信息系统运营和维护服务出口执行金额占68.14%，其他运营和维护服务实现74.75%的增长。上述分析表明，我国软件多元化出口结构日益拓展，软件出口企业向高端综合业务领域的拓展能力明显提高，尤其是跨境电商的国际领先优势带动了电商平台的高速增长（见表4-12、表4-13）。

表4-12　2015—2016年中国信息技术外包的出口规模与增速

| 合同类别 | 2015年 | | 2016年 | |
|---|---|---|---|---|
| | 执行金额 / 亿美元 | 同比增长 / % | 执行金额 / 亿美元 | 同比增长 / % |
| 总计 | 333.93 | 11.10 | 342.30 | 2.51 |
| 信息技术外包（ITO） | 316.85 | 7.96 | 330.48 | 4.30 |
| 1.软件研发外包 | 217.95 | 8.76 | 228.06 | 4.64 |
| 软件研发及开发服务 | 150.17 | 24.73 | 161.20 | 7.35 |
| 软件技术服务 | 67.24 | -15.95 | 66.45 | -1.18 |
| 其他软件研发外包业务 | 0.54 | — | 0.41 | -23.60 |
| 2.信息技术服务外包 | 59.50 | 27.67 | 59.05 | -0.75 |
| 集成电路和电子电路设计 | 41.80 | 24.35 | 40.19 | -3.87 |
| 电子商务平台服务 | 1.93 | 59.57 | 1.28 | -33.67 |
| 测试外包服务 | 10.97 | -6.82 | 10.81 | -1.46 |
| IT咨询服务 | 0.60 | — | 0.40 | -32.42 |
| IT解决方案 | 0.75 | — | 0.80 | 6.15 |
| 其他信息技术服务外包业务 | 3.44 | — | 5.57 | 61.82 |

（续表）

| 合同类别 | 2015年 | | 2016年 | |
|---|---|---|---|---|
| | 执行金额 / 亿美元 | 同比增长 / % | 执行金额 / 亿美元 | 同比增长 / % |
| 3.运营和维护服务 | 37.52 | −8.42 | 42.48 | 13.23 |
| 信息系统运营和维护服务 | 25.43 | 4.61 | 31.19 | 22.66 |
| 基础信息技术运营和维护服务 | 11.88 | −28.68 | 10.37 | −12.66 |
| 其他运营和维护服务 | 0.21 | — | 0.91 | 335.52 |

数据来源：中国商务部。

表4-13　2017年我国信息技术外包出口规模与增速

| 合同类别 | 合同数 / 份 | 同比增长 / % | 协议金额 / 亿美元 | 同比增长 / % | 执行金额 / 亿美元 | 同比增长 / % |
|---|---|---|---|---|---|---|
| 总计 | 59943 | 13.55 | 571.82 | 23.00 | 375.56 | 9.72 |
| 信息技术外包（ITO） | 55177 | 15.52 | 553.60 | 23.72 | 364.20 | 10.21 |
| 1.软件研发外包 | 40866 | 13.25 | 394.04 | 29.03 | 243.42 | 6.74 |
| 软件研发及开发服务 | 30720 | 17.48 | 310.13 | 37.65 | 170.35 | 5.68 |
| 软件技术服务 | 10012 | 2.22 | 83.52 | 4.97 | 72.69 | 9.39 |
| 其他软件研发外包业务 | 134 | −3.60 | 3.82 | −25.45 | 0.38 | −7.62 |
| 2.信息技术服务外包 | 7604 | 33.94 | 83.92 | −4.18 | 68.80 | 16.51 |
| 集成电路和电子电路设计 | 5579 | 39.44 | 46.48 | −7.51 | 42.02 | 4.56 |
| 电子商务平台服务 | 297 | 40.09 | 4.76 | 159.35 | 4.19 | 226.44 |
| 测试外包服务 | 753 | 5.31 | 21.76 | 66.16 | 12.07 | 11.67 |
| IT咨询服务 | 124 | 4.20 | 0.64 | −19.77 | 0.42 | 3.36 |
| IT解决方案 | 371 | 113.22 | 4.13 | 380.68 | 3.73 | 367.10 |
| 其他信息技术服务外包业务 | 480 | 5.26 | 6.14 | −70.37 | 6.37 | 14.46 |
| 3.运营和维护服务 | 6700 | 11.74 | 75.28 | 39.89 | 51.51 | 21.26 |
| 信息系统运营和维护服务 | 5092 | 13.99 | 50.51 | 25.16 | 35.10 | 12.54 |
| 基础信息技术运营和维护服务 | 1161 | −4.76 | 22.59 | 82.90 | 14.81 | 42.75 |
| 其他运营和维护服务 | 447 | 44.19 | 2.18 | 97.01 | 1.60 | 74.75 |

数据来源：中国商务部。

## （三）东部地区继续保持主力军地位，中西部地区呈波动性增长

### 1. 从软件出口区域分布来看，东部地区作为主力基本保持上扬态势

2016年东、中、西部地区软件出口占比分别为87.40%、3.20%、5.70%，均有所上升；东北地区软件出口占比3.70%，有所下降。2017年东部地区软件出口执行金额占比为87.93%，较上年增长0.53个百分点；中部、西部、东北地区占比分别为2.86%、5.56%、3.65%，比上年分别下降0.34、0.14、0.05个百分点（见图4-18、图4-19）。

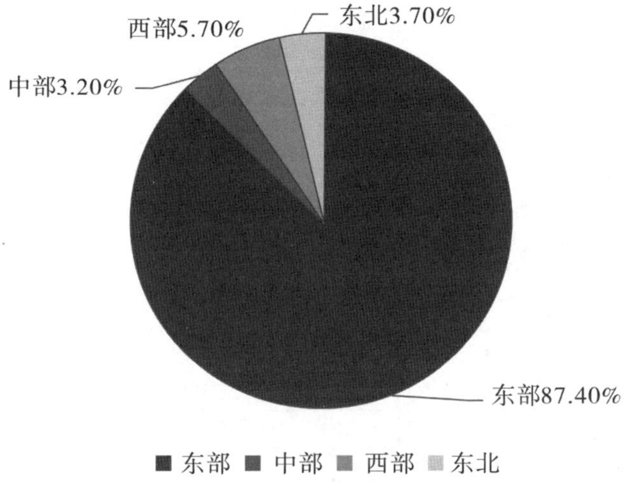


图4-18　2016年东、中、西部及东北地区软件出口占比

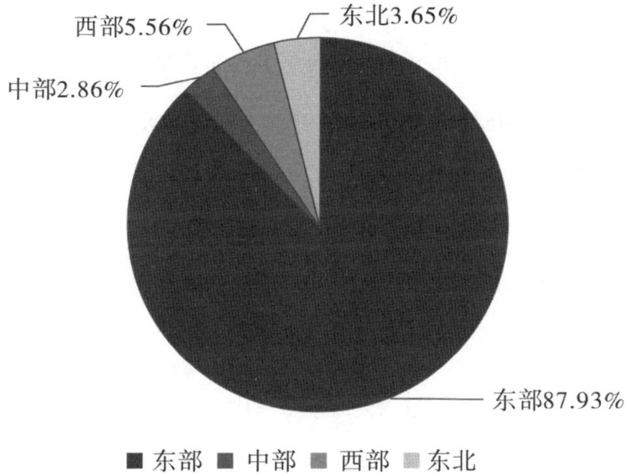


图4-19　2017年东、中、西部及东北地区软件出口占比

### 2. 从东部地区内部来看，江苏、浙江、上海、广东是软件出口主力

2016年江苏、浙江、上海列软件出口规模前3位，这三个省市出口执行金额分别为119.59亿美元、49.86亿美元、36.86亿美元，同比增长0.53%、14.80%、3.76%。2017年江苏、浙江、广东列软件出口规模前3位，执行金额分别为122.61亿美元、51.34亿美元、51.28亿美元，同比分别增长2.52%、2.96%、44.37%。其中，广东省增长较快，2014—2015年执行金额列东部地区第5位，2016年超过北京市列第4位，2017年再次超过上海市列第3位。此外，山东省增幅最高达47.13%（见图4-20、表4-14）。

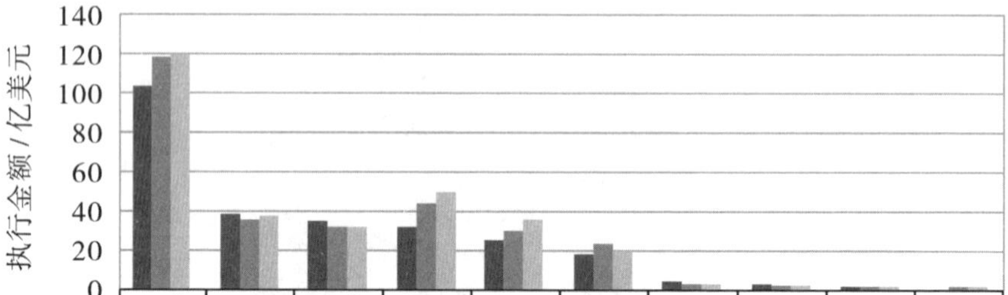


| | 江苏省 | 上海市 | 北京市 | 浙江省 | 广东省 | 山东省 | 天津市 | 福建省 | 河北省 | 海南省 |
|---|---|---|---|---|---|---|---|---|---|---|
| ■2014年 | 104.06 | 38.50 | 34.58 | 32.34 | 25.10 | 18.09 | 4.18 | 2.34 | 0.21 | 0.00 |
| ■2015年 | 118.95 | 35.52 | 31.63 | 43.43 | 29.85 | 23.04 | 2.72 | 2.24 | 0.41 | 0.0006 |
| ■2016年 | 119.59 | 36.86 | 32.37 | 49.86 | 35.52 | 19.04 | 2.81 | 2.65 | 0.31 | 0.17 |

图4-20　2014—2016年中国东部地区软件出口省域分布

数据来源：中国商务部。

表4-14　2017年东部地区软件出口规模及增速

| 省（市） | 合同数/份 | 同比增长/% | 协议金额/亿美元 | 同比增长/% | 执行金额/亿美元 | 同比增长/% |
|---|---|---|---|---|---|---|
| 江苏省 | 18074 | 12.61 | 138.86 | 0.59 | 122.61 | 2.52 |
| 浙江省 | 16560 | 28.03 | 57.14 | 6.48 | 51.34 | 2.96 |
| 广东省 | 2316 | –9.60 | 75.50 | 64.04 | 51.28 | 44.37 |
| 上海市 | 4065 | –1.43 | 45.52 | –0.61 | 36.91 | 0.16 |
| 北京市 | 3160 | 10.45 | 51.74 | –39.06 | 33.42 | 3.23 |
| 山东省 | 2365 | 11.45 | 29.81 | 49.44 | 28.02 | 47.13 |

（续表）

| 省（市） | 合同数／份 | 同比增长／% | 协议金额／亿美元 | 同比增长／% | 执行金额／亿美元 | 同比增长／% |
|---|---|---|---|---|---|---|
| 天津市 | 461 | –12.36 | 3.46 | –9.32 | 3.23 | 14.97 |
| 福建省 | 2442 | 27.85 | 4.61 | 52.39 | 3.17 | 19.39 |
| 河北省 | 423 | 109.41 | 110.59 | 13742.77 | 0.24 | –20.28 |
| 海南省 | 36 | 20.00 | 0.08 | –54.29 | 0.05 | –72.15 |

数据来源：中国商务部。

### 3. 从中部地区内部看，江西、湖南、湖北列前3位

2016年江西、湖南、湖北列软件出口规模前3位，这三个省份软件出口执行金额分别为4.02亿美元、3.08亿美元、2.54亿美元，其中江西省呈现负增长，湖南和湖北的同比增长分别为33.91%、27.63%。2017年，湖南、江西、湖北列软件出口规模前3位，执行金额分别为3.56亿美元、3.02亿美元、2.74亿美元，同比分别增长15.59%、–24.87%、7.71%。除江西呈负增长外，湖南、湖北均保持较快增长，其中，湖南“十二五”以来首次跃居第一。此外，河南增速最高达218.34%（见图4–21、表4–15）。

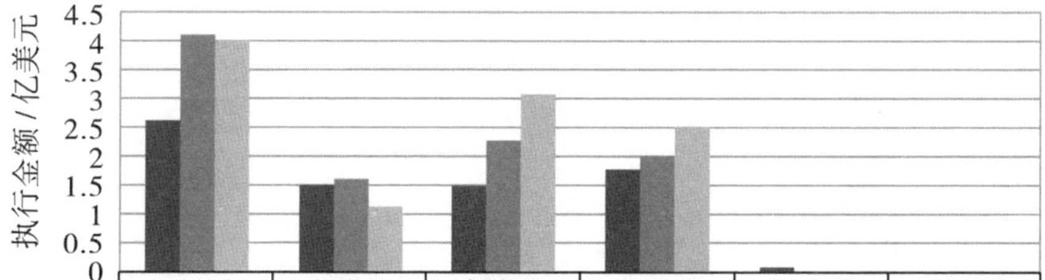


| | 江西省 | 安徽省 | 湖南省 | 湖北省 | 河南省 | 山西省 |
|---|---|---|---|---|---|---|
| 2014年 | 2.64 | 1.50 | 1.51 | 1.79 | 0.06 | 0.0029 |
| 2015年 | 4.12 | 1.63 | 2.30 | 1.99 | 0.02 | 0.0037 |
| 2016年 | 4.02 | 1.13 | 3.08 | 2.54 | 0.03 | 0.0035 |

图4–21　2014—2016年中部地区软件出口省域分布

数据来源：中国商务部。

表4-15　2017年中部地区软件出口规模及增速

| 省（市） | 合同数/份 | 同比增长/% | 协议金额/亿美元 | 同比增长/% | 执行金额/亿美元 | 同比增长/% |
|---|---|---|---|---|---|---|
| 湖南省 | 357 | -32.13 | 4.27 | 15.44 | 3.56 | 15.59 |
| 江西省 | 499 | -19.26 | 3.44 | -20.69 | 3.02 | -24.87 |
| 湖北省 | 1008 | 28.90 | 5.06 | 38.61 | 2.74 | 7.71 |
| 安徽省 | 152 | 44.76 | 1.54 | -21.37 | 1.31 | 15.54 |
| 河南省 | 362 | 704.44 | 0.14 | -4.26 | 0.11 | 218.34 |
| 山西省 | 6 | 20.00 | 0.004 | 0.95 | 0.004 | 15.89 |

数据来源：中国商务部。

#### 4. 从西部地区内部看，四川、重庆、陕西列前3位

2016年，四川、重庆、陕西软件出口执行金额分别为12.61亿美元、4.03亿美元、2.84亿美元，同比增长分别为11.35%、85.8%、0.44%。2017年，四川、重庆、陕西执行金额分别为13.05亿美元、4.03亿美元、3.64亿美元，同比分别增长3.43%、0.16%、28.45%。此外，广西壮族自治区、新疆维吾尔自治区、贵州均呈现大幅增长，增速分别为1090.92%、249.99%、217.02%。可以看出，西部地区具有较大增长潜力（见图4-22、表4-16）。

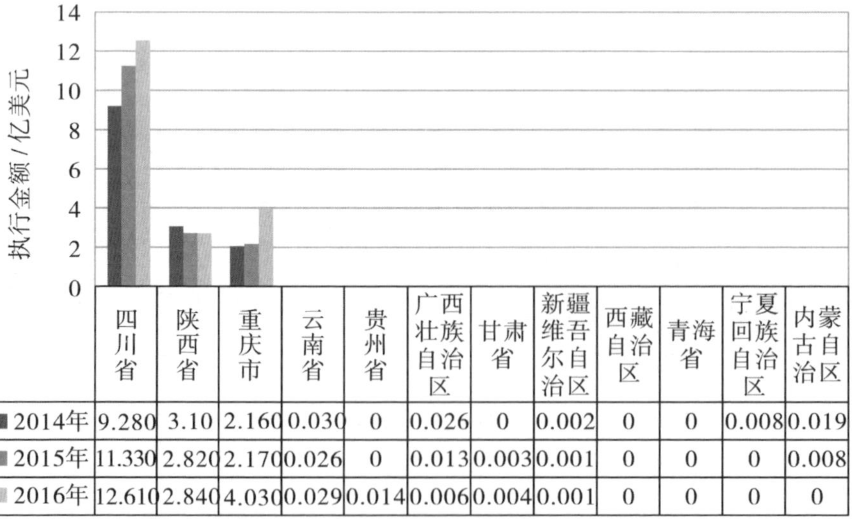


| | 四川省 | 陕西省 | 重庆市 | 云南省 | 贵州省 | 广西壮族自治区 | 甘肃省 | 新疆维吾尔自治区 | 西藏自治区 | 青海省 | 宁夏回族自治区 | 内蒙古自治区 |
|---|---|---|---|---|---|---|---|---|---|---|---|---|
| 2014年 | 9.280 | 3.10 | 2.160 | 0.030 | 0 | 0.026 | 0 | 0.002 | 0 | 0 | 0.008 | 0.019 |
| 2015年 | 11.330 | 2.820 | 2.170 | 0.026 | 0 | 0.013 | 0.003 | 0.001 | 0 | 0 | 0 | 0.008 |
| 2016年 | 12.610 | 2.840 | 4.030 | 0.029 | 0.014 | 0.006 | 0.004 | 0.001 | 0 | 0 | 0 | 0 |

图4-22　2014—2016年西部地区软件出口省域分布

数据来源：中国商务部。

表4-16　2017年西部地区软件出口规模及增速

| 省（市） | 合同数 / 份 | 同比增长 / % | 协议金额 / 亿美元 | 同比增长 / % | 执行金额/ 亿美元 | 同比增长 / % |
|---|---|---|---|---|---|---|
| 四川省 | 751 | -10.27 | 17.07 | -12.84 | 13.05 | 3.43 |
| 重庆市 | 615 | -13.14 | 4.22 | -3.85 | 4.03 | 0.16 |
| 陕西省 | 1387 | 20.09 | 4.23 | 31.47 | 3.64 | 28.45 |
| 广西壮族自治区 | 16 | 14.29 | 0.07 | 90.91 | 0.07 | 1090.92 |
| 贵州省 | 4 | -20.00 | 0.41 | 343.51 | 0.04 | 217.02 |
| 云南省 | 10 | 42.86 | 0.03 | -12.15 | 0.02 | -27.05 |
| 新疆维吾尔自治区 | 2 | 100.00 | 0.004 | -66.84 | 0.004 | 249.99 |
| 甘肃省 | 2 | -50.00 | 0.004 | -56.91 | 0.004 | 2.50 |
| 内蒙古自治区 | 0 | — | 0.00 | — | 0.00 | — |
| 西藏自治区 | 0 | — | 0.00 | — | 0.00 | — |
| 宁夏回族自治区 | 0 | -100.00 | 0.00 | — | 0.00 | — |
| 青海省 | 0 | — | 0.00 | — | 0.00 | — |

数据来源：中国商务部。

## 5. 从东北地区内部看，辽宁一直遥遥领先

2016年，辽宁、黑龙江、吉林三个省份软件出口执行金额分别为11.74

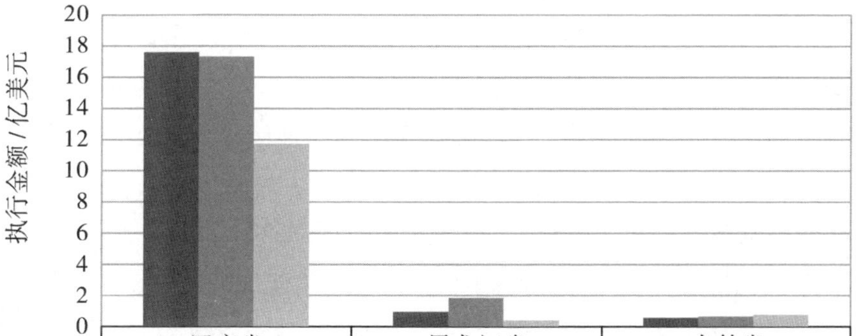


| | 辽宁省 | 黑龙江省 | 吉林省 |
|---|---|---|---|
| 2014年 | 17.58 | 0.94 | 0.55 |
| 2015年 | 17.25 | 1.84 | 0.61 |
| 2016年 | 11.74 | 0.37 | 0.67 |

图4-23　2014—2016年东北地区软件出口省域分布

数据来源：中国商务部。

亿美元、0.37亿美元、0.67亿美元，同比增速分别为–31.92%、–79.84%、10.76%，仅吉林表现为正增长。2017年，辽宁软件出口规模继续保持领先优势，黑龙江则增速最高。辽宁、吉林、黑龙江软件出口执行金额分别为12.58亿美元、0.62亿美元、0.48亿美元，同比分别增长7.18%、–7.34%、29.08%（见表4–17、图4–23）。

表4–17 2017年东北地区软件出口规模及增速

| 省（市） | 合同数/份 | 同比增长/% | 协议金额/亿美元 | 同比增长/% | 执行金额/亿美元 | 同比增长/% |
|---|---|---|---|---|---|---|
| 辽宁省 | 4493 | 2.72 | 12.65 | –51.68 | 12.58 | 7.18 |
| 吉林省 | 151 | –8.48 | 0.69 | –10.51 | 0.62 | –7.34 |
| 黑龙江省 | 226 | 93.16 | 0.68 | 16.65 | 0.48 | 29.08 |

数据来源：中国商务部。

## （四）传统市场基本稳固，“一带一路”等新兴市场加快成长

### 1. 软件出口前10位中新兴市场加快发展

2016年，我国软件出口市场达180多个国家和地区，居前10位的国家和地区分别为美国、中国香港、日本、韩国、新加坡、中国台湾、德国、英国、芬兰、瑞典。其中，德国市场增速最高达137.71%，其次为瑞典、韩国、中国香港、英国分别同比增长29.58%、25.79%、19.66%、9.72%；同时，中国台湾、新加坡、美国、日本、芬兰分别同比下降0.25%、3.93%、4.85%、10.08%、23.20%。2017年，我国软件出口近200个国家和地区，居前10位的依次为美国、中国香港、日本、中国台湾、新加坡、韩国、德国、英国、芬兰、印度，执行金额占总额的比重达72.38%，较上年的前10位国家和地区的占比76.05%下降了3.67个百分点。其中，对印度出口执行金额增速最高达53.81%，首次进入前10位；其次为英国、中国台湾、日本、新加坡、美国分别同比增长36.00%、23.84%、14.25%、11.07%、6.25%。此外，芬兰、中国香港、德国、韩国分别同比下降2.09%、4.78%、15.19%、19.75%（见表4–18、表4–19）。

表4-18　2014—2016年我国软件出口目的地主要国家（地区）规模及增速

| 国家（地区） | 2014年 | | 2015年 | | 2016年 | |
|---|---|---|---|---|---|---|
| | 执行金额/份 | 同比增长/% | 执行金额/份 | 同比增长/% | 执行金额/份 | 同比增长/% |
| 全球 | 300.58 | 18.51 | 333.93 | 11.10 | 342.30 | 2.51 |
| 美国 | 76.98 | 4.65 | 87.47 | 13.62 | 83.22 | -4.85 |
| 中国香港 | 30.93 | 26.74 | 38.87 | 25.69 | 46.52 | 19.66 |
| 日本 | 42.21 | 9.92 | 39.88 | -5.51 | 35.86 | -10.08 |
| 韩国 | 18.43 | 35.91 | 19.34 | 4.92 | 24.32 | 25.79 |
| 新加坡 | 16.45 | 45.27 | 20.55 | 24.90 | 19.75 | -3.93 |
| 中国台湾 | 13.42 | 7.62 | 18.18 | 35.43 | 18.13 | -0.25 |
| 德国 | 7.02 | 72.35 | 5.98 | -14.84 | 14.20 | 137.71 |
| 英国 | 6.07 | 48.85 | 6.75 | 11.10 | 7.40 | 9.72 |
| 芬兰 | 4.66 | -25.67 | 8.13 | 74.39 | 6.25 | -23.20 |
| 瑞典 | 3.83 | 107.99 | 3.60 | -6.05 | 4.66 | 29.58 |

数据来源：中国商务部。

表4-19　2017年我国软件出口目的地前10位国家（地区）

| 国家（地区） | 合同数/份 | 同比增长/% | 协议金额/亿美元 | 同比增长/% | 执行金额/亿美元 | 同比增长/% |
|---|---|---|---|---|---|---|
| 美国 | 7785 | 10.28 | 101.30 | -31.01 | 88.42 | 6.25 |
| 中国香港 | 7013 | 4.19 | 55.11 | -0.77 | 44.30 | -4.78 |
| 日本 | 14987 | 9.37 | 43.81 | 0.11 | 40.97 | 14.25 |
| 中国台湾 | 2948 | 14.71 | 25.47 | 12.58 | 22.46 | 23.84 |
| 新加坡 | 1656 | 11.67 | 25.88 | -16.58 | 21.93 | 11.07 |
| 韩国 | 2069 | 10.52 | 28.77 | -7.32 | 19.52 | -19.75 |
| 德国 | 1790 | 10.70 | 17.47 | 12.79 | 12.05 | -15.19 |
| 英国 | 1449 | 8.30 | 10.09 | 6.89 | 10.07 | 36.00 |
| 芬兰 | 136 | 18.26 | 10.29 | -11.43 | 6.12 | -2.09 |
| 印度 | 1622 | 1.50 | 10.66 | 137.45 | 6.01 | 53.81 |

数据来源：中国商务部。

### 2. 2016年美日欧三大经济体共计出口执行金额170.38亿美元，占比50%

美、日都表现出下滑态势，其中日本连续两年下降。2016年，我国对美国出口执行金额83.22亿美元，同比增速-4.85%；对日本出口执行金额35.86亿美元，同比增速-10.08%。欧盟市场则出现回升态势，出口执行金额51.30亿美元，同比增速18.90%，说明欧盟市场潜力较大。2017年我国对美国、欧盟（28国）、日本三大经济体软件出口执行金额合计为189亿美元，占总量的50.32%，较上年增加0.32个百分点；我国对上述三大经济体软件出口依次分别为88.42亿美元、59.60亿美元、40.97亿美元，同比分别增长6.25%、16.17%、14.25%，均呈现出不同上升态势，其中日本在连续两年下滑后出现回升，欧盟则在2015年大幅下滑后连续两年稳步回升（见图4-24、图4-25）。

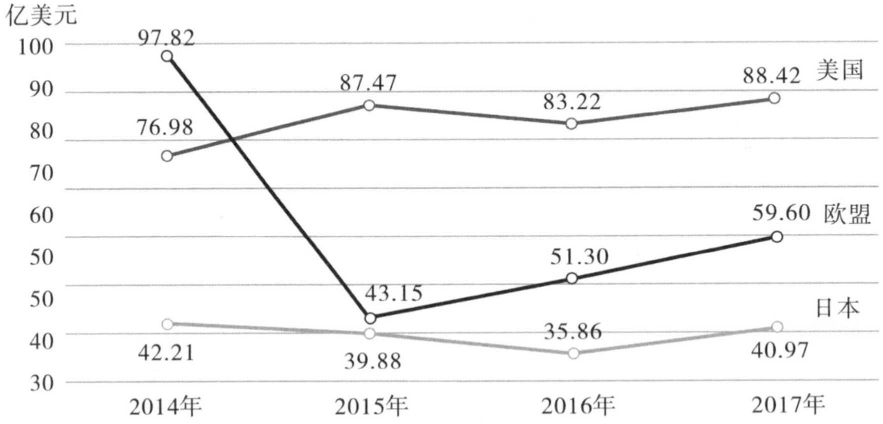


图4-24 2014—2016年我国软件出口美日欧市场情况

数据来源：中国商务部。

### 3. "一带一路"沿线市场取得积极进展

随着基础设施互联互通和六大经济走廊加快建设，软件出口市场也正在积极布局拓展。2016年，我国软件出口遍及除波黑和阿联酋以外的沿线63个国家（地区），出口执行金额48.75亿美元，占总量比重为14.24%。2017年，我国软件出口已经遍及除波黑以外的沿线70个国家（地区），出口执行金额为87.43亿美元，同比增长79.34%，占总量比重为23.28%，比2016年增加9.04个百分点。2017年，我国对"一带一路"沿线国家（地区）软件出口前10位分别为新加坡、韩国、印度、沙特阿拉伯、阿联酋、马来西亚、南非、泰

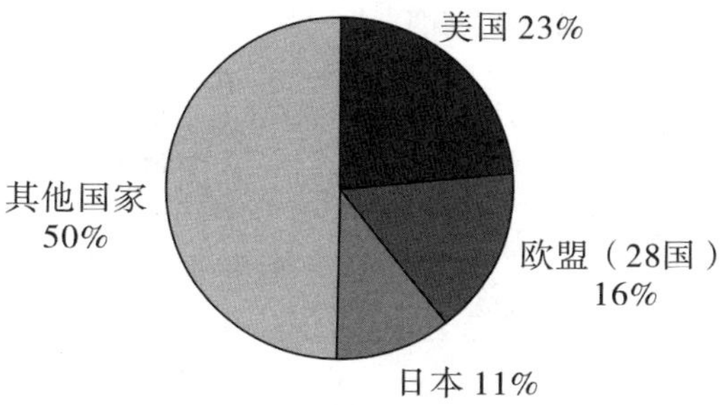


图4-25　2017年我国软件出口市场美日欧占比

数据来源：中国商务部。

国、俄罗斯、印度尼西亚，软件出口执行金额分别为21.93亿美元、19.52亿美元、6.01亿美元、3.95亿美元、3.05亿美元、2.96亿美元、2.84亿美元、2.56亿美元、2.43亿美元、2.28亿美元（见表4-20、表4-21）。

表4-20　2014—2016年我国软件出口"一带一路"沿线前10位国家（地区）

| 国家（地区） | 2014年 | | 2015年 | | 2016年 | |
|---|---|---|---|---|---|---|
| | 合同数/份 | 执行金额/亿美元 | 合同数/份 | 执行金额/亿美元 | 合同数/份 | 执行金额/亿美元 |
| 总计 | 8598 | 44.48 | 8454 | 54.64 | 9436 | 48.75 |
| 新加坡 | 1274 | 16.45 | 1479 | 20.55 | 1483 | 19.75 |
| 印度 | 1480 | 4.71 | 1467 | 4.24 | 1598 | 3.91 |
| 俄罗斯 | 570 | 5.65 | 440 | 3.02 | 425 | 3.29 |
| 马来西亚 | 485 | 2.46 | 657 | 4.35 | 609 | 2.94 |
| 泰国 | 584 | 1.40 | 530 | 1.76 | 733 | 2.22 |
| 印度尼西亚 | 267 | 1.17 | 293 | 2.14 | 344 | 2.19 |
| 沙特阿拉伯 | 288 | 1.21 | 334 | 1.62 | 308 | 1.33 |
| 越南 | 291 | 1.23 | 276 | 1.21 | 297 | 1.33 |
| 捷克共和国 | 75 | 0.17 | 64 | 0.18 | 180 | 1.14 |
| 巴基斯坦 | 202 | 0.61 | 208 | 2.21 | 223 | 0.97 |
| 其他国家 | 3082 | 9.42 | 2706 | 13.36 | 3236 | 9.68 |

数据来源：中国商务部。

表4-21　2017年我国软件出口"一带一路"沿线国家（地区）

| 国家 | 合同数/份 | 同比增长/% | 协议金额/亿美元 | 同比增长/% | 执行金额/亿美元 | 同比增长/% |
|---|---|---|---|---|---|---|
| 新加坡 | 1656 | 11.67 | 25.88 | –16.58 | 21.93 | 11.07 |
| 韩国 | 2069 | 10.52 | 28.77 | –7.32 | 19.52 | –19.75 |
| 印度 | 1622 | 1.50 | 10.66 | 137.45 | 6.01 | 53.81 |
| 沙特阿拉伯 | 253 | –17.86 | 4.95 | 214.21 | 3.95 | 196.70 |
| 阿拉伯联合酋长国 | 338 | 24.72 | 3.16 | 248.23 | 3.05 | 360.98 |
| 马来西亚 | 791 | 29.89 | 113.43 | 2907.34 | 2.96 | 0.83 |
| 南非 | 288 | 7.87 | 3.03 | 90.65 | 2.84 | 139.19 |
| 泰国 | 1245 | 69.85 | 2.69 | –8.04 | 2.56 | 15.45 |
| 俄罗斯 | 666 | 56.71 | 2.54 | –27.72 | 2.43 | –26.31 |
| 印度尼西亚 | 431 | 25.29 | 3.55 | 74.80 | 2.28 | 4.29 |
| 越南 | 430 | 44.78 | 3.23 | 102.58 | 1.95 | 46.54 |
| 巴基斯坦 | 357 | 60.09 | 3.65 | 224.61 | 1.91 | 96.51 |
| 土耳其 | 358 | 32.59 | 1.29 | 63.51 | 1.26 | 87.29 |
| 菲律宾 | 355 | 44.31 | 1.36 | 124.66 | 1.17 | 126.17 |
| 孟加拉国 | 158 | 3.27 | 0.89 | –38.97 | 1.16 | 41.99 |
| 埃及 | 94 | –3.09 | 0.66 | 2.90 | 0.95 | 258.95 |
| 科威特 | 82 | –3.53 | 0.64 | 33.63 | 0.85 | 73.50 |
| 捷克共和国 | 220 | 22.22 | 0.94 | –22.25 | 0.84 | –25.81 |
| 缅甸 | 138 | –32.35 | 2.41 | 302.39 | 0.82 | 34.49 |
| 伊朗 | 230 | 23.66 | 0.89 | –3.36 | 0.78 | 17.78 |
| 其他国家 | 2533 | — | 9.91 | — | 8.21 | — |

数据来源：中国商务部。

注：截至2017年底，"一带一路"沿线国家（地区）共有72个（包括中国），详见中国一带一路网，https：//www.yidaiyilu.gov.cn/info/iList.jsp？cat_id=10037。

### （五）软件出口企业以内资为主导，多元化结构已经形成

2016年，我国软件出口企业内资占48.04%，是绝对主力。在内资企业中集体企业占34.09%、股份有限公司和私营企业共约占9.35%。其次，外商投资企业占40.57%，其中外商独资企业占32.94%，中外合资企业占5.73%。港澳台投资企业占11.39%。2017年，我国软件出口企业内资企业执行金额229.75亿美元，占总量的61.35%，较上年增加13.31个百分点，出口能力持续提升；外商投资企业、港澳台商投资企业执行金额分别为112.63亿美元、32.13亿美元，分别占总额的30.07%、8.58%，较上年分别下降10.5、2.81个百分点（见图4–26、图4–27，表4–22）。

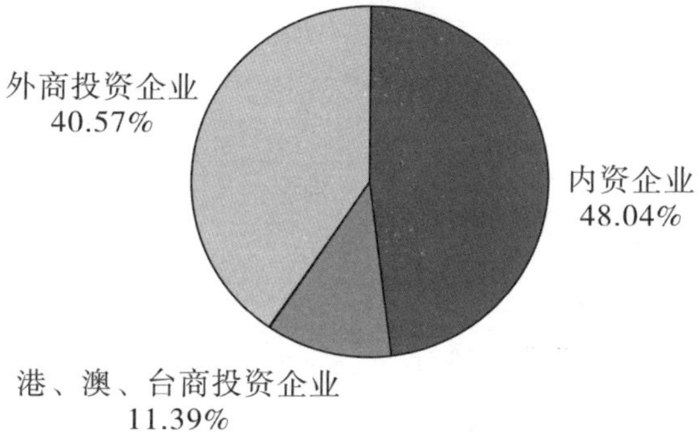


图4–26　2016年我国软件出口按企业性质分类占比

数据来源：中国商务部。

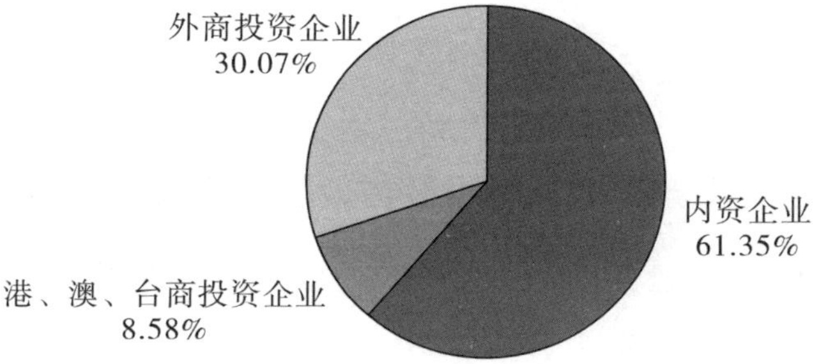


图4–27　2017年我国软件出口企业结构

数据来源：中国商务部。

表4-22 2017年软件出口按企业性质分类情况

| 企业性质 | 协议金额 / 亿美元 | 占比 / % | 执行金额 / 亿美元 | 占比 / % |
|---|---|---|---|---|
| 内资企业 | 384.55 | 67.25 | 229.75 | 61.35 |
| 国有企业 | 19.83 | 3.47 | 17.00 | 4.54 |
| 集体企业 | 168.64 | 29.49 | 149.60 | 39.95 |
| 股份合作企业 | 0.01 | 0.00 | 0.01 | 0.00 |
| 联营企业 | 0.05 | 0.01 | 0.03 | 0.01 |
| 有限责任公司 | 0.00 | 0.00 | 0.00 | 0.00 |
| 股份有限公司 | 73.74 | 12.90 | 52.46 | 14.01 |
| 私营企业 | 120.79 | 21.12 | 9.18 | 2.45 |
| 其他企业 | 1.50 | 0.26 | 1.48 | 0.39 |
| 港、澳、台商投资企业 | 46.74 | 8.17 | 32.13 | 8.58 |
| 合资经营企业（港或澳、台资） | 3.76 | 0.66 | 2.82 | 0.75 |
| 合作经营企业（港或澳、台资） | 0.00 | 0.00 | 0.00 | 0.00 |
| 港、澳、台商独资经营企业 | 32.85 | 5.75 | 26.09 | 6.97 |
| 港、澳、台商投资股份有限公司 | 9.83 | 1.72 | 3.11 | 0.83 |
| 其他港、澳、台商投资企业 | 0.30 | 0.05 | 0.11 | 0.03 |
| 外商投资企业 | 139.93 | 24.47 | 112.63 | 30.07 |
| 中外合资经营企业 | 25.36 | 4.43 | 17.41 | 4.65 |
| 中外合作经营企业 | 0.34 | 0.06 | 0.27 | 0.07 |
| 外资企业 | 103.63 | 18.12 | 84.81 | 22.65 |
| 外商投资股份有限公司 | 9.36 | 1.64 | 9.12 | 2.43 |
| 其他外商投资企业 | 1.26 | 0.22 | 1.02 | 0.27 |

数据来源：中国商务部。

## （六）基地城市引领作用显著，集聚效应进一步增强

我国软件出口已经形成以出口基地城市为中心辐射带动周边地区，以园区为空间载体聚集发展的态势。

软件出口（创新）基地城市在全国软件出口中发挥引领作用。2016年，北京、上海、深圳、杭州、南京、大连、西安、天津、广州、成都和

济南等11个基地城市软件出口额共计217.57亿美元，占全国软件出口总额的63.60%；软件从业人员132804人，占比34.30%；软件企业总数1081家，占比21.40%。反映出上述11个城市软件企业的综合效益高于全国平均水平，引领带动作用明显。在11个基地城市中，杭州、南京、上海列前3位，执行金额分别为41.70亿美元、37.53亿美元、36.86亿美元，占全国比重分别为12.18%、10.96%、10.77%；从业人数前3位的城市为广州、北京、南京，占全国比重分别为8.11%、7.46%、7.45%；企业数量列前3位的城市为南京、上海、广州，占全国比重分别为3.60%、3.23%、3.03%。

2017年11个软件出口（创新）基地城市软件出口执行金额共计238.39亿美元，同比增长9.56%，占全国软件出口总额的63.5%。其中，杭州、深圳、南京列前3位，执行金额分别为41.93亿美元、41.32亿美元、37.60亿美元，占全国比重分别为11.16%、11.00%、10.01%；深圳、济南、西安增长速度最快，分别实现53.42%、44.29%、28.52%（见表4–23、表4–24）。

**表4–23　2016年全国11个软件出口（创新）基地城市情况**

| 序号 | 地区 | 执行总额 / 亿美元 | 占比 / % | 从业人数 / 人 | 占比 / % | 企业数 / 家 | 占比 / % |
|---|---|---|---|---|---|---|---|
| | 全国 | 342.30 | 100.00 | 386655 | 100.00 | 5053 | 100.00 |
| 1 | 杭州市 | 41.70 | 12.18 | 3411 | 0.88 | 56 | 1.11 |
| 2 | 南京市 | 37.53 | 10.96 | 28787 | 7.45 | 182 | 3.60 |
| 3 | 上海市 | 36.86 | 10.77 | 13074 | 3.38 | 163 | 3.23 |
| 4 | 北京市 | 32.37 | 9.46 | 28844 | 7.46 | 109 | 2.16 |
| 5 | 深圳市 | 26.93 | 7.87 | 9850 | 2.55 | 135 | 2.67 |
| 6 | 成都市 | 12.60 | 3.68 | 1787 | 0.46 | 68 | 1.35 |
| 7 | 大连市 | 11.15 | 3.26 | 5723 | 1.48 | 42 | 0.83 |
| 8 | 广州市 | 7.91 | 2.31 | 31376 | 8.11 | 153 | 3.03 |
| 9 | 济南市 | 4.89 | 1.43 | 4959 | 1.28 | 90 | 1.78 |
| 10 | 西安市 | 2.82 | 0.82 | 2326 | 0.60 | 46 | 0.91 |
| 11 | 天津市 | 2.81 | 0.82 | 2667 | 0.69 | 37 | 0.73 |
| 软件出口（创新）基地城市合计 | | 217.57 | 63.60 | 132804 | 34.30 | 1081 | 21.40 |

资料来源：中国商务部。

表4-24　2017年全国11个软件出口（创新）基地城市情况

| 省市 | 合同数 / 份 | 同比增长 / % | 合同金额 / 亿美元 | 同比增长 / % | 执行金额 / 亿美元 | 同比增长 / % |
|---|---|---|---|---|---|---|
| 杭州市 | 9722 | 38.75 | 47.07 | 5.19 | 41.93 | 0.55 |
| 深圳市 | 1126 | -36.35 | 58.53 | 66.60 | 41.32 | 53.42 |
| 南京市 | 5661 | 19.05 | 38.99 | -1.96 | 37.60 | 0.20 |
| 上海市 | 4065 | -1.43 | 45.52 | -0.61 | 36.91 | 0.16 |
| 北京市 | 3160 | 10.45 | 51.74 | -39.06 | 33.42 | 3.23 |
| 成都市 | 750 | -10.29 | 17.05 | -12.86 | 13.03 | 3.41 |
| 大连市 | 4129 | 1.47 | 11.68 | -54.36 | 11.66 | 4.29 |
| 广州市 | 828 | 68.98 | 12.43 | 29.16 | 8.62 | 9.09 |
| 济南市 | 895 | -20.66 | 7.92 | 53.11 | 7.05 | 44.29 |
| 天津市 | 461 | -12.36 | 3.46 | -9.32 | 3.23 | 14.97 |
| 西安市 | 1383 | 20.58 | 4.22 | 32.15 | 3.62 | 28.52 |

资料来源：中国商务部。

## （七）自主创新能力不断增强，企业综合效益明显提升

在创新驱动战略引领下，我国软件业自主创新能力大幅提升，软件著作权登记量呈现跨越式增长，由2011年首次突破10万件到2016年突破40万件、2017年突破70万件。2006—2016年我国软件著作权登记量以年均35%以上的速度保持高速增长。其中，2016年我国大数据以及VR两类新技术领域的代表软件登记增速连续两年超过软件登记整体增长。我国软件著作权登记量之所以大幅增长，除软件研发创新能力、版权保护意识不断增强外，国家自2017年4月1日停征软件著作权登记费的措施也产生了利好作用。

2016年，全球信息技术发明专利申请量保持15%的快速增长，排名前10的机构中，我国占据4席，分别是国家电网公司、中兴、华为、联想。截至2016年，我国软件和信息技术服务企业累计获得开发能力成熟度模型（CMM）等国际资质认证6750项。基础软件创新发展取得新成效，产品质量和解决方案成熟度显著提升。软件企业加大技术研发投入力度、不断掌握核

心技术，依托移动互联网和云服务进行服务模式创新，竞争力明显提高。部分重要行业领域取得突破，智能电网调度控制系统、大型枢纽机场行李分拣系统、千万吨级炼油控制系统等重大应用跨入世界先进行列；新兴领域创新活跃，一批骨干企业转型发展取得实质性进展，平台化、网络化、服务化的商业模式创新成效显著，涌现出社交网络、搜索引擎、位置服务等一批产品和服务创新。

在2017年工信部发布的我国软件业务收入前百家企业中，软件业务收入超过100亿元的企业达9家，较上届增加2家，其中排名第一的华为技术有限公司软件业务收入突破2000亿元。2016年，软件百家企业共投入研发经费1485亿元，较上届增长20.5%，超过收入增长10.3个百分点；研发强度（研发经费占主营业务收入比例）达11.5%，较上届提高1.9个百分点，高于全行业4.3个百分点；参与研发的人员接近39万人，占总从业人员数的48%，较上届增长10%。百家企业中有40%的企业收入增长率超过20%。一是在云计算、大数据领域具有领先优势的企业增长尤其突出，如阿里云、京东尚科的软件业务收入增长均超过150%，百度云增长达到90%。二是在新兴领域具有核心技术的企业也保持增长，如华讯方舟、大疆分别在移动宽带、无人机等领域占据优势，软件业务收入增速达73%和68%。三是深耕产业链上下游的企业，如小米移动、云中飞依托自有终端品牌提供移动端解决方案，软件业务收入分别增长55%和69%。四是抓住行业计算平台重构和智慧城市发展机遇的企业，如天源迪科和北明软件软件业务收入分别增长46%和101%。

## 二、数字经济快速发展为提升软件出口竞争力奠定了产业基础

### （一）发展环境和产业基础日趋稳固

软件是数字经济的核心和灵魂，数字经济发展为软件业提供了强大的市场和创新需求。“十三五”规划和党的十九大报告都明确提出了建设网络强国、数字中国、智慧社会的国家战略，为我国建设世界数字经济强国提供了新动力。“中国制造2025”“互联网+”等国家战略，都为提高国内软件业

创新能力和软件出口竞争力打下了坚实基础。目前，我国已经成为世界数字经济大国，数字经济占GDP比重达30.1%。据波士顿咨询公司预测，到2035年我国整体数字经济规模近16万亿美元，数字经济渗透率达48%，就业人数达4.15亿。我国数字基础设施建设位于世界先进水平。2017年，全国互联网普及率达55.8%，共有网民7.72亿人。截至2016年，全国光缆总长达3041万公里，所有地市基本建成光网城市。截至2017年，固定互联网宽带接入用户3.26亿户，移动电话用户总数13.7亿户。“十三五”期间，我国网络建设累计投资将突破2万亿元的规模，初步完成覆盖全国的高速、可靠、安全的信息基础设施网络。数字化网络基础设施为软件出口竞争力提供了良好的硬件环境。此外，我国营商环境日益改善。根据AT Kearney发布的“全球离岸服务目的地指数排名”，2014年印度、中国和马来西亚在财税吸引力、技术人才和商业环境方面综合实力居前3位。我国营商环境排名从2013年的第96位快速上升到2016年的第78位，提升了18位；2018年上升到第46位，较上年提高了32位。近年来，国家从税收和研发经费等方面不断加大对软件企业的扶持力度，更加注重鼓励本土企业的自主创新及国际化发展，为国内软件企业做大做强创造了有利的政策环境。

我国软件信息技术服务业实力显著增强。2016年，全国互联网和相关服务业、软件和信息技术服务业、数据处理和存储服务业、信息技术咨询服务业的营业收入分别增长38.2%、20.8%、32.5%、18.0%，均实现了高速增长。2017年，全国软件和信息技术服务业完成软件业务收入5.5万亿元，比上年增长13.9%，增速同比提高0.8个百分点。其中，信息技术服务收入2.9万亿元，同比增长16.8%，增速高出全行业平均水平2.9个百分点，占全行业收入比重为53.3%，尤其是面向行业应用、智能制造、信息安全等领域的应用软件、工业软件、信息安全服务、平台运营服务收入快速增长。2017年，我国云计算相关的运营服务（包括在线软件运营服务、平台运营服务、基础设施运营服务等在内的信息技术服务）收入超过8000亿元，较上年增长16.5%；信息安全和工业软件产品收入均超过1000亿元，分别增长14%和19.9%。2016年，我国软件业研发投入4545亿元，占软件业务收入比重达7.2%。2017年，对重点软件企业的监测显示，全年企业研发投入强度接近11%，尤其是产品智能化带动了嵌入式研发投入强度稳步提升。

## （二）大数据、人工智能、云计算、物联网加速规模化和产业化

大数据、人工智能、云计算、物联网、移动互联网等迅速发展，有利于推动我国软件企业的技术创新、服务模式创新和管理创新，从而提升软件出口竞争力。

第一，大数据产业发展使软件产品成为未来投资热点。2015年，国务院印发《促进大数据发展行动纲要》指出，形成一批满足大数据应用需求的产品、系统、解决方案，并在大数据处理、分析、可视化软件和硬件支撑平台领域形成国际领先的龙头企业，从而为我国大数据产业发展提供政策环境。软件是大数据产品的基础，主要包括数据库、大数据分析与呈现工具等。2016年我国大数据市场规模达167.7亿元，同比增长34.3%；互联网、金融、电信三大行业占大数据IT产品市场的主要份额，其中互联网对大数据相关产品的投资达60.9亿元，占市场总额的36.3%；金融业和电信业有着对海量数据资源与数据处理的需求，对大数据的投资规模分别为32.2亿元与30.4亿元。2017—2019年，我国大数据市场年复合增长率有望达到32.6%，2019年将达到391.3亿元。据赛迪测算，2017年我国大数据产业市场规模达到4185亿元，未来2~3年市场规模的增长率将保持在35%左右。智慧城市建设步伐加快也将带动大数据市场的快速发展。目前，以数据挖掘、统计分析、可视化为代表的软件产品成为我国大数据投资的重点，占比在36%左右。随着数据分级分类管理、大数据交易流通规则、监管机制和信息披露制度、流通审查和风险评估体系等不断完善，都将带动新的相关软件开发。

第二，人工智能发展有力推动软件技术创新与市场应用。软件是人工智能产品的灵魂与核心支撑。人工智能从产品结构上可分为智能硬件平台和应用软件平台。智能硬件平台主要包括智能工业机器人、服务机器人、智能无人设备等，应用软件平台则主要包括语义分析、机器视觉和语音识别等。人工智能产业以软件技术创新与应用为核心，带动硬件设备、内容制作、运营服务等全产业链发展。我国智能硬件平台和应用软件平台市场规模分别占比达59%和41%。互联网业的人工智能应用市场占比最高达20.4%，其次是金融领域达18.5%，安防交通对计算机视觉产品的需求占比达15.3%。2016年，我国人工智能市场规模达到237.1亿元，增长率为16.3%。截至2017年6月，我国

人工智能类创业公司超过650家，产业规模较上年同期增长51.2%，投融资超过430项，主要投资方向有无人驾驶、智能硬件、语音交互等。2017年，百度正式发布了"Apollo"开源计划，并与北京汽车、一汽解放、奇瑞等汽车厂商达成深度战略合作，将提速智能汽车的产业化发展进程。随着智能家居、大数据、人脸识别等新技术应用逐步走向成熟，智慧城市、智能制造将驱动我国人工智能市场保持稳步增长，2017—2019年我国人工智能市场年复合增长率将达到22.8%，2019年人工智能市场规模将达到439.2亿元。

第三，大数据、人工智能等新技术不断推动软件业转型升级。智能制造、智慧城市、智慧政务、电子商务推动了大数据、人工智能的市场应用，为制造、商贸、物流、电信、能源、金融、医疗、教育、汽车电子及政府等各个领域的信息化建设带来巨大的市场需求。同时，大数据、人工智能的快速发展将颠覆传统软件业的生态系统，颠覆现有操作系统、数据库等基础软件模式，改变了软件的分发方式和功能定位，使软件市场进入由要素驱动向数字驱动、创新驱动转变的发展模式。随着大数据、人工智能等新兴技术不断向各行业渗透融合，产业边界不断被打破，重新定义和设计传统软件产品的功能，催生出新的产品形态，为我国软件业快速发展注入新动能。2016年，我国大数据市场中软件规模达60.4亿元，占比为36.0%，人工智能市场中软件平台规模达97.2亿元，占比为41.0%。其中，工业软件一枝独秀，政府领域成为第二大软件市场，电信、教育、银行、交通领域的软件应用紧随其后。

第四，云计算和物联网呈现高速发展态势。我国云计算技术和应用体系逐步完善，尤其是随着工信部"工业云服务平台试点示范"工作的持续推进，越来越多的制造企业构建私有云平台或依托公有云平台开展服务，进一步提升面向制造业的云计算服务水平。据赛迪测算，2017年我国云计算产业规模达6000亿元左右。云计算的发展促进了软件开发模式、设计架构和模型方面发生重大变化，也极大地推动了软件外包跨境交付模式的变革，软件价值不再单纯依靠产品定价，而是逐渐转向服务增值。据工信部数据，我国物联网业从2009年的1700亿元增长到2015年的超过7500亿元，年复合增长率超过25%；2018年物联网业务总体市场规模可达到1.5万亿元，年均复合增长率可达25%。物联网应用已进入全面、快速、细分发展的新阶段，由于物联网需要软件业和硬件业之间的深度协同，这也为软件业提供了新的发展空间。

### （三）平台经济、跨境电商等新业态为软件业带来新机遇

平台经济是互联网经济发展的一种主要模式，将彻底改变人们的工作、生活、社交、出行、饮食、休闲娱乐等传统方式。目前，平台经济占我国GDP总量约10.5%。由平台服务商、生产和服务企业、消费者共同构成了网络协作体系。例如，淘宝平台拥有4.5亿消费者、约1000万在线商家，共同构成了全球最活跃的网络零售生态系统。据调查，我国有91%的企业认为，创建产业平台是核心战略，这个数据高于全球平均值的82%。我国App市场将保持高速增长，2016年应用下载量达490亿次，到2020年将达902亿次。据测算，包括电子商务平台交易规模（B2B、B2C、C2C）、互联网平台营收、平台推广、平台游戏等平台类业务，到2030年我国整体平台经济规模可达100万亿元。其次，我国已经成为全球最大的电子商务市场。我国电商市场占全球电商交易总额的40%以上，已经超过英、美、日、法、德5国的总和，其中与个人消费相关的第三方移动支付交易额相当于美国的11倍。2017年，我国电商交易额超过30万亿元；跨境电商交易规模达7.6万亿元，2018年超过9万亿元。

## 三、提升软件出口竞争力的战略思路

“十三五”时期是我国软件业实现创新引领跨越，抢占国际竞争制高点的关键时期，也是实现软件贸易强国战略，全面提升软件出口国际竞争力的重要战略机遇期。应牢固树立创新、协调、绿色、开放、共享的新发展理念，通过实施知识产权战略，推动技术创新和服务模式创新，提升我国软件出口国际竞争力和品牌影响力；通过继续稳固传统市场，扎实推进“一带一路”建设开拓新兴市场，不断完善全球市场布局；通过不断优化软件出口和服务外包政策，为内外资软件出口企业创造良好的营商环境。

### （一）全面提升软件自主创新能力

自主创新能力是提高软件服务价值增值能力，推动价值链迈向高端的先决条件。应着力提高软件信息技术服务企业的自主研发设计能力、制定自主标准、打造自主品牌的能力，为进一步扩大软件产品出口规模，提高信息技

术外包高端服务能力创造条件。

第一，提升核心关键技术创新能力。加大基础性软件研发设计投入、注重核心技术的掌控，提高软件创新设计能力，突破制造业重点领域软件芯片严重依赖进口的困境；提升涉及国家安全、公共服务、民生服务等领域的软件自主研发和创新设计能力；提升绿色设计、智能设计、网络设计的软件开发能力；提升智能家居、智能终端、智能交通等方面的软件开发能力。力争在数控机床、机械装备、航空航天航海、轨道交通、机器人、新能源汽车、医疗健康、金融、电子商务等领域的软件研发能力和出口能力有较大提升。例如，在数控机床行业，美、德、日占据了世界数控机床技术专利申请前3位。近年来，我国机床工具制造业虽然迅猛增长，但仍处于国际分工产业链的中低端，数控系统硬件部分产业化水平较高，但控制系统和人机交互等功能软件部分较薄弱。国内中高档数控系统的80%，高档数控系统的90%，高档数控机床的85%均依赖进口。又如，全球航空航天长期面临着安全性、可靠性等方面的挑战，加速航空航天信息化、强化信息安全保障体系建设等，具有强大的市场需求，也为我国在这一领域的软件研发创新提供了市场空间。

第二，积极完善研发创新融资体系。创新融资模式，完善创业投融资机制，构建开放创新平台，为软件业自主创新提供资金保障和公共服务。注重发挥财税政策引导作用，加大对自主研发软件产品的政府采购、税收优惠和风险补偿力度，尤其要利用众创、众包、众筹、众扶等新模式，促进提升中小微软件企业研发创新能力。发挥资本市场作用，为软件企业提供综合金融服务。

第三，增强软件业融合创新能力。利用智能制造带来的机遇，推动软件与制造、互联网、大数据、云计算、人工智能等融合发展，通过推动生产装备智能化、工艺流程改造、基础数据共享平台建设，加强绿色设计、智能设计、网络设计等软件自主创新能力。推动软件与平台经济、数字经济等新兴业态融合。打造创新活跃、开放合作、协同发展的软件产业创新生态。

第四，引导软件企业加快转型升级。引导大企业向提供综合化服务、整体解决方案转型，提高服务增值能力。鼓励国内软件企业通过并购重组、联盟合作等方式，加快形成创新能力强、有品牌影响力的软件领军企业。优化中小软件企业创新创业生态。鼓励外贸综合服务企业为中小软件企业提供综合服务，完善创业投融资机制和服务平台建设。

## （二）加速构建数字经济环境下的软件业发展体系

第一，加快数字经济战略布局。金融危机之后，美国、欧盟、日本等发达国家纷纷出台数字经济发展战略。美国制定了清晰的数字经济战略，加强网络基础设施建设，促进经济社会的数字化转型。2015年，欧盟提出“数字化单一市场战略”，要求创建有利于数字网络和服务繁荣发展的市场环境；2016年，欧盟公布了数字战略行动计划，要求建设有活力的一体化数字市场。2015年2月，英国政府出台《2015—2018年数字经济战略》。2016年3月，德国联邦经济与能源部发布《德国数字化战略2025》。日本先后提出《e-Japan战略》《u-Japan战略》和《i-Japan战略》。相比之下，我国数字经济在战略布局、发展环境、产业链、核心技术等方面都存在一定差距。应统筹布局国内数字经济发展战略，制定相关发展规划。

第二，提高在数字贸易规则制定中的话语权。可以预见，全球新一轮贸易规则的重构主要取决于数字贸易规则，谁在其中占主导地位，谁便掌握了未来服务贸易规则的话语权。目前，美国、英国、日本数字经济占GDP比重分别为59.2%、54.5%、45.9%，均高于我国水平。发达国家为了维护自身利益，继续在全球软件市场中保持垄断地位，必将制定有利于自身发展的数字贸易规则，通过不断向外输出新的技术标准和贸易规则进一步扩大软件市场。因此，一方面新的贸易模式对传统贸易规则形成挑战；另一方面数字贸易规则也对软件出口模式带来重大影响。也因此，制定统一、规范、透明的数字贸易规则、应对数字贸易壁垒，建立争端解决机制，已成为全球服务贸易的主要议题，也将是我国未来时期的一项重要任务。

首先，利用我国互联网的巨大市场以及软件外包、跨境电商等领域的国际领先优势，积极推动、主动参与全球数字贸易规则构建，把握和主导国际话语权，代表广大发展中国家利益，推动形成有利于自身发展的数字贸易规则。尤其要利用全球自贸区战略，加强在区域合作和双边协定中的贸易谈判，通过加强与“一带一路”沿线国家（地区）合作，加强与美国、欧盟、日本等发达国家的经贸谈判平台，开展数字贸易规则的磋商，推进多边、区域数字贸易规则构建，为创建公平竞争的全球数字贸易环境发挥主导作用。其次，应加强对数字贸易摩擦的跟踪研究工作，推动建立数字贸易的争端解决机制，维护我国软件出口利益。最后，提高对数据跨境流动、数字化软件产品与服务进出口的监管能力，建立预警监测机制，加强国内数字产品和服务的市场监管，规范企业经营行为。

第三，构建软件与产业、数字技术融合发展的生态体系。一方面，提高软件对各行业的渗透与融合。围绕智能制造重点支持高端工业软件、新型工业App等研发和应用，发展工业操作系统及工业大数据管理系统，提高工业软件产品的供给能力，强化软件支撑和定义制造的基础性作用。围绕农业生产、经营管理、市场流通等环节，支持相关应用软件、智能控制系统、产品质量安全追溯系统及农业大数据、涉农电子商务等发展；支持发展能源行业关键应用软件及解决方案；发展互联网金融相关软件产品、服务和解决方案；支持物流信息服务平台、智能仓储体系建设及物流装备嵌入式软件等研发应用，提升物流智能化发展水平；支持面向交通的软件产品和系统研发，支撑智能交通建设。另一方面，加强软件与大数据、云计算的融合。以高端工业软件及系统为核心，建立覆盖研发设计、生产制造、经营管理等智能制造关键环节的工业云、工业大数据平台，形成软件驱动的制造业智能化发展体系。以智能终端操作系统、云操作系统等为核心，面向移动智能终端、智能家居、智能网联汽车等新兴领域构建产业体系。加快构建面向公众开放的人工智能研发与测试平台。例如，促进终端与云端协同的人工智能云服务平台、新型多元智能传感器件与集成平台、大数据智能化服务平台等。按照数据集中和共享的发展理念，打破体制机制障碍，打通数据孤岛，实现跨层级、跨地域、跨部门、跨领域的数据协同管理和服务。推动大数据融合应用，促进政府数据和企业数据共享。以构建基础软件平台为核心，逐步形成软件、硬件、应用和服务于一体、安全可靠的软件产业生态。

### （三）提高软件知识产权创造和保护水平

第一，提高在国际标准制定中的主导权。在软件贸易中，专利及以核心专利为主的技术标准，构成了高精尖产品出口贸易的主要非关税壁垒。要不断完善国内软件产业化标准体系，加强软件国际标准体系建设，在国际软件业的相关规则、标准制定方面掌握主导权和话语权，以利于有效应对软件知识产权壁垒。例如，在安全软件方面，要尽快扶植自己主导的云安全时代安全软件评测机构，建立安全软件的评测标准，掌握国际安全市场话语权。要加强对大数据、重点领域软件、体系架构等标准的研制，研发成熟的方法论和模型并推动在产业中的应用。积极构建知识产权行业联盟，形成合力，推进优势领域的核心专利构建行业技术标准。注重行业应用的创新成果专利化，以行业力量将专利标准化，最终进入国际标准，在软件贸易中取得优势地位。

第二，提高软件知识产权的识别判断能力。软件产品的知识产权主要是著作权，其次是专利权。其中软件著作权在软件产品贸易中主要以软件许可证的形式体现。嵌入式软件则存在两个知识产权场景，首先是实体产品研发阶段的嵌入式操作系统、开发工具和中间件的知识产权合规问题，然后是嵌入式应用开发完成后集成到实体产品中的整体知识产权保护问题。SaaS模式下云服务软件的知识产权，则应关注部署在云端软件的知识产权保护，以及云服务软件界面背后的核心算法和数据处理方法。软件著作权的保护应简化注册程序，提高注册程序效率和便利度，让更多的软件产品能通过注册获得软件著作权登记。

第三，加快软件企业知识产权的海外布局。我国软件企业在知识产权海外布局方面的步伐仍显落后，这对于应对以知识产权为主要手段的非关税壁垒极为不利。国内企业一方面应积极谋求知识产权，特别是专利权的海外布局；另一方面要主动了解国际知识产权制度的差异，加强与目标市场国家知识产权服务机构的协调。同时，要加强互联网、电子商务、大数据等领域的知识产权保护规则研究，推动完善相关法律法规。

第四，进一步完善知识产权保护法律法规。在《中华人民共和国著作权法》《中华人民共和国专利法》《计算机软件保护条例》等法律基础上，进一步扩大保护范围，严厉打击惩处盗版、侵权行为，培育良好的信用环境和市场秩序。

### （四）实施软件出口市场多元化战略

一方面，保持美日欧三大主要出口市场稳步增长。首先，尽管中美贸易摩擦不断，但构建中美新型大国关系仍是中美两国发展的长远利益所在。

应通过中美双边投资协定（BIT）、商建中美自贸区、加强双方对话磋商等一系列战略措施，进一步深化中美双方的利益交融。其次，我国对日本、欧盟等发达经济体的经贸关系也在不断深化，自贸区、自贸协定等相关的合作机制和安排更加紧密。这些都有利于扩大软件服务贸易和软件外包市场。为此，在加快对美基础设施、制造业、高新技术等领域投资的同时，应扩大相关软件出口。加快制定欧盟地区软件出口战略，提高语言、标准、技术等服务能力，促进欧盟释放软件外包业务。鼓励我国软件信息服务企业在美国、日本、欧盟设立研发机构，提升软件开发能力和学习创新能力。通过并购当地软件企业获取核心技术、品牌、人才，扩大海外市场。

另一方面，稳步推进“一带一路”等新兴市场布局。“中巴”“中蒙俄”“孟中印缅”“中南半岛”等经济走廊及中东欧、非洲等地区网络信息服务落后，对软件服务存在大量需求。利用“一带一路”互联互通、产能合作、装备合作等项目合作，扩大沿线国家软件产品和服务出口，提高软件外包水平，推广使用自主研发设计、自主标准、自主品牌的软件产品，增强自主知识产权在“一带一路”建设中的扩散效应。尤其是要加强应用软件研发、软件本土化开发等，以更好地满足当地市场、文化、语言、政策环境等需要。推动建设中东欧、俄罗斯、东南亚、南亚、中亚等相关国家和区域的软件产业联盟，建立共商共建共享机制，加强共同研发和贸易合作。建设“一带一路”大数据平台，为企业提供相关国家（地区）信息服务，加强监测分析，强化风险预警机制。有步骤地实施走进非洲战略，发展对非软件外包业务。

### （五）加强软件强国人才体系建设

把创新型人才作为提升软件出口竞争力的关键，构建多层次、多形式的软件人才培养教育体系。一是营造包容、宽容、兼容的创新环境，建立吸引软件人才和激发创造性的激励机制，健全绩效分配和股权激励机制。二是提高软件业人才国际化水平。建立国家和地区国际软件人才库和人才信息平台，形成软件人才共享机制。鼓励海外人才回流，吸引留学生回国创新创业。积极参与国际软件企业和人才认证，在国际软件业的相关规则、标准制定方面提高话语权。三是推动产学研用协同创新机制。引导高校设置适应企业需要的软件专业课程教学体系，培养高层次人才和复合型人才。大力发展职业院校，培养各类软件基础性人才，形成“金字塔”形的软件人才结构。建立与国际接轨的教学科研体系。在教学体系方面，基于CDIO模式，从个人能力、团队能力、交流能力、工程能力等多个层面出发，进行能力培养。在科研体系方面，以产业化为导向，加强基础与应用的结合。促进产教融合，鼓励大学生和研究生在校期间参与企业科研项目，鼓励软件企业接受大学生实习。四是鼓励软件企业的继续教育。根据不同层次需求，制定长期性、实用性、前瞻性的岗位培训计划。鼓励远程教育、线上线下相结合的模式，扩大培训教育规模。

### （六）优化软件出口政策和营商环境

以深化供给侧结构性改革为主线，以降低企业综合成本、提高创新能力为重点，不断完善软件出口相关促进政策。注重发挥产业、科技、金融、财税、外汇等政策组合拳效应，提高软件产业政策的协调联动效应，从各个方面优化软件出口企业发展环境。进一步完善出口信用担保、出口保险体系，减少国际市场波动性给企业造成的损失。提高政府服务效率，简化软件出口流程和手续，确保企业及时享受到优惠政策。加强软件出口大数据建设，提高信息共享水平和服务企业能力。鼓励大企业向中小软件企业分包业务。支持软件信息技术服务企业通过工程承包、对外投资等方式推动软件出口。

## 参考文献

［1］工业和信息化部软件服务业司．2010中国信息技术服务业发展报告，2010．

［2］工业和信息化部软件服务业司．2010中国软件与信息服务外包产业发展报告，2010．

［3］工业和信息化部软件服务业司．2011中国软件与信息服务外包产业发展报告，2011．

［4］商务部中国服务外包研究中心．后危机时代促进我国服务外包发展研究，2010．

［5］商务部中国服务外包研究中心．中国服务外包发展报告2008．上海：上海交通大学出版社，2009．

［6］商务部中国服务外包研究中心．中国服务外包发展报告2009．上海：上海交通大学出版社，2010．

［7］商务部中国服务外包研究中心．中国服务外包发展报告2012．上海：上海交通大学出版社，2013．

［8］商务部中国服务外包研究中心．中国服务外包发展报告2015．上海：上海交通大学出版社，2016．

［9］商务部中国服务外包研究中心．中国服务外包发展报告2016．上海：上海交通大学出版社，2017．

［10］商务部中国服务外包研究中心．中国服务外包发展报告2017．上海：上海交通大学出版社，2018．

［11］中国商务部服务贸易和商贸服务业司．中国软件出口发展报告2015，2016．

［12］中国商务部服务贸易和商贸服务业司．中国软件出口发展报告2016，2017．

［13］中国商务部服务贸易和商贸服务业司．中国软件出口发展报告2017，2018．

# 第五章　研发外包：推动研发创新能力开放合作

随着全球科技竞争的加剧，产品与服务技术的创新变革周期缩短、更新速度加快，以及多样化市场需求复杂性的提高，对跨国公司研发服务能力提出了更高要求。在“归核化”趋势下，原先由内部供给的研发形式已不能完全适应现代竞争范式需求。跨国公司逐渐将研发功能外包出去，通过细分合作的开放式创新已成为目前全球研发领域的浪潮。根据Battelle和R&D杂志的联合调查统计，研发外包已经涉及ICT、生物医药（CRO）、航空与国防安全（ADS）、化学和新材料、能源等产业领域，2014年在这五大领域的全球研发规模达到5213亿美元[①]。自21世纪以来，跨国公司研发服务不断向我国转移，不仅提升了国内企业的研发创新能力，而且使我国企业嵌入全球创新链，提高了研发国际化水平。随着我国经济不断向高质量发展，人们对高品质产品与服务的需求不断扩大。创新驱动战略成为推动供给侧结构性改革，提升发展质量的第一动力。尤其是近年来，从国家层面实施了一系列支持研发创新的措施，企业研发投入逐渐增强，研发强度得到大幅提高，从而促进了国内技术创新的迅猛发展。随着本土企业的研发能力不断增强，将不断推动研发外包规模扩大和向高端价值链发展。

①郑锦荣、尚庆琛：《把握机遇，加快研发外包发展——解读国务院常务会议部署加快发展生产性服务业》，《服务外包》2014年第8期。

# 第一节　相关文献回顾及全球研发外包发展

在高新技术迅速发展和国际分工不断深化的前提下，产业对研发、技术、科学等相关服务的需求日益旺盛，研发服务业逐渐兴起并成为国民经济中的重要部分。研发服务业的发展带动了整个经济增长水平，是国民经济高质量发展的必然客观要求，也是经济发展到创新阶段的重要体现。目前，我国研发服务业发展迅速，整个社会研发投入不断增加，国家和企业的研发力度不断加大，知识产权、技术交易、专利申请等研发活动日益频繁。随着研发活动模块化发展及通信技术的不断更新，知识与信息的获取途径发生变革，研发活动表现出外部化、市场化和专业化趋势，促使研发外包产业不断发展。

## 一、研发服务业、研发外包的基本概念

### （一）研发服务业的基本概念、主要类型和主要特征

#### 1. 研发服务业的基本概念

随着科学技术的进步，世界经济专业化分工越发精细，产业链分工愈加明确和细致，研发服务业作为一种新型的服务业态应运而生。研发服务业的概念在20世纪90年代开始出现，然而国内外尚未形成统一意见。学界认可较高的是Fare R.（2000）的观点，他认为研发服务业是研发活动外部化及市场化的结果。Love J. H.和Roper S.（2002）认为研发服务业是企业从外部购买科研成果以减少研发成本的产业模式。Geo（1990）指出随着经济的不断发展，技术进步脚步加快，在市场需求不太明朗的情况下，很多企业都会因为知识技术的限制或不愿投入过多的资金和人力资源到科研开发中，而会放弃自行科研活动，转而向外部组织求助，降低科研成本，进而促进了研发服务业的产生。Victor Gilding等（2002）以荷兰1986年至1999年14年间国内平均技术转让额度的上升趋势为切入点，分析了企业研发活动的发展变化方向，其研究结果显示越来越多的企业将科研活动承包给外部组织进行，由此催生了研发服务的新型服务业模式。

我国学者对研发服务业有不同的见解。柳卸林（2005）认为研发服务业是以研究和开发活动为主营业务并从中获取利润的产业。他的观点突出了营利性。黄鲁成（2005）从研发服务过程角度出发，认为研发服务业是通过研发工作获取并提供科技成果和技术服务的所有组织的总称。常见的组织类型有科研院所、研发企业、高等院校等。马林（2005）为不同产业划分了标准，即需求市场、技术工艺相似性以及经济活动阶段性等。他认为研发服务业是位于产业链高端的高科技产业，其成本形态主要是知识、技能等智力资源，利用各项专利、标准和技术途径，展开一系列科学研究创造活动的组织的集合。后来的学者对研发服务业的内涵进行了补充。徐淑琴（2009）提出研发服务业是以研发经营活动为主营业务，其业务成果包括研发策略、智力支持、专业技术服务，并将其业务成果在市场进行买卖的所有组织的总称。研发服务业位于产业链上游阶段，对于下游的相关产业的发展起到强有力的带动作用。张士运等（2009）以欧美等发达地区的研发服务业为研究对象，认为研发服务业包括所有的科技生产和成果运用的相关服务活动，诸如直接从事科学技术的研究工作、为将科研成果转化所开展的研究工作以及将科技技术转化为社会生产力的活动。简兆权等（2014）在前人的基础上加以总结，认为研发服务业是以知识资本密集为基础，从事研发活动，通过市场提供智力成果、综合技术服务的组织和企业的集合。

根据以上分析，研发服务业是现代产业分化出来的特殊产业，是现代服务业的重要组成部分，通过自然、工程、社会及人文科学等专门性知识或技能，为用户提供研发产品或服务的集合，涉及科技、管理、咨询、法律、金融等多个领域。

### 2. 研发服务业的主要类型

首先，从研发活动性质来看，研发服务业可分为提供研发策略的规划服务、提供专门技术的服务与提供研发成果运用的规划服务等三类。①提供研发策略的规划服务，包括市场分析研究、技术预测、风险评估、技术发展规划、智慧财产检索、智慧财产趋势分析、智慧财产布局与研发成果产出的策略规划等。②提供专门技术的服务，包括相关产业技术及软硬件技术服务、实验模拟检测服务及量产服务等。③提供研发成果运用的规划服务，包含研发成果投资评估、创新创业成果、研发成果组合与营销、研发成果评价、研发成果移转与授权、研发成果保护与侵权鉴定、研发成果获利模式规划等。

其次，从研发服务的承接形式来看，研发服务业主要有七种类型：①独立的研发服务组织，专业化、社会化的研发企业、工业设计企业；②企业的研发组织承担外部委托研发或剥离出有独立能力的研发服务组织；③转制院所成为行业或专业的创新服务中心；④高校面向应用的工程中心和实验室；⑤工业技术研究院和各类应用研究院；⑥海外在华研发机构；⑦为研发提供服务的企业。

3. 研发服务业的特征

研发服务业是新经济背景下诞生的新型服务业态，同传统服务业不同，研发服务业有独特的发展特点和内涵。一方面，研发服务业涉及科技、管理、咨询、法律、金融等多个领域，具有知识密集型、技术密集型、高附加值的特点。另一方面，研发服务业涉及的资产多为无形资产，包括高素质人才、专利、知识产权等，是产业链的高端环节。同时，研发服务业的参与主体多为高等院校、科研院所、研发型企业等。

## （二）研发外包的概念和主要形式

1. 研发外包基本概念

研发外包是一种高端服务外包，是开放创新的重要举措。学者们基于各自不同的视角对研发外包加以解释。Matthew和Rodriguez（2006）从资源理论的视角出发，认为研发外包是对企业自身内部研发及研发联盟的补充，即在内部资源一定的情况下，维持其核心优势，而通过整合与非核心功能相关的外界资源，获取协同效应，进而取得竞争优势。Chiesa和Manzini（1998）基于关系契约理论的角度，指出研发外包是委托方交付经费并以契约形式委托代理方（如外部研究机构）开展研发活动并提供成果，如新的产品、工艺或思路。Chesbrough（2003）认为研发外包即发包方向高研发强度（如信息产业）的接包方交付任务从而获得技术上的改进。Stuart和Mecutecheon（2007）从合作研发的角度进行了解释，指出研发外包是与外界技术提供方（自身的供应商、联盟企业、独立研发机构等）建立的特定技术合作关系。邓铭（2012）从研发外包与企业创新的关系出发，认为研发外包是以合同形式把研究开发环节外包给其他组织，从而提高企业研发能力和创新能力。刘蕤（2010）认为研发外包是以研发为导向的知识密集型外包模式，是指将组织内部研发发包给特定的接包商。易行健（2012）指出研发外包是企业从加强核心竞争力的战略角度出发，将原本由自身提供的高技术含量核心业务和流程以合同的方式委托给承包商从而实现知识套利的活动。

目前，国内外较为接受的说法为，研发外包是指企业将本来应属于自己投入大量资源的研究与开发工作交给外部在此研发领域更加专业的企业、科研组织或学校去完成。即将企业价值链上研究开发这一个环节外包给外部做研发更优秀的企业，以达到合理利用资源，增强企业竞争力的目的。采用研发外包的方式可以分担风险、节约成本、缩短研发周期，使得产品快速上市占得先机，越来越多的公司倾向于从外部寻求技术来源。研发产业主体正是为这些研发活动外部化的企业提供产品研发和服务的机构，承接外包是研发产业主体的主要经济行为之一。

### 2. 研发外包类型

根据不同标准可将研发外包分成不同类型：①按外包业务的重要性可将研发外包模式划分为核心业务外包、边缘业务外包模式；②按外包业务与企业核心能力的相关性将研发外包模式划分为企业核心业务外包模式、与核心业务密切相关的业务外包模式、支持性业务外包模式和可抛弃性业务外包模式；③基于资源观角度将研发外包划分为核心业务模式、互补型业务模式、非核心业务外包模式；④按外包程度将研发外包划分为完全研发外包模式和部分研发外包模式等[①]；⑤按研发的复杂程度分为基础研发外包、应用研发外包和高级开发外包。

### 3. 研发外包的主要合作形式

研发外包本身也是一种合作，具有多种方式，每一种方式具有各自的优劣点，适应不同的业务类型。具体有：①项目委托。企业只研究开发关键技术，其他技术则委托给高等院校、研究院、企业或国外有此研究开发能力的机构，自己做的是考评、选择研究院所，并提供相应的研究开发经费。②联合研究和开发。与国内外相关研究机构就某项课题进行联合研究开发，实现

①姜灵敏、邝丽敏、钟瑞琼：《企业研发外包模式探究——基于制造、医药、软件和服务业案例研究》，《中国高新技术企业》2013年第22期。

优势互补。③在资讯集中的地方，设立信息中心，专门负责研究与本公司相关的高科技企业和研究机构的动向，然后向其购买符合本公司战略需求的高新技术。

4. 研发外包产业链

模块化成为服务外包业务得以开展的重要条件。将复杂的服务作为一个系统进行分解后形成独立模式再进行外包成为一种必然选择。通过模块化的分解，导致在服务外包总任务框架下产生了由不同任务连接而成的服务外包产业链。对医药研发外包来讲，由于涉及众多环节，通常采取更为细小的分块式任务产业链结构（见图5–1）。

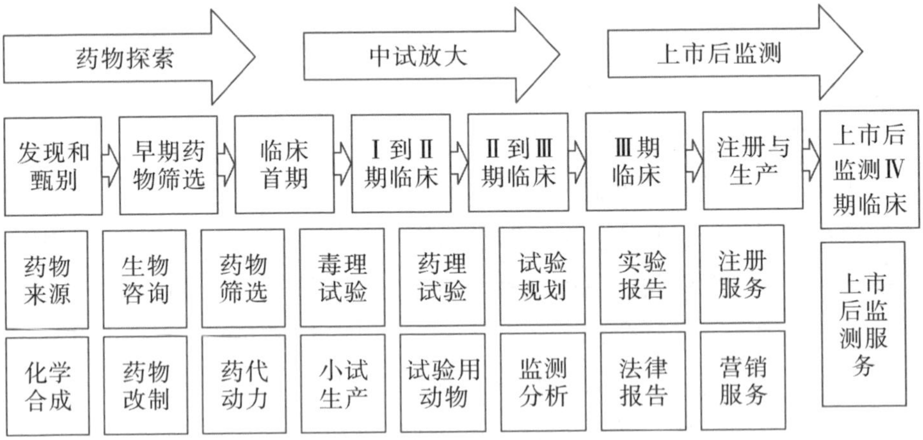


图5–1 医药研发外包的产业链①

## 二、全球研发外包的发展现状与趋势

研发服务业作为生产性服务业的重要组成部分，近年来在发达与发展中国家得到迅猛发展。随着科技与产业融合加深，以及竞争压力加大，众多有实力的企业的研发意识得到加强，并通过加大技术研发投入，以把握未来行业发展趋势，占领行业话语权。随着经济和科技全球化的不断深入，以跨国

①王晓红：《中国服务外包：跨越发展与整体提升》，山西经济出版社，2012，第156页。

公司主导的研发全球化趋势不断加强。自20世纪60年代以来，全球研发活动逐渐开始第一次国际化高潮；到70年代开始第二次高潮，原因为跨国公司为适应本地市场改造技术、开发适销的新产品；80年代跨国公司通过在全球寻求技术专长形成第三次国际化高潮；90年代跨国公司对全球化技术专长的需求与范围不断扩大，从而展现出前所未有的第四次国际高潮①。应该说，跨国公司在进行全球资源配置时就已开始了全球研发活动的步伐，一开始规模较小，而随着研发活动专业化分工及对利益成本的更多考量，研发全球化规模与影响不断加大。通过融入全球研发产业链，发展中国家逐渐成为世界研发网络的重要成员。

全球研发外包规模不断扩大，范围也不断拓展，尤其是在软件、生物医药、汽车、电信等各个行业领域出现了越来越多的研发外包。在这过程中，新兴国家，如中国、印度、韩国等日益成为研发外包全球化的重要参与者。另外，全球研发外包不再是大型跨国公司的专利，一些中小企业也逐渐将研发活动进行外包，促使研发外包日益成为研发全球化的重要载体与形态。在成本压力驱使下，越来越多的跨国公司将研发外包给国外第三方专业机构，在全球范围内组织研发资源、转移研发产出，获得研发国际分工红利，导致研发活动的全球化趋势日益显著。20世纪80年代以来，随着公司研发活动外部化趋势的快速发展，全球范围内很多企业获取技术的方式不再单纯依靠内部，转而逐步向企业外部的院校、研究机构及其他企业等研发力量寻求合作，从而产生大量研发外包需求。新兴经济体迅速成长，已经成为全球研发外包价值链上的重要一环。2015年，全球500强企业在新兴经济体的研发中心布局投资同比增长7.6%，达到310亿美元②。

根据Zinnov报告，2015年全球500强研发投入整体市场规模达到6140亿美元，其中研发外包的市场规模为2150亿美元（包括自建离岸研发中心及离岸、在岸发包），软件和嵌入式领域的研发需求占比高达75%。预计2020年全球500

---

①文富德：《印度正在成为世界研发中心的原因、影响与启示》，《亚太经济》2008年第3期。

②朱华燕：《把握全球研发新动向 提速中国研发外包产业》，《服务外包》2016年第5期。

强研发外包规模将增长23%，达到2650亿美元。从全球范围来看，研发外包产业发展迅猛，占全球服务外包中的比重越来越大。如表5-1所示，2017年全球研发外包总规模达3953.9亿美元，为2012年的1.39倍，2017年研发外包占服务外包比重为20.91%，比2016年提高了0.33个百分点。未来几年研发外包占比仍将保持稳步增长，预计到2021年达21.67%。

**表5-1 全球研发外包市场规模、占比及预测规模**

| 项目 | 2012年 | 2013年 | 2014年 | 2015年 | 2016年 | 2017年 | 2018年 | 2019年 | 2020年 | 2021年 |
|---|---|---|---|---|---|---|---|---|---|---|
| 外包总额 | 14665.3 | 15388.4 | 16224.8 | 17126.5 | 18006.2 | 18906.1 | 19767.8 | 20653 | 21568.8 | 22464.3 |
| 研发外包 | 2841.6 | 3013.2 | 3224 | 3467.6 | 3705.3 | 3953.9 | 4182.1 | 4410.3 | 4638.6 | 4868.8 |
| 研发外包占比（%） | 19.38 | 19.58 | 19.87 | 20.25 | 20.58 | 20.91 | 21.16 | 21.35 | 21.51 | 21.67 |

资料来源：根据IDC统计数据整理。

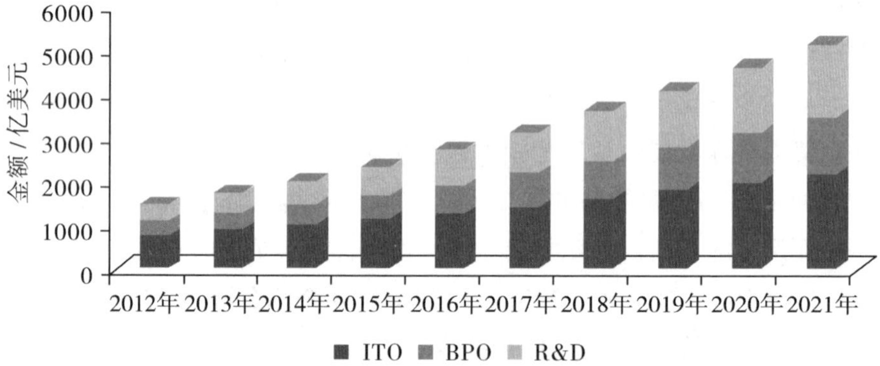


**图5-2 全球离岸服务外包发展规模及预测**

资料来源：IDC。

全球研发外包（如图5-2所示）表现最突出的行业就在医药领域。随着药物研发流程自身发展与行业监管逐步规范，药物研发活动逐步具备了复杂化、高投入和长周期的明显特征，为制药企业带来巨大压力的同时催生和加速了CRO（Contract Research Organization，合同研究组织）这一新兴行业的兴起和发展。

20世纪80年代开始，随着美国FDA（食品药品监督管理局）对药品管理法规的不断完善，药物研发过程相应地变得更为复杂，越来越多的制药企业开始将部分工作转移给CRO公司完成，CRO行业进入了成长期。20世纪90年代以来，大型跨国制药企业加速全球化战略，不断投资海外研发机构并将其纳入全球研发体系中，实现全球市场的不断扩张，同时迎来了费用成本、时间成本增加的巨大压力，为了较好地缓解制药企业的研发压力，CRO行业应运而生，步入了发展的快车道。从存量来看，欧美地区占据了全球CRO市场90%左右的市场份额，处于主导地位，而印度、中国等亚太地区仅占据了全球CRO市场的较少份额。从增量来看，目前新兴地区CRO市场增速明显，尤其是中国等亚太地区处于高速增长阶段。从2011年到2016年，美国、西欧CRO市场增速相对缓慢，分别为9.60%和9.40%，而东欧、印度、中国等亚太地区、拉丁美洲等其他地区的CRO市场增速分别达到11.40%、14.85%、20.00%、15.60%①。

在全球研发外包产业中，印度占据了重要一席。2000年以后，印度服务外包逐渐从低技术含量服务供应逐步向高技术含量研发服务迈进。据NASSCOM数据显示，印度软件研发服务出口从2001年的12.1亿美元迅速提高至2010年的79亿美元，占2010年印度整个软件出口的16%②。被誉为“印度硅谷”的班加罗尔是印度服务外包迅速发展的典型代表，该地区约占据着印度软件出口总额的1/3，而且其在研发服务业方面也越趋专业化。据全球著名创新研究机构Zinnov发布的2011年度全球研发服务供应商排行榜，在排名前10的公司中，有5家公司的总部位于班加罗尔，这一数据充分说明印度在全球研发服务承接中占据着重要地位。“千年虫问题”的顺利解决，证明印度公司拥有承接高附加值领域服务外包的能力，从而促使班加罗尔的研发服务业发展不断向纵深推进，进一步突破原有软件研发的范畴，向硬件设计、汽车与飞机核心部件研发、新药开发等多重领域进展，班加罗尔已从“软件外包之都”成功转型为“研发服务之都”。

①东兴证券研究所：《2017年中国医药CRO行业研究报告》，2018。

②黄亮、邱枫：《从软件外包到研发服务：班加罗尔的案例研究》，《世界地理研究》2016年第3期。

# 第二节 我国承接国际研发外包的发展现状及外溢效应

新一轮全球产业布局调整大潮，为中国研发外包服务市场高速成长赋予了强大的推进力。近几年，研发外包服务正在迅速向亚洲等地区转移，而我国已成为科技外包的最大承接国①。我国拥有丰富的人力资源、广阔的经济腹地、完善的基础设施、完备的产业体系、稳定的政经环境，这些都为我国服务外包产业快速持续发展创造了条件。自2006年国家实施“千百十”工程的十多年以来，我国服务外包产业规模迅速扩大，成为世界上仅次于印度的第二大承接国。在获得总量扩张的同时，服务外包产业正加速转型升级，加速从产业链的中低端不断向高端迈进，离岸服务外包承接结构不断优化，知识型、技术型服务外包占比得到提高。随着我国经济步入高质量发展阶段，创新对经济的贡献将逐渐增强，从而进一步提高了研发在国内产业中的重视程度。随着劳动分工的不断细化，研发市场需求的增加将更加有利于研发外包产业基础的发展，也将不断提高我国承接离岸研发外包的能力。近年来，我国创新能力不断提高，科学技术不断进步，在承接高附加值、高科技的服务外包业务中不断积累经验与技术，未来随着研发全球化趋势的进一步深入，对国民经济、区域及城市经济的发展作用将日益显著。

## 一、我国承接国际研发外包快速发展

### （一）我国研发外包发展历程

我国研发外包发展历程与我国整个服务外包产业发展历程相似，我国研发外包也是由跨国公司研发中心转移开始起步，从而带动了本土研发外包企业的成长。这些跨国公司在华研究机构首先承接母国研发外包，然后将任务分解，再把一些研发功能外包给我国本土研发企业。20世纪90年代中期，Microsoft、Oracle等国际软件企业开始在中国设立研发中心。在研发核心软

①《推进研发外包服务 打造全球科创中心》，中国社会科学网，2015年7月2日。

件产品的同时，为了降低研发成本、提高效率，开始与国内一些具有高校、科研院所背景的企业合作，开启了中国软件企业与跨国公司建立合作关系进程。我国本土企业通过承接研发外包，研发能力不断得到提高，成长到一定程度后开始自主进行业务开发，除继续承接跨国公司在华研发外包之外，也逐渐承接国内企业的研发外包，业务规模不断扩大，实力得到进一步提升。可以看出，我国的研发外包企业包括本土研发外包企业、跨国研发外包企业中国分支机构、跨国公司在华研发中心等主体，在国家政策、协会、培训等共同推动下，我国研发外包产业不断向上攀升。

医药研发外包是我国承接研发外包的重点领域，在一定程度上反映了我国研发外包的发展历程。1996年，MDS Pharma Service在中国投资设立了中国第一家真正意义上的CRO，从事药物的临床试验业务。随后其他的跨国CRO开始陆续在中国设立分支机构，如Quintiles Transnational，Covance及Kendles等。一些跨国制药企业陆续在中国启动研发业务，推动了中国CRO的成长。1998年国家食品药品监督管理局（SFDA）制定颁布了一系列药品管理法规，在中国CRO产业发展中起到了里程碑作用。全球制药与生物科技行业在中国的临床前研发活动愈来愈重要。随着医药研发外包的到来，我国也涌现出一些医药研发外包知名企业。其中，无锡的药明康德便是其中典型的代表。2005年，该公司已经成为亚洲最大的新药研发服务公司，为70多家欧美及日本的客户服务，客户包括了全世界前20家药厂中的18家以及前10家生化制药公司中的8家[①]。2017年，药明康德已经拥有全球3000多家客户，有几千个创新项目在药明康德平台上运作，贯穿新药发现到商业化生产的所有过程。不断完善的政策环境助推了医药研发外包企业不断成长，目前，在中国进行临床前研发活动已成为全球药物研发不可或缺的一部分。

### （二）研发外包增长迅速，占比份额不断提升

随着国家创新能力的提高、政策的支持，研发外包产业获得快速发展，成为我国研发服务业创新发展的重要形式。近几年，得益于人工智能、区块链等技术的研发与应用，研发外包市场规模进一步扩大。如图5-3所示，

①李娜：《药明康德做大医药研发外包》，《IT经理世界》2005年第23期。

2012—2017年期间我国研发外包市场规模从124亿美元增长到407.2亿美元，年均增长率达26.8%。从业务结构比例来看，2013年以来，在整个服务外包市场规模中，ITO仍占主导，但研发外包均保持在30%以上，服务外包规模明显超过BPO。说明研发外包已成为提升我国服务外包整体知识水平、优化我国服务外包业务结构的重要力量，不断推动我国服务外包产业向高端发展。

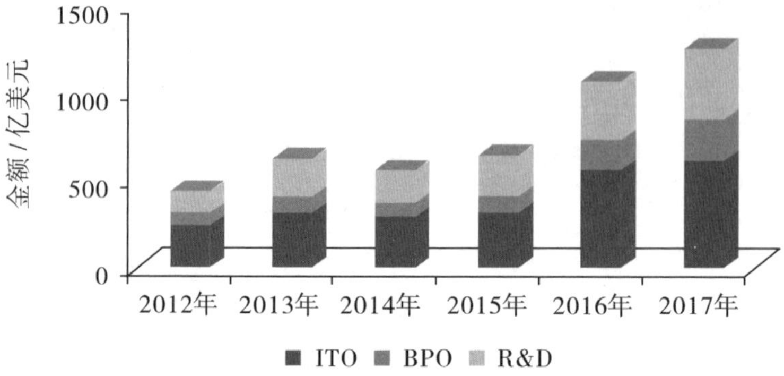


**图5-3　2012—2017年我国服务外包业务结构**

数据来源：IDC。

除了在我国整个服务外包市场中占有重要地位，研发外包在离岸市场中也表现出快速增长的趋势。以KPO（知识流程外包）数据为例，2012—2016年间，我国KPO占比从15.5%提到至31.65%，说明我国离岸服务外包业务结构不断优化。离岸服务外包业务结构与整体服务外包市场结构表现出相同的优化趋势。实际上，在KPO中，以知识创新的研发外包占很大份额。这也在一定程度上表明研发离岸服务外包在我国离岸服务外包总额中的占比不断提高，显示研发外包在我国总体服务外包中的地位与重要性逐渐提高，说明我国服务外包产业向价值链高端升级特征更加显著。据市场数据显示，我国研发外包市场规模不断扩大，2020年我国研发市场规模将近一千亿元。尤其在CRO领域，随着跨国药企在华拓建研究中心、国内政策鼓励新药创制，研发外包市场将逐步扩大。经过多年发展，我国研发外包逐步融入跨国公司产业链，已经成为全球研发外包的重要参与者和贡献者。

## （三）中国日益成为跨国公司全球研发布局的主要目的地

在发展中国家和新兴经济体中，我国凭借巨大的市场潜力、良好的产业配套、优惠的投资政策、低成本的高素质劳动力等优势，已成为跨国公司海外研发投资热土。跨国公司在华研发机构数量呈快速增长态势，成为我国科技创新活动的重要力量。根据商务部的统计资料，早在2012年，在华的外资研发中心数量就已经超过1800家，其中有一半左右从事先导技术开发，六成以上面对全球市场[①]。这说明跨国公司在华研发机构对其全球战略布局起到非常重要的支撑作用，也进一步提高了我国研发在国际上的重要地位。在医药研发外包方面，中国作为主要目的地的趋势更加显著。近年来，我国政府对国内医药外包采取了积极的鼓励政策，加上跨国医药企业纷纷在亚太地区建立研发中心，跨国大型CRO随之进军亚太地区，进一步刺激了我国CRO市场的成长，我国已逐渐超越印度成为亚洲医药研发外包首选地。

表5–2　跨国公司在华研发布局

| 公司 | 时间 | 地点 | 简要介绍 |
|---|---|---|---|
| 施维雅 | 2001年10月 | 北京 | 致力于肿瘤、脑老化、代谢疾病治疗以及血管、血液保护等领域药物的研发 |
| 诺和诺德 | 2002年1月 | 北京 | 研究发展中心，致力于生物技术基础研究 |
| | 2006年 | 北京 | 蛋白质药物开发，同时利用分子生物学的方法进行蛋白质表达技术的创新和发明 |
| 艾伯维 | 2009年4月 | 上海 | 主要集中于免疫、疼痛、神经系统与肾病领域的研究 |
| 辉瑞 | 2005年6月 | 上海 | 辉瑞中国研发中心，辉瑞在亚太地区的研发枢纽，为辉瑞全球的生物及化学制药研究与开发项目提供支持 |
| | 2009年7月 | 武汉 | 辉瑞中国研发中心，主要涉及为全球临床药物开发项目提供各个方面支持，包括Ⅰ到Ⅳ期临床实验，以及肿瘤、神经、疼痛、疫苗、抗感染等领域的临床药物研发 |
| 默克 | 2009年11月 | 北京 | 亚洲药品研发，生物治疗领域，生物标识和基因方面；肿瘤、风湿病及精神变形疾病 |

①张永凯：《跨国公司在华研发投资对我国区域创新体系的影响机制研究》，《兰州财经大学学报》2014年第4期。

（续表）

| 公司 | 时间 | 地点 | 简要介绍 |
|---|---|---|---|
| 拜耳 | 2009年11月 | 北京 | 全球第四个研发中心，涉及拜耳的四大核心部门——心血管病、影像诊断、肿瘤以及妇女医疗保健，也涉及整个研发链条上的各个环节 |
| GSK | 2003年 | 天津 | 天津非处方药研发中心，专注于非处方药 |
| | 2007年7月 | 上海 | GSK全球第三大研发中心，利用全球研发资源完成从靶点确认、生物学基础研究、临床研究到报批的整个过程，重点疾病包括阿尔兹海默病、帕金森综合征和各种疼痛疾病 |
| | 2011年9月 | 上海 | 消费保健品创新中心，以迎合中国客户对药物的定制化需求，2011—2014年向中国推出了24个创新保健品 |
| 默沙东 | 2011年12月 | 北京 | 主要负责进行药物研发、转化型研究、临床开发、注册事务及外部研发项目 |
| 礼来 | 2010年 | 上海 | 糖尿病研发中心，专注于研发满足中国糖尿病患者需求的药物 |
| | 2012年 | 上海 | 礼来中国研发中心，首要任务是专注于中国的糖尿病患者，探索具有新的作用机制、可以延缓糖尿病进程的新型药物 |
| 诺华 | 2006年 | 苏州 | 研发基地，致力于创新型药物工艺与分析方法的研究与其生产技术的开发 |
| | 2009年 | 上海 | 诺华（中国）生物医学研究中心，致力于研发创新药物，目前主要针对中国及亚洲地区高发的癌症及肝病 |
| | 2016年6月 | 上海 | 诺华在全球第三大研发中心，该中心主要有两个功能：诺华在全球研发体系中表观遗传学基地；针对中国及亚洲地区高发癌症的药物研发 |
| 罗氏 | 2004年1月 | 上海 | 罗氏研发（中国）有限公司，是罗氏在全球设立的第5个研发中心，也是罗氏首次在发展中国家设立的研发中心 |
| | 2007年 | 上海 | 罗氏（中国）开发中心，是罗氏在中国及亚太地区第一个全功能临床药品开发中心 |
| | 2009年 | 上海 | 罗氏（中国）开发中心升级为罗氏药品临床研发亚太中心 |
| | 2016年11月 | 上海 | 罗氏全球第三个战略中心，投资额达8.63亿元，聚焦于研究与早期开发免疫、炎症及抗感染疾病领域的创新型药物 |

资料来源：前瞻行业研究院①。

①前瞻研究院网站：https：//www.qianzhan.com/analyst/detail/220/170414–cda63d46.html。

## （四）研发外包城市集群显现

我国的研发外包产业主要集中在上海、北京、广州、杭州、南京等城市，这些地区在制度环境、人才资源、基础设施、产业基础、政策优势等方面走在全国前列，吸引了大量内外资研发外包机构和跨国公司研发中心，已经形成了较具国际影响力的产业集群，推动了本地研发服务业的发展，有利于提高研发行业的核心竞争力，对城市的其他产业也产生很大的知识溢出效应。在多元化主体的推动下，包括软件研发外包和医药研发外包在内的研发外包产业得到了蓬勃发展并呈现出融合发展的态势。早在2006年，由北京生物工程学会、北京中关村生物工程和新医药企业协会共同组建的研发服务专业委员会在北京成立，这标志着北京医药研发外包服务将以联盟形式发展[①]。上海是研发外包最活跃的地区之一，其生物医药研发外包领域形成了完整的产业链，已成为国内最为完善的生物医药研发公共服务平台。特别是在国家促进服务外包政策的推动下，上海生物医药研发外包整体保持较快的增长态势，研发外包服务项目数连续多年占据全国医药领域登记合同总数的20%以上，在全国医药研发服务中占有重要地位。上海已形成以浦东张江高科技园区和徐汇枫林园区为主的研发外包产业聚集区，集聚了100多家规模以上的研发服务机构，既包括药明康德和睿智化学等提供一站式新药研发服务的专业技术服务CRO公司，又有外资参与的研发中心和小型研发服务企业[②]。广州研发外包也呈快速增长态势。据广州生物技术外包服务联盟（GZBO）提供的数据，2007—2010年，广州生物技术外包年均增长率达31%。2011年，世界500强企业中有28家在广州设立了外包企业，国际外包专业协会（IAOP）全球外包100强中有31家在广州落户，十大在华全球供应商有7家在广州投资[③]。另外，随着东部地区房价压力、办公地租、人力成本等综合成本的上升，有些研发外包企业也开始关注国内中西部地区，将业务转

①《北京研发外包服务形成联盟》，《中国医药报》2006年1月17日，第B07版。

②高允松、史彤、唐军：《上海生物医药研发外包服务行业发展现状分析》，《华东科技》2017年第1期。

③张赛飞、邓强、隆宏贤：《广州研发外包发展现状分析与对策研究》，《科技管理研究》2015年第14期。

移到其中性价比更高的城市，从而使中西部发展基础良好的城市的研发外包也得到快速发展。

### （五）科技革命助力研发外包发展

信息网络技术的发展以及新技术的层出不穷使研发外包的广度和深度得到更大拓展。云计算、大数据、物联网、移动互联、人工智能、区块链等技术的快速研发与应用，促进价值含量高的业务不断向成熟化发展，为研发服务产业注入新的动力。据咨询机构Forrester估算，2017年人工智能的投资约同比增长300%，帮助企业在精准营销、电子商务、产品管理等更多领域更快地做出业务决策。由中国发起的首个全球区块链理事会成立，该平台致力于将区块链技术应用于资产托管、产业链金融、消费金融、金融科技等领域。中国在该领域的领先技术将推动更多的国内外企业与服务提供商建立基于区块链技术的区块链服务合作，将该技术应用于金融和运输、制造等非金融领域，能促使研发服务更具技术密集型产业特性，推动研发服务能级再上台阶。

总的来说，虽然我国研发外包获得了快速增长且前景广阔，但知识产权保护乏力、自主研发能力不强仍是制约我国研发外包国际竞争力的主要因素。相对来讲，我国离岸研发外包占世界离岸研发外包总规模比重较小，根据Zinnov全球研发评级报告，2015年我国承接全球500强企业的研发外包全球占比约为5.3%[①]。另外，我国一线城市的技术人员用工成本已超过印度同类企业，成本的攀升导致部分研发外包业务流失转移他国。印度研发外包企业正在加快提升包括制造业工程等领域的研发服务能力，越来越多的欧洲研发外包企业出于成本因素考虑在印度设立研发外包交付机构。

## 二、承接国际研发外包的外溢效应分析

相关研究表明，承接研发外包对接包方和发包方都具有正向作用，尤其

①朱华燕：《把握全球研发新动向，提速中国研发外包产业》，《服务外包》2016年第5期。

是对国内研发服务业的发展具有较大的示范作用和溢出效应①。在合同执行过程中，国内研发企业接受国外发包企业的工作安排，在满足外包合同要求的同时，潜移默化地学习到国外跨国公司先进的研发组织方法，从而将跨国公司先进的研发技能与管理经验引入中国，进而提高承接企业自主研发的能力。另外，通过承接国际研发外包，国内企业增强对相关行业全球研发趋势判断，加深了国际研发标准的理解，不断融入全球研发价值链，从而为进一步参与国际竞争打下基础。不仅如此，许多有实力的研发外包企业为了提升研发外包水平，在海外设立研发中心，在利用国外先进的科研环境进行技术研究和开发工作的同时，可跟踪世界最新的技术发展，以最快的速度将国外先进技术和信息反馈到国内。

### （一）承接研发外包是获得研发资金的重要渠道

随着知识溢出效应愈来愈明显，世界各国纷纷加强对研发活动的投入。美国、日本、德国、瑞典等发达国家研发投入占GDP总额比重2.7%左右，然而我国研发投入强度仍然有待提高。“十三五”规划提出，我国研发投入占GDP比重到2020年达到2.5%。另外，我国研发投资大多来源于政府的补贴，许多企业没有足够的收入来覆盖研发的巨额成本。相对于欧美日发达国家，我国企业的研发投入还有很大差距，与欧美企业相比，我国企业拥有研发机构的比例还不高。为克服研发不足导致创新不力的局面，除加强自主性研发投入之外，通过承接业务获取利润、实现研发投入增加也是一个重要的途径。因此，承接研发外包活动可以有效弥补我国企业面临研发资金投入不足的问题，加快企业研发外包供应商的创新速度。我国一些研发外包企业如药明康德、文思海辉等企业的研发投入增速均在各自领域内处于领先位置。

### （二）承接研发外包获得技术溢出

研发服务业属于技术密集型产业，而知识具有天然的外溢特性。因此，离岸研发外包是实现技术转移的渠道之一。虽然发包方外包的并不一定是核

①王晓红：《中国承接国际设计服务外包的技术外溢效应研究——基于中国80家设计公司承接国际服务外包的实证分析》，《财贸经济》2008年第8期。

心技术，但为保障研发开展，发包方通常会向接包方转移项目相关知识、要求、标准，这是接包方在此过程中获取新技术的一个重要方式。接包方通过模仿和学习这些技术、知识、要求、标准等减少自己的试错成本。承接研发外包项目的质量和水平在一定程度上决定了接包方学习新技术的能力。因而，承接高质量研发外包项目，对于接包方提升自己的研发能力和创新水平起到了关键作用。而且，根据吸收能力（Absorptive capability）理论，接包方吸收能力越强，技术溢出的效应越明显，企业自身技术基础越强，越能提高接包方的创新能力。此外，竞争对手的承接也具有一定示范与竞争效应，对本企业内部研发人员的创造性也具有较好的促进，可以促使本企业研发人员检验既有知识、发掘新问题，从而提升本企业技术吸收能力及研发效率，最终促使承接企业所在国行业获得发展。

### （三）承接研发外包有助于提升企业创新能力

通过承接研发外包，我国接包企业增加了同国际先进企业接触的机会，获得了相关技术指导和培训以及国际市场操作示范，企业逐步掌握国际标准与行业规范，从而更加接近甚至达到国际先进企业的水准，提升自己的国际化能力。此外，企业在承包国际研发外包过程中，在一定程度上共享发包企业的全球网络，扩展自己的“朋友圈”，开拓国际市场渠道，逐步嵌入全球价值链、创新链的重要环节，从而构建自身的国际市场网络，逐步开启国际化新征程，实现由本土企业向国际化企业的跨越。通过承接国际医药研发外包，药明康德等一批国内企业研发能力得到迅速提升。据预计，到2021年，中国药物研发CRO服务市场规模将增至4.1亿美元，2015年至2021年的年复合增长率为30.2%，超过同期药物研发投入金额的增速及同期全球药物研发CRO服务增速，中国药物研发CRO服务市场渗透率亦将上升到15.9%[①]。

### （四）研发外包的人才提升效应

先进的科学技术和管理经验会随着人才的移动而移动，从而加速技术正外部性溢出。随着研发外包涉及的环节日益复杂，所要求的技术含量越来

①《国内医药研发外包企业或迎来利好》，中国制药网，2017年9月27日。

越高，其从业人员必须具备精深的业务知识和熟练的专项技能。为了让接包企业更有效地完成服务外包项目，服务外包的发包方往往给接包方企业员工提供培训学习的机会以弥补接包企业劳动力在知识和技能上的不足，外包企业往往会根据项目要求对从业人员进行全面而充分的岗前培训以及外语技能培训，这些培训会产生比较深刻的影响。一方面，直接提升接包企业员工的知识和技能；另一方面，发包方因培训转移出的先进技术和经验可能会向接受培训企业的当地同行企业溢出，进而提升该行业整体的人力资本水平。同时，承接研发外包为国内技术开发人员提供了一个可以与国外技术研发人员进行沟通交流的窗口和渠道。为了更好地完成研发外包项目，发包方和接包方需就研发内容交流思想与研发进程，安排东道国技术人员与发包方专家共同工作，发包方科研人员的知识素养溢出到接包方研发人员，提升接包方人员的研发能力，带动国内研发服务业的发展。

### （五）研发外包促进新业态与产业升级

首先，承接研发外包可以带动国内研发服务业产业发展，提升研发服务业服务实体经济的贡献度，对吸纳人才、发展区域经济、提升产业结构具有促进推动作用。通过承接研发外包还可提高城市综合竞争力，有利于各个产业提高技术水平。大体上看，我国承接研发外包较多的地区其科技实力增长也较其他地方快。其次，随着移动互联网、大数据、物联网、云计算、人工智能等技术的发展，研发外包促进了研发新业态与新模式的产生，加快了研发生产要素的流动与重组，催生了“研发服务业+生物制药”“研发服务业+软件开发”“研发服务业+金融”“研发服务业+知识产权”等新兴业态，众包、众创、众筹等新型商业模式。最后，在研发全球化趋势带动下，通过承接研发外包，我国在移动互联网、生物医药、产品设计、科技金融等方面出现了一大批专业的新型研发组织和机构，通过整合行业资源、构建专业服务团队，提供专业化的第三方服务。

# 第三节　研发外包推动我国研发创新及国际化发展

随着全球研发服务业规模不断扩大，以及我国经济创新驱动发展的深化，我国研发服务产业规模将得到进一步释放，从而为研发外包产业的壮大提供坚实的经济基础。同时，研发外包的发展为我国研发服务业走向国际化打开了局面。在研发全球化趋势下，充分利用国内外研发资源与要素是获取竞争优势的重要方式。通过承接国际研发外包，进一步推动了我国研发外包市场加速成长，促使我国企业不断参与到全球研发服务产业链中去，可以有力地促进我国创新开放式发展，大大提高我国研发国际竞争力。

## 一、我国研发外包国际化发展成就

### （一）我国已经成为世界研发创新大国

自2000年以来，我国的研发投入规模稳步增长，研发强度逐步提高。尤其是在高质量创新驱动发展模式推动下，我国研发整体发展状况持续向好。2014年，中国研发经费投入强度达到2.02%，首次突破2%。2016年，研发强度进一步提高至2.11%。2017年，研发经费投入总量达17500亿元，占国内生产总值2.12%。从国际比较来看，目前我国研发投入总量仅次于美国，居世界第二，研发投入的增加取得了良好的效果。2017年，我国发明专利申请量达138.2万件，连续7年居世界首位。据世界知识产权组织公布的消息，2017年，我国通过《专利合作条约》途径提交的专利申请受理量达5.1万件，仅次于美国，居全球第二①。另外，在产业结构转型和经济增长方式转变的背景下，越来越多的城市、企业、研发机构等创新主体进一步提高科技投入。随着研发力度的不断加大，我国研发外包产业基础壮大，研发绩效进一步提高。在研发主体方面，市场化驱动得到加强。企业对我国国内发明专利申请增长的贡献率达到73.5%。再者，随着创新驱动发展战略大力实施，我国加

①《中国与世界贸易组织》白皮书，2018年6月。

大了对科技基础设施、重大科研设备的不断投入，一些重大科技成果相继问世，在某些领域居世界领先地位。从规模上来看，我国已成为世界研发大国。然而，我国离研发强国还有一定差距，尤其在原始创新、科技成果转化与应用、科研设备利用率、研发人才环境等方面还有很多提高空间。

### （二）研发外包促进研发服务专业领域国际化

通过承接研发外包提高我国企业自主研发能力，表现较为突出的领域有医药、动漫等。我国生物CRO在全球生物医药研发价值链上开始占据一席之地。随着全球生物医药研发价值链的演变，生物医药产业全球化特征的进一步突显，我国生物CRO在全球生物医药行业崛起。2006年，我国医药研发外包市场规模仅为30亿美元，2013年已达220亿美元，约为2006年的7.3倍。CRO企业数量也由2000年的35家增加到2014年的320家。全球制药企业前20强基本上成为我国研发外包企业的合作伙伴和服务对象，医药研发外包企业的客户涉及世界大多数国家。我国生物医药研发外包领域形成了完整的产业链，在国际上的竞争力及地位得到不断提高。另外，国内游戏企业通过承接国外游戏服务外包，自主研发能力增强，自主研发的二次元类移动游戏在日韩地区表现出色。一些实力雄厚的游戏企业积极收购海外研发和发行公司，布局全球市场。

### （三）建设境外研发中心增强自主研发知识积累

海外研发中心的设立是我国研发服务业不断走向国际化、融入全球创新价值链的重要推动力量。通过在发达国家和地区设立研发中心，可以在第一时间了解行业技术前沿、当地市场需求，利用当地研发人才、技术要素开展创新活动。通过设立海外研发等分支机构，可以满足海外交付和服务的当地需求，很好地规避国内外运营差异造成的风险。近年来，中国企业在国外设立研发机构的步伐日渐加快。2010年，我国有68家创新型（试点）企业设立了106家海外研发机构，主要分布在北美、欧洲、日本等发达国家和地区[①]。据2016年9月英国《金融时报》报道：中资企业仅在2016年就宣布成立了9个

①杜德斌：《研发全球化呈现五大趋势》，《文汇报》2014年4月14日。

新的海外研发中心，资本支出总额估计超2.24亿美元。这其中既包括制药和生物科技公司，也包括华为等信息通信领域的高科技企业。以华为公司为例，目前，华为在国外已经建立了16个研究所，分布在美、英、德、法、俄等国家。通过把研发机构靠近德国电信、法国电信、沃达丰等运营商客户，可以充分了解其需求并开展联合创新，从而打造真正具有市场竞争力的产品。海尔的"全球智造"意味着海尔能够集合全球创新智慧，满足全球消费者的个性化需求。目前，海尔已在全球建立起十大研发中心。进入"全球产业20强"的中国工程机械制造商中，包括徐工、中联重科、三一、柳工等，几乎都在欧洲建立了研发机构。不过，这些研发机构很大程度上主要还是辅助企业在欧洲、美国开展本地化制造的技术支持部门。

### （四）海外并购加速我国研发服务国际化步伐

近年来，为了完善其产业链，提高国际竞争力，有实力的企业和组织通过并购海外企业走向国际市场，发生了很多大规模的并购案例。海外并购成为一些研发企业发展到一定阶段的必然选择。在企业自我发展到瓶颈时，通过兼并收购可实现弱项提升和能力互补，从而为进一步做大做强做准备。例如，2014年博彦科技通过收购美国高端商业IT服务公司——TPG公司，使公司在商业智能服务领域和商业大数据挖掘、分析及应用领域的能力得到大幅提升。泰格医药跨国并购CRO企业方达医药，提升了公司在北美地区的影响力，进入了技术门槛较高的生物分析、CMC医药产品研发、临床前研究等领域，为新药研发提供了全方位、一站式服务。据美国药品研究和制造商协会（PhRMA）数据，一款重磅新药自主研发至上市平均需10年到15年，费用则以10亿美元计。除了研发成本的高企，精准医疗、人工智能等新技术的崛起，以及细胞免疫疗法等新治疗方法的成熟化，都给传统医药企业的生存和发展带来更多挑战。而且，据医药企业反映，我国国内九成以上真正有价值的医药创新成果都有海外背景，寻找美国、欧洲的公司合作和学习是大势所趋[①]。在此背景下，通过并购特别是海外并购迅速强化技术储备，成为我国

---

①《药企海外并购今年或升温　通过"国际化"加码竞争力》，《上海证券报》2018年1月23日。

药企的战略选项之一。据不完全统计，2017年，境外并购共42起，涉及金额727.48亿元，约为2016年的2倍，为2015年的近6倍[①]。近年来，中国医药企业海外并购金额不断增加，还有更多企业表现出海外并购的积极意愿。

## 二、推动研发创新能力开放合作的主要思路

### （一）鼓励跨国公司研发机构融入国家创新生态体系

跨国公司是全球重要的研发主体，拥有成熟的研发体系、庞大的研发队伍和较高的研发水平。在当前研发全球化趋势下，充分利用跨国公司在华研发机构的作用与影响促进我国科技创新是一条重要的补充途径。鼓励跨国公司在华开展研发活动的同时，要引导跨国公司研发机构更多地融入我国创新体系和本土创新生态。通过搭建平台、创造交流机制，引导跨国公司研发机构与本土企业、高校和科研院所等本土研发力量开展各种类型的合作与交流，从单纯的吸引外资向协同创新转变。鼓励跨国公司与本土企业共同开发关键共性技术、搭建公共技术创新平台等。引导跨国公司与本土研发机构一起参与国家或地方政府资助的研发项目并共享知识产权。外资研发外包中取得重大经济或社会效益的自主知识产权创新成果可纳入政府奖励范畴。

### （二）积极支持本土企业设立海外研发机构和技术并购

从创新源来看，目前仍是由欧美发达国家主导，尤其是像硅谷等创新聚焦区是世界前沿技术的诞生地，也是新兴科技发展的风向标。因此，在发达国家研发聚焦区设立研发中心，是获取最前沿技术发展信息、招揽高端研发人才、扩展研发社会网络的重要方式。目前，我国多数企业还处于追赶阶段，又处于行业竞争激烈、技术更新快的时代，通过境外研发中心把握世界前沿技术才有可能掌握市场主动。因此，积极支持具有一定国际竞争力的企业，尤其是民营企业，通过建立海外研发中心、合资、参股等形式，有效利用国外科技创新资源，迅速提高技术和创新能力。深入学习国外研发外包先

①《药企海外并购今年或升温　通过“国际化”加码竞争力》，《上海证券报》2018年1月23日。

进的管理经验和智慧。鼓励国内外科技人员开展交流合作，引进海外高层次科技人才。通过境外研发中心，促进我国整个研发服务业的国际化，带动我国研发外包向更高环节发展。通过国际化学习，企业要增强服务、技术、流程、组织等方面创新活动，利用国际研发外包提高自身核心业务，从而扩大海外接包能力，进一步参与全球研发服务分工，提高产业链地位。

### （三）全力打造具有全球竞争力的研发创新企业

国家之间的竞争归根结底体现在企业的竞争。中国经济的持续健康发展为培育世界一流企业创造了难得的机遇，提供了大显身手的舞台。我国研发外包应抓住当前国际研发活动外部化的有利机遇，不断提高专业研发能力，提高国际竞争力，积极抢占国际研发市场份额。作为知识密集型行业，研发外包企业应不断加大研发投入，努力打造研发型、创新型企业。为此，政府须出台措施进一步提升研发外包企业融资便利化水平，鼓励研发企业国内上市、海外并购，筹集研发资金。在医药研发外包、软件研发外包等具有比较优势的领域，尽快打造具有全球竞争力的创新型研发外包巨头。

### （四）不断创新研发外包模式

在互联网革命的影响下，企业研发不再是一个高度封闭的领域，很多企业已成功尝试开放式合作创新模式，充分实现研发“电脑+人脑”的融合，通过创客、众筹、众包等方式获取研发所需的大量知识信息，以提升创新效率与质量。利用云计算、大数据技术，搭建众包平台，为服务外包的远程交付和工作管理提供新的手段，成为被众多企业采用的新型交付方式。现如今，不仅中小企业，连大企业也都通过众包、众创等方式实现研发碎片化。国际知名企业，如InnoCentive、IBM、Cisco、Google等，都积极发展基于众包的创新模式，通过征集来自大众的创意和智慧，利用网络平台发布、分配和解决技术问题，聚众智推动企业产品和服务的创新[①]。为此，积极推动众创模式的深入发展，利用众创空间、众筹等机制集聚创新资源，打造开放共享的众包研发平台。因此，应积极探索开放式的知识产权许可制度以解决众包

①徐航：《企业创新的众包研发探索》，《互联网经济》2016年第Z2期。

面临着的知识产权归属、使用等问题，强化众包服务外包平台的供需对接功能，构建客观公正的众包激励体系，以及完善信任机制以防范安全风险。

### （五）落实细化企业研发外包各项扶持措施及鼓励政策

切实细化落实承接离岸研发外包企业的各项税收优惠政策，制定相关支持政策，设立专项研发基金，帮助研发外包企业进一步提高研发能力。为解决研发企业进口设备税负过重难题，应推动出台研发外包企业所需的进口机器、设备、原材料等予以减免税优惠政策，提高进口研发设备的通关效率。探索对重点研发机构开放全球网络自由接入，以便及时了解国际产业前沿技术动态，及时跟进并加强交流。进一步加强国际研发人员交流合作机制，放宽签证有效期，鼓励外国研发人员来华工作，对其合法所得减免相关个税。进一步探索与完善国家重大科研设备开放共享机制，提高公共科研设备有效利用率。降低社保缴纳比例，减免研发人员个税，保护研发人才知识产权与所得。通过服务贸易创新发展试点，在扩大研发服务业开放、提高研发服务业贸易与投资便利化营商环境等方面先行先试，逐步推广到全国范围。

## 案例1　中国医药研发外包的开拓者<br>——药明康德新药开发有限公司

### 一、企业概况

药明康德是全球领先的制药、生物技术以及医疗器械研发开放式能力和技术平台公司，是中国首家医药研发外包企业，主要为国际制药公司和生物技术公司提供国际标准的新药研发外包服务。和国内医药龙头企业恒瑞医药、复星医药、石药集团不同的是，药明康德是国内屈指可数的依靠医药研发外包（CRO）服务起家的医药企业。药明康德的主营业务包括CRO服务与CMO/CDMO（合同加工/设计加工外包）服务两块，主要从事制药、生物技术及医疗器械研发外包服务，是中国规模最大、全球排名前列的小分子医药研发服务企业。“让天下没有难做的药，没有难治的病”是目前公司的使命和愿景。

药明康德成立于2000年12月，注册在江苏无锡，营运总部位于上海，拥有1万多名员工，在中美两国均有运营实体。2006年，继在天津泰达开发区投资建设了北方研究中心——天津药明康德之后，又投资落户苏州吴中经济开发区建设亚洲规模最大的GLP药物安全评价研究中心——苏州药明康德。2008年1月，在完成纽交所上市后的半年内，药明康德又在新药研发一体化的道路上踏出了重要一步，完成了对美国生物制药和医疗器械服务供应商AppTec实验室服务公司的收购。收购完成后，两家公司的业务范围和专业技术形成互补，从而使药明康德的服务链延伸至大分子和医疗器械领域。2010年，药明康德又斥资分别在无锡、武汉投资兴建了国际一流的生物大分子研发生产基地和药物先导化合物研究基地，实现了大分子领域的国内扩张计划和中西部战略发展。2011年，药明康德成立了全新的基因中心和注册事务及临床研发部门，为生物制药和临床研究业务的拓展迈出了第一步。2012年，药明康德先后与阿斯利康公司以及保瑞医药成立合资公司，集团在生物药研发以及临床服务方面的能力得到了进一步的提高。近几年，作为国内最大的CRO企业，公司通过与各个细分领域优质公司合作或直接并购（见表5-3），逐步实现业务纵向一体化。药明康德已经成功转型集临床前CRO业务、生物制剂CMO、新药、投资等一系列业务于一身的综合性企业。药明康德的服务范围已涵盖了小分子、大分子、医疗器械等多个研发领域，成为横跨中美两国的全球业务种类齐全的医药研发外包公司。

公司向全球制药公司、生物技术公司以及医疗器械公司提供一系列全方位的实验室研发、研究生产服务，服务范围贯穿从药物发现到推向市场的全过程。通过高性价比、高效率的一体化研发服务帮助全球客户缩短药物及医疗器械研发周期、降低研发成本，是全球公认的具备新药研发实力的领先开放式、全方位、一体化的医药研发服务能力与技术平台。根据公司招股说明书，2017年营业收入为77.65亿元，其中CRO服务营业收入56.12亿元，CMO/CDMO服务营收21.09亿元。近年来，该两项业务均保持20%以上的速率高速增长①。

①搜狐财经：《千亿市值药明康德的并购布局，打通CRO全产业链》，https：//www.sohu.com/a/234083872_618572，2018年6月5日。

表5-3　近年来药明康德公司的重要举措

| 时间 | 内容 | 成果 |
| --- | --- | --- |
| 2015年12月 | 药明康德宣布与阿斯利康旗下全球生物药研发机构MedImmune建立战略合作关系 | 此次战略合作实现了双方的优势互补，有利于药明康德提升自己在呼吸、炎症、自体免疫、心血管、代谢性疾病以及肿瘤等疾病方面的研发能力 |
| 2016年1月 | 上海药明康德宣布建设新型一体化研发服务中心。该服务中心总投资达1.2亿美元，将与美国致力于人类治疗性抗体研发的基因工程动物公司OMT（Open Monoclonal Technology）公司合作 | 此次合作对于药明康德利用OMT公司先进的专有OmniRat平台，提升生物药发现、开发及生产一体化解决方案的能力有重要意义 |
| 2016年1月 | 药明康德与国家心血管病中心展开合作。双方将合作搭建国内领先的心血管药物研究开发平台，并联合探索心血管疾病领域的精准医疗模式，为患者提供更加个性化的医疗方式 | 此次战略合作将完美结合国家心血管病中心业界领先的心血管病医疗、教学和研究能力，与药明康德的一体化新药研发能力、基因组学能力和分子检测能力，并通过应用最前沿的基因检测、解读和临床检测等技术，为中国的广大心血管病患者提供更加有效和个性化的诊断、治疗和健康管理方案。此举表明药明康德将以药物开发为突破口，进军精准医疗领域 |
| 2016年3月 | 药明康德旗下子公司明码（上海）生物科技有限公司与纽约Simons基金会共同建立的世界上最大的自闭症数据库正式上线 | 通过WuXi NextCODE Exchange提供的开放式云端数据库，全球研究自闭症的科学家们可以自由访问大量的患者及其家人的基因组信息。此举将进一步拓展药明康德在基因领域的版图 |
| 2017年1月 | 药明康德宣布收购临床前药物研发外包公司辉源生物科技（上海）有限公司 | 借助这一收购，药明康德将进一步提高其从靶标验证到先导化合物发现和优化的药物研发能力，完善和扩大药明康德一体化研发服务平台 |
| 2017年10月 | 药明康德宣布成功收购美国临床研究机构ResearchPoint Global（RPG） | 此次收购旨在拓展药明康德在美国，乃至全球临床研究业务的服务能力，进一步完善和扩大药明康德一体化研发服务平台 |
| 2018年4月 | 药明康德与众生药业共同研发用于治疗小细胞肺癌、胃癌、食管癌等恶性肿瘤的创新药物ZSP1602项目的化合物核心专利 | 获得以色列专利局的授权，这也是该项目化合物专利继获得加拿大专利局授权后又一国际专利授权。目前，该专利涉及的ZSP1602项目已经获得药物临床试验批件，并已启动一期临床的相关工作 |

## 二、药明康德研发外包战略分析

（一）研发外包是企业的主要模式

药明康德是中国首家医药研发外包企业，创立之初即采用CRO（合同研究组织）模式。药明康德坚持“不做新药研究，只为客户做新药服务”的经营理念，将CRO模式发挥到极致。全球排名前20位的制药公司中有19家是药明康德的客户，而并购美国AppTec实验室后，更是为药明康德带来了700多家客户，成为全球业务种类最为齐全的服务外包公司、全球研发规模最大的先导化合物服务外包公司，以及全球获得权威机构认证最多的医药研发外包公司，涉及小分子、大分子和医疗器械等多个服务领域。

（二）积极打造研发平台

经过17年的发展，药明康德的研发平台建立了五大支柱能力：小分子新药研发和生产、生物药研发和生产、细胞及基因疗法研发生产、医疗器械检测、基因组学及分子检测。通过研发平台为医药研发提供全套服务是药明康德的主要方式。正如公司负责人所言“我们更感兴趣的是继续做平台，给更多的人和公司赋能，让病人有更多的药”。药明康德不断向新药研发产业链横纵延伸，拓展业务范围，打造开放式、全方位、一体化的研发服务技术平台。公司正在全面推进和加强其开放式、全方位、一体化研发服务技术平台建设，以实现药明康德“使任何人、任何公司都可以利用这个开放式平台，更快、更好地研发新药，更好地实现造福广大患者”的公司愿景。药明康德坚持打造医药研发平台，就是要突破目前新药传统的产生模式，充分发挥众长，缩短新药推出时间，在最短的时间内生产出最需要的药。以往新药研发基本是在封闭式系统中进行，由大型药企制定规则，决定开发品种，这在很大程度上决定了病人的未来治疗方向和命运，也使全球新药开发的效率持续低下。唯一的办法就是让更多的人可以参与创新，把他们的知识和经验有效地商品化。外界把药明康德比作“医药行业的阿里巴巴”。与阿里巴巴大幅降低了个体业主成为商业创业者的门槛一样，药明康德这个研发平台就是要大幅降低科学家想要自己发现新药的门槛。

（三）服务与解决方案

随着医药研发外包产业不断升级，原先简单的研发外包已不能满足行业发展需求，这就要求承接企业提供系统性、整体性解决方案。为此，药明康德不断调整业务结构，为客户提供全方位、一体化服务与解决方案（见表5-4），帮助客户缩短药品和医疗器械的研发时间，从而达到降低研发成本、提高研发效率的目的。

表5-4　药明康德全方位服务业务

| 服务与解决方案 | 主要分类 | 主要内容 |
|---|---|---|
| 药物研发服务 | 药物化学；生物学；安全药理学；药性评价 | 提供贯穿整个药物发现和开发过程的一体化新药研发服务。可以根据客户的具体需求来提供量身定制的项目解决方案 |
| 小分子药工艺研发及生产 | 原料药（API）工艺研发；制剂工艺研发与生产；分析开发与质量控制；高活性药物和抗体偶联药物 | 致力于为全球合作伙伴提供从原料药（API）到制剂，高效、灵活、高质量的一站式解决方案 |
| 药物开发服务 | 处方前研究开发；药物活性化合物的研发及生产；制剂开发；临床试验药品生产、外包装及贴标 | 包括从处方前研究、制剂研发、配套的分析支持和临床试验制剂的生产以及药物注册服务在内的一站式服务，从而帮助客户快捷方便地把NCE从临床前研究阶段推进到NDA申报阶段 |
| 医疗器械服务 | 针对医疗器械的服务；针对基于组织的产品的服务；针对复合式产品的服务 | 测试计划遵照全球监管要求而制定，并能按照客户在产品开发生命周期任何阶段的需求进行定制 |
| 化学服务 | 合成化学；分析化学；分离技术；多肽合成；目录试剂；化合物管理 | 提供从合成化学到手性分离，从小分子合成到多肽和拟肽类，从核苷到氟化物构建模块（Building Blocks），从毫克级制备到千克级GLP放大，从化学试剂到化合物管理等全方位服务 |
| 测试服务 | 分析服务；药代动力学；毒理；生物分析服务；医疗器械测试；抗体服务 | 为早期药物筛选、早期临床药物分析及临床实验样品分析，在化学和生物领域提供一体化的分析测试服务。测试事业部与药物化学、药物合成和制剂部合作，加速药物研发进程 |
| 毒理学服务 | 临床前服务；器械毒理学测试 | 全面符合FDA/OECD/SFDA GLP标准的生物分析服务，以支持小分子药物、生物制剂、疫苗和PD生物标记物的筛选与开发，并支持临床前研究和临床研究 |

（续表）

| 服务与解决方案 | 主要分类 | 主要内容 |
|---|---|---|
| 生物分析服务 | 小分子药物分析；多肽及蛋白药物分析；合成标准品及同位素内标 | 提供全面符合FDA/OECD/SFDA GLP的生物分析服务，以支持小分子药物、生物制剂、疫苗和PD生物标记物的筛选与开发及其临床前研究和临床研究 |
| 临床服务 | 临床试验管理；数据管理与生物统计；注册事务 | 提供世界一流的高品质服务，帮助客户更快更高效地完成药品及医疗器械产品研发并成功推向市场 |

资料来源：通过药明康德公司网站整理（2018年7月6日采集）。

（四）全球化人才体系建设

人才是企业创新的源泉和发展的第一要素。药明康德奉行人才国际化战略，全球招聘技术和管理人才，不断完善培训、晋升和激励制度，建立了国际化的研发和管理团队，形成百名博士领衔，千名硕士为研究主体的研发体系。十余年间，药明康德打造了一支由来自中、美、日、印等国的科研和管理精英组成的国际化管理团队，拥有近千余篇高水平学术论文以及平均15年在国际一流制药以及医疗器械公司任职的经验。公司研发团队近6000人，70%为硕士博士，其中包括资深海归科学家400多人，是中国医药研发服务业拥有员工和科学家数量最多的企业。在创造了飞速发展的药明康德奇迹的同时，也为国家新药创制培养和储备了大量人才，药明康德因此被行业誉为中国新药研发的“黄埔军校”，强大的人才支持成为药明康德崛起的重要条件。

## 三、研发外包成效

药明康德的成长始于医药研发外包。公司创始人李革是一位受过美国教育且极具天赋的科学家，他曾在美国一家医药公司工作，从那里接触到CRO产业。回国后萌发了创立一家临床前CRO公司的念头，以专门服务于制药巨头的医药研发需求。通过承接国外研发外包，公司在医药领域的技术、人才和经验获得很大提升，使其成为世界医药研究外包（CRO）领域的领导者，同时也引领着中国CRO产业的演进。目前，拥有包括国内上海、苏州、天津、武汉、常州以及美国费城、圣保罗、亚特兰大、圣地亚哥和德国慕尼黑等在内的全球24个研发生产基地/分支机构。主要客户覆盖全球排名前20位的大型药企及各类新药研发机构。其通过与企业机构合作研发，研发能力不断得到提高，取得了一系列重要成果，成为中国研发外包企业中研发能力首屈一指的企业。截至2017年3月31日，药明康德为客户在研1000余项新药开发项目，并同时支持或承载着包括辉瑞、礼来、默克等全球多家知名药企200个临床Ⅰ—Ⅱ期，30多个临床Ⅲ期及商业化阶段的小分子化学药生产。

药明康德的高速增长获得国内外的高度关注，连续六年荣膺“Deloitte亚太地区高科技高成长500强”（药明康德是中国唯一一家连续六年荣膺该企业榜的公司），并连续五年入选“Deloitte中国地区高科技高成长50强”（仅有两家公司连续五年获此殊荣），并且被《快速公司》杂志评选为“世界最具创新力企业年度50强”，位列第八。公司的研发实力也得到了政府的高度认可。2006年入选首批103家“国家级创新型企业试点单位”，成为我国首个获得国家认可的医药研发外包企业。2007年，又获得科技部批准建设“药物先导化合物研究国家重点实验室”，进入首批企业国家重点实验室的建设行列，成为全国医药行业中首批拥有国家级重点实验室的两家企业之一。2008年，公司又被上海市商委评为“上海市服务外包重点企业”，成为上海首批获此殊荣的外包企业。2009年入选“中国十大服务外包领军企业”，是唯一入选的生物医药类研发外包公司。企业负责人李革接受采访时透露，在2014年美国FDA审批通过的41个新药中，31个来自药明康德的合作伙伴；2015年批准的45个新药中，33个来自药明康德的合作伙伴；2016年批准的22个新药中有16个[①]。

## 案例2　国内优秀的医药研发外包企业
## ——广州博济医药生物技术股份有限公司

### 一、企业概况

广州博济医药生物技术股份有限公司（简称“博济医药”）创建于2002年，是一家从事新药研发外包服务的新型高新技术企业，是国内规模领先的大型临床试验CRO上市公司，为医药企业和其他新药研发机构提供新药研发全流程“一站式”外包服务，包括药学研究、药物评价（动物）、临床试验、上市后再评价、技术成果转化、数据管理和统计分析，以及医疗器械、

①李革：《医药行业里头需要积累》，中国制药网，2017年09月14日。

保健品的注册及临床研究服务等。经过16年的发展，博济医药在技术实力、服务质量、服务范围、营业收入、团队建设等方面都跻身于我国CRO公司的领先位置。博济医药凭借丰富的行业经验、突出的技术实力和人才优势，已成为我国规模领先、具有较大市场影响力的中大型本土CRO公司之一（见表5-5）。截止到2014年底，博济医药累计为客户提供临床前研究服务200余项，临床研究服务400多项。

2015年4月24日，博济医药在深圳证券交易所创业板挂牌上市。博济医药旗下拥有广州博济新药临床研究中心有限公司、广州博济生物医药科技园有限公司、北京中卫必成国际医药科技有限公司、上海砝码斯医药生物科技有限公司、广州博济堂医药保健有限公司及西藏博济投资管理有限公司6家全资子公司，并建立了40个监察服务网点，汇聚了近500名经验丰富、学识渊博、思维敏捷的中高级医药研究人才和注册法规专家。

**表5-5　博济医药主要社会荣誉**

| 年份 | 荣誉资质 |
|---|---|
| 2008年、2011年、2014年 | 广东省科技厅、广东省财政厅、广东省国税局和广东省地税局共同认定的高新技术企业 |
| 2008—2017年 | 国家高新技术企业 |
| 2009年 | 中国广州最具竞争力高新技术企业<br>中国广州最具诚信度企业 |
| 2010年 | 被评选为“2010年中国最具投资价值企业50强” |
| 2011年 | 被广东省科技厅认定为广东省民营科技企业<br>被广州市科技和信息化局认定为广州市民营科技企业<br>被评价创业邦评为“中国年度创新成长企业100强” |
| 2012年 | 获得“管理体系符合ISO9001：2008标准要求”认证<br>2011年度广东省诚信示范企业 |
| 2013年 | 被广州市工商行政管理局评为连续三年广东省守合同重信用企业<br>获得广州市著名商标认定 |
| 2014年 | 被评为“2014中国最具投资价值的十大CRO企业”<br>被认证为广州市科技小巨人企业 |
| 2016年 | 中国医药研发外包公司十强 |

资料来源：根据博济医药公司网站整理（2018年7月6日采集）。

## 二、公司医药研发外包主要业务

博济医药是一家专业的CRO服务提供商，为医药企业和其他新药研发机构提供全方位的新药研发外包服务，主营业务涵盖新药研发各个阶段，包括临床研究服务、临床前研究服务、技术成果转化服务、其他注册咨询服务及临床前自主研发等，是业内为数不多的能够提供全方位、一站式CRO服务的新型高新技术企业（见表5-6）。

**表5-6　博济医药主要业务服务内容**

| 项目 | 类别 | 主要服务内容 |
| --- | --- | --- |
| 临床前研究服务 | 药学评价<br>药物评价 | 接受客户委托，提供临床前研究服务，具体包括：处方筛选、工艺、理化性质、质量标准、稳定性、药理、毒理、动物药代动力学等服务 |
| 临床前自主研发 | 新药<br>仿制药 | 根据新药市场的发展趋势，结合技术专长，自主进行新药研究开发，形成的技术成果对外转让 |
| 临床研究 | 新药临床试验<br>上市后再评价<br>CRC业务 | 主要是接受申办者委托，与申办者、主要研究者共同制定临床研究方案、监察临床研究过程、进行临床试验的数据管理、统计分析，并协助完成临床研究总结报告等 |
| 药学研究 | 药学研究技术服务<br>新药研究开发 | 根据新药市场的发展趋势，结合技术专长，自主进行新药研究开发，形成的技术成果对外转让 |
| 药物评价服务 | 药效学研究与药物筛选<br>非临床安全性评价<br>非临床药代动力学研究<br>动物模型与检测服务 | 提供化学药品、中药和天然药物、生物制品、医疗器械的药效筛选和评价、药物非临床安全性评价（含预试）、药代动力学研究（BE）等方面技术服务 |
| 技术成果转化服务 | 中药转让项目<br>化药转让项目 | 提供技术成果的评估、交易等服务 |
| 医疗器械 | 医疗器械临床试验服务<br>医疗器械注册服务<br>医疗器械质量管理体系服务<br>医疗器械专业培训服务 | 提供医疗器械市场报告、临床试验、医疗器械投资前咨询、投资后管理、质量管理体系咨询、企业培训、进口上市许可注册、数据信息、医疗器械知识产权等医疗器械行业的全方位解决方案 |
| 国际注册 | 中美双报* | 全面提供国际医药注册咨询服务，从事FDA注册、FDA申报、FDA咨询、美国FDA注册、海外医药注册 |
| 其他咨询服务 | 数据中心<br>咨询 | 单独承接研究方案设计、数据管理、统计分析、检测等技术咨询服务 |

注：中美双报是指在中国CFDA、美国FDA同时申报。

资料来源：根据博济医药2017年度报告和公司网站整理（2018年7月6日采集）。

## 三、公司研发外包促进企业成长绩效

公司成立十多年来，累计为国内外两百余家知名医药企业提供了临床研究服务，截至2017年12月末，公司累计为客户提供临床研究服务500余项，基本涵盖了药物治疗的各个专业领域，并包括难度较高的创新药36项，是国内制药企业获得最多新药证书和生产批文的CRO公司之一。经过多年积累，公司形成了规范的质控体系，对主营业务均制定了严格的标准操作规程。公司目前在国内有37个监察服务网点，服务网络遍及药物临床试验机构所在的主要省、市、自治区，已实现驻地监察的服务模式。

### （一）软硬件建设促使公司营运能力得到提升

作为可提供一站式服务的CRO公司，可同时承接一致性评价业务中的药学研究和临床BE研究工作。公司“化药口服固体制剂一致性评价中心”经过一年多的运营，已顺利开展和完成多项一致性评价的药学研究工作；为保障临床BE研究的质量和速度、控制临床BE的成本，2017年公司与国内3家临床医院合作共建了Ⅰ期临床研究中心，提供临床BE生物样本分析服务的控股子公司苏州旭辉检测有限公司已有成熟技术人员20余人，这些措施的有效实施，使公司承接的一致性评价项目的成本、进度、质量具有很好的可控性。

### （二）研究服务能力进一步增强

公司注重研发投入的增加。2014—2016年，公司研发人员从49人增加到80人。2016年，研发人员占总人数的18.18%。2016年，研发投入规模达595万元，占营业总收入的8.25%，2014年研发投入仅占营业总收入的4.96%。通过为用户提供研发服务、同客户合作研发，以及自主研发，取得了一系列重要成果。成立至今累计为国内外400多家知名医药企业提供超过700项的新药研究服务，包括200多个新药药学研究服务，100多个新药药理、毒理研究服务和近400个药物的临床研究服务工作，正在进行的项目有100多个，其中包括多项国家1类新药，国家863计划和国家重大新药创新专项课题。公司自主研发的中药6类新药转让给贵州百灵企业集团制药股份有限公司。公司与常州润诺生物科技有限公司共同拥有的创新药专利转让给浙江同源康医药股份有限公司。

另外，2017年公司承担建设的“广州生物医药研究开发公共服务平台”顺利通过验收，博济医药从原有中药、化药临床前研究服务，延伸到蛋白多肽类生物药的研究服务。GLP实验室经过2017年完整年度的试运行，将解决目前自主研发项目和外委合同项目中临床前评价部分须外包的现状，减少制约研发活动的不利因素，降低研发成本和风险，同时公司将承接单独的药物安全性评价业务，增加新的盈利点。

（三）新药研发一站式服务的业务链条拉长加速公司国际化战略布局

公司收购了香港永禾科技有限公司51%的股权，其控股子公司Humphries harmaceutical Consulting为国内制药企业在海外开发新药提供专业技术服务，尤其是新药向美国、欧盟进行注册申请服务，是国内第一家实现FDA电子申报的技术服务公司。本次收购提高了博济医药国际医药注册的能力，使博济医药成为国内外最专业的能够提供中美双报（CFDA、FDA同时申报）的CRO公司之一，是博济医药提供"全方位、一站式新药研发CRO服务"业务链的延伸。同时，也有利于公司拓展海外业务，长远规划公司国际化战略布局。

## 案例3　从IT外包服务提供商到数字化服务提供商的华丽转变——文思海辉技术有限公司

### 一、企业概况

文思海辉技术有限公司（简称"文思海辉"）是中国服务外包的领军企业，在金融服务、高科技、电信、旅游交通、能源、生命科学、制造、零售与分销等领域积累了丰富的行业经验，致力于成为"全球企业新时代的合作伙伴，成就更美好的数字化新时代"，为用户提供高质量的咨询和科技服务。其前身是软件外包服务提供商：文思信息技术有限公司和海辉软件（国际）集团公司。1995年文思信息技术有限公司在大连成立，并于2007年在纽约证券交易所上市。1996年海辉软件（国际）集团公司在大连成立，并于2010年在美国纳斯达克证券交易所上市。文思海辉凭借超强的全球运营能力、严格的质量标准和高效的交付流程，获得了国内外客户的认可，主要客户涵盖众多《财富》世界500强企业及国内大中型企业。

通过将战略总部设在中国，并在北美、亚太地区、欧洲设立地区总部，为客户提供零障碍沟通的个性化定制与最佳经济收益完美结合的优质服务。通过位于美国、欧洲、澳大利亚、日本、新加坡、马来西亚和中国的交付中心，为客户提供企业应用服务、商业智能、应用开发与维护、移动解决方案、云计算、基础设施管理、软件开发与全球化、业务流程外包的一站式服务，以满足客户对全球范围无缝交付和技术支持的需求。同时，支持客户的业务发展战略，帮助客户赢得成功。企业在项目管理、智慧城市建设、信息服务生态建设等方面提出多项创新发展理念，开拓发展布局的同时，也为服务外包行业发展注入新动力。十年间，在IT技术不断进步、互联网产业不断发展的环境下，文思海辉通过转型创新，已经从原有简单的人力外包，发展成现在的数字化服务提供商。

在2014年6月国际外包专业协会（IAOP）公布的“2014全球外包100强”名单中，国内IT服务及解决方案供应商——文思海辉首次入选Top10榜单，名列第8位。这是中国本土外包服务企业首次进入IAOP全球外包前10位。在Zinnov公布的《2014全球研发服务商评级（GSPR）》调研报告中，文思海辉再次获评企业软件和消费者软件行业“领导力”级别，跻身全球前三的技术研发服务提供商。

## 二、从软件外包到信息技术咨询整体解决方案的战略转型

过去，文思海辉最为人熟知的标签是“软件外包服务提供商”，然而随着IT技术和产业的快速发展，单一信息技术服务已经不能满足客户需求。因此，在公司进行产业领域横向拓展的过程中，不能单单停留在满足客户需求层面上，更应注重的是挖掘客户潜在需求，并围绕影响市场前景的趋势，为客户提供完整的解决方案和咨询服务。从外包到咨询的转型，背后能力来源于文思海辉几十年的垂直行业的服务经验，以及对行业深刻的理解。

目前，文思海辉的咨询服务包含数字化转型、信息服务生态建设和其他咨询业务（Moonshot数字化服务创新中心）三大部分，并结合体验交互、技术实施与运营服务为客户提供数字服务全价值链的整体解决方案。其中信息服务生态建设的核心技术——OMM信息技术外包管理成熟度模型（Outsourcing Maturity Management Model），充分借鉴了质量管理原理和过程改进方法的精髓，帮助企业对外包管理服务生态中的人员、过程、技术、资源等关键要素进行从规划设计、部署实施、服务运营到持续改进的全生命周期的管理和服务。

作为公司自主知识产权下的外包管理生态建设模型，OMM在政府和企

业的信息服务生态建设中应用成效显著，并获得中国、美国、日本等100多个国家管理创新类知识产权证书。在“基于OMM的信息服务生态建设——政府解决方案”中，文思海辉特别推出了“汇智科技服务生态平台”。该平台以“OMM外包成熟度管理模型”为核心管控，不仅为地方政府提供从项目交流及项目交易、人才培训到人才成长、企业能力和信用提升、金融服务等产业促进服务，更是集“产、供、销、营”于一体，聚集产业链上下游企业，基于互联网经济环境下的共享共生的新型商业模式。

**三、承接研发外包提升文思海辉的核心竞争力**

通过研发服务，文思海辉助力企业竞争力增长，提升创新能力，优化企业运营，升级用户体验。同时，承接研发服务帮助文思海辉提升研发能力，创新商业模式，向数字化2.0方向发展，具体有以下表现。

（1）文思海辉利用大数据技术帮助中国第三大电商公司更透彻地分析海量消费者行为数据，充分挖掘数据价值，通过精准营销，使其购买率提升59%，回购率提升35%。在这一过程中，文思海辉提升了自己的数字技术，提高了洞察消费者及市场变化的能力，为创新商业模式和服务模式提供了思路。

（2）文思海辉利用Devops，支持全球某大型在线旅游公司，从开发到测试再到运营监测全面提速，实现快速迭代，引领互联网发展速度，加快了产品研发的进程。

（3）文思海辉帮助国内某大型乳品企业打造基于云技术的移动访销系统，及时把握市场动态，实现渠道管理重心下沉，并推动渠道管理“云”变革，实现销售渠道数字化运营，云技术的应用使文思海辉向实现智慧企业构建的目标更近了一步。

（4）文思海辉通过承包日本某大型人寿保险公司声纹识别项目，生物识别技术取得突破性进步，帮助该保险公司成功实施行业第一例声纹识别系统，摒弃了烦琐的认证环节，简化了身份识别，极大地优化了客户体验。

## 案例4　中关村产业技术联盟通过平台创新实现高质量发展[①]

中关村产业技术联盟活跃在中关村，以企业为主体，大学、科研机构和中介组织参与，以契约关系为纽带，以提升创新能力和产业竞争力为目标，通过资源共享和创新要素的优化组合，形成明确的资源整合、合作运营、利益分享机制的新型社会组织。联盟体现了中关村创新从企业内部创新走向外部协作创新的新趋势。在中关村管委会的大力持续推进下，产业技术联盟获得快速成长，其促进产业发展的作用日益显现。

### 一、中关村产业技术联盟的发展

2002年10月30日，TD产业联盟成立，这是我国第一个产业技术联盟。TD产业联盟的成立旨在整合产学研用的产业力量，协同创新。在这一阶段，闪联、长风联盟等也陆续在中关村成立，到2005年底，中关村产业技术联盟发展到十余家。2009年13家中关村产业技术联盟发起成立了中关村产业技术联盟联合会，作为产业技术联盟的自律组织，为联盟的共同发展服务。2011年8月，中关村数字视频产业技术创新联盟成立，成为我国第一个取得社团法人资格的产业技术联盟。2012年，《中关村国家自主创新示范区产业技术联盟专项资金管理办法》（2015年统一整合为《中关村国家自主创新示范区社会组织发展支持资金管理办法》）出台，中关村产业技术联盟得到进一步发展。2014年正式成立了中关村产业技术联盟联合会，成为我国第一家以产业技术联盟为会员单位的科技创新型社会组织。2016年，中关村产业技术联盟联合会获批科技部第二批科技服务行业试点单位和北京市市级“枢纽型”社会组织，2017年获得北京市民政局5A级社会组织称号。截止到2017年底，在北京市社团办正式登记注册的产业联盟249家，其中中关村产业技术联盟165家，涵盖了中关村战略性新兴产业的方方面面。

### 二、中关村产业技术联盟的运营模式

中关村产业技术联盟的构成主要以企业为主体，覆盖的成员企业上万家，企业覆盖面也相当广泛。随着中关村产业技术联盟的发展，其运行机制日益成熟，形成了以企业为主体，政产学研单位参与，以契约关系为保障，

---

①本案例根据中关村产业技术联盟所提供的材料整理而成。

以提升企业创新能力和产业竞争力为目标，具有明确的资源整合、合作运营、利益分享的运行机制。

中关村产业技术联盟产业特色鲜明，长期聚焦某一特定产业领域，聚集了一大批高水平的产业专家、行业领军人物，围绕建设创新型国家和实施创新驱动发展战略，研究国内外科技产业发展趋势，积极参与决策咨询，积极开展前沿性、针对性、储备性产业政策研究，提出专业化、建设性、切实管用的政策建议，提供了高质量的产业研究成果，成为高水平的产学研用紧密结合的新型高端产业智库。很多联盟成员都提供了产业发展规划、产业技术方向、产业政策制定、重大工程项目的决策研究咨询服务。联盟覆盖了中关村的各个产业，既有新兴战略产业，又有其他优势产业。在各个产业集群里，各种类型的联盟并存，如技术研发联盟、技术标准联盟、产业链联盟、市场合作联盟、服务联盟等，形成了推动产业发展的合力。产业技术联盟通过跨界合作，借鉴专业领域与交叉学科的融汇共通之处，开展跨产业、跨领域协同创新，推动资源共享、优势互补，积极促进成果转化，实现创新融合。

## 三、中关村产业技术联盟的创新成果

中关村产业技术联盟已经成为企业共同投入解决技术、市场、资本、知识产权、品牌等共性问题和获取外部资源的有效工具，在整合产业链上下游、促进标准创制、推动产业资源共享、推进产业发展、进行创新突破、打造服务平台、“双创”服务等方面做出了贡献。中关村产业技术联盟围绕产业技术创新链开展集成创新，突破产业发展的核心关键环节，推动了产业技术进步，促进了中关村乃至全国高新技术产业的培育和发展。

### （一）整合产业链上下游

联盟以提高产业链整体运作效能为目标，组织上下游企业完善和发展产业链，涵盖了研发、制造、渠道等从生产到市场的各个环节，促进创新资源多方位合作与衔接，起到了很好的整合产业链上下游的效果，以协同创新带动产业整体高效、快速发展。联盟围绕产业链解决产业共性技术难题，通过契约提高产学研结合的组织化程度，推动产学研在战略层面的紧密合作，建立持续稳定、有法律保障的合作关系。产业技术联盟这种新的产学研合作方式，使得合作各方能够围绕产业链发展，在技术攻关、体制机制、资源整合、人才培养等各方面不断创新，特别是重点围绕企业所需的共性技术，完善技术开发体系，加快成果转化，形成具有产业特色的企业联盟或联盟企业群。

（二）不断促进标准创制

中关村产业技术联盟积极协助推进国家技术标准创新基地建设，协调相关市场主体共同制定满足市场和创新需要的标准，包括国际标准、国家标准、团体标准（中关村标准）等，增加标准有效供给。除了以标准为纽带形成的产业联盟外，很多联盟都成立了标准化委员会，开展标准创制工作。据不完全统计，截止到2017年底，中关村产业技术联盟共促成44项国际标准、245项国内标准的设定。闪联、中关村半导体照明工程研发及产业联盟、WAPI产业联盟、TD产业联盟、北京长风信息技术产业联盟、中关村智能交通产业联盟等6家产业技术联盟还获批成为国标委首批团体标准试点。由中关村智联软件服务业质量创新联盟发布的行业标准《软件研发成本度量规范》，已被广泛应用于银行、保险、海关、国税、司法、军队等领域。

（三）推动关键技术创新资源共享

中关村产业技术联盟通过推动人才、知识产权、实验室及其他设备等创新资源的共享，降低了企业的创新成本，有效地促进了产业的创新发展。在人才共享方面，联盟摆脱了传统的企业人事束缚，将创新人才置于联盟开放的大环境中，让稀缺的高端创新人才跨越所属单位的界限，同时为不同的创新主体服务，优化了人才资源配置，实现了联盟科技创新能力质的飞跃。在知识产权共享方面，联盟把成员企业的专利通过签署协议构成专利池，进行统一管理。联盟通过衡量成员对专利池贡献核心专利的数量、专利的重要程度等因素，通过授权使其获得匹配收益。在实验室或设备资源的共享方面，一些联盟成员单位以所有权和使用权相结合的方式共同投入建设实验室或创新中心，实现利益共享、风险共担，通过聚焦产业化共性关键技术和引领性前沿技术研究，集聚创新队伍。

（四）重大创新突破取得积极成效

中关村产业技术联盟承接了很多国家级以及市级的重大科技专项。例如，北京现代有机产业技术创新战略联盟牵头组织联盟成员参与科技部的国家“十三五”科技规划，带动联盟成员加大科技创新投入，推动协同创新工作。中关村玖泰药物临床试验技术创新联盟承担了多个国家重大科技项目，助力健康中国建设。很多中关村社会组织直接开展了创新活动，不断探索创新突破，如TD联盟组织人员研发，成功实现了基于TTCN的TDD共性技术研发，并成为获得国家科学技术进步奖特等奖的唯一一家行业组织。中关村数字电视产业联盟组织成员单位完成的“DTMB系统国际化和产业化的关键技术及应用”项目荣获了科技进步一等奖。据不完全统计，截至2017年底，联盟及成员单位共实现核心技术突破1547项，取得发明专利15411项、实用新型5443项，以产业联盟成员企业为主实施的重大科技示范项目超过440项。

（五）持续打造创新服务平台

中关村产业技术联盟通过建立会员服务平台加强服务。中关村四方现代服务产业技术创新战略联盟建立了一体化综合科技服务平台，构建了线上标准化服务产品预约、服务商响应、线下科技服务合作对接的科技服务O2O模式。通过公共测试服务平台有利于节约行业企业测试成本，提升研发效率。数据服务平台可以有效提升研发的科学性，避免各个企业单个建设数据库。依托临床研究数据服务平台，联盟已为多家生物医药企业提供了几十项药物临床试验一站式服务，大大缩短了新药研发周期，增强了生物医药企业的竞争力，推动创新药研制成功。共性技术服务平台对产业技术发展起到了一定的支撑作用。

（六）积极投身“双创”服务工作

中关村产业技术联盟响应国家“大众创业、万众创新”号召，积极参与“双创”活动，仅2007年就组织各类创业大赛10余场。联盟联合会组织举办“中关村产业技术联盟双创论坛”，共有100多家联盟参会，并于会上发布了《中关村产业技术联盟关于支持大众创业万众创新的倡议书》。中关村空间信息产业技术联盟联合宽带无线专网应用产业联盟共同举办2017首届“北斗+宽带”创新创业大赛，共有来自北京、天津、河北、湖北、山东、新疆、广东等7个省市的100多个团队参加，助力国家“北斗卫星导航”与国家宽带战略的快速实施。中关村半导体照明工程研发及产业联盟参与主办的第三届国际第三代半导体创新创业大赛共征集到国内外项目636个，其中海外项目60余个，来自美国、英国、芬兰、德国等10余个国家。

## 参考文献

［1］邓铭．研发外包：企业创新的途径．思想战线，2012，38（5）：143–144．

［2］黄亮，邱枫．从软件外包到研发服务：班加罗尔的案例研究．世界地理研究，2016，25（3）：21–29．

［3］黄鲁成．北京研发产业发展研究．技术经济，2008，27（3）：51–55．

［4］简兆权，王晨，杨金花．研发服务业成长：模式与路径．软科学，2014，28（5）：1–4．

［5］李燕燕．印度和中国吸引全球制药公司价效比好的研发外包．国外药讯，2006（4）：45–46．

［6］刘蕤，王伟军．知识流程外包研究进展．图书情报工作，2010，54（12）：13–16．

［7］马林．研发产业初论．北京：北京科学技术出版社，2005．

［8］徐淑琴，徐鹏．现代服务业&科技服务业&研发服务业．广东科技，2009，18（23）：17–18．

［9］易行健，闫振坤．承接国际服务外包促进广东科技服务业发展研究：基于知识流程外包视角．广东外语外贸大学学报，2012，23（1）：10–15．

［10］张士运，李功越．生产性服务业与研发服务业关系探讨及发展的思考．中国科技论坛，2009（06）：42–46．

［11］CHESBROUGH H W.Open innovation：the new imperative for creating and profiting from technology.Harvard business school press，2003.

［12］CHIESA V，MANZINI R.Organizing for technological collaborations：a managerial perspective.R & D Management，1998，28（3）：199–212.

［13］Färe R，GROSSKOPF S.Theory and application of directional distance functions.Journal of productivity analysis，2000，13（2）：93–103.

［14］JAMES H L，STEPHEN R.Internal versus external R&D：a study of R&D choice with sample selection.International journal of the economics of business，2002，9（2）：239–255.

［15］MATTHEW J H，DANIEL R.The outsourcing of R&D through acquisitions in the pharmaceutical industry.Journal of Financial Economics，2006，80（2）：351–383.

［16］GILSING V，ERKEN H.Trends in corporate R&D.The hague ministry of economic affairs，2002（11）：14–16.

［17］GOE W R.Producer services，trade and the social division of labor. regional studies the journal of the regional studies association，1990，24（4）：327–342.

# 第六章　承接服务外包推动服务业对外开放新格局

美国、日本、欧盟是世界主要服务外包发包地，提供了全球服务外包业务的绝大多数份额。美日欧是我国承接离岸服务外包的主要来源地。2015年，美日欧和中国香港合计占中国离岸服务外包执行总额的61.6%①。近年来，随着"一带一路"建设不断推进，我国承接"一带一路"沿线国家和地区的服务外包迅速增长。服务外包是推动服务业发展和开放创新的重要动力。在我国经济追求高质量发展阶段，扩大服务业开放成为新一轮改革开放的重点。通过承接国际服务外包，优化了我国服务业全球分布，形成了在发达国家与发展中国家双向开拓的服务业开放新格局。发展离岸服务外包有利于高起点承接服务业国际产业转移，积极参与服务经济全球化进程，尤其是对于推进生产性服务业开放，进一步完善服务业双向贸易投资政策，全面提高服务业吸收外资的水平与质量，推动服务业形成全面开放新格局具有重要意义。

## 第一节　我国承接美国服务外包发展

据世界银行WDI数据库显示，2017年美国GDP为19.5万亿美元，人均GDP达5.7万美元，持续保持世界第一大经济体地位②。美国经济服务化程度很高并拥有众多IT跨国公司。2016年，美国三次产业占比分别为1.1%、20%

①商务部中国服务外包研究中心：《中国服务外包发展报告2016》，2016。

②World Bank：World Development Indicators。

和78.9%。据IMF统计，世界前100名非金融类跨国公司中美国占22席，数量第一。庞大的经济体量产生了大量中间品服务需求，为服务外包产业提供了重要的经济基础。美国信息服务业起步很早，众多优势的叠加与成功的市场运作模式形成了完备的市场体系，尤其是在软件业、数据库业，因特网服务业、咨询业等产业领域占据全球领先地位。2008年金融危机以后，美国很多企业为进一步缓解成本压力，促进了美国市场存量服务需求向离岸不断释放。美国的外包市场一般是开放的，对承接外包的供应商有着平等竞争的商业机制。多年以来，美国一直是世界服务外包市场第一大发包国，也是多年来我国服务外包第一大来源国。

## 一、美国服务外包的主要特点与趋势

### （一）美国服务外包发展历程

20世纪90年代，美国国会从原来对过度使用私营承包方持批评态度转变成支持的态度。克林顿政府于1998年通过了《联邦活动修改法案》。该法案要求所有的政府机构提供一个它们所从事的“非政府性”活动清单，目的是将这些活动的成本同私营企业竞标价格进行对比。该法案在此后5年里为承包方带来了约350亿美元的商机。2001年，布什政府预算和管理办公室发表了一项备忘录，要求政府机构和私营企业一起竞争5%的政府工作，后来这个比例上升到50%。美国政府对外包的支持，使得众多美国企业先后开展了外包业务。

许多美国跨国公司都是服务外包的忠实践行者，在大公司滚雪球效应的影响下，一些中小型公司也纷纷加入外包队伍，通过服务外包实现“归核化”、降低成本等战略性调整。2013年全球前十大服务外包企业中，美国企业占了7家，GE被视为离岸IT服务外包的实践先行者。这一点杰克·韦尔奇在GE时宣扬的“70-70-70”法则中可以看出来，70%技术工作交由外部服务提供商，其中70%又将转移至海外，这其中印度又占有70%的份额。另外，美国IBM公司的外包活动也是这种模式的典型代表，IBM在2003年将美国本土4730个编程工作岗位转移到了印度等国。2005年IBM又将呼叫业务外包给了拥有9000名员工的印度本土呼叫中心Dakshe-Services公司，并在印度大规模招聘雇员，招聘了14046人。与此同时，IBM宣布进行全球裁员1万~1.3万人，美国本土和欧洲成为“重灾区”。IBM的雇员在印度与美国等地增减的做法看似矛盾，实则是IBM应对离岸外包的有效选择。随着IBM的各事业部纷纷将软件编程与测试及呼叫服务等客户管理职能外包，公司总部相应的职能机构也就变得精简了。

然而，美国各界对外包的态度表现出差异。有观点认为，美国的外包使美国失去更多的就业机会，造成失业率升高。劳工组织成为业务外包最主要的反对者。尽管如此，美国联邦政府至今也没有在全国范围内对商业领域的业务外包实施管制。这是因为，美国经济可从业务外包中获得以下四个方面的好处：业务成本的减少、出口的增加、美国公司所投资的国外外包供应商汇回国内的利润、美国工人获得新工作后创造的额外经济产出。当然，也有相当多支持外包的观点，认为向海外外包绝不是一个零和游戏，而是一件互利互惠的事情。麦肯锡公司的研究发现，美国企业向印度外包后勤和IT服务的每1美元支出会给美国经济带来1美元以上的新财富，因为职位被外包到海外的美国工人可以找到附加值更高的工作。总体来看，美国国内有对立的两种观点：一种观点认为外包不利于美国竞争力发展，只会将美国经济置于险境；另一种观点则认为离岸外包有利于美国经济的发展，有利于企业降低成本，提高效率。

### （二）美国跨国公司服务外包模式

美国是开展离岸服务外包最早也是最多的国家，在全球外包支出中，美国约占三分之二，市场较为成熟。根据美国Cutting Edge公司最近发表的报告，目前90%的美国公司至少有一项业务被外包[①]。美国首选的离岸目的地是印度。据统计，美国本土90%企业的60%的软件开发外包到了印度[②]。美国

①Javalgi R G，Granot E，Gross A C，et al.Strategies for sustaining the edge in offshore outsourcing of services：the case of India .Journal of business & industrial marketing，2013，28（6）：475-486.

②谭力文、田毕飞：《美日欧跨国公司离岸服务外包模式的比较研究及启示》，《中国软科学》2006年第5期。

服务外包较多采用整体外包模式，即把某些服务的整个流程而不是某一项功能外包出去，具有很大的利润空间，但对接包方的要求也较高，不仅需要具有廉价、能干的雇员，而且需要具有良好的项目管理能力与组织协调能力。由于美国大型跨国公司广泛采用事业部制组织结构来管理企业，外包决策在事业部层就可以做出。各事业部具有较大的权利，彼此之间相对独立，其所开展的业务价值链环节也各不相同。各事业部从自身利益出发，纷纷将各种辅助性或非核心的服务活动整体外包出去，即直接将某些不影响企业核心能力的价值链环节外包给印度等成本低、质量有保证的国外企业去运营。由于外包后的公司业务部门减少，管理更加简单，组织结构犹如一个倒立的大写英文字母T，因此，美国跨国公司的离岸服务外包模式也被称为倒T形外包模式（见图6-1）。美国企业的倒T形外包模式直接把某些业务流程外包给国外接包方，外包活动进行得比较彻底，外包业务的技术含量较高，甚至涉及软件编程、工程设计及商务咨询等。

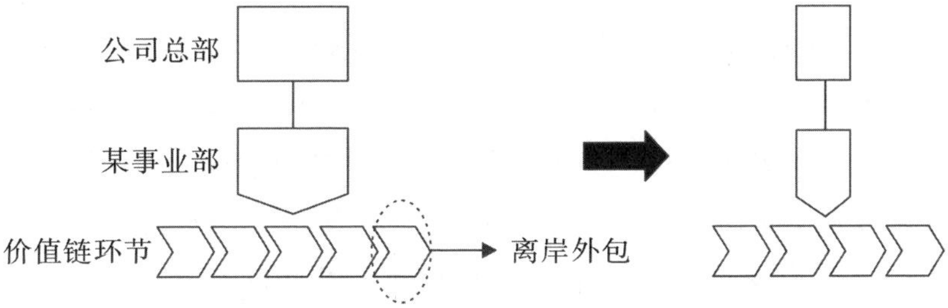


**图6-1　美国服务外包整体发包倒T形模式**①

## （三）美国服务外包发包企业的主要特点

美国供应商将以下方面的因素作为考核外包能力的要点，包括员工英语程度、以往承接美国项目的经验、团队规模、在美国现地支援能力、文化差异、流程控制与质量管理能力、营销能力、地缘政治与战争风险、知识产权保护、健全的法律体系，以及政府支持、成本优势、教育与人力资源供给能力、商业品牌等。美国拥有一批全球化能力很强的大型企业群，它们在全球

①谭力文、田毕飞：《美日欧跨国公司离岸服务外包模式的比较研究及启示》，《中国软科学》2006年第5期。

范围内配置资源，充分享受当地物资与人力资源。受国际化、开放化等内生因素的影响，美国的发包企业对外包持开放态度。之所以有这么多美国企业热衷于将业务外包给其他国家，首要目的仍在于降低成本。越来越激烈的竞争要求企业能够降低成本，提高效率，舒缓资金压力，尤其是在分工协作更为密切的新兴科技产业更为突出。发包企业类型主要分为三类：一是传统的软件与信息服务供应商，主要企业代表是EDS和CSC；二是从制造商转型的软件与信息服务提供商，主要企业代表是IBM和HP；三是咨询服务提供商，主要企业代表是埃森哲、德勤和凯捷。

### （四）中印是美国服务外包发包主要目的地

承接美国服务外包的主要接包国有印度、中国。根据NASSCOM统计数据，2014年，印度IT-BPM产业出口约为980亿美元，其中62%（约为607.6亿美元）的业务来自美国。IDC数据表明，2014年美国服务外包发包总量为1061.3亿美元，因此，印度承接了美国发包额的57.2%。根据我国商务部的统计数据，2014年我国承接美国的离岸服务外包执行金额为128.2亿美元，占美国发包额的12.1%。中印两国合起来承接了近70%的美国服务外包。另外，加拿大、菲律宾、爱尔兰也是美国服务外包的主要接包国。与中国、印度的“离岸服务外包”业务不同，加拿大对美国的离岸服务外包业务属于“近岸外包”。加拿大和美国地域相近，没有时差，经济政治稳定，两国没有文化、语言差异，而且具有相同的政治经济体制。这些因素都使得美国更愿意将较高价值和更加精细的工作外包到加拿大。菲律宾凭借美语优势承接了绝大部分美国呼叫中心外包业务。爱尔兰是美国跨国公司进入欧洲的跳板，同时也承接了美国大量中高端服务外包。

### （五）美国服务外包业务类型

作为世界上最大的消费市场，美国各行各业都有较强的IT外包需求。第一，美国发包需求仍主要集中在ITO。美国软件公司占据了世界2/3以上的软件市场，软件服务发包市场规模占据了全球市场的64%左右，这表明美国软件服务外包市场需求巨大。第二，中高端业务流程外包需求也很旺盛，重点包括：①人力资源、金融和财务等后台管理业务；②制造、物流、客户服务等运营业务；③产品设计与开发、市场与营销等。随着云计算解决方案、数字化、自动化转型的推动，未来我国也将承接美国更多关于应用开发维护服务相关的业务外包。第三，从行业来看，BFSI（银行、金融、保险、投资）和制造业构成美国发包的主要行业。另根据IDC的研究报告，IT外包需求量最大的前10个行业分别为：制造业、银行业、政府、金融业、通信媒体、零售批发、服务业、公共事业、医疗健康、保险业。第四，大部分企业决定增加更多投入到用户体验、数字化、分析服务、ERP升级以提高整体效率，健康医疗、零售、政府部门和公用事业保持着快速增长，服务外包发包量约占23%。第五，从发包区域来看，美国服务外包业务主要集中在纽约曼哈顿、旧金山硅谷和亚特兰大、洛杉矶等地区。

## 二、我国承接美国服务外包现状与趋势

2008年，我国承接美国服务外包执行金额仅为9.1亿美元，与印度承接美国服务外包的差距十分显著。2009年，我国服务外包企业在开拓美国市场方面取得显著成效，承接美国外包业务超过日本和中国香港，美国成为我国最大的服务外包来源国。经过多年努力，我国服务外包企业的国际化开拓能力得到提高，我国服务外包专业化程度获得提高并逐渐受到美国市场的认可。我国成为除印度之外，美国离岸服务外包的主要目的地。2014年，我国承接美国服务外包执行金额占美国发包额的12.1%。承接美国服务外包提高了我国服务外包的国际市场占有率，是接包实力的重要体现。

### （一）我国承接美国服务外包规模

近年来，受美国“再工业化”、制造业回流等政策导向的多种因素影响，我国承接美国服务外包的占比出现下降趋势，但美国仍是我国服务外包最大的来源国。如图6-2所示，2012—2016年我国承接美国服务外包执行金额分别为89.4亿美元、117.5亿美元、128.2亿美元、150.6亿美元和154.3亿美元，分别占我国服务外包执行总额的26.6%、25.9%、22.9%、23.3%和21.9%。

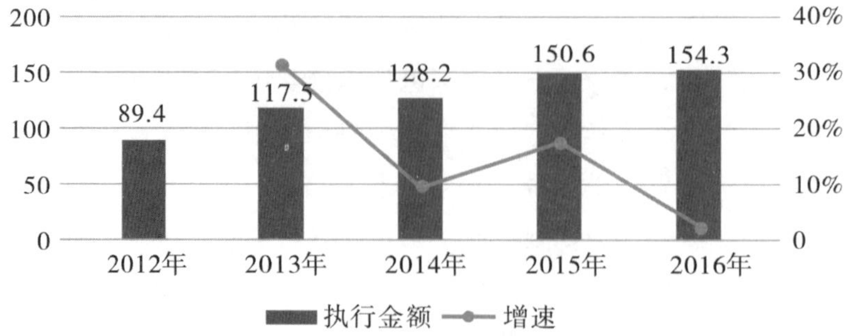


图6-2　我国承接美国服务外包情况（单位：亿美元）

资料来源：中国商务部。

### （二）我国承接美国服务外包类型

与美国发包以ITO为主相对应，我国承接美国服务外包也主要以ITO为主。2015年，我国承接的美国服务外包中近60%为ITO。然而，近几年，我国承接美国离岸服务外包结构不断优化。如图6–3所示，我国承接美国ITO的占比呈逐渐下降趋势，而与此同时，KPO占比呈上升趋势。2017年，我国承接美国服务外包中近40%为KPO。这表明我国承接美国服务外包的技术、知识含量不断提高，也说明我国服务外包企业承接实力也在逐渐提升。2015—2017年期间，我国承接美国服务外包中有12%~13%是BPO，占比较为稳定。

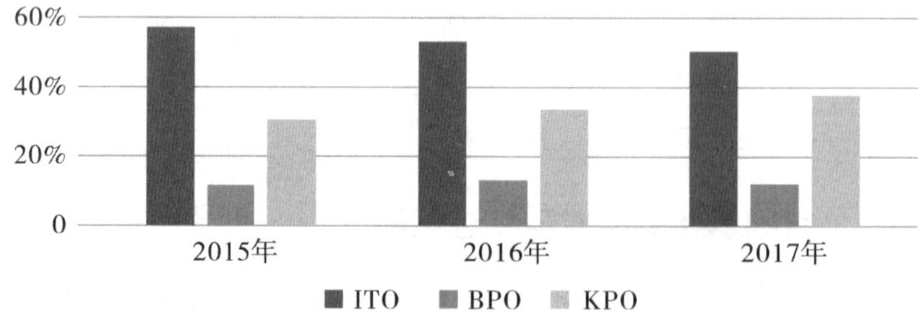


图6–3　我国承接美国服务外包业务类型分布

数据来源：根据中国商务部数据整理。

从细分结构也可以看出，我国承接美国服务外包技术含量不断提高。如表6–1所示，2015—2017年期间我国承接美国ITO中：软件研发外包和信息技术服务外包占主要地位；在BPO中，业务运营外包服务和供应链外包服务占主要地位；在KPO中，技术服务外包和研发服务外包占主导。

表6-1 我国承接美国服务外包具体分类情况（单位：%）

| 业务类型 | 主要分类 | 2017年 | 2016年 | 2015年 |
| --- | --- | --- | --- | --- |
| ITO | 软件研发外包 | 0.63 | 0.72 | 0.70 |
| | 信息技术服务外包 | 0.22 | 0.18 | 0.19 |
| | 运营和维护服务 | 0.14 | 0.09 | 0.09 |
| | 其他 | 0.00 | 0.00 | 0.01 |
| BPO | 内部管理外包服务 | 0.03 | 0.04 | 0.11 |
| | 业务运营外包服务 | 0.75 | 0.71 | 0.63 |
| | 供应链外包服务 | 0.22 | 0.24 | 0.21 |
| | 其他 | 0.00 | 0.01 | 0.05 |
| KPO | 商务服务外包 | 0.04 | 0.03 | 0.02 |
| | 技术服务外包 | 0.43 | 0.48 | 0.32 |
| | 研发服务外包 | 0.52 | 0.44 | 0.39 |
| | 其他 | 0.01 | 0.03 | 0.11 |

数据来源：根据中国商务部数据整理。

另外，在具体行业和领域方面，我国承接美国的服务外包自然与美国发包总体是一致的，一些传统的发包大户如软件业、金融业、制造业等是我国承接美国服务外包的主要领域。但随着世界经济形势、国内外条件等因素动态变化，每年各行业的承接额增速出现一些差异。

## （三）我国承接美国服务外包的主要城市

国内发达城市在人力资本、技术水平、营商环境、产业园区等多方面具有优势，在承接美国服务外包中占据主导地位。从承接区域分布来看，上海、北京、南京、苏州等均以承接美国服务外包为主。据调研，2016年在上海、北京服务外包目的国和地区构成中，美国均位居第一。2016年北京离岸服务外包目的国和地区达81个，其中美国位居第一，占比达41%。2016年上海服务外包发包地中，美国以32.98%的占比位居第一。此外，美国还是南京、苏州等重要服务外包示范城市的第一来源国。

### （四）我国领军型企业在美国设立分支机构

鉴于美国在全球服务外包市场的重要性，为近距离接触美国发包源以更好地理解外包需求并迅速完成，我国一些具有实力的、以美国服务外包市场为主的承接企业纷纷以新建、并购等方式在美国设立交付中心或分支机构，加快向美国“走出去”步伐。例如，博彦科技2012年收购美国大展集团旗下6家子公司100%股权，2014年3月全资收购美国高端商业IT服务公司TPG，2015年收购美国IT服务商Piraeus Data LLC，2016年收购美国1Strategy 70%股权。药明康德2008年收购美国AppTec公司，2014年收购美国美新诺公司，2016年其全资子公司合全药业美国圣地亚哥研发基地投入运营。

## 三、承接美国服务外包的重要作用

中美两国在自然资源、人力资源、市场、资金、技术等很多方面都有很强的互补性，中美开展经贸合作符合两国的共同利益，这也是中美建交30多年来双边经贸关系迅速发展的根本性原因。2017年，中美服务贸易总额达736亿美元①。美国是服务贸易强国，服务产业基础强大，服务业开放程度很高。中国的服务业正不断壮大。中美两国都是信息产业大国，相互具有比较优势。作为服务贸易的重要形式，双边服务外包合作的深入有利于中美两国服务产业的发展。鉴于美国在全球服务价值链的地位，承接美国服务外包对我国信息产业乃至整个服务开放都具有重要促进作用。

### （一）承接美国服务外包促使我国服务业国际收入增加

由于美国跨国公司通常采用整体性外包模式，利润空间相对较大，因此承接美国服务外包的收入比其他来源地要可观。事实上美国也成为我国承接的单笔大额服务外包合同的主要来源国之一。承接美国离岸服务外包的企业利润空间较大，企业收入的提高有助于开展研发、进行技术改造，以及聘请高质量人才等，从而更加有利于国际业务的开展。因此，承接美国服务外包成为发展中国家很多服务外包企业竞相追逐的目标。但美国跨国公司通常成

①https：//www.bea.gov/index.htm。

立服务外包管理小组对外包事务管理较为严格，承接美国服务外包也具有一定挑战。

### （二）承接美国服务外包促进了我国的产业升级

承接美国服务外包直接或间接地促进了我国融入全球服务价值链体系，利用接包过程中获得的新兴技术和管理模式促使产业升级。例如，北京、上海主要通过承接美国服务外包带动信息服务产业的快速发展与技术水平的提高，而服务外包产业基础扩大还为城市其他产业的转型升级提供了高水平、专业化生产性服务，从而有利于整个城市的全体性产业升级。这两个城市的服务经济发展程度与服务外包产业壮大具有密切联系。另外，未来产业数字化趋势逐渐加强，通信服务、软件研发外包推动我国企业向数字化转型，可以使我国产业在新一轮的数字经济竞争中获得先机。

### （三）促进我国服务企业国际化

由于美国服务业代表着国际最高水平，因此，承接美国服务外包对于接包企业具有品牌放大效应。在一定程度上，打入美国市场就意味着外包企业国际化实力增强。得到美国的跨国公司发包商的合同是承接企业国际化实力的体现，这种品牌效应也便于该服务供应商从其他国家和地区获得更多外包业务。因此，通过承接美国服务外包可以充分利用我国各种服务资源要素比较优势，推动服务出口和服务企业“走出去”，加快我国服务外包企业国际化经营，从而推动整个产业国际化发展，快速扩大全球服务市场，促进我国服务业高质量开放和国际化进程。

### （四）获取知识技术溢出效应

倒T形外包模式所涉及的业务范围较广、技术含量较高。美国跨国公司普遍持开放态度，技术与知识的国际分享程度也较高。通过承接美国服务外包，我国本土服务外包企业通过学习效应和外溢效应可以获得发展，从而增强我国服务外包国际化实力。通过学习其先进管理经验，使我国的新兴服务业快速形成规模化、国际化、专业化发展的态势。现阶段，越来越多的跨国公司通过在东道国成立服务外包中心来承接母国总部的外包需求。美国跨国公司通过在我国设立服务机构，利用我国的人才和服务要素资源，承接其软件研发、信息服务、工业设计、财务结算、呼叫中心、培训等服务外包业务。在这个过程中，可以通过多种外溢机制使我国服务外包发展要素得到提升。

### （五）促进服务贸易进出口平衡，缓解对美长期逆差态势

长期以来，我国一直对美国服务贸易保持逆差。2017年，美国对华服务贸易顺差近385亿美元，占美国服务贸易顺差总额的近16%。中美之间服务贸易逆差是造成我国服务贸易进出口失衡的重要原因。因此，通过承接美国服务外包可以减少我国服务进出口逆差缺口，改善我国服务贸易国际收支状况，缓解我国服务贸易总量与效益失衡局面。

## 第二节　我国承接欧盟服务外包的发展

欧盟是世界上一体化程度最高的区域经济组织，是主要发达国家聚集区，产业发展成熟，技术水平处于世界前列。截至2018年，欧盟拥有28个成员，虽然地理面积不大，但在世界经济、政治和文化体系中占据重要一席。2017年，按名义汇率测算，欧盟以7.3%的世界人口占比创造了世界近24.6%的GDP①。目前，欧盟已发展成一个拥有适用于所有国家法律体系的内部单一市场，以保证人员、货物、服务及资本自由流动。欧盟服务业发展程度高，主要成员国已实现经济服务化转型和产业结构高端化调整。据世界银行数据，2016年欧盟服务业占GDP比重达73.9%，服务业就业占比达71.7%②。而且作为工业革命发源地，欧盟依靠工业化积累的知识与技术不断向高端制造转变，带动了知识密集型服务业的发展，出现现代服务业与高端制造服务业密切融合发展的趋势③。欧盟发达的工业与服务产业基础为服务外包发展

①https：//en.wikipedia.org/wiki/European_Union。

②World Bank：World Development Index。

③湛军：《“再工业化”背景下欧盟现代服务业创新及发展我国高端服务业研究》，《上海大学学报》（社会科学版）2015年第1期。

提供了巨大空间，促使欧盟成为世界服务外包第二大发包来源地，也是我国离岸服务外包主要来源地区。

## 一、欧盟服务外包现状与特点

### （一）欧盟服务外包发展现状

欧盟是全球第二大软件及信息服务进出口市场，市场规模逐年扩大，但增速不快。欧盟历来十分重视信息产业的发展，也走在世界前列。软件信息技术服务业是欧盟经济体内重要的支柱产业。据统计，欧盟28国软件业对GDP的总贡献近1万亿欧元，提供近1200万个高质量、高收入就业机会[①]。但同美日跨国公司相比，欧盟企业开展离岸服务外包业务较晚，总量也不是太多，持有较为谨慎的态度，如软件开发的环节较多地保留在企业内部。然而，由于受到美日等国跨国公司外包成功案例的鼓舞、国际竞争和成本压力的加剧，欧盟企业也逐渐加入全球服务外包行列之中。而且，高昂的人力成本和具有专业技能的劳动力严重缺乏的问题，也迫使欧盟企业不得不改变对外包的看法，将一部分业务外包出去。据相关统计，欧盟6个主要国家IT行业劳动力的缺口达到25万人。为了及时提供软件产品并控制成本，欧盟的软件企业开始向其他国家的企业发出外包业务，但欧盟企业十分重视对核心环节的掌控，外包内容多为产业链中附加值较低的末端业务，从而影响了外包承接对东道国整体效应的发挥。

欧洲软件及信息服务外包经历了由英国到西欧、北欧再到东欧的发展过程。西欧的英国、德国、法国，以及北欧诸国是欧盟地区主要的发包国家。爱尔兰是欧盟服务外包领域中地位较为特别的承接国，许多跨国公司将爱尔兰作为进入欧盟的重要门户，在此设立欧洲研发中心，带动了爱尔兰服务外包产业的发展，承接了大量欧盟服务外包。而且爱尔兰在承接欧盟中高端服务外包业务上具有很大优势。在英国、德国、荷兰等传统发包大国的软件与信息进口中，爱尔兰约占到40%[②]。

①刘志斌、祝琳：《欧洲软件业与贸易发展的现状、特点及趋势》，《全球化》2017年第8期。

②刘志斌、祝琳：《欧洲软件业与贸易发展的现状、特点及趋势》，《全球化》2017年第8期。

## （二）欧盟服务外包发展趋势分析

欧洲经济在经历了衰退之后转入小幅上升期，正以温和的增长速度发展，为欧洲地区数字化经济产业注入活力，推动企业技术改造、转型与升级，从而对软件与信息服务产业提供了广阔市场。随着工业互联网的发展，传统外包模式难以满足智慧工厂等工业4.0下生产组织方式变革以及商业模式创新的需要。汽车控制软件、电子银行、个人信用记录等产品和业务有可能成为欧盟下一阶段软件外包增长的爆发点。此外，大数据、云计算、人工智能等领域对软件的需求开始大量进入软件外包市场，欧盟跨国公司在这方面的外包需求规模可能会有大幅提升。据调查显示：2017年，8个主要欧盟国家的软件企业外包业务占其软件贸易的比重平均为20%左右。在欧盟年收入超过1亿欧元的大企业中，将有70%会将其某一项业务流程外包，主要业务包括维护、物流、计算机/电信以及金融业和银行业的IT及通信外包等。

新工业革命催生的数字化、智能化趋势对软件贸易模式产生了不可忽视的影响。据相关报告指出，欧洲企业正逐渐脱离单纯寻求低成本人力资源的思维，转而寻求将外包模式转化成长时期、高质量的伙伴关系。基于长期伙伴关系的个性化、特质化解决方案，可能成为欧洲企业未来外包的重点。

近年来，在云计算、大数据、人工智能、绿色IT的推动下，欧盟市场服务外包交付模式正发生潜移默化的变化，欧盟服务外包朝着细微化、专业化方向发展，欧盟一些跨国公司不再倾向于通过长期协议把大块重要的业务发包给单一的服务供应商，而是开始根据不同的环境和业务类型把业务分解，发包给一些规模相对小，但在某个行业领域更加专业的服务供应商。在新技术的带动下，欧盟一些外包率不强的传统行业如医疗健康、制造和零售领域发包规模出现增长。

## （三）欧盟服务外包发展特点

### 1. 近岸转移为主要交易方式

据欧盟统计局（EUROSTAT）提供的数据表明，欧盟计算机与信息服务出口总额的65%以上为近岸服务转移。欧洲国家地理距离小，教育、文化和经济等制度环境具有趋同性，近岸地区间的旅行及通信更便宜方便，能够有效降低服务外包的交易成本，为近岸服务转移提供便利条件。近年来，凭借与西欧国家在地理位置、语言文化方面的相近性，以及人力成本低廉和劳动力素质可靠等比较优势，中东欧国家成为欧盟软件外包的主要接包方，爱尔兰、波兰、捷克、乌克兰、罗马尼亚、匈牙利、捷克等国是主要的接包国。近岸外包业务的比例随之也有所上升，促使中东欧国家软件业与信息服务外包市场快速崛起。

2. 橄榄形的离岸外包模式

欧盟国家的法律法规较为严厉，在离岸服务外包过程中采取了和美国等不同的外包模式，基于自身市场的约束，德国、法国、荷兰等国家选择橄榄形外包模式（见图6–4）。

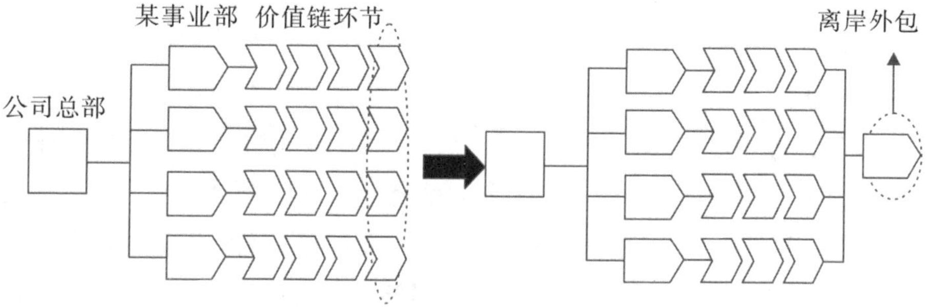


图6–4　欧盟服务外包橄榄形模式[①]

欧盟跨国公司存在较多的事业部单位且各事业部之间保持紧密的联系，各个事业部在保留各自特殊的价值链环节的基础下，将众多价值链环节中附加值低的环节进行重组后集中外包以降低成本。在欧盟发达国家，法律和工会的严苛给企业开展外包服务带来很多障碍，欧盟企业面临不能随意解聘雇员的法律要求及工会为工人争取福利的双重压力，生产成本攀升使其逐渐失去在全球价值链中的优势。为此，德国等欧盟国家的政府和工商企业积极采取措施，同工会谈判以求得劳动力成本的降低。同时，制定相关法律，以经济改革推动离岸服务外包的发展。虽然很多欧盟跨国公司可以开展离岸服务外包，但仍受到各国政府的严格控制，以防止高新技术的外溢及大规模工作岗位的转移等。为此，欧盟国家对价值链各个环节整合后外包，以降低成本。

欧盟服务外包类型主要集中在ITO。多年来，软件发包仍是欧盟的业务重点。2015年，欧盟服务外包ITO比重占总外包规模的3/4。另根据IDC数据，2015年，欧洲的软件及信息服务进出口业务结构中，IT服务所占比例最大，占52.7%，其次为研发服务，占25.1%，最后是业务流程服务，占22.2%[①]。

作为重要的全球金融产业发达地区，欧盟的金融服务外包市场非常大。欧盟拥有英国、德国、意大利等金融发达国家，还有伦敦、法兰克福、阿姆斯特丹等重要的全球金融中心。日益激烈的竞争、瞬息变化的市场使欧盟金融业面临市场整合和技术改进等重大压力，迫使欧盟金融业更加专注于某一核心竞争能力，从而加快金融服务外包的发展。因此，欧盟金融机构普遍具有强烈的IT外包动力。相对于其他行业，金融服务业拥有最高额的咨询科技预算，每年的IT支出占收入的7%。近几年，受美国金融服务业外包发展影响，欧盟金融服务外包也开始向更具战略性的领域进军，如业务流程外包和知识密集流程外包的发展意味着金融机构与第三方的关系将更具战略意义，这是一种从外包具体的业务转变成更具战略性的合作经营的趋势。

此外，近两年来欧盟服务外包发展趋势在行业分布上产生一定变化。据毕马威数据，从2015年欧洲软件及信息服务的行业分布看，银行金融部门和电信继续在IT业务流程服务中占绝对优势，合同总金额分别为76亿美元和50亿美元，但比2014年分别下降了8.4%和61%。还有曾在2013年占有绝对优势的政府部门却在近年持续下降，2015年比2014年下降了30%。再有一个下降显著的部门就是能源与公共事业部门，由2014年的40亿美元下降至2015年的2亿美元，下降了95%。同时，汽车行业与航空航天部门以及保险行业有非常强劲的增长。汽车行业与航空航天部门作为一个整体，2015年比2014年增长了93%，合同总金额已达77亿美元；保险业则增长了1.33倍，合同金额达到35亿美元（刘志斌、祝琳，2015）。

## 二、我国承接欧盟服务外包发展现状与趋势

### （一）我国承接欧盟服务外包规模

鉴于欧盟发达的服务业及软件与信息产业庞大市场，欧盟也是我国服务

①国际数据公司（IDC），2015年。

外包主要发包方。如图6–5所示，2012—2016年期间，我国承接欧盟服务外包执行金额分别为54.6亿美元、71.4亿美元、83.4亿美元、98.0亿美元、116.0亿美元，占我国承接服务外包离岸执行金额总规模的比重由2013年的15.7%提高到2016年的16.5%。就国别来看，德国、英国、荷兰是我国承接欧盟地区离岸服务外包较为稳定的主要来源国。近年来，其他欧盟国家如意大利、芬兰和法国对我国服务外包增速也在加快。

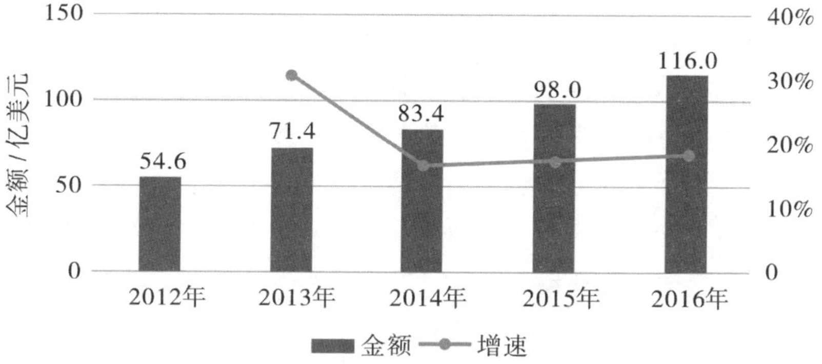


**图6–5　我国承接欧盟服务外包情况**

资料来源：中国商务部。

从大体上来看，我国承接欧盟服务外包领域与其发包领域是相对应的。随着经济形势变化，欧盟服务外包各领域组成比例有所不同，有些部门外包需求增速下降，有的则会上升，这直接影响到我国承接欧盟服务外包行业分布。例如，2015年欧盟向外发包的行业主要集中在金融、制造、能源、交通、电信和商业服务等，与2014年相比，欧盟医疗健康、制造和零售领域发包规模略有增长，金融服务业发包规模出现较大下滑，其他能源、旅游、电信领域略有下降。由于欧盟将大量中高端服务外包交给近岸的爱尔兰、波兰，我国可以承接的也只是较低端部分。

### （二）我国国内承接欧盟服务外包的主要城市

我国对欧盟的外包业务主要分布在北京、上海、南京、苏州等主要发达城市。欧盟是北京服务外包除美国之外的第二大服务外包承接区域，2016年来自欧盟的服务外包业务占比近38%，其中，爱尔兰、德国、瑞典和荷兰是欧盟地区向北京发包的主要国家。2016年，上海承接欧盟地区服务外包主要来源国为德国，占比达8.83%。同年，南京承接的离岸服务外包业务主要来源于美国、欧洲、日韩、中国香港及中国台湾地区；苏州承接欧盟离岸服务外包国家主要包括德国、荷兰、瑞士和卢森堡。

### （三）我国承接欧盟服务外包主要趋势

相对于欧盟国家，我国具有人力成本优势，且技术水平与人力资本不断提高。随着“一带一路”倡议的逐步推进，我国与欧盟国家的经贸关系将进一步加强，为我国更多地承接欧盟服务外包创造了条件，未来欧盟将继续成为我国重要的服务外包来源地。为争取承接更多的欧盟金融服务外包，中国服务外包企业应加强对欧盟金融市场特点的分析，充分了解欧盟金融业的需求，加强对欧盟金融监管方式的研究，把握欧盟金融服务外包发展走向，更好地开拓欧盟金融服务外包市场。

## 三、我国承接欧盟服务外包面临的问题与挑战

首先，一直以来，我国承接欧盟离岸服务外包规模比较有限，与美国、日本增长势头相比稍微逊色。欧盟离岸服务来源国缺乏稳定，除英国和荷兰外，其他国家的业务相对比较随机，不是十分稳固，从而缺乏比较长期的合作基础。另外，欧盟服务外包业务领域相对比较离散，也未能形成比较有优势的领域，较难形成比较突出的承接欧盟离岸业务的服务外包提供商群体。

其次，作为全球大额服务外包合同来源国最多的地区，欧盟的大额服务外包大多交给近岸市场来完成。2015年，EMEA地区500万美元以上大额合同金额为117亿美元，约占全球大额合同金额的一半①。据统计，我国大额服务外包合同主要来源地是美国、中国香港，并不包含欧盟，表明我国承接欧盟的大额服务外包业务不多，这直接影响了我国企业从欧盟服务外包承接的获利程度。

①注：EMEA是欧洲、中东和非洲地区的简称，主要包括英国和爱尔兰、北欧、德国、奥地利、瑞士、法国、比利时、卢森堡、南欧、非洲、中东、东欧、俄罗斯等国家和地区，但就发包市场规模来看，欧盟是该地区的主要来源国。

再次，欧盟国家与我国在文化、语言方面存在较大差异，欧盟有些国家使用的小语种在我国外语教育与培训体系中份额偏小，市场上相关语言人才比较缺乏，而服务外包对语言沟通又十分敏感，从而导致我国长期对欧盟业务发展缓慢。

但欧盟作为世界经济发达体，信息服务产业发展也很成熟。在数字经济大潮下，欧盟各国也在加快向数字化转型的步伐。软件及信息服务与垂直行业的跨国融合不断深入。随着欧盟企业对服务外包的开放态度及企业意愿逐渐增强，未来欧盟服务外包规模还将继续扩大，在市场压力与政策管制放松前提下甚至可以产生服务外包大额合同。总之，以软件信息服务业为主导的国际服务外包日益成为欧盟企业提升产业链价值的重要方式，为我国承接欧盟服务外包提供了广大空间。

## 四、承接欧盟服务外包对我国服务业开放的推动作用

通过承接欧盟服务外包带动我国信息产业国际化发展，为服务外包企业转型提供市场动力，促使我国服务贸易向高附加值方向发展。承接欧盟服务外包增强了我国与欧盟的对外经贸关系，促进了服务业高质量开放发展。

### （一）促进我国金融服务业开放和转型升级

欧盟是全球重要的金融服务发包市场，众多国家和城市是全球性重要的金融市场和中心。通过承接欧盟地区金融服务外包可以加快我国金融服务外包及金融服务业的发展。金融领域竞争日趋激烈，金融企业须将有限资源投入核心业务，将部分业务或职能交给服务供应商，而我国企业通过承接欧盟金融服务外包不断增强金融外包专业能力，从而为国内金融机构外包需求提供高质量服务。另外，欧盟在金融服务外包制度建设上走在前列，对金融外包自由、外包责任、有效监管方面均有明确立法，这些都为我国金融服务外包发展提供了借鉴。

### （二）促进我国服务业在“一带一路”延伸发展

“一带一路”的推进是我国深化改革开放的需要，是我国参与全球经济

合作治理模式的新探索。欧洲处于“丝绸之路经济带”和“海上丝绸之路”交汇之处，其中，“一带一路”中的“丝绸之路经济带”就是指通过俄罗斯和中亚国家走向波罗的海沿线，对“一带一路”倡议的顺利实施具有重要价值。因此，“一带一路”的推进为我国与沿线国家服务业国际合作提供了发展平台。鉴于欧盟在“一带一路”倡议中的重要地位，承接欧盟的服务外包有利于增强我国与中东欧国家在服务外包方面的国际合作，有利于扩大我国服务业在“一带一路”沿线国家的市场份额。

### （三）促进我国与欧盟服务贸易平衡发展

欧盟是我国重要的贸易伙伴，承接欧盟服务外包有力地促进了我国与欧盟服务贸易的发展，且有利于缓解我国与欧盟服务贸易失衡局面。近几年，我国与美国、瑞士、俄罗斯和日本一起成为欧盟服务贸易主要伙伴。然而，2014年，欧盟对我国服务出口317.3亿欧元，占4.3%，欧盟自我国服务进口225.7亿欧元，占比3.9%，对我国顺差将近92亿欧元。通过承接欧盟服务外包可以增加我国对欧盟的服务出口，促进中欧服务贸易平衡发展。

## 五、扩大欧盟服务外包的主要思路

毫无疑问，欧盟服务外包市场具有相当大的规模。近几年，欧盟在数字化发展方面加快布局，通过数字化议程推进“欧盟2020战略”的实施。然而，欧盟国家多语言、多文化等特点不利于我国顺利承接欧盟业务，且欧盟主要以近岸外包为主，东欧地区等一些新兴承接国家在人才与成本、语言上均具有很大优势，不可避免地与我国承接欧盟服务外包产生激烈竞争。为此，下一步为更好地承接欧盟服务外包：一是可以通过FTA为中欧服务外包互动搭建平台，加快中国与欧盟国家不断签署FTA，通过服务业双向开放促进服务贸易与服务外包的互动发展。二是加强我国面向欧盟的多语种教育培训。语言人才基础不足是我国承接欧盟服务外包面临的关键性、基础性难题，直接影响我国承接欧盟服务外包业务的扩大。因此，要扩大承接欧盟服务外包业务，就必须加强欧盟国家小语种教育与培训，充实欧盟语言人才库。三是加大对欧洲发达国家外商投资的力度。服务外包的发展很大部分是由跨国公司带动的，是它们进行全球资源配置的过程与结果，因此，通过不断改善营商环境，充分利用中欧对话机制，加大吸引欧洲发达国家跨国公司来华投资，是扩大我国承接欧盟服务外包业务的重要途径。

## 第三节　我国承接日本服务外包的发展

日本是世界第三大经济体，雄厚的产业基础催生了庞大的服务外包需求，形成了比较完备的服务外包产业链。通常来说，服务外包对语言相近这一比较优势尤为关注。我国与日本在语言、文化上的近缘关系，使得我国在日语沟通能力、与日本企业的业务经验等方面具有较强的竞争力。中文汉字与日语非常相似，是世界上唯一可以与日语汉字进行“笔谈”的两种不同的语言文字，语言优势构成我国对日外包的天然优势。除此之外。我国拥有大量日语人才，为承接日本服务外包提供了坚实的人才基础。语言相近性及人才优势决定了中国在对日本服务外包占据优势，相对于印度来说，对日本承接的基础要素优势十分显著[①]，我国自20世纪90年代起便开始承接来自日本的服务外包，也是日本服务外包离岸的主要目的地。未来一段时期内，日本仍然是我国主要的离岸发包来源市场。同时，我国企业还应不断提高技术，打造“中国服务”品牌，争取承接日本更高价值链环节上的业务外包。

### 一、日本服务外包发展的主要特点与趋势

#### （一）日本服务外包的发展历程

日本在20世纪70年代中期完成工业化之后，工业在GDP中所占比重开始下降，服务业在经济结构中的比重不断上升。据统计，日本第二产业占GDP

①实际上，我国在服务外包重要高级要素上还无法与印度抗衡。日本一些高技术外包在投向亚洲时通常都外包给印度，印度服务外包企业凭借严格的质量管理和高级别的CMM管理标准，在世界上享有很好的口碑。这是未来中国服务外包企业努力的方向。

比重在1990年达到最大值36.9%[①]，而后开始下降。与此同时，服务业占GDP比重呈上升趋势。20世纪信息技术席卷全球，日本信息技术产业占GDP比重从1980年的7.7%提升到1994年的11.7%[②]，成为占GDP比重最大的产业。在经济服务化与产业信息化的双重趋势下，在日本制造业转型升级的过程中，对信息产业产生巨大的需求。据统计，日本信息服务业年度销售额从1995年的6.3万亿日元增长至2012年的21.4万亿日元，年均增幅达8.5%，远高于同期日本GDP增速[③]。近十年以来，受全球金融危机及地震影响，在网络信息技术快速发展的带动下，信息服务业仍表现出小幅增长态势。总之，日本产业结构转型及信息服务产业的发展有力地推动了服务外包的增长。

与美国相比，日本离岸软件外包兴起的时间相对较晚。日本跨国公司为达到降低成本、提高绩效的目的，将服务外包发给人力资本丰富且相对便宜的中国、印度及其他东南亚国家。作为亚太地区最大的发包国，发包规模总体呈上升趋势。日本IT企业的离岸服务外包进入21世纪后快速发展，交易额逐年递增，到2008年每年以超过30%的增长率不断扩大。但2009—2011年，由于受到金融危机及地震的相关影响，日本经济出现衰退迹象，导致IT计划部分冻结。许多上游高端技术和制造业的发展受到了限制，致使下游外包环节的IT服务外包业务大量减少。离岸服务外包市场规模也呈现下滑趋势，到2011年才止跌回稳，离岸服务外包规模为2677.5亿日元，随后有小幅上升。2013年，离岸服务外包规模为2856.8亿日元，仍比2009年的规模有所下降[④]。

在经济低迷的背景下，日本重启了货币宽松政策以重振经济。2012年安倍晋三上任之后，力推宽松政策，目的是振兴日本经济，应对通货紧缩，带动出口。一方面，日本经济重振将带动离岸服务外包需求的增长。另一方面，企业为应对日益紧缩的投资，也不断进行归核化运作，从而不断将非核心业务外包出去。

---

①田正：《日本信息服务业的发展：产业组织特征与全要素生产率》，《现代日本经济》2016年第6期。

②同上。

③同上。

④北京市商委、北京服务外包企业协会：《北京服务外包国际化发展战略研究（日本篇）》，2014年8月，http：//www.basscom.cn/report/24/352.html。

## （二）日本服务外包的特点

日本服务外包的特点与其单一民族文化及企业“金字塔”结构密切相关。在服务外包领域，总承包商从发包商客户承接软件外包项目，由其进行总体设计并完成任务分割，然后将分割好的各模块再分包给多个二级承包企业，而二级承包商也同样会进行设计与分割工作，再找到三级或四级承包企业（如图6-6所示）。因此，从产业链条来看，日本外包给其他国家软件业务大多情况下是属于三级承包或四级承包。出于对文化及信任等方面的考虑，而且日本外包要求总承包商对用户业务细节具有充分了解，因此一级总承包商很难由外国公司承接。即使在日本本土，能够以总承包商身份承接大型客户系统开发的企业也大约只有30家，主要包括富士通、NEC、NTTDATA、东芝情报、三井情报等日本本地规模较大的企业；能承接大中型客户系统开发的企业也仅有300多家。这种外包模式在一定程度上限制了日本服务外包的开放性，但也能形成相对比较稳固的业务关系，从而保证业务的延续性。

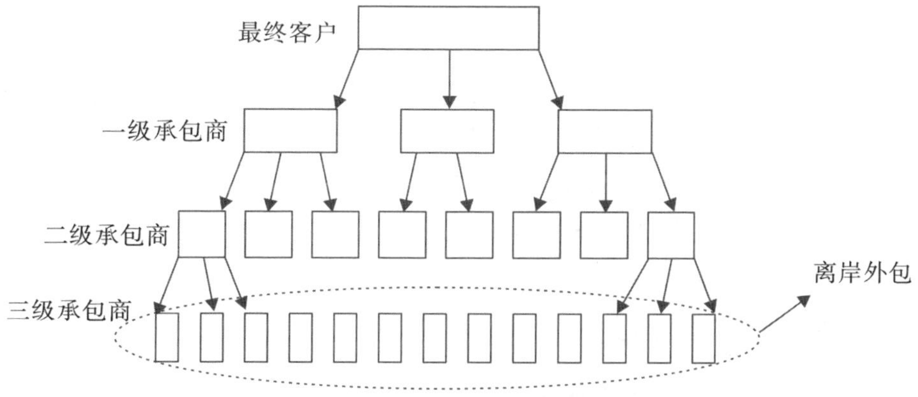


图6-6　日本服务外包“金字塔”模式①

在业务模块方面，日本软件服务外包业务通常被分解为两大模块（如图6-7所示），位于上层的客户需求分析、内部设计、外部设计均属于上游模块，基本上承包给日本本国的一、二级承包商，他们分得70%的利润。下层业务模块通常由一、二级分包商转包给国外服务外包商。我国通常承接编码、测试等下游业务板块。虽然利润也不高，但相对高于承接在岸外包的利润，回款有保证、时间较短。

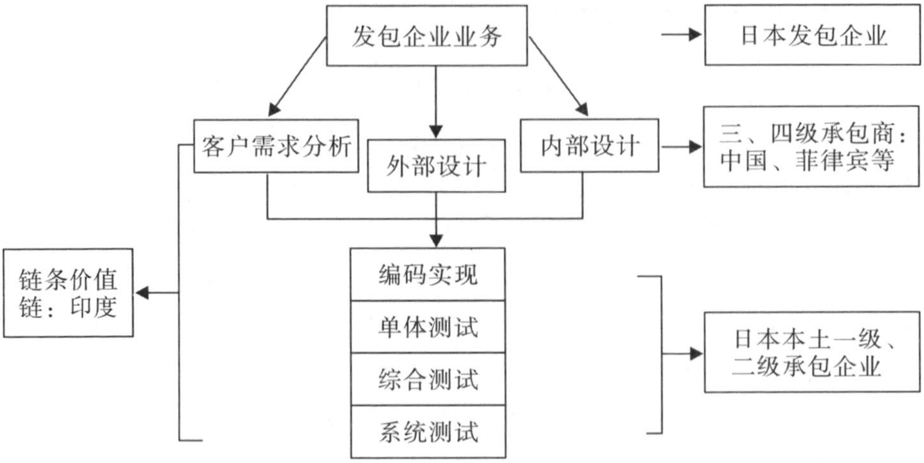


图6-7 日本外包企业离岸服务外包的流程与模式[②]

日本服务外包往往依据各国差异化比较优势与自身需求、业务定位匹配情况而选择不同的目的地。在降低成本方面，日本服务外包企业比较重视菲律宾、中国和越南；而中国、韩国被认为是最具人才优势的承接国，在弥补人才上往往得到选择；而技术较高的服务外包，美国、加拿大则是日本的主要投向目标，印度居其次。在具体业务发包方面，越南、菲律宾主要以编程、单体测试等低端业务为主；中国除了承接上述低端业务外，在详细设计、综合测试等方面，业务有所增加；而印度在“要件定义、技术研发开发、综合测试”等高端业务承接方面具有相对优势[①]。

近几年，日本投资支出和消费支出现增长态势，老龄化情况严重，外部劳动力的服务需求逐步增加。然而，日本对于接包国的人力资源要求有所提高，需要既能降低本国的成本又要掌握一些技能的高科技人才。

## （三）日本服务外包的主要领域

制造业是日本的主要发包行业。近年来，日本制造业加强资源整合和协作，并致力于逐步推进以智能城市、智能电网为首的智能产业发展，因此，日本服务外包业务的发包企业大多来自制造业，这些企业在服务外包管理方

①曲玲年：《北美、日本、欧洲服务市场开拓策略研究》，《中国服务贸易发展报告2013》。

面，经验也较为丰富。制造业相关战略都要与互联网、IT技术紧密联系，通过互联网工业促使传统工业转型升级，有关制造业的外包服务都包含软件研发、信息系统建设、工业设计、销售、研发设计、物流等相关外包服务，而且都有上升的趋势。

2012年，日本制造业企业释放的服务需求居行业首位，在日本服务外包发包企业的行业分布中占有率高达40%，主要是高科技和汽车行业。而后，日本又出台了《2015年版制造白皮书》，推动制造产业升级，目标由境外转向全球IT的确立。通信与互联网、零售业及金融行业的发包企业所占比例大约都在10%，其中，金融从证券、损失保险扩大至人寿保险、银行，主要是通过子公司和供应商发包。另外，商社流通和通信、运输、应用领域，离岸外包的占比有所增加。

日本作为亚洲KPO市场的主要发包国之一，发包业务主要集中在检验检测外包、数据挖掘及分析服务外包、工程设计外包及医药研究外包等方面。大数据的价值已经得到全球的共识，日本已经将大数据上升为国家战略，意在推动大数据产业快速发展。2012年7月，新发布的“活跃ICT日本”新综合战略，其中包括大数据政策。通过整体规划和推动大数据产业发展，在打破数据鸿沟方面已经取得一定突破，并运用数据的开放和交易功能，在海量数据的基础上衍生出众多新的服务外包业务领域。

## 二、我国承接日本服务外包的现状与趋势

### （一）我国承接日本服务外包的历史

受区位优势以及文化、语言相似性因素的影响，中国与日本在服务外包产业发展上有着紧密的联系。在我国服务外包发展初始阶段，日本是我国服务外包市场的主要来源国。从某种程度上来讲，我国服务外包产业的成长是从承接日本企业的外包订单开始的。与印度在欧美服务外包市场占据明显优势相比，我国在亚太市场占优势，特别是对日本离岸外包市场优势明显。

我国承接日本服务外包始于中日外交恢复后的人才交流活动。1978年，中日两国签订了《中华人民共和国和日本国和平友好协定》，为中日两国在

政治、经济、科技、文化等方面的交流奠定了基础。1980年，中日两国政府签订《中华人民共和国政府和日本国政府科学技术合作协定》，为中日人才交流打开了崭新局面。1985年，中日人才交流委员会在北京成立，与日本的人才交流协会及其他团体联系加强，促进了中日两国经济界、企业界之间的人才交流。受到政治环境的鼓舞，中日人才交流热潮涌现。其中，中国科学院等科研院所及各地政府科委等机构相继向日本派遣研修生，赴日企业工作研修，部分人员回国后，也将一些业务带回国内，帮助客户做测试、研发、汉化工作，继续为日本企业提供技术服务支持，这是今天中日服务外包商业模式的雏形。目前，中国部分重点对日本开展服务外包业务的企业创业者大都经历过这个发展阶段①。

### （二）我国承接日本服务外包的现状分析

#### 1. 我国承接日本服务外包的规模

一直以来，我国凭借多重相对比较优势成为日本服务外包第一大接包国，已形成了比较完整的服务外包产业链，显示出我国在日本服务外包产业体系中的重要地位。1997—2003年，中国承接了日本60%的离岸发包量②，2004年中国占日本离岸服务业总额高达76.5%③，2007—2008年，我国服务外包市场总份额中60%左右来自日本④。2008年，美国次贷危机对日本经济造成重创，使日本经济面临不少阴影，致使日本服务外包企业在做发包决策时更加谨慎，导致我国承接日本服务外包增速出现下降趋势（如图6-8所示）。据商务部数据显示：2009—2016年，我国承接日本服务发包的规模从20.6亿美元增长到57.8亿美元，增长了近3倍，年均复合增长率达16.32%。金融危机之后，我国承接日本离岸服务外包增速总体处于下滑态势，但期间存在小幅

①北京市商务委员会、北京服务外包企业协会：《中印服务外包发展对比研究》，2013，第20-21页。

②黄鹤：《中国对日服务外包的增速下降及提升路径》，《对外经贸实务》，2015年第12期。

③曲玲年：《北美、日本、欧洲服务市场开拓策略研究》，《中国服务贸易发展报告2013》。

④中国服务外包网：http：//chinasourcing.mofcom.gov.cn/。

拉升现象，2012年、2014年和2016年都实现同比增长，反映出日本国内市场需求仍存在上升动力。

经过长期发展，我国已成为日本离岸服务外包的重要承接地，我国服务外包企业为日本客户经营绩效提升发挥了重要作用。近年来，日本企业在成本压力下不断加大服务外包力度，使得我国服务外包企业承接日本的服务外包有所增加。据调查，2014年我国拥有日本发包客户的企业较2013年有明显的增加，大约有56.4%的受访企业承接了来自日本的外包业务，比2013年增长了19.6个百分点，日本成为除美国之外的最多受访服务外包企业的客户来源地①。

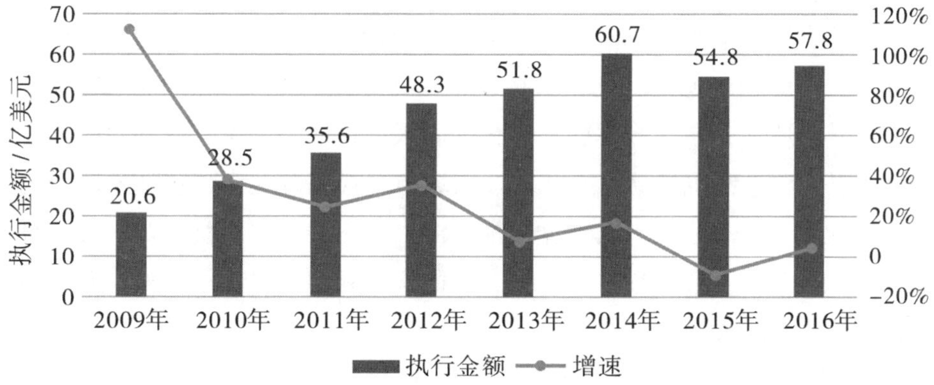


**图6-8　2009—2016年我国承接日本服务外包的情况**

资料来源：中国商务部。

### 2. 我国承接日本服务外包的主要领域

从日本经济产业结构特点来看，软件业和制造业是服务发包的重要产业。在发展初期，我国承接日本服务外包主要还是集中在低附加值的ITO领域，从事比较初级的软件编码和应用软件开发、测试、维护等工作。这一方面是日本服务外包固有“金字塔”模式的必然结果，另一方面也与我国服务外包市场制度、信用机制等法律法规不太健全有关。近年来，我国各界意识到承接低端服务外包的局限性，因此不断加强服务外包高端发展的政策引导。我国承接日本服务外包业务水平不断提高。金融危机之后，中国与日本

①商务部：《中国服务外包发展报告2015》。

在信息服务业合作方式上产生了新动向。一些日本企业考虑在中国建立自有共享中心或合资建立新公司，对供应链做出调整，从而为我国对日本的服务外包带来新的市场机遇。2016年5月，日本软银在威海投资建立服务外包基地，开展人力资源、工资福利、会计服务、财务中心、数据中心等业务流程外包服务。

3. 我国承接日本服务外包的主要城市分布

经过多年合作发展，我国已形成对日本服务外包业务的城市集群。以北京、大连、上海、杭州为代表的发达东部地区是我国承接日本离岸服务外包的主要聚集区；以西安、成都为代表的二线城市正展示出承接日本离岸服务外包的实力。其中，大连和北京是我国承接日本服务外包的主要城市。据不完全统计，在我国承接日本离岸外包超过70%的业务中，有45%~50%由大连和北京完成。相应地，对日离岸服务外包产业的发展为大连和北京带来了大量服务外包收入，承接日本服务外包的收入占这两个城市软件外包收入总额的80%以上，最终也带动了大连与北京城市现代服务业与信息技术产业的发展。除北京、大连之外，其他城市如上海、沈阳、西安、杭州等承接的日本服务外包项目也在逐年增加，来自日本的服务外包项目占这些城市软件外包服务总收入的40%~60%。

值得一提的是，大连在承接日本ITO项目上形成了竞争优势，同日本企业建立了长期稳固的合作关系。日本企业将更多的软件、金融后台处理、物流管理、高端制造等领域的业务集中委托给大连及固定的专业公司。凭借对日出口的强大技术优势，大连对日业务占全市软件出口额的60%以上[①]。诸如NEC、阿尔派、索尼、松下电器、NTT、川崎重工、欧姆龙等日本知名的全球企业均在大连设立子公司，从事软件外包业务。

### （三）我国承接日本离岸服务外包面临的挑战

从日本方面来看，日本政府为提振国内经济，采取日元持续贬值策略（如图6-9所示），导致我国对日的服务外包企业面临着增收却不增利的生存困境。我国企业从日本获取到的收入大幅度减少，部分中小型企业甚至出

①大连市统计局。

现了亏损。据调查，我国对日外包企业受日元贬值影响，利润严重下降，从原有的20%下降到5%左右①。另外，受日元持续贬值和中日政治环境的影响，我国企业承接日本市场业务的意愿不是很高，接包规模有所下降。据赛迪咨询机构预测，日本软件市场持续低成长、软件外包企业出现结构性调整、出口市场多元化等，可能导致我国对日本市场软件出口中的份额有所下降。再者，受中日政治因素影响，日本企业界开始加快制定“摆脱中国”的策略，减少对中国经济的依赖，推行“中国+1”战略，日本政府鼓励企业扩大对菲律宾、越南、印度等国的发包量。

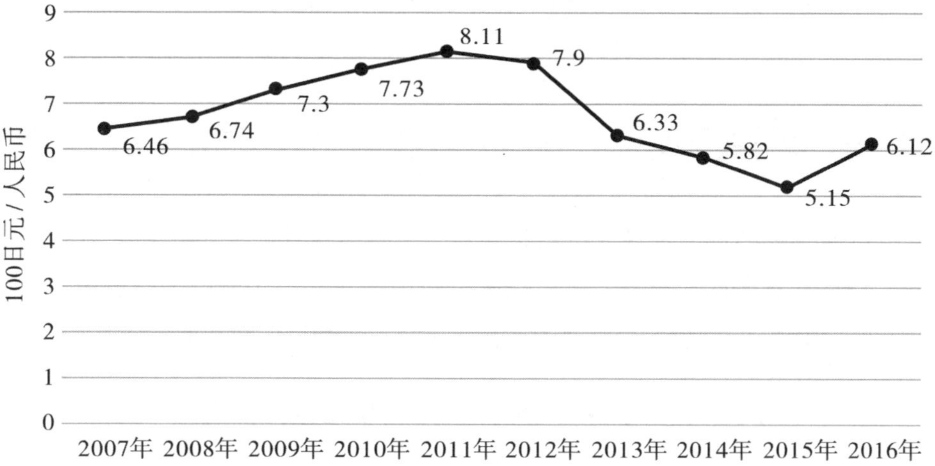

**图6-9　100日元兑人民币汇率**

从国内来看，近年来，受房地产、股市等多种不利因素影响，国内各类生产生活要素都呈现出了上涨的趋势。随着老龄化加剧，适龄的劳动人口在一段时间内持续减少，导致劳动力的价格水平整体上升，国内生活成本的普遍上升及日本国内经济增长乏力进一步加剧了我国承接日本服务外包的困局。许多服务外包企业反映，自2014年开始我国服务外包成本超过印度，促使国外发包商在选择目的地时多了一些顾虑。另外，知识产权执法不严直接导致我国承接日本服务外包业务结构偏低端。目前，我国对日本外包企业所承接的都是一些处

①黄鹤：《中国对日服务外包的增速下降及提升路径》，《对外经贸实务》2015年第12期。

于产业链中末端的业务，承接的订单多数是委托加工，也主要是简单加工的业务，附加值较低、技术含量也较低。很多服务外包企业缺乏自主知识产权的产品，也导致了对日本服务外包后续发展的动力缺失。

从竞争对手来看，伴随着我国劳动力价格上涨、办公成本上升，除印度之外，越南、泰国、菲律宾等国家加大了抢夺日本服务外包业务的力度，从而对我国承接日本服务外包形成一定挤压。近年来，日本企业逐渐意识到将整个流程外包可以有效地降低成本，因此更倾向于将整条价值链外包给印度企业，因为其拥有成熟的技术和良好的国际口碑。出于项目管理、技术等方面的考虑，日本企业也更愿意选择印度；在降低成本方面，日本对印度尼西亚、泰国、巴基斯坦等亚洲国家更加青睐①。

## 三、承接日本服务外包对我国服务业开放的带动效应

目前，我国已经形成了一批以承接日本业务为主的稳固的服务外包企业集群，通过承接日本服务外包，提高了我国服务外包企业的国际竞争力，促进了我国服务业的转型升级，加快了我国服务业的国际化进程。

### （一）承接日本服务外包促进城市服务业国际化

大连抓住了承接日本服务外包的机会，促使软件与信息产业快速发展。经过十多年的发展，大连已成为我国软件和服务外包产业的典型代表城市之一。2008年，大连（日本）软件园在东京成立，开中国城市海外设立软件园之先河，代表中国软件业国际化深入的尝试。一方面加强了大连在中国对日服务外包承接地的主要地位，另一方面也促使大连成为中国软件业对接国际市场的重要桥头堡。大连本土企业华信通过承接日本服务外包不断成长，2018年被中国软件与信息服务业网评为“2017年中国软件出口企业十强第二名”。大连华信已经成为中国最大的对日软件系统和IT服务提供商，目标是成为日本海外最大的软件服务提供商。同时，华信在乌兹别克斯坦、孟加拉

①黄鹤：《中国对日服务外包的增速下降及提升路径》，《对外经贸实务》，2015年第12期。

国、刚果（布）多地实现自主知识产权出口。目前，公司国际IT业务占比达61%，覆盖日本、美国、中亚、南亚等国家和地区。

### （二）承接日本服务外包有利于我国企业提升外包管理能力

日本企业的现代化管理水平举世公认。日本已积累了一整套独特的管理理论与技术方法，诞生了众多世界知名品牌。由于文化的接近，日本的管理方式更容易被我国企业模仿。在满足日本发包公司外包需求的过程中，我国服务外包企业得以近距离接触到好的管理方法，管理能力也可能得到提升。日本发包企业十分注重过程管理，非常重视开发阶段的界定以及开发过程中各个阶段的工作内容界定及审核，便于对项目进行全方位的掌握，可以较早地发现和解决问题，确保后续工作的正常运行。另外，日本发包企业极为重视文档及其使用，文档管理相当严谨，体现了日本精细管理的精神。通过与日本发包企业的长期合作，我国服务外包承接企业获得了不少有关企业现代化与精细管理方面的经验，专业服务能力不断得到提升。

### （三）增强中日互信，推进双边经贸合作

多年以来，由于对历史问题存在认知差别，中日两国保持着“政冷经热”的特殊关系。中日服务外包的发展可以增强两国协会、企业、人员层面的微观交流，从而有利于中日政治互信基础的加固。中日两国服务外包的开放合作有利于推动两国服务贸易发展，可为两国企业在对方国家进行跨国投资提供便利，甚至对中日自由贸易协定的推动都具有一定的促进作用。

## 第四节　我国承接“一带一路”服务外包的发展

2013年9月和10月，习近平主席分别出访中亚和东盟，相继提出共建“丝绸之路经济带”和“21世纪海上丝绸之路”。十八届三中全会通过了《中共中央关于全面深化改革若干重大问题的决定》（简称《决定》）将“一带一路”倡议上升为国家战略，《决定》成为实施新一轮全方位对外开放的重要内容之一。十九大报告指出，要以“一带一路”倡议为重点，坚持“引进来”和“走出去”并重，遵循共商共建共享原则，加强创新能力开放

合作，形成陆海内外联动、东西双向互济的开放格局。“一带一路”倡议成为我国对外开放的重要组成部分，有利于促进双方贸易投资深度合作，从而为我国服务外包发展提供了难得的历史机遇。“十三五”期间，我国国际服务外包产业面临着严峻的转型升级压力，国际服务外包市场竞争激烈，开拓难度不断加大，迫切需要寻找新的市场发展机遇。同时，欧美发达国家的服务外包市场受国内保护主义影响而出现一些不确定性。而“一带一路”沿线国家和地区在服务外包领域蕴含着巨大的潜在市场，据安永公司研究报告显示，2018年中东北非地区服务外包市场规模达70亿美元，从而为我国服务外包产业国际化发展提供了新途径。通过承接“一带一路”沿线国家和地区的服务外包，将有力地促进我国服务业开放新格局的形成，并为我国企业在服务外包国际化经营策略方面积累经验。

## 一、我国承接“一带一路”服务外包的现状与特点

随着“一带一路”倡议逐渐受到国际社会，尤其是沿线国家和地区的认可与响应，我国与“一带一路”沿线国家的政治经济合作逐渐大规模展开。“一带一路”沿线国家和地区成为我国对外投资的重点区域。通常来讲，企业国际化进程中必然会产生大量生产性服务需求。目前，我国企业在“一带一路”沿线国家进行投资时，对这些国家政策商机的发布、企业资源要素的配置等内容认知还较为薄弱，从而需要我国专业服务提供商为企业“走出去”提供咨询、设计、法律、金融等方面的生产性业务。因此，随着我国对“一带一路”沿线国家和地区投资规模的加大，服务外包产业将拥有更为广阔的国际市场。另外，“一带一路”沿线国家和地区自身也面临着发展经济、解决人口就业等社会问题，而且全球范围内信息化技术革命与产业融合不断加深，这些国家也不例外，须不断利用信息技术来促进整个经济和社会发展，从而产生大量内生的服务外包需求。近年来，“一带一路”沿线国家和地区逐渐成为我国服务外包合作的重要区域，并日益成为我国离岸服务外包的新增长点。

### （一）我国承接“一带一路”服务外包增长迅速

首先，从规模与增速来看，近年来，我国承接“一带一路”服务外包合同额和执行金额均保持稳步增长态势，有力地促进了我国服务外包国际市场多元化发展。2014—2017年，我国承接“一带一路”服务外包合同金额和执

行金额分别增长2.5倍和1.6倍，高于同期我国服务外包总额增幅。

如图6–10所示，2014年，我国承接“一带一路”服务外包合同金额和执行金额分别为125亿美元和98.4亿美元，同比增长25.2%和36.3%。2015年的合同金额和执行金额分别为178.3亿美元和121.5亿美元，同比增长42.6%和23.5%。受全球经济不确定因素影响，2016年随着我国整体服务外包承接业务有所放缓，“一带一路”服务外包市场额和增速均出现下降。经过2016年短暂调整，2017年我国“一带一路”服务外包业务出现较大幅度增长，合同金额增长大大高于执行金额，分别达312.5亿美元和152.7亿美元。这说明随着“一带一路”建设的推进、双方互信程度的加深，沿线国家和地区与我国服务外包领域合作意愿得到加强，服务外包订单数量增加，服务外包潜在市场不断被挖掘。

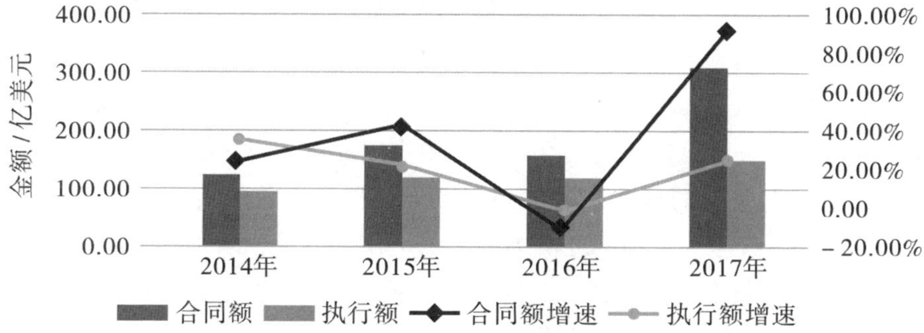


**图6–10　我国承接“一带一路”服务外包规模**

数据来源：中国商务部。

但是，由于“一带一路”沿线的大部分国家和地区还是经济欠发达地区或新兴经济体，许多国家和地区还处于工业化初期，仍以基础建设开发和基本工业体系建设为主要任务，服务业与服务贸易发展还不充分，从而导致我国与它们之间的服务贸易总体规模增长幅度不大。此外，由于“一带一路”各项措施还处于积极推进中，相关的软硬件支持体系还在不断建设与完善中，而且沿线国家和地区服务外包需求也容易受到国际、周边和本国经济政治环境变化的影响，可能出现不稳定情况，加上我国服务外包企业在“一带一路”沿线国家和地区的拓展与布局也需要一个过程，因此作为新开创的国际市场，“一带一路”服务外包市场表现出较大年际波动。

从占比来看，近几年来，“一带一路”服务外包规模增速显著，“一带一路”沿线国家和地区逐渐成为我国服务外包的重要承接来源地区。如图6–11

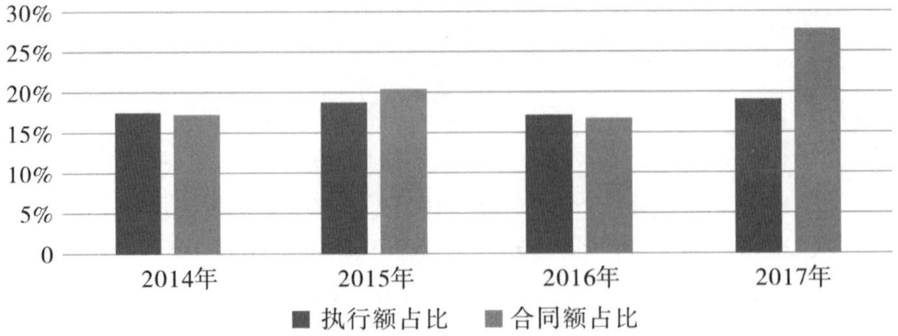


**图6-11　我国"一带一路"服务外包占比分布**

数据来源：中国商务部。

所示，"一带一路"服务外包占我国总体离岸服务外包的比重稳步提升，表明其在我国离岸服务外包中的地位和重要性逐渐提高。2014—2017年，"一带一路"服务外包合同额占比分别达17.41%、20.43%、16.95%和28.1%，执行金额占比分别达17.6%、18.79%、17.22%和19.17%。随着我国与"一带一路"沿线国家和地区的经贸、投资及互联互通进一步快速发展，"一带一路"成为新时代我国服务外包重要的承接来源地和服务外包提质增效的新动力源泉。随着"一带一路"沿线国家和地区经济结构不断优化，以及我国对"一带一路"沿线国家和地区的投资不断加大，未来服务外包需求将进一步释放，"一带一路"服务外包占全部外包的份额还有可能再获新高。

### （二）我国承接"一带一路"服务外包国别分析①

首先，从区域来看，我国承接"一带一路"沿线国家和地区的离岸服务外包主要集中在东南亚地区（如图6-12所示）。2014—2016年，我国承接东

①东南亚11国：新加坡、马来西亚、印度尼西亚、越南、泰国、菲律宾、柬埔寨、缅甸、老挝、文莱、东帝汶。西亚北非16国：沙特阿拉伯、伊拉克、伊朗、土耳其、阿拉伯联合酋长国、埃及、以色列、科威特、阿曼、卡塔尔、叙利亚、约旦、黎巴嫩、巴林、巴勒斯坦、也门。南亚8国：印度、巴基斯坦、孟加拉国、斯里兰卡、马尔代夫、尼泊尔、不丹、阿富汗。俄罗斯、蒙古及中亚5国：俄罗斯、哈萨克斯坦、蒙古国、土库曼斯坦、乌兹别克斯坦、塔吉克斯坦、吉尔吉斯斯坦。中东欧16国：波兰、捷克、匈牙利、斯洛伐克、克罗地亚、罗马尼亚、保加利亚、立陶宛、塞尔维亚、拉脱维亚、斯洛文尼亚、阿尔巴尼亚、马其顿、爱沙尼亚、波黑、黑山。独联体5国及格鲁吉亚：白俄罗斯、乌克兰、阿塞拜疆、格鲁吉亚、亚美尼亚、摩尔多瓦。

盟11国离岸服务外包执行金额分别为53.8亿美元、63.2亿美元、65.7亿美元和78.8亿美元，占沿线国家和地区的比重分别为54.7%、52%、54.2%和51.6%。据商务部官网数据显示，2017年上半年，承接东南亚11国外包执行金额232.4亿元，约占“一带一路”沿线国家的60%，占比与前几年相比有所提高，说明东南亚服务外包需求在“一带一路”的推动下得到较大释放。相对于其他区域来讲，东盟地区服务外包业务发展较为稳定，服务外包市场相对比较成熟，市场发展程度较高，因此未来一段时间内东盟地区仍将是我国“一带一路”服务外包市场的主要来源地区。从图6-12中可以看出，除东盟之外，西亚、南亚也是我国服务外包重要的合作伙伴。2017年，我国与西亚北非、南亚服务外包合同金额与执行金额分别为34亿美元和22亿美元，分别占“一带一路”服务外包合同金额和执行金额的22.3%和14.5%。

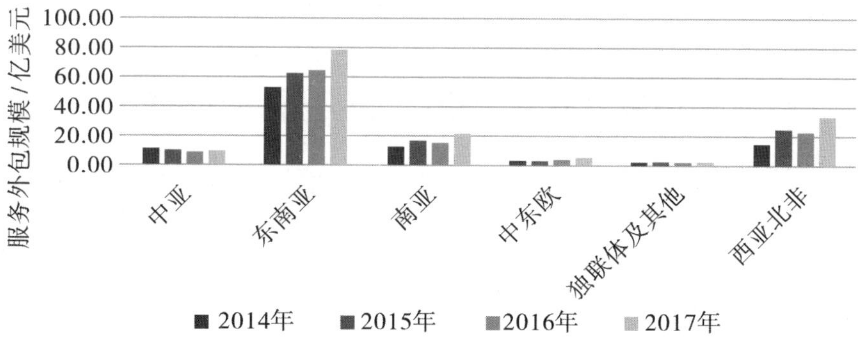


**图6-12　我国“一带一路”服务外包来源区域分布**

资料来源：中国商务部。

其次，从单个经济体情况来看，“一带一路”沿线国家和地区中有些就是我国传统的服务外包来源地，如中国香港、韩国、中国台湾、印度等。在东南亚地区，新加坡、马来西亚、印度尼西亚是该区域的主要发包国；而沙特阿拉伯和伊拉克是西亚北非区域的主要发包国；印度和巴基斯坦是南亚地区的主要发包国；俄罗斯是中亚地区的主要发包国。就合作规模来看，我国与新加坡、印度、俄罗斯的服务外包合作更为密切，这些国家的服务外包产业均具有一定规模基础。在“一带一路”的推动下，一些新的服务外包市场增长加快。2016年，来自拉脱维亚、乌兹别克斯坦、捷克、爱沙尼亚等中东欧国家的服务外包业务增长迅速，增长均超过80%[①]。

### （三）“一带一路”部分沿线国家和地区成为我国服务外包企业“走出去”的重要目的地

为充分利用国外人力资本优势，缓解国内高成本压力，实现快速交付和本地化提供等战略目的，以及发挥离岸、近岸和在岸多种模式结合带来的综合优势，我国许多服务外包企业加大了在海外建立交付中心、研发中心和分支机构的步伐。随着“一带一路”合作机制的不断深入，沿线国家和地区日益成为我国服务外包企业设立海外中心的重要目的地。博彦科技不仅在其主要离岸市场——美国和日本建立了分支机构，也在印度、新加坡设立了交付中心。文思海辉与印度尼西亚Jatis集团成立合资公司，目的就是提升亚太市场开拓和全球交付能力。2015年，华为宣布在班加罗尔成立新的研发中心，希望将该中心打造成面向全球客户的重点开发和交付中心。

## 二、我国承接“一带一路”服务外包面临的挑战

近年来，在国家大力推动下，我国承接“一带一路”服务外包从无到有、由点及面，成果超出预期，但也面临着诸多挑战。“一带一路”沿线国家和地区存在的风险不可忽视。

第一，从风险状况来看，“一带一路”沿线国家和地区具有重要的战略位置，很多处于国际能源供应带和地缘政治敏感带，是大国博弈的焦点区域，不可避免地与大国地缘政治战略相碰撞。美国提出的重返亚太及亚太再平衡战略，以及2017年特朗普提出的“印太战略”都具有非常明确的针对性。“一带一路”倡议可能也与沿线国家和地区自身战略政治、战略主张形成对撞，2014年莫迪政府提出“季风计划”，试图抗衡中国的“21世纪海上丝绸之路”。印度还对中巴经济走廊、我国与斯里兰卡的合作大为不满。“一带一路”还存在战争风险，其中，战争的起源包括三种情况：①域外大国为霸权利益以各种理由强行介入带来的战争；②一些国家内部因民族、宗教等矛盾激化引发的内

①中国商务部数据。

战；③上述两种势力搅和在一起导致的战争。另外，很多“一带一路”沿线国家和地区处于恐怖主义活动频繁的“高风险”区域。一些欠发达国家，政治上不太稳定，国家没有明确的长期发展规划；有的国家执政党一旦更替，新的执政党上台后不认前任的账，从而产生政权更迭风险。例如，2018年，马来西亚总统一上台就宣布重新评审与中国的投资合作项目。有些国家和地区由于担心资源、能源或重要物资被中国利用，或对中国介入当地政治存在顾虑，对中国投资或多或少产生焦虑和担心。由此看来，“一带一路”沿线国家和地区局部地缘政治相对不稳定，将给我国“一带一路”沿线国家和地区的服务外包项目带来财务、法律、合同等方面的风险。

第二，从市场合作成熟度来看，与成熟的美国、日本、欧洲国家发包方不同，“一带一路”沿线国家和地区是我国新兴的国际服务外包市场，产业、企业与市场等不同连接层面的稳定性还不高。“一带一路”沿线国家和地区经济基础发展程度差异较大，经济合作程度深浅不一。在“一带一路”倡议之前，我国与这些国家之间的合作比较松散，未能形成明确的经贸合作共识。“一带一路”沿线部分国家和地区经济体量相对较小，国际贸易发展缓慢，经济全球化步伐滞后。这些因素的存在使得服务外包国际业务风险提高。我国服务外包产业经历了十余年的快速发展总体实力得到提高，但与发达国家相比，在行业成熟度、操作经验上仍有欠缺，尤其是在国际开拓方面，对新市场、新问题、新环境的娴熟处理能力还不是很强，导致在开发国际新市场方面经验不足。

第三，从国别差异来看，“一带一路”跨越多个大洲，相关国家和地区数量众多，各个国家和地区的经济发展水平、开放程度、政治文化环境存在很大差别，服务业发展基础参差不齐。除少数国家和地区之外，“一带一路”沿线国家和地区经济发展与信息技术水平整体上还不高，因此，除与传统服务外包国家具有深度合作基础之外，与其他国家和地区之间的服务外包领域层次和水平还很有限。另外，“一带一路”沿线国家和地区的多元文化、多种社会体制，无形中增加了我国服务外包企业与“一带一路”发包地在分工协作、沟通交流上的困难，从而给服务外包合作项目带来诸多风险隐患。

第四，从营商环境来看，相比于美国、欧洲国家、日本和韩国等发达国家和地区，“一带一路”沿线国家和地区地缘政治环境相对不稳定。这种不稳定可能给中国与“一带一路”沿线国家和地区的服务外包项目带来财务、法律、合同等方面的风险，对业务拓展形成挑战，并产生不利影响。有些“一带一路”沿线国家和地区的经贸、金融体制和信用经济机制还不是很健全，很容易对我国企业造成资金损失。另外，有些“一带一路”沿线国家和地区经济体量较小，国际贸易发展缓慢，知识产权和法律制度还不健全，知识产权和信息安全保护意识薄弱，相关法律制度不健全，这些因素的存在使得业务风险无形中被提高，不利于服务外包合作的开展。

## 三、我国承接“一带一路”服务外包的发展趋势

### （一）“一带一路”合作基础不断夯实①

从政治上来看，我国“一带一路”倡议不断获得国际关注，也多次被联合国写入决议，尤其在沿线国家和地区，“一带一路”倡议影响不断深入。2017年，我国与“一带一路”沿线国家元首、政府首脑访问43次，与11个国家签署15份推动双边关系发展文件。2017年，在北京举行“一带一路”高峰论坛，共有18个“一带一路”沿线国家元首、政府首脑访华，其间中国与相关国家签署270多项经贸等多领域合作文件。截至2017年5月，我国已与沿线36个国家及欧盟、东盟分别签订了双边海运（河运）协定，而且“一带一路”沿线国家和地区与中国的政治互信程度较高。鉴于多种原因，很多国家在经济发展领域更倾向于和中国开展合作，并且有上合组织、“一带一路”论坛等多种国际协调机制，从而让“利益共同体”和“命运共同体”在经贸合作中实现的可能性得到大大提高。这都为我国与“一带一路”沿线国家和地区服务外包合作创造了良好的政治环境。

从联通上来看，2017年，中欧班列开行近7000列，运行线路57条，国内开行城市35个，到达欧洲12个国家34个城市。截至2017年5月，中国民航已与43个沿线国家实现空中直航，国外航空公司新开18条“一带一路”沿线航线。截至2017年11月，我国国家交通运输物流公共信息平台实现与全球31个港口的物流信息互联共享。我国已与沿线12个国家建有34条跨境路缆和多条

①《“一带一路”数据观丨“一带一路”的2017》，https://www.yidaiyilu.gov.cn/xwzx/gnxw/43662.htm，2018年1月12日。

国际海缆。2017年12月3日，在第二届世界互联网大会上，我国与老挝、沙特阿拉伯、塞尔维亚、泰国、土耳其、阿联酋等国家相关部门共同发展《“一带一路”数字经济国际合作倡议》。截至2017年7月，我国已与24个沿线国家实现公民免签或落地签，并逐步向西亚北非、中东欧等地区扩大。

从金融上来看，截至2017年12月，亚投行成员总数增至84个，其中“一带一路”沿线国家和地区占42个，共批准20多个投资项目，总额超过37亿美元。线路基金已签约17个项目，承诺投资70亿美元，支持项目涉及总投资金额达800亿美元；6家中资银行在沿线19个国家设立80多家分行、支行、代表处等，中国银联卡覆盖沿线50多个国家，有超过400万商户和40万台ATM。中国出口信用保险公司为沿线近20个国家合作项目提供各种类型的保险服务，并与白俄罗斯、格鲁吉亚等国签订合作协议。

通过以上分析，不难看出，在“一带一路”建设下我国与沿线国家和地区的合作机制进一步完善、合作基础得到巩固、合作领域不断扩大，为我国服务外包产业向“一带一路”沿线国家和地区拓展奠定了坚实的基础。

### （二）“一带一路”服务外包市场空间巨大

第一，从经济基本面来看，2013年“一带一路”沿线国家和地区经济总量为23万亿美元，人口共计约45亿人。若加之欧盟诸国，则“一带一路”周边国家的经济总量将占世界比重的50%以上，人口占比将达到70%。2017年我国与“一带一路”沿线国家和地区贸易额达7.4万亿元，同比增长17.8%，增速高于全国外贸增速3.6个百分点。

第二，从发展阶段来看，“一带一路”沿线65个国家之间工业化水平差距较大，大部分国家和地区总体上还处于工业化进程中，且大多数还处于工业化中后期，大体呈现“倒T形”的结构特征①。一些国家工业化水平、科技发展水平与中国还有一些差距。随着这些国家经济的发展，工业化与信息化进程中必然产生大量服务外包需求。

第三，从我国对外投资角度来看，在“一带一路”深度合作推动下，

①中国社会科学院工业经济研究所课题组：《工业化蓝皮书：“一带一路”沿线国家工业化进程报告》，2016。

我国对外直接投资将继续以每年约20%的速度增长。2015年习近平总书记在APEC工商领导人峰会上表示，未来10年我国对外投资将达到1.25万亿美元。随着中国对“一带一路”沿线国家和地区的投资增长，“跟随型”服务外包市场将持续扩大。而且投资项目将由基础设施、制造业、能源等少数行业逐渐向全产业不断拓展，从而产生巨大的服务外包产业需求。据统计，2014年以来，我国对“一带一路”沿线国家和地区的投资已超过500亿美元，与相关国家的企业合作共建项目近2000个①。

第四，从双边合作推动机制来看，在重大项目推进上，东非铁路网起始段肯尼亚蒙内铁路竣工通车，中老铁路首条隧道全线贯通，中泰铁路一期工程开工建设。中国—白俄罗斯工业园、埃及苏伊士经贸合作区等成为“一带一路”经贸合作的典范。在自贸区建设方面，中国与格鲁吉亚、马尔代夫签署自贸协定，与摩尔多瓦、毛里求斯的自贸协定正在积极谈判，推动区域全面经济伙伴关系协定谈判取得积极进展。在对外援助方面，启动“共筑援助之桥、畅通‘一带一路’”行动，落实重大援助举措，积极为沿线发展中国家提供力所能及的援助。同时，稳步推动改善民生的援助项目，开办南南合作与发展学院，举办专题培训班，帮助受援国提高自主发展能力。

### （三）“一带一路”拓展我国离岸服务外包国际市场多元化格局

“一带一路”朋友圈不断扩大，有利于拓宽我国与沿线国家和地区在服务外包产业方面的合作空间。“一带一路”沿线国家和地区有些本来就是全球服务外包市场重要的组成部分，当中包含着不少全球服务外包的重要角色。以印度为核心，包括中国、菲律宾等在内的东亚及东南亚地区是全球第一大离岸业务承接区；以波兰、保加利亚、捷克为中心的中东欧地区是承接欧洲服务外包的重要聚焦地；俄罗斯凭借其高科技人才优势在高端研究服务外包方面占有一定的独特优势；处于丝绸之路另一端的爱尔兰是全球著名的服务外包承接地，是全球中高端服务外包的重要聚焦区（姜荣春，2015）。

从产品、技术及整体解决方案上来看，我国服务外包的提供方式可能更接近于亚洲一些国家和地区的市场需求。“一带一路”沿线国家和地区对服

①国家发改委：《中国对外投资报告》（2017）。

务外包的技术、标准、能力成熟度等方面的具体要求与我国服务外包企业的能力更加匹配。2017年，我国“一带一路”服务外包合同金额增长近一倍，说明服务外包的谈判项目与日俱增。美国、欧洲、日本等发达国家和地区是我国服务外包的传统市场，随着“一带一路”建设的推进和我国传统产业的转型升级，相关国家服务外包业务加速释放，我国服务外包产业有望形成发达国家、新兴市场国家和发展中国家市场“三位一体”的产业新格局。

### （四）我国承接的“一带一路”服务外包领域呈现非均衡性、特色性分布

“一带一路”沿线国家和地区整体经济发展和信息产业水平差异很大，导致我国“一带一路”服务外包具体业务结构由于出口区域不同而呈现巨大差异。对于相对落后的国家和地区来讲，相关基础设施投资、能源等方面的服务外包具有很大的市场空间。硬件设施的建设往往需要配套服务的跟进，在其国内相关服务业发展还不充分的情况下，这些国家和地区需要通过服务进口来弥补，为我国服务外包企业“走出去”提供市场。以高铁出口来说，轨道交通设备及高速车辆出口还带动了运营、管理、养护、维修、安全监控等后期运维服务及相关人才技能培训服务的出口。对于需要发展高铁、机场、公路等基础设施的沿线国家和地区来说，与基础设施投资相关的服务外包就能获得发展。而对于经济发展水平和信息产业基础较为完备的沿线国家和地区来说，尤其是第三产业相对发达的国家和地区来讲，除信息技术外包之外，业务流程外包及知识流程外包均具有较大发展空间。此外，在“一带一路”沿线国家和地区有些制造业基础比较良好的国家，制造业外包具有很大需求。总之，“一带一路”沿线国家和地区的服务外包由于各国和地区的经济基础、产业条件等因素存在很大差异，从而使不同国家和地区的服务外包业务范围也具有较大差异。

### （五）新兴服务外包领域具有很大发展空间

随着“一带一路”沿线国家和地区的信息技术水平不断提高，其互联网、大数据、移动电子商务等新兴服务业态也逐渐壮大，这势必产生大量新兴服务外包需求，为我国新兴服务外包的出口提供了潜在市场。此外，随着我国“一带一路”对外投资合作的加深，企业“走出去”所需的生产性服务

业种类逐渐增多、标准逐渐提高，将会产生更多的工业技术服务、信息化解决方案、专业服务需求，BPO和KPO等企业中高端服务外包逐渐增加。据中国服务外包研究中心研究，我国与“一带一路”沿线国家和地区的服务外包应深化七大领域的合作，分别是：信息技术运营维护和工程技术服务、供应链管理服务、检验检测服务、云计算及数据处理分析和电子商务平台服务、软件研发和技术服务、工业设计和IC设计服务、医疗和医药研发服务。这些领域未来有可能成为我国“一带一路”服务外包的主要领域。

## （六）“一带一路”服务外包与对外投资协同发展

《国际服务外包产业发展“十三五”规划》提出，要深化与“一带一路”相关国家合作，推动“装备+服务”“工程+服务”建设，加快中国服务标准的国际化进程，开展工业、能源、软件和信息技术、文化创意、金融、交通物流等领域的跟随服务，“一带一路”沿线国家和地区将成为我国对外投资的重要市场。国际经验表明，企业对外投资需要服务先行，我国跨国公司“走出去”开展对外投资也不例外。我国“一带一路”服务外包的发展有力地推动了我国对外投资项目的落地，为对外投资提供了必需的配套服务支持。由于“一带一路”沿线国家和地区法律制度、社会政治、宗教文化、经济条件和商业环境等差异很大，投资往往具有很大的风险，投资过程极具复杂性和不确定性，企业对投资咨询、法律顾问、风险管理、应收账款等外包高水平专业性服务产生巨大需求，需要大量生产性服务的支持。随着“一带一路”建设广度与深度的推进，我国与沿线国家和地区在贸易、能源资源、金融、旅游、文化以及生态环保等方面不断加强对接与合作，涉及服务外包的产业合作领域将不断扩大，从而带动中国与沿线国家和地区服务外包产业合作，“一带一路”对外投资规模扩张将为我国服务外包企业带来新一轮国际化浪潮。反过来，“一带一路”服务外包的发展也有力地促进了我国在“一带一路”沿线国家和地区对外投资的扩大。服务外包在对外投资前期、中期和后期都发挥着至关重要的作用，在很大程度上影响了对外投资的成本与收益。因此，服务外包与对外投资合作有望形成相互辅助、互相促进、相互提升的局面，形成良性互动循环局面。

## 四、“一带一路”服务外包对我国服务业开放的促进效应

### （一）“一带一路”服务外包有利于促进我国服务业转型升级

母国相关市场效应对于一国和地区产业的国际竞争力具有重要支撑作用，这是波特国家竞争模型强调的重要因素之一。反过来，相关产业国际市场占有率的扩大将进一步带动母国相关产业的开放发展。就我国来看，通过“一带一路”获得的服务外包边际增量可通过产业关联和波动效应带动我国信息服务产业的发展。另外，随着新一轮信息技术革命的突破，基于互联网和现代信息技术的服务外包产业不断与其他产业融合，制造业、批发零售业、交通运输业、能源业、金融业、医疗卫生健康业、生活服务业等垂直行业与信息产业协同发展趋势加强。因此，服务外包产业的发展不仅能促进信息产业的增长，而且对其他产业的转型升级具有强大的支持作用。再者，基于低成本优势的传统发展模式已不能适应新阶段发展要求。“十三五”期间，我国离岸服务外包产业面临着严峻的向高起点迈进的挑战。国际市场开拓难度有所增加，通过“一带一路”服务外包的发展，可以搜寻到新型发展机会，以突破全球价值链低端锁定陷阱，加快产业转型升级。

### （二）“一带一路”服务外包促进了我国与沿线国家和地区的服务贸易增长

近年来，我国与“一带一路”沿线国家和地区服务贸易进出口总额由2012年的17979.9亿美元增加到2016年的19373.9亿美元，平均增速为1.9%[①]。我国与“一带一路”沿线国家和地区贸易额占我国贸易总额比例由2012年的24.8%上升至2016年的25.7%[②]。服务外包是服务贸易出口的重要方式，而且是新兴服务贸易领域的主要贡献力量。因此，“一带一路”服务外包的发展不仅促进了我国与沿线国家和地区服务贸易的发展，也有助于优化我国与沿

①商务部：《中国服务贸易发展报告》（2017）。

②《“一带一路”数据观丨“一带一路”朋友圈进化论：合作再升级》，https：//www.yidaiyilu.gov.cn/xwzx/gnxw/33799.htm，2017年11月9日。

线国家和地区的服务贸易行业结构。"一带一路"沿线国家和地区大部分还是发展中经济体，"一带一路"建设扩大了我国服务贸易与服务外包在发展中国家和地区的市场份额，从而有助于我国服务贸易国际市场多元化格局的进一步形成。在传统服务出口市场，包括美国、日本、欧盟、中国香港等市场得到巩固的同时，新兴"一带一路"沿线国家和地区的市场份额继续扩大，提高了我国服务贸易抵御国际市场变动风险的免疫力。另外，"一带一路"沿线分布着诸多新兴和转型经济体，它们的服务贸易还刚起步，对技术、金融、管理和人力等高级生产要素需求比较迫切，正好为我国服务外包相关优势领域进入这些市场提供机遇，从而提升高附加值服务贸易的国际竞争力。

### （三）承接"一带一路"服务外包为"中国服务"标准走向国际化提供契机

国际贸易的竞争很大程度上是标准、规则和话语权的博弈。我国虽然是贸易大国，但在国际贸易规则的制定方面还不具有决定性影响力。通过"一带一路"这个平台可以推广中国标准，尤其是在我国具有一定比较优势的先进领域。相对于"一带一路"沿线有些国家和地区，我国服务外包技术与质量水平具有显著优势。因而，在承接"一带一路"服务外包时，我国逐渐形成统一、透明的服务标准，这有利于培育优质的中国服务外包品牌，增强我国服务外包在标准设定上的话语权，从而进一步提升"中国服务"竞争优势并为我国高端服务外包业务提供巨大市场。在一些市场空白的地区和领域，通过抢占先机，率先构建与推广我国的行业、技术、服务标准，在相关国家和地区逐步建立有利于我国的中高端外包标准，掌握规则制定主导权。

### （四）"一带一路"服务外包带动服务贸易人才结构优化

服务外包的价值创造在于按比较优势进行分工协作，价值链活动分解将创造出大量新的工作机会，尤其是将产生大量高技术含量的就业岗位。服务外包产业对人才知识、技术及综合素质要求较高，使服务外包产业成为知识型、复合型人才的重要培育摇篮。通过承接服务外包可以促使服务外包人才不断提高自身业务综合能力。2018年，我国普通高校毕业生达820万名，大学生就业形势仍十分严峻。而服务外包雇员构成中有近70%为大学毕业生，服务外包产业成为吸纳大学生就业的重要产业。随着“一带一路”服务外包市场潜力不断被挖掘，我国外包总体承接规模不断扩大，进一步扩大了对高学历人才的有效需求。另外，服务外包业务内涵已逐渐升级，开始由非核心业务向更高层次的系统解决方案和价值创造转变，从而对服务外包人力资本要求更高，对高学历服务外包人才的需求更大。通过“一带一路”服务外包，扩大了我国承接服务外包的规模，从而对服务外包人才规模的扩大产生积极作用。而服务外包人才队伍的壮大为我国服务贸易发展提供了充足的人才资源基础，从而进一步推动服务贸易相关产业发展。

### （五）“一带一路”服务外包有利于促进中西部服务外包产业发展

“一带一路”倡议为中西部服务外包发展提供了机遇。我国中西部地区处于亚太经济圈和欧洲经济圈的中间地带，在“一带一路”建设中发挥着重要作用。“一带一路”建设的推进扩大了我国中西部地区与俄罗斯、中东欧甚至西北欧等国际服务外包发达国家和地区的经贸联系，从而使得我国西部地区服务外包与服务贸易获得更多发展机会，有利于缓解我国东西部地区间服务贸易发展不平衡的矛盾，带动我国中西部地区发展。相关研究指出，西北经济区域信息技术发展程度变量指标对“一带一路”国际服务外包承接竞争力具有显著正相关（戴军、韩振，2016）。随着“一带一路”建设步伐加快，我国中西部地区将大幅提升和改善其基础设施、营商环境及产业条件，带动更多国内外服务外包企业瞄准中西部进行产业布局或转移，使中西部地区低成本要素优势得以有效发挥。“一带一路”为更多中西部企业参与国际化项目、培养国际化人才提供了机遇与平台，为中西部服务外包企业国际化经营打下良好的基础。

“一带一路”服务外包产业具有很大发展潜力，但也应充分清醒地意识到，我国离岸服务外包市场主要来自美国、日本、中国香港等发达市场经济体，这些地区制度健全，商业文化发达，人口素质和技能水平较高，市场可预期程度较高。而“一带一路”沿线不少国家和地区还是处于经济转轨过程之中，经济发展水平较低，营商环境较差，法律法规较不健全，与我国在语言、文化、宗教方面的差异也较大，劳动力素质和技术水平偏低，虽然潜在市场需求很大，但我国企业对承接发展中国家的服务外包业务经验还不是很足，因此风险不可低估。为更好地促进我国“一带一路”服务外包市场的发展，提出如下建议。

（1）构建“政府搭台、企业唱戏”模式，政企合作模式发挥各自优势。

政府应在国家顶层的沟通和协调、“一带一路”沿线国家和地区的投资环境、政策法规、商机等信息提供，以及相关公共服务平台搭建、专项基金扶持、财政与金融政策等方面发挥作用。着重发挥资源与信息对接功能，加强我国与沿线国家和地区之间政策、资源与信息国际平台建设，为“一带一路”各市场主体和机构之间建立信息共享平台。涉及营利性质的经营性平台应该由企业来具体建设与运营，如朗坤为中国化工、中国建材搭建的平台就较为成功。在我国企业“走出去”的过程中，政府应做好支持工作，充分了解“走出去”企业的真实需求，不断提高国际治理能力。

另外，有关国际市场开拓的成功案例可仿照香港的做法。在香港企业过去几十年的历史进程中，政府、半官方机构和各大商会“三位一体”的组合，是协助企业“走出去”的重要机制。而且各个机构各司其职，政府引导经济和企业发展大方向；半官方机构如贸易发展局、生产力促进局等扮演“探射灯”角色，集中力量协助企业进行国际贸易协商和市场开拓；中华厂商联合会、香港工业总会等各大商会则弥补政府部门和半官方机构的不足，通过分析研讨会、实地调研考察等方式，为企业会员提供新兴市场详尽的投资指南，以及金融、基建、商贸等各方面的具体需求的服务（梁海明，2016）[①]。

（2）与国外先进服务提供商合作，共同承接“一带一路”外包业务。

一些跨国公司在华机构大都具有高水平国际化能力与经验，国内服务外包企业可与这些跨国公司开展战略与业务合作，共同开发“一带一路”服务外包市场。通过与在华跨国公司合作，一方面可以增加主动近距离接触先进技术的机会，学习技术运营管理等经验，提升服务外包技术实力，也有利

①梁海明：《“一带一路”项目的风险防范应借鉴香港经验》，http：//theory.gmw.cn/2016-01/29/content_18715273.htm，2016年1月29日。

于我国企业承接“一带一路”沿线国家和地区的服务外包业务；另一方面还可以利用跨国公司在项目分析、风险管理、国际化运营等方面的优势，保障服务外包项目的成功实施。相对来讲，我国企业的国际化程度还不高。与美国、欧洲等发达国家和地区的跨国公司相比，缺乏国际化经营的整套经验。与跨国公司在华机构进行合作，共同开拓“一带一路”服务外包市场，不仅可以增强彼此之间的联系，为承接跨国公司欧美母国服务外包创造机会，还可以有效地降低国际化经营风险。

（3）利用境外经贸合作区、自贸区等平台，促进“一带一路”服务外包产业的发展。

目前，境外经贸合作区已经成为推进“一带一路”建设和国际产能合作的重要载体和重要抓手，以及中国企业“走出去”的平台和名片。合作区不仅使中国优势产业在海外形成集聚效应，也降低了中国企业“走出去”的风险与成本。境外产业园区不仅为驻在国创造了就业、税收驱动了技术进步，园区内的企业还主动承担社会责任，积极为当地经济和社会发展做贡献，树立了良好的中国企业形象。在实际运行中，我国企业集体入驻境外园区，共同应对当地政策市场变化、争取更多的市场话语权，有效缓解了企业运营压力，降低了中国企业海外投资的风险。有些企业负责人还建议，在境外产业园区构建全产业链。他们认为要想形成综合竞争优势，必须由政府牵头，大家抱团出海，集群式“走出去”。另外，融资难是困扰园区发展升级的一大阻力。企业在海外建设产业园区，投资周期长，回报率低，需要融资方面的政策支持。政策补贴不宜取消，考核标准应该更加充实完善。另外，自贸区建设是“一带一路”建设中的重要内容。据媒体报道①，截至2017年5月，我国已与22个国家和地区签署并实施了自贸协定，其中涉及“一带一路”沿线国家和地区的有11个。而且与沿线国家和地区的自贸区研究和谈判工作还在积极进行中，将与20个沿线国家推进自贸区建设。这些自贸区协定大部分都对服务业双边扩大开放提供了很多优惠，从而为双边服务贸易便利化发展创造了良好的政治环境。

①商务部：《将与20个“一带一路”沿线国家推进自贸区建设》，中国证券网，2017年5月10日。

（4）“一带一路”服务外包要坚持稳步推进，注意防范风险。

从总的方向来看，“一带一路”是一个长期战略，通过支持沿线国家和地区经济增长的同时，增强我国与这些国家和地区之间的经济融合，形成新的长期增长动力。政府及市场主体在开拓“一带一路”服务外包市场过程中要注重风险防范，实施稳步推进的策略。在政府方面，我国驻“一带一路”沿线国家大使馆应及时发布所在国政治动态信息，在保障中国企业、人员、财务等安全方面发挥最大限度的作用。经济商务参赞处对所在国投资政策、产业规划、法律法规等进行详细说明，多组织国际投资洽谈会、说明会等活动，加强与当地专业性商会、协会的密切联系，了解并发布所在国服务外包项目需求。在企业方面，我国服务外包企业在向“一带一路”沿线国家和地区“走出去”的过程中，应仔细核准评估项目风险，充分做好前期相关可行性调研及风险预判，必要时聘请第三方评估机构对投资目的国进行风险评估，甚至可以实地考察，切身感受对象国的投资环境。

发展服务外包成为我国服务业高质量开放的重要推动力。2012—2017年，我国承接离岸服务外包年均增长近20%，成为服务贸易发展的一大亮点，对推动我国服务贸易新领域、新业态的发展，优化服务贸易出口结构和提升技术水平具有重要作用。国际服务外包是国际分工向服务业的延伸与深化，与制造业加工贸易相比，承接服务外包是参与产业链上的更高层次的环节，能创造更高的附加值。目前，我国的要素优势不仅在于廉价劳动力，还在于可以培育知识型和技术型的高级劳动力，通过提供这种相对稀缺的高层次生产要素，参与服务外包这类服务业国际分工的高附加值环节，优化了国内产业结构，从而获取更多的要素收益。目前，我国在服务外包的各个领域的接包能力不断提高，但随着人力、土地、能源等要素成本不断上升，跨国公司将目标瞄向东南亚地区以寻求成本更低的接包市场，这促使我国企业加大研发投入，提高接包能力，注重在细分市场形成竞争优势，向价值链高端环节移动。

## 参考文献

［1］钟山．新时代推动形成全面开放新格局．服务外包，2018（2）：16–18．

［2］王晓红，柯建飞．全球服务贸易形势分析及展望．国际贸易，2018（1）：52–59．

［3］刘志斌，祝琳．欧洲软件业与贸易发展的现状、特点及趋势．全球化，2017（8）：96–107．

［4］武晋军，黄志新．中国服务外包产业对就业影响的实证分析．国际经济合作，2015（10）：46–52．

［5］刘再起，张永亮，王阳．“一带一路”背景下中国对欧盟直接投资的贸易效应．学习与实践，2017（8）：15–21．

［6］谭力文，田毕飞．美日欧跨国公司离岸服务外包模式的比较研究及启示．中国软科学，2006（5）：128–134．

［7］王晓红．提升服务外包产业竞争力的五个思路．经济日报，2017-08-18．

［8］姜荣春．“一带一路”下我国服务外包产业创新转型的路径．人民论坛，2017（21）．

［9］姜荣春．“一带一路”促进服务外包产业大发展．服务外包，2015（3）．

［10］李庭辉．中国国际服务外包发展现状与趋势．全球化，2017（8）．

［11］中国服务外包研究中心．构建面向“一带一路”服务外包合作新体系：上、下．国际商报，2016-06-24．

# 第七章　服务外包示范城市的引领带动作用

改革开放40年，我国服务外包产业从无到有、从点到面、从小到大，规模不断扩大、领域逐步拓宽、区域范围不断拓展，逐渐形成了较为完善的产业生态体系，为推动我国服务业深度融入全球服务业分工体系，以高水平开放提升服务业的国际化水平，助推我国迈向服务经济时代发挥了重要作用。服务外包示范城市是我国服务外包产业发展的主要载体。我国服务外包产业的发展战略和路径一直是以服务外包示范城市为引领，因此，服务外包发展与示范城市的主导引领作用密不可分。通过示范城市在体制机制、开放路径、服务模式、管理模式等方面的先行先试探索和示范效应，在全国层面进行复制推广，并不断扩大示范城市的数量。目前，各具特色的31个服务外包示范城市分布在东、中、西部不同的区域，为带动区域服务外包发展和服务业开放发挥了重要作用。

## 第一节　服务外包示范城市发展及主要特点

服务外包示范城市既是我国服务外包改革探索的试验田，也是服务外包产业发展的高地和主要增长极。全国服务外包示范城市经历了由最初的5个服务外包基地城市发展到21个示范城市，截至2016年，又扩大到31个。服务外包规模始终占主体地位，区域分布遍及东、中、西部。经过十多年的发展探索，示范城市各具特色，政策集成优势明显，服务外包基本形成优势领域，集聚效应不断增强，并且体现出明显的层级化、阶梯式特征。

## 一、我国服务外包示范城市的发展进程

按照规模发展和推动作用来衡量划分，我国服务外包示范城市发展大致可以分为三个阶段。

### （一）第一阶段：服务外包示范城市初具规模（2006—2008年）

2006年，国家在“十一五”规划中首次将发展服务外包产业列入国家规划，提出“加快转变对外贸易增长方式，建设若干服务业外包基地，有序承接国际服务业转移”。2006年10月13日，商务部发布《商务发展第十一个五年规划纲要》，这是首次将服务贸易和承接国际服务外包纳入发展重点，并首次提出将“服务外包基地”作为重点发展对象，由此开启了我国服务外包示范城市发展的先河。2006年10月16日，商务部下发《商务部关于实施服务外包“千百十工程”的通知》，提出“十一五”期间在全国选择一批中心城市作为承接离岸服务外包业务的基地城市，在宏观政策、规划设计、人才培训、招商引资、综合协调等方面给予支持，并通过专项扶持基金支持基地城市在公共信息平台建设、人才培养、基础设施建设和投资环境改善等。目标是在五年内建设10个具有一定国际竞争力的服务外包基地城市，推动100家世界著名跨国公司将服务外包业务转移到中国，并培育1000家取得国际资质的大中型服务外包企业，商务部服务外包基地城市认定工作全面展开。2006年10月23日，商务部、信息产业部和科技部认定成都、上海、深圳、西安、大连5个城市为首批“中国服务外包基地城市”，12月25日将北京、天津、南京、杭州、武汉、济南等6个城市认定为第二批“中国服务外包基地城市”。2007年和2008年又增列了合肥、长沙、广州、重庆、哈尔滨5个城市。截至2008年底，全国服务外包基地城市共16个。

### （二）第二阶段：服务外包示范城市快速发展（2009—2015年）

2009年，中央经济工作会议提出“保增长、扩内需、调结构”的经济发展目标，提出要转变经济贸易发展方式，优化出口结构，大力承接国际服务外包，推动区域协调发展，扩大高校毕业生就业。2009年1月，国务院办公厅下发了《国务院办公厅关于促进服务外包产业发展问题的复函》，将16

个服务外包基地城市和南昌、苏州、大庆、无锡等城市确定为20个中国服务外包示范城市。2010年初增列厦门为第21个示范城市，继续在示范城市实行税收优惠、财政资金支持、实用人才培训、特殊劳动工时、金融支持、知识产权和信息保护等鼓励和支持措施，促进服务外包产业发展，以推进产业结构调整、转变外贸发展方式、增加高校毕业生就业机会。国家"十二五"规划中明确提出，要"大力发展服务外包，建设若干服务外包基地"，进一步促进服务外包示范城市的快速发展。这一时期服务外包示范城市得到快速发展，服务外包产业规模上了一个大的台阶，服务外包产业成为推动当地服务业开放的主要引擎、服务贸易发展的主要动力以及扩大大学生就业的主要渠道，有效带动了当地产业结构转型升级和业态创新。

政策引领是这一时期我国服务外包产业发展的重要特征，国家和地方密集出台了一系列促进服务外包产业发展的政策措施（如表7-1所示）。

**表7-1　促进服务外包产业发展的政策措施**

| 时间 | 政策措施 |
| --- | --- |
| 2009年 | 1.国务院办公厅《国务院办公厅关于促进服务外包产业发展问题的复函》（国办函〔2009〕9号）<br>2.商务部、工信部《关于境内企业承接服务外包业务信息保护的若干规定》（商务部、工业和信息化部2009年第13号令）<br>3.人力资源社会保障部《关于服务外包企业实行特殊工时制度有关问题的通知》（人社部发〔2009〕36号）<br>4.海关总署、商务部《海关总署　商务部关于开展国际服务外包业务进口货物保税监管试点工作的通知》（署加函〔2009〕435号）<br>5.财政部、国家发展改革委、科技部、工信部、商务部、国资委、银证会、证监会、保监会《关于鼓励政府和企业发包促进我国服务外包产业发展的指导意见》（财企〔2009〕200号）<br>6.中国人民银行、商务部、银监会、证监会、保监会、外汇局《关于金融支持服务外包产业发展的若干意见》（银发〔2009〕284号）<br>7.工业和信息化部《工业和信息化部关于支持服务外包示范城市国际通信发展的指导意见》（2009年3月21日） |

（续表）

| 时间 | 政策措施 |
|---|---|
| 2010年 | 1.国务院办公厅《国务院关于鼓励服务外包产业加快发展的复函》（国办函〔2010〕69号）<br>2.财政部、国家税务总局、商务部《关于示范城市离岸服务外包业务免征营业税的通知》（财税〔2010〕64号）<br>3.工信部《关于鼓励服务外包产业加快发展及简化外资经营离岸呼叫中心业务试点审批程序的通知》（工信部通字〔2010〕50号）<br>4.商务部办公厅《关于支持和鼓励服务外包企业海外并购的若干意见》（商合发〔2010〕358号）<br>5.银监会《银行业金融机构外包风险管理指引》（银监发〔2010〕44号）<br>6.海关总署、商务部《海关总署　商务部关于全面推广实施国际服务外包业务进口货物保税监管模式的通知》（署加函〔2010〕281号）<br>7.人力资源和社会保障部、商务部《关于进一步做好促进服务外包产业发展有关工作的通知》（人社部发〔2010〕56号） |
| 2011年 | 1.国务院《国务院关于印发进一步鼓励软件产业和集成电路产业发展若干政策的通知》（国发〔2011〕4号） |
| 2013年 | 1.国务院办公厅《国务院办公厅关于进一步促进服务外包产业发展的复函》（国办函〔2013〕33号）<br>2.国务院办公厅《国务院办公厅关于政府向社会力量购买服务的指导意见》（国办发〔2013〕96号） |
| 2014年 | 1.国务院《国务院关于促进服务外包产业加快发展的意见》（国发〔2014〕67号）<br>2.国务院《国务院关于加快发展生产性服务业促进产业结构调整升级的指导意见》（国发〔2014〕26号）<br>3.财政部、国家税务总局、商务部、科技部、国家发展改革委《关于完善技术先进型服务企业有关企业所得税政策问题的通知》（财税〔2014〕59号） |

这一时期，各示范城市根据本地区的发展状况，加大对服务外包产业的扶持力度，在体制机制及促进政策上日趋完善。

2009年，上海市发布了《上海市人民政府办公厅印发关于促进本市服务外包产业发展实施意见的通知》。在财税政策方面，对符合条件的技术先进型服务企业减免税费，对重点企业、服务外包公共信息、技术、培训等服务平台建设、企业国际资质认证、品牌建设等给予资金扶持。在人才保障方面，对录用新员工的企业和培训外包人才的培训机构给予相应的培训支持，对符合人才引进条件的人员在户籍、居住证申领、居留许可证出入境等方面给予便利。服务外包人才创业可享受融资担保、场地扶持和培训补贴。对符合条件的企业实行综合工时制。通过金融创新，支持企业资产重组、收购兼并和上市，简化外汇业务手续等加强对服务外包企业的金融支持。此外，在检验检疫通关管理监管、前置审批和工商登记便利、知识产权保护、基础设施建设等方面予以保障。

2011年，南京市发布了《南京市人民政府关于加速推进南京国际服务外包产业发展的实施意见》，对“十二五”期间南京市国际服务外包产业设定了发展目标，构建了完善的政策措施保障体系。在财税政策方面，市、区县及园区总投入不低于50亿元，用于服务外包产业基础设施建设和兑现各级服务外包产业扶持政策；对经过政府评定的服务外包载体平台给予资助；对符合认定条件的境内外知名外包企业落户实行税收减免、优先安排项目用地等；资助企业参加展会和推介活动，奖励企业开展品牌建设活动，分档奖励骨干型企业，对申请国际资质认证的企业给予认证维护费用。在人才保障方面，分档奖励经认定的国际服务外包人才培训机构，奖励具有示范效应、年度培养国际服务外包专业技术人才达到一定规模的公共服务外包人才培训平台。在金融服务方面，鼓励外包企业加强和银行、金融机构的合作，开展服务外包合同质押贷款、股权融资等金融服务，鼓励企业利用互保、综合授信等方式获得信贷、金融支持。市级创业投资引导资金优先支持具备一定发展潜力、高成长性的国际服务外包企业的发展。此外，在知识产权和信息安全保护方面，企业营商环境方面均出台了配套法律法规。

### （三）第三阶段：服务外包示范城市规模继续扩大和质量不断提升时期（2016年至今）

2016年5月，商务部、发展改革委等部门联合发布《商务部　发展改革委　教育部　科技部　工业和信息化部　财政部　人力资源社会保障部　税务总局　外汇局关于新增中国服务外包示范城市的通知》，根据全国各城市服务外包产业发展的情况并结合区域布局，统筹考虑东、中、西部服务外包发展，对服务外包示范城市有序扩容，新增了青岛、宁波、沈阳、长春、南通、镇江、福州（含平潭综合实验区）、南宁、乌鲁木齐、郑州等10

个具有发展潜力的示范城市，引导市场资源继续向示范城市集聚（如表7-2所示）。截至2016年，全国服务外包示范城市已经发展到31个，初步形成了东、中、西部各具特色、竞争有序的发展局面。“十三五”时期，我国经济发展进入新常态，供给侧结构性改革深入推进，示范城市作为我国服务外包产业制度创新和政策创新的高地，继续发挥先行先试示范带动作用，通过经验复制和政策推广带动全国服务外包产业发展。

**表7-2　中国服务外包示范城市发展情况**

| 认定时间 | 示范城市（基地城市） |
|---|---|
| 2006年10月 | 成都、上海、深圳、西安、大连 |
| 2006年12月 | 北京、天津、南京、杭州、武汉、济南 |
| 2007年10月 | 长沙 |
| 2007年12月 | 合肥 |
| 2008年7月 | 广州、重庆、哈尔滨 |
| 2009年1月 | 北京、天津、上海、重庆、广州、深圳、武汉、大连、南京、成都、济南、西安、哈尔滨、杭州、合肥、长沙、南昌、苏州、大庆、无锡 |
| 2010年2月 | 厦门 |
| 2016年5月 | 沈阳、长春、南通、镇江、福州（含平潭综合实验区）、南宁、乌鲁木齐、青岛、宁波、郑州 |

自“千百十工程”实施以来，服务外包示范城市及所在省、市积极落实国家关于促进产业发展的一系列鼓励和支持政策，并结合自身发展实际，制定服务外包产业发展规划和政策措施。商务部于2016年对31个服务外包示范城市的评估结果显示，目前多数城市已经出台了金融、创新、知识产权保护等政策措施，在公共信息平台建设、人才培养、引资引智等方面成效显著。在内外部市场需求不断释放和政策支持体系日趋完善的背景下，示范城市加快发展建设，对推动我国服务业对外开放的引领作用不断增强，成为推动我国服务业高质量发展和高水平对外开放的重要窗口。2016年，31个示范城市承接服务外包合同执行金额高达999.2亿美元，其中离岸服务外合同执行金额657.9亿美元，占全国市场的比重分别为93.8%和93.4%，相比于2015年扩容前的21个示范城市，比

重分别提高了9.4个百分点和6.6个百分点。在国家和地方对示范城市实施各项优惠支持政策的促进下，新增的10个示范城市合同执行金额达102.1亿美元，占31个示范城市执行总额的10.2%，部分城市如南宁和南通，增速达91%和38%。

2017年商务部等五部委下发《国际服务外包产业发展“十三五”规划》，提出要“充分发挥服务外包示范城市的带动引领作用，开展体制机制创新，形成制度创新和政策创新的高地”，并做好示范城市的经验复制和政策推广工作，由此推动服务外包示范城市不断创新，向高质量发展。

## 二、服务外包示范城市的主要发展特征

### （一）产业规模高速扩张，业务结构不断优化

2010—2017年示范城市承接的服务外包执行金额、离岸服务外包执行金额均以超过30%的年均增速增长。其中，服务外包执行金额由185.4亿美元增长至1154.3亿美元，7年间增长了5.2倍；离岸服务外包执行金额由135.4亿美元增长至730.1亿美元，7年间增长了4.4倍。从市场主体规模看，2010—2017年示范城市累计新增服务外包企业约1.9万家，新增从业人员453.9万名，2017年全国占比分别为59%和64.3%（如表7-3、图7-1所示）。这说明我国以示范城市为载体的服务外包产业国际竞争力在提高。

表7-3　2010—2017年服务外包示范城市产业发展状况

| 年份 | 2010年 | 2011年 | 2012年 | 2013年 | 2014年 | 2015年 | 2016年 | 2017年 |
|---|---|---|---|---|---|---|---|---|
| 示范城市 / 个 | 21 | 21 | 21 | 21 | 21 | 21 | 31 | 31 |
| 示范城市新增服务外包企业 / 家 | 2625 | 2702 | 2541 | 2325 | 2200 | 1437 | 3226 | 2462 |
| 全国新增服务外包企业 / 家 | 3756 | 4233 | 4220 | 3599 | 3309 | 5644 | 5506 | 4173 |
| 示范城市新增服务外包企业的全国占比 | 69.9% | 63.8% | 60.2% | 64.6% | 66.5% | 25.5% | 58.6% | 59.0% |
| 示范城市新增服务外包从业人员 / 万人 | 54.3 | 66.5 | 71.5 | 56.6 | 49.4 | 24.2 | 84.2 | 47.2 |
| 全国新增服务外包从业人员 / 万人 | 78.1 | 85.4 | 110.7 | 106.5 | 71.1 | 127.7 | 121.2 | 73.4 |

（续表）

| 年份 | 2010年 | 2011年 | 2012年 | 2013年 | 2014年 | 2015年 | 2016年 | 2017年 |
|---|---|---|---|---|---|---|---|---|
| 示范城市新增服务外包从业人员的全国占比 | 69.5% | 77.9% | 64.6% | 53.1% | 69.5% | 19.0% | 69.5% | 64.3% |
| 示范城市服务外包执行金额 / 亿美元 | 185.4 | 294.4 | 417.2 | 556.9 | 711.9 | 816.3 | 999.2 | 1154.3 |
| 全国服务外包执行金额 / 亿美元 | 198 | 323.9 | 465.7 | 638.5 | 813.4 | 966.9 | 1064.6 | 1261.4 |
| 示范城市服务外包执行金额的全国占比 | 93.6% | 90.9% | 89.6% | 87.2% | 87.5% | 84.4% | 93.9% | 91.5% |
| 示范城市离岸服务外包执行金额 / 亿美元 | 135.4 | 219 | 305 | 402.9 | 497.1 | 561.2 | 657.9 | 730.1 |
| 全国离岸服务外包执行金额 / 亿美元 | 144.5 | 238.4 | 336.4 | 454.1 | 559.2 | 646.4 | 704.1 | 796.7 |
| 示范城市离岸服务外包执行金额的全国占比 | 93.7% | 91.9% | 90.7% | 88.7% | 88.9% | 86.8% | 93.4% | 91.6% |
| 示范城市在岸服务外包执行金额 / 亿美元 | 47.9 | 74.5 | 112.2 | 154 | 214.8 | 255.2 | 340.9 | 424.2 |
| 全国在岸服务外包执行金额 / 亿美元 | 53.5 | 85.5 | 129.3 | 184.4 | 254.2 | 320.5 | 360.5 | 464.7 |
| 示范城市在岸服务外包执行金额的全国占比 | 89.5% | 87.1% | 86.8% | 83.5% | 84.5% | 79.6% | 94.6% | 91.3% |
| 示范城市ITO执行金额 / 亿美元 | 86.3 | 126.6 | 171.4 | 221.9 | 267.2 | 288.7 | 315.8 | 344.3 |
| 全国ITO执行金额 / 亿美元 | 91.7 | 138.7 | 188.7 | 248 | 293.5 | 316.9 | 330.5 | 364.2 |
| 示范城市ITO执行金额的全国占比 | 94.1% | 91.3% | 90.8% | 89.5% | 91.0% | 91.1% | 95.6% | 94.5% |
| 示范城市BPO执行金额 / 亿美元 | 27.2 | 34.8 | 46.8 | 55.5 | 69.3 | 78.4 | 105.3 | 120.1 |
| 全国BPO执行金额 / 亿美元 | 29.3 | 38.2 | 52 | 63.5 | 79 | 91.7 | 116.6 | 129.3 |

（续表）

| 年份 | 2010年 | 2011年 | 2012年 | 2013年 | 2014年 | 2015年 | 2016年 | 2017年 |
|---|---|---|---|---|---|---|---|---|
| 示范城市BPO执行金额全国占比 | 92.8% | 91.1% | 90.0% | 87.4% | 87.7% | 85.5% | 90.3% | 92.9% |
| 示范城市KPO执行金额/亿美元 | 19.2 | 57.6 | 86.8 | 125.5 | 160.6 | 194.1 | 236.8 | 265.7 |
| 全国KPO执行金额/亿美元 | 20.2 | 61.5 | 95.6 | 142.6 | 186.7 | 237.8 | 257.1 | 303.3 |
| 示范城市KPO执行金额的全国占比 | 95.0% | 93.7% | 90.8% | 88.0% | 86.0% | 81.6% | 92.1% | 87.6% |
| 示范城市新增国际资质企业/家 | 683 | 532 | 552 | 706 | 881 | 468 | 927 | 892 |
| 全国新增国际资质企业/家 | 1065 | 878 | 991 | 1190 | 1389 | 1491 | 1643 | 1303 |
| 示范城市新增国际资质企业的全国占比 | 64.1% | 60.6% | 55.7% | 59.3% | 63.4% | 31.4% | 56.4% | 68.5% |

数据来源：中国商务部。

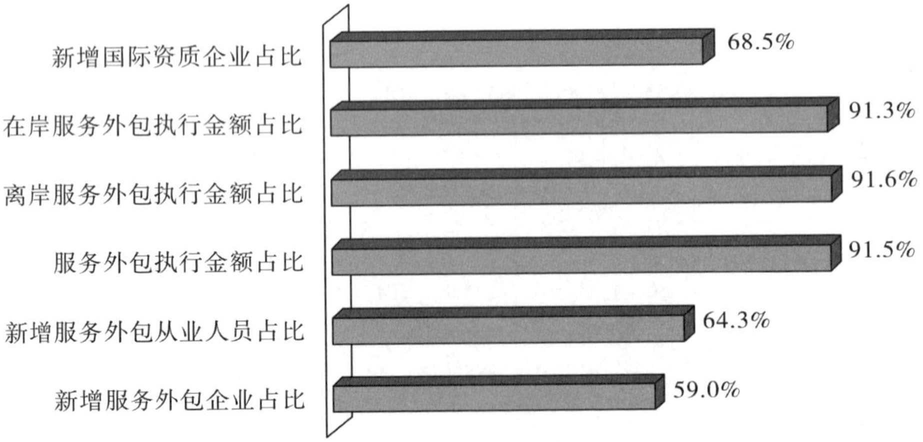


**图7-1　2017年示范城市服务外包业务的全国占比**

引领服务外包产业转型升级和创新发展是示范城市的重要使命。示范城市通过创新服务平台、培育引进创新创业人才、推广新技术应用等措施带领我国服务外包产业加速创新发展，实现由依靠人力低成本竞争的优势向依靠知识技术竞争的优势转变，服务外包业务结构高端化呈现良好的发展态势。从三大领域来看，ITO、BPO、KPO业务份额由2010年的65：21：14调整为2017年的46：16：38（如图7-2所示）。在ITO业务内部，与大数据、物联网、移动互联网和云计算相关的高技术和高附加值业务比重也在提升。同时，外包产业内ITO、BPO和KPO的业务融合进一步带动了数字化、智能化的高技术含量和高附加值的综合性外包业务比重提升。

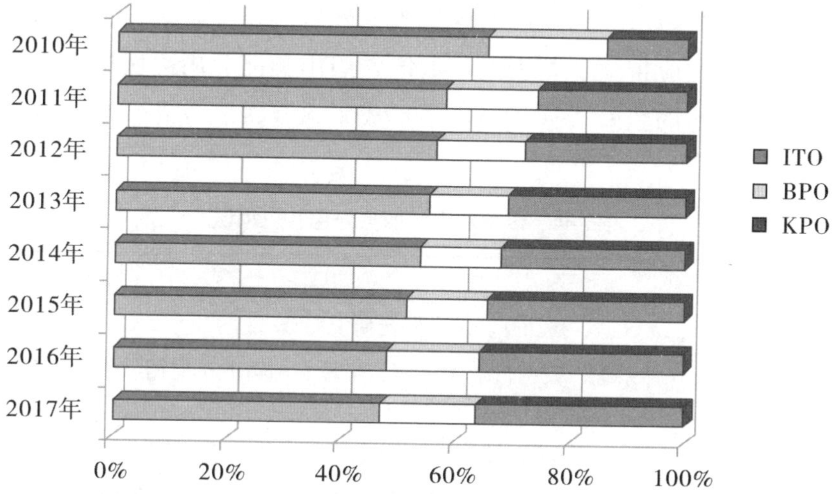


图7-2 2010—2017年示范城市ITO、BPO、KPO比重变化

以示范城市为核心的服务外包政策体系，不断促进服务外包产业加速集聚扩张。在市场机制的作用及国家和地方政策的引导下，示范城市服务外包产业由低水平重复建设、无序竞争到差异化发展、错位竞争，各示范城市立足产业基础与资源优势，加强对特色产业的发展引导，走差异化发展道路，产业定位不断明晰，在各自特色业务领域成为全国性或区域性的中心城市，对区域内的服务外包带动效应逐步显现，并形成了以示范城市为中心、周边城市为辅助的区域分工协作体系。例如，北京服务业基础雄厚、总部经济发达，产业和人才的高端化、国际化优势在全国突出，重点打造信息技术、研发设计、客户服务与财务共享中心；上海在云计算、大数据、移动互联网和医药研发服务方面领先全国；杭州专注向通信服务、物联网研发、金融服务外包等领域拓展；苏州在工业设计和工程技术方面形成了较强的竞争力；大连重点打造亚太软件和服务创新中心，形成了应用软件开发、共享中心、产品研发等特色领域；哈尔滨重点发展工业研发、云计算、动漫等领域的服务

外包；大庆是示范城市中依靠服务外包产业实现资源转型的典型城市，经过多年发展，已经形成了石油石化软件与外包服务、金融外包服务等多业态竞相发展的态势，并推动产业规模持续壮大（如图7–4所示）。

服务外包城市群的集聚效应十分突出。长三角地区形成了以上海、南京、苏州、杭州、无锡为中心，全国规模最大、集聚程度最高的服务外包城市群。宁波、镇江、南通、徐州也形成了高速发展的态势。以示范城市为中心，形成了周边城市共同发展的区域服务外包产业生态系统，例如：通过北京市的辐射效应带动了石家庄、保定、唐山等河北周边城市服务外包的发展；通过上海的辐射，苏州、昆山形成了以金融服务外包为特色的发展布局。

**表7–4　示范城市的服务外包特色领域**

| 示范城市 | 特色领域 |
|---|---|
| 上海 | 云计算、大数据、移动互联网、医药研发服务 |
| 深圳 | 嵌入式软件系统、大型行业（电信、金融、制造业）应用软件与服务、IC设计、互联网服务业与软件出口外包 |
| 大连 | 保税研发测试中心全国首创、对日外包服务发展基础雄厚 |
| 济南 | 交通运输业、零售和批发、能源、信息服务业以及制造业等领域 |
| 西安 | 嵌入式应用软件开发，面向装备制造、能源、医疗等领域的行业应用解决方案，工程和技术研究、技术转让、工业设计行业应用软件的研发以及数据分析 |
| 哈尔滨 | 工业研发、云计算、动漫等领域的服务外包 |
| 杭州 | 通信服务、物联网研发和金融服务外包 |
| 合肥 | 软件研发、软件技术服务、集成电路设计、信息系统运维、电商平台服务、IT咨询服务、IT解决方案、检验检测外包服务、工业设计外包 |
| 苏州 | 跨国公司共享中心、工业设计、软件研发、生物医药研发、信息技术服务、供应链管理服务、信息运维 |
| 大庆 | 金融服务外包和石油石化技术外包 |
| 厦门 | 互联网营销推广服务、数据处理服务、供应链管理服务、采购外包服务、软件研发外包及运维 |
| 沈阳 | 工业软件研发、云计算、物联网、电子商务、文化创意、移动位置服务等 |
| 长春 | 软件研发、汽车电子、金融证券、政府服务、电力设计、水利水电设计、汽车焊装夹具等方面的工业设计 |

（续表）

| 示范城市 | 特色领域 |
| --- | --- |
| 南通 | 软件研发、软件技术服务、电子商务平台服务、医疗服务、财务与会计审计服务相关的专业技术服务、工业设计和工程技术外包 |
| 镇江 | 船舶设计、船舶控制、智慧物流、电气检测、集成电路测试、医药检测、视光学等第三方检验检测外包服务 |
| 宁波 | 服务港口经济，发展物流供应链管理、国际航运服务、跨境电商平台服务、工业设计 |
| 福州 | 软件研发、信息系统运维、集成电路及电子电路设计 |
| 乌鲁木齐 | 面向中西亚地区的小语种多语言软件研发、安防技术服务、动漫网游设计、信息系统维护、电子商务公共平台服务 |

资料来源：商务部中国服务外包研究中心《中国服务外包发展报告2017》。

## （二）以园区集聚服务外包企业，不断提升产业发展能力

示范城市对服务外包产业的集聚和示范引领作用主要是通过服务外包园区来实现的。在示范城市内，各类园区高度集聚资源、人才、技术、政策等创新要素，在集聚服务外包企业、承接服务外包业务、创新服务外包模式、集成服务外包政策等方面具有重要作用。目前，在一线示范城市，服务外包园区实现了80%~90%的服务外包业务收入。大量外包企业入驻园区，享受政策、人才、信息、技术等平台资源优势，这些企业通过集聚高端生产要素，在商业模式和技术领域不断引领创新，推动所在城市和地区服务业的发展，反哺地方经济。

园区集聚产生的规模效应，有效提升了区域内服务业的整体竞争力。各示范城市不仅形成了一批特色产业高地和特色产业集群，而且培育了一批具有较强竞争能力和龙头作用的服务外包领军企业。我国服务外包领军企业东软、文思海辉、软通动力、微创软件等，以及历年服务外包百家成长型企业，绝大部分孵化、成长和壮大于示范城市。与此同时，越来越多的跨国公司和龙头企业总部选择在示范城市的外包园区落户。以北京中关村软件园为例，目前已有400多家IT企业总部和全球研发中心集聚，总部经济超过80%（如表7–5所示）。

表7–5　部分示范城市服务外包园区发展概况

| 示范城市 | 园区概况 |
|---|---|
| 北京 | 5个服务外包示范区：海淀区、昌平区、朝阳区、大兴区、经济技术开发区<br>典型园区：中关村软件园<br>中关村软件园：是中关村国家自主创新示范区中的新一代信息技术产业高端专业化园区。截至2017年底，园区集聚了联想（全球）总部、百度、网易北京研发中心、腾讯（北京）总部、新浪总部、滴滴总部、亚信科技、科大讯飞、华胜天成、文思海辉、博彦科技、软通动力、中科大洋、启明星辰、中核能源、广联达等逾600家国内外知名IT企业总部和全球研发中心，总部经济超过80%，在园从业软件工程师达7.3万人，拥有“千百十工程”企业28家、国家规划布局重点软件企业28家、跨国公司研发总部7家、上市企业（含分支机构）59家、中国软件百强企业15家、收入过亿企业66家。2017年，园区企业总产值达到2094.4亿元，总利润194.3亿元，创历史新高 |
| 上海 | 5个服务外包示范区：浦东新区、长宁区、新静安区、黄浦区和漕河泾新兴技术开发区<br>12个专业园区<br>典型园区：浦东软件园、张江生物医药基地<br>浦东软件园：2016年，拥有企业1594家，总产值超过660亿元，浦软孵化器新引进项目78个，融资企业数和融资额均创历史新高<br>张江生物医药基地：集聚了一批国内外知名的CRO企业，提供药物产品开发、临床前试验、临床试验、药物注册申请与信息咨询等，几乎涵盖药物研发全过程，产品服务面涉及肿瘤药物、代谢病药物等多个重点研究领域，是国内CRO企业群体发展最成熟、业务覆盖范围最完整的区域之一 |
| 哈尔滨 | 8个服务外包园区<br>典型园区：中国云谷<br>中国云谷：集聚企业300余家，签约投资亿元以上重点项目13项，协议投资额310亿元，初步形成了云数据中心、电子商务、大数据、计算应用四大板块 |

（续表）

| 示范城市 | 园区概况 |
|---|---|
| 苏州 | 1个国家级示范基地：苏州工业园区<br>2个省级示范城市：昆山市和太仓市<br>9个省级示范区<br>典型园区：苏州国际科技园<br>苏州国际科技园：是中国科技企业孵化器、国家软件产业基地、国家动画产业基地、国家海外高层次人才创新创业基地、中国欧美软件出口工程试点基地、中国留学人员苏州创业中心、服务外包示范基地以及苏州市云计算产业基地，集聚了云计算、软件开发、集成电路设计、数码娱乐和行业应用等高新科技特色产业集群 |
| 杭州 | 2个国家级服务外包示范区：杭州高新技术产业开发区、杭州经济技术开发区<br>9个省级服务外包示范园区<br>国家级服务外包示范园区：2016年，两个示范园区离岸服务外包执行金额38.8亿美元，占杭州离岸执行金额的66.1%，涉及信息与软件、物联网、互联网、云计算、生物医药、金融服务、文化创意设计等行业 |
| 广州 | 3个服务外包示范区：南沙经济开发区、黄花岗科技园、天河软件园<br>1个省级示范区<br>典型园区：天河软件园<br>天河软件园：园区集聚了1800多家软件和信息服务业企业，高新技术企业613家，主营业务收入超千万元以上企业超过650家，超亿元以上企业超过170家。园区聚集了总部企业28家，境内外上市企业（含新三板挂牌企业）累计63家，2017年完成软件业务收入1540亿元 |
| 济南 | 10个服务外包园区<br>典型园区：齐鲁软件园<br>齐鲁软件园：截至2016年底，园区集聚企业2300家，实现软件和信息服务业收入1281亿元，服务外包离岸执行金额4亿美元，入园企业中，规模以上企业达350家，服务外包企业319家，外包从业人员7.5万人 |
| 合肥 | 6个省级以上服务外包示范园区<br>典型园区：合肥高新区<br>合肥高新区：是安徽省最大的高新技术产业化基地，重点开展软件研发、信息技术、动漫及网游设计研发、检验检测等服务外包业务 |

（续表）

| 示范城市 | 园区概况 |
|---|---|
| 天津 | 3个服务外包示范园区（开发区、保税区和高新区）和6个外包园区<br>典型园区：天津经济技术开发区<br>天津经济技术开发区：业务主要集中在软件开发、研发设计、信息安全、商务流程、金融后台、人力资源、医药研发等外包领域，境外业务主要来自日本、德国和美国 |
| 大连 | 10个软件服务外包园区<br>典型园区：大连软件园<br>大连软件园：目前，已经集聚中外软件企业近800家，世界500强企业48家，2016年软件产值近700亿元。园区企业主要从事应用软件开发和外包、业务流程外包和资源共享、嵌入式软件开发和外包、产品研发、工业设计等信息技术服务 |
| 大庆 | 5个服务外包专业园区<br>典型园区：大庆服务外包产业园<br>大庆服务外包产业园：园区入驻企业750家，外包企业450家，从业人员2.1万人；2011—2014年，连续4次被国家工信部、中国软件与信息服务外包产业联盟评为最具发展潜力园区和智慧园区。园区重点发展石油石化外包服务、金融外包服务、云服务、物联网及嵌入式系统、创意服务、电子商务等服务外包行业领域。2016年，园区企业实现收入超百亿元，其中外包类收入超50亿元 |

资料来源：商务部中国服务外包研究中心《中国服务外包发展报告2016》《中国服务外包发展报告2017》。

### （三）政策不断创新，政策集成效应显著

“十三五”时期，国际国内环境发生复杂深刻的变化，国际市场需求萎缩，国内经济增长趋缓，我国经济发展进入新常态，供给侧结构性改革深入推进。在新的发展背景下，服务外包产业成为服务业结构优化和开放的重要推动力。国家和地方高度重视服务外包产业发展，密集出台各项改革措施和创新举措，示范城市作为我国服务外包产业的政策创新高地，在政策合力的作用下，政策集成效应显著。

各示范城市积极探索推动服务外包产业发展的体制机制、开放路径、服务模式、财税政策、服务便利化政策措施，并结合本地实际从“一带一

路”“中国制造2025”“创新创业”“互联网+”“大数据”等国家战略的高度来谋划推动服务外包产业发展。

在机制上，发展基础好的中心城市通过区域合作联动、协同发展机制辐射带动周边。例如，江苏省服务外包产业的“一带一群”布局，以南京、苏州、无锡3个国家级服务外包示范城市为核心，形成以知识流程外包为主要发展方向的“苏南国际服务外包产业带”和以知识流程、业务流程外包共同发展的“江苏沿江服务外包示范城市集群”。再如，经济技术协同发展战略深入推进过程中形成的“两市一省”产业分工协作机制。

在落实国家产业支持政策的同时，各示范城市结合地方实际在财税、金融、便利化等方面完善配套措施。杭州先行先试，主动探索创新政策体系。在创新试点试验区争取主管部门对跨境电商平台服务外包、互联网金融服务外包等重点领域实行特殊审批制度。提升通关便利化水平，创新海关检验检疫监管模式，对承接国际服务外包业务所需的样机、试剂、样本等简化审批程序。构建政府数据开放、政府信息保护、知识产权保护等方面的法律体系，完善政府信息资源公共服务平台功能，扩大公共数据资源的开放，并积极研究制定杭州“互联网+服务”外包、电子商务服务等标准体系，开展信息服务质量、信息服务安全、数据开发与共享等方面的标准研究工作。江苏省昆山花桥经济开发区主导制定的《金融外包服务规范》是我国首个金融外包领域省级地方标准，对推进花桥和江苏省金融外包产业发展发挥了重要作用。福州市鼓励金融机构创新适应服务外包产业特点的金融产品和服务。在自贸区福州片区积极进行两岸金融合作的金融改革创新，搭建对台金融服务专业化平台，14家区内银行率先开启台资台企信用查询系统，片区内金融机构通过台湾地区信用报告查询系统，在大陆率先开展台企台胞在台湾地区信用记录查询业务。马尾区启动了全国首个跨境电商同业联合担保改革试点，减轻了企业通关担保压力，提升了资金周转效率。

### （四）服务外包产业竞争力显著提升

2016年，商务部对31个服务外包示范城市的发展状况开展了综合评价工作。综合评价共涉及5个一级指标，20个二级指标和57个三级指标（各级指标设定情况如表7-6所示）。从产业发展情况、基础设施状况、人才培养培训与就业、要素成本和政策措施五个方面进行综合评价。

评价结果表明，示范城市各具不同产业发展优势，产业竞争力提升显著。南京、苏州、上海、无锡、广州、杭州、北京等城市在产业规模、企业规模及技术先进性等方面表现突出，雄厚的产业基础为这些城市释放集聚效应，进一步吸引优质企业和优质业务集聚，为推动产业向中高端发展创造了条件。上海、济南、天津在吸纳和培养外包人才方面各具特色，比如：上海的留学人员和外籍员工数量庞大；济南依托高校培养大量外包专业毕业生，为服务外包企业提供人才保障；天津的服务外包培训机构数量多，据统计，仅2015年，通过天津大学软件学院、中软卓越、服务外包培训中心、东软睿道等服务外包培训机构培训的人员就高达3万人次。从基础设施建设环境来看，北京、上海、广州、深圳等东部城市陆续开展了智慧城市建设，重视互联网及移动互联网等基础设施建设，能够满足服务外包企业跨境交付的网络条件。从要素成本看，中西部城市的综合要素成本优势明显，其较低的用工、用电、电信、住房成本，对产业梯度转移形成一定吸引力。以成都为例，企业运营成本低于东部沿海地区，又较其他中西部城市对人才更具吸引力，已经成为西部地区的外包产业中心城市。在政策措施方面，各示范城市重视程度都十分高，多数城市都已出台金融、创新、信息保护等相关支持鼓励政策，越是产业发达地区，政策扶持力度越大，且政策与时俱进，匹配本地资源特色，适应当地产业发展阶段新要求。值得一提的是，以青岛为代表的新增示范城市竞争力提升迅速。商务部数据显示，2012—2016年，青岛离岸服务外包执行金额年均增长34.8%，服务外包企业由390家发展到1000余家，吸纳就业人员由7.2万人增加到23万余人，雄厚的产业基础和强劲的发展势头使青岛连续四年成为中国服务外包最具潜力城市。

表7-6 示范城市服务外包产业竞争力评价指标

| 一级指标 | 二级指标 | 三级指标 |
|---|---|---|
| （一）产业发展情况 | 1.服务外包企业 | 1.1 服务外包企业；1.2 有离岸业务的服务外包企业；1.3 新增服务外包企业；1.4 高技术服务业企业；1.5 技术先进型服务企业；1.6 年营业额500万美元及以上的企业数；1.7 从业人员500人以上的企业数 |
| | 2.业务规模 | 2.1 承接国际服务外包合同执行金额；2.2 承接在岸服务外包合同执行金额；2.3 高技术服务业产业收入 |
| | 3.税收情况 | 3.1 服务外包企业实缴税额 |
| | 4.企业资质 | 4.1 通过国际资质认证企业数量；4.2 企业通过的国际资质认证数量 |
| | 5.服务外包园区 | 5.1 开展服务外包业务的专业园区；5.2 园区服务外包收入占城市服务外包收入的比重 |
| （二）基础设施状况 | 6.信息技术基础设施水平 | 6.1 互联网宽带接入用户；6.2 移动互联网用户 |
| | 7.电力设施水平 | 7.1 用户年平均停电时间 |
| | 8.交通运输水平 | 8.1 民航客运量；8.2 铁路客运量 |
| | 9.公共服务水平 | 9.1 公共服务平台数量 |
| （三）人才培养培训与就业 | 10.就业情况 | 10.1 服务外包企业从业人员；10.2 服务外包企业新增就业人员；10.3 新增大学生就业人员；10.4 新增经培训后就业人员；10.5 留学归国人员；10.6 外籍员工；10.7 高校服务外包相关专业毕业生 |
| | 11.培训/实训情况 | 11.1 服务外包培训机构；11.2 服务外包培训机构培训/实训人员 |
| | 12.人才储备情况 | 12.1 大学生实习基地；12.2 服务外包企业接纳实习大学生；12.3 高校毕业生见习基地；12.4 服务外包企业接纳见习高校毕业生；12.5 高等院校数量；12.6 高校毕业生数量 |
| （四）要素成本 | 13.用工成本 | 13.1 城镇单位在岗职工平均工资；13.2 社会保险交纳金额 |
| | 14.商务成本 | 14.1 电信费用；14.2 用电平均价格；14.3 商品房平均销售价格 |

（续表）

| 一级指标 | 二级指标 | 三级指标 |
|---|---|---|
| （五）政策措施 | 15.财政政策 | 15.1 中央财政资金实际拨付金额；15.2 地方财政资金实际拨付金额；15.3 中央财政资金支持培训人数；15.4 政府部门购买专业服务金额 |
| | 16.金融政策 | 16.1 出台扶持服务外包企业投融资政策；16.2 出台扶持服务外包企业融资担保补助政策 |
| | 17.支持创新政策 | 17.1 出台鼓励和引导企业研发创新政策；17.2 出台鼓励高校毕业生创业政策 |
| | 18.税收优惠 | 18.1 企业享受税收优惠金额；18.2 增值税免税销售额；18.3 企业所得税优惠金额；18.4 按15%低税率减免所得税金额；18.5 职工教育经费税前扣除比例超过2.5%的企业数量；18.6 职工教育经费税前扣除比例超过2.5%的企业职工教育经费税前扣除总额 |
| | 19.知识产权保护 | 19.1 知识产权司法案件结案率；19.2 知识产权保护地方性法规 |
| | 20.信息安全保护 | 20.1 出台互联网信息安全/商业数据保密相关的地方性政策法规 |

资料来源：商务部。

按照表7-6的评价指标体系，对各指标进行无量纲化处理，将综合得分的平均值调整为100分。其中，“产业发展情况”的平均值为40分，“基础设施状况”的平均值为15分，“人才培养培训与就业”的平均值为20分，“要素成本”的平均值为10分，“政策措施”的平均值为15分。综合得分高于100分，说明产业总体发展高于平均水平；综合得分低于100分，说明产业总体发展水平低于平均水平。

按照综合评价得分情况进行排序，可以将31个示范城市竞争力状况分为三个层次。第一层次得分高于100分，按照得分高低分别是南京、上海、广州、苏州、无锡、北京、杭州、深圳、济南、青岛、重庆、武汉、成都和南昌等14个城市；第二层次得分在60~100分，分别是天津、宁波、大连、郑州、合肥、长沙、厦门、西安、南通和哈尔滨等10个城市；第三层次得分低于60分，分别是沈阳、镇江、南宁、福州、长春、大庆和乌鲁木齐等7个城市（如表7-7所示）。

从总体看，原21个示范城市由于有较长时间的政策和资源优势叠加，综合得分普遍高于新增示范城市。在第一层次的14个城市中，仅青岛为新增示范城市。从地区分布看，东部地区示范城市的综合实力明显高于中西部地区，中部和西部地区的水平差异不大。按照平均水平排序，18个东部地区示范城市综合实力最强（平均115.9分），8个中部地区示范城市次之（平均79分），5个西部地区示范城市最低（平均75.9分）。

表7–7　各示范城市综合排名情况

| 层次 | 城市 | 得分 |
|---|---|---|
| 第一层次 | 南京、上海、广州、苏州、无锡、北京、杭州、深圳、济南、青岛、重庆、武汉、成都、南昌 | >100分 |
| 第二层次 | 天津、宁波、大连、郑州、合肥、长沙、厦门、西安、南通、哈尔滨 | 60~100分 |
| 第三层次 | 沈阳、镇江、南宁、福州、长春、大庆、乌鲁木齐 | <60分 |

## 第二节　示范城市对于推动服务业开放发展的示范作用

示范城市作为服务外包的区域中心城市，对于推动当地服务业开放和经济结构转型升级都具有重要作用。同时，对周边城市也具有较强的辐射带动效应，在推动周边城市服务外包发展、构建与周边城市的分工体系、促进周边城市服务要素流动、提高周边城市人才素质等方面体现出较强的外溢效应。

### 一、推动当地经济结构转型升级

#### （一）示范城市服务外包产业快速增长对于推动当地现代服务业发展的作用不断增强

服务外包的专业化生产模式促进专业化分工，可以最大限度地提高分工效率和劳动生产率，实现规模经济效应，促进以制造业为主的经济向服务经济升级，推动经济增长方式向集约化、专业化、信息化、国际化发展。据测算，2015年我国服务外包产业拉动国内生产总值0.56个百分点，产业规模占服务业增加值比重的7.1%，对服务业增长的贡献约为13.6%[①]。2017年，示范城市占我国服务外包产业的92%，是我国服务业开放发展和结构调整的重要助推力量。

### （二）示范城市服务外包产业发展有力地推动了当地产业结构转型

示范城市的产业基础各不相同，如大庆是典型的资源型城市，昆山则以加工贸易为主。随着原有发展模式所依靠的发展动能释放殆尽，服务外包产业逐渐成为这些地区推动产业结构优化升级和经济发展的新动能。

大庆以石油工业闻名，通过产业结构调整，积极发展服务外包产业，成为资源型城市实现可持续发展的标杆。自2009年被确定为国家服务外包示范城市，发展至今，大庆的服务外包产业已经初具规模，2017年外包执行金额17.74亿美元，其中离岸金额15.17亿美元，从业人员8.43万人。形成了以大庆服务外包产业园（国家服务外包产业示范基地）、大庆软件园（国家火炬计划软件产业基地）、电子商务产业园（国家电子商务示范基地）、油化技术服务产业园（以大庆油田设计院为核心）等专业园区为载体的产业集群。

从产业发展特色看，大庆服务外包产业已形成油化技术服务（油田公司、国际工程公司、石油管理局）、金融外包服务（华拓数码、大庆京北方、51信用卡）、软件及云服务（金桥信息、恒通电子、华创软件、中环电控等）、物联网及嵌入式系统（三维科技、英辰软件、华美科技、紫金桥、锦华联、百米马、明达维尔等）、创意设计服务（大宇宙、标准设计院、美图建筑等）、休闲娱乐设计研发服务（思特传媒、纳奇网络等）和电子商务（大庆卓创、仓买聚宝网、黑龙江网库等）等业务板块。其中，油化技术服务和金融服务外包叫响全国，形成鲜明特色，华拓数码和京北方占据了国内金融服务外包领域85%以上的市场份额。目前，大庆离岸业务涉及石油工程领域的技术服务外包、软件出口、住宅建筑设计服务、采购外包服务等领

①《服务外包产业规模扩至千亿美元》，《经济参考报》2016年9月12日。

域，服务地区主要分布在日本、伊拉克、伊朗阿拉伯、沙特、苏丹、南苏丹、蒙古、哈萨克斯坦、土库曼斯坦等国家。

### （三）示范城市服务外包发展加快了当地制造服务化、传统服务现代化的升级步伐

党的十八大以后，国家陆续出台了“创新创业”“互联网+”“中国制造2025”“大数据”等战略，配套政策密集落地。尤其是在“中国制造2025”强国战略的推动下，制造业的结构升级对生产性服务的需求大幅增长，服务业和制造业创新融合发展，带动了服务业的增长与升级。

示范城市作为中国服务外包产业高地，集聚了人流、物流、资金流和信息流等先发优势，借助国家战略叠加效应产生的红利，正在迎来全方位提升的发展机遇，同时也带动了当地传统制造业和传统服务业转型。例如，长春是中国的汽车城，在制造业服务化发展过程中依托服务外包产业，促进汽车制造业向研发、服务两端延伸，着力提升生产制造环节的智能化和科技化水平。经过几年的发展，与欧洲、日本等服务外包企业合作，初步形成了以吉林大学、中国第一汽车集团公司技术中心、启明信息等高校和科研单位为技术支撑，以嵌入式软件开发为核心，以汽车电子控制及车载电子为主导产品，在全国具有带动作用的汽车电子产业集群，被科技部列为“创新型产业集群”试点。“互联网+”战略实施以后，各示范城市服务外包市场潜力得到进一步释放，服务外包业务门类和领域急速扩张，尤其是在岸市场在“互联网+”的驱动下高速发展，未来前景广阔、整体“强大优”的企业均与“互联网+”高度关联。据统计，目前杭州市服务外包企业涉“互联网+”的占比超过70%。镇江利用“互联网+物流+工业”的理念，首创了中国无车无船主承运人的货物运输场内交易电商新模式，覆盖全国31个省市、自治区，在全国各地发展地区代理性质的会员管理单位800多家。2016年，发展车船和货方会员数、在线交易货运量同比增长均超20倍，交易货值超600亿元。

## 二、辐射带动区域服务经济发展

各示范城市之间区域合作联动、协同发展，对区域经济的辐射带动作用不断增强。主要有以下几种模式。

一是区域内产业规划联动模式。在区域内，各省市政府积极引导省内服务外包城市加强合作。例如，江苏省提出建设服务外包产业“一带一群”发展布局，辐射带动其他地区的服务外包产业。以南京、苏州、无锡3个国家级服务外包示范城市为核心，发挥上述3个城市与常州、镇江的协调联动作用，形成以知识流程外包为主要发展方向的“苏南国际服务外包产业带”；发挥上述3个城市与南通、泰州等城市的协调联动作用，形成以知识流程、业务流程外包共同发展的“江苏沿江服务外包示范城市集群”。

二是区域之间产业分工协作模式。随着国家区域协调发展战略的有序推进，一些示范城市开始谋划区域间服务外包产业的整体发展布局。比如，随着津冀协同发展战略的深入推进，“两市一省”的外包产业布局各有侧重。京津作为离岸外包主要承接地，积极承接跨国公司的发包业务。同时，北京为了疏解非首都功能，逐步向河北省有序转移服务外包产业，形成了与河北省的垂直分工关系，由此带动河北省服务外包产业跨越式发展。2014年5月，中关村海淀园秦皇岛分园成立，这是海淀园在全国建立的首家分园，也是河北省对接京津的首个综合性高科技园区。目前，中国北京（海淀）留学人员创业园秦皇岛分园、北京市科学技术研究院秦皇岛高新技术产业园等园区已经相继开园。园区重点围绕节能环保、电子信息（大数据）、服务外包、生物医药等产业，与海淀园展开深度对接合作。自开园以来，累计引进项目100多个。北京秦皇岛千方信息科技有限公司、秦皇岛铭软科技有限公司、秦皇岛华安保信息有限公司等公司以及e谷创想空间、海淀创业园秦皇岛分园项目已落地运营。

三是资源整合与共建共享模式。依托第三方公共平台、产业联盟，在示范城市间实现公共服务联动、创新孵化环境联动，形成发展合力。例如，合肥与上海漕河泾新兴技术开发区合作共建创新创业园，在科技企业孵化、资本运作、专业人才培训、技术溢出、营造创业氛围等多方面开展合作，为服务外包企业和机构提供全方位、一体化、立体式的专业服务，加速外包产业的有效融合转移。

四是比较优势联动模式。示范城市在服务外包细分领域各有擅长，通过城市间合作，依托各自比较优势，带动区域内整体产业提质增效。例如，长江中游城市群，跨越湖北、湖南、江西三省，是以武汉城市圈、环长株潭城市群、环鄱阳湖城市群为主体形成的特大城市群，依托武汉、长沙、南昌3个示范城市在研发、文化创意、工程设计等外包领域的不同特色，集中各自优势资源深耕细分领域，并依托各自比较优势进行协作。

## 三、优化服务业区域布局，促进服务业均衡发展

长期以来，我国服务业发展的资本、技术、政策、人力资源等在东部地区主要城市群集聚，中西部欠发达地区流动性较低，导致区域间服务业发展水平存在巨大差距。2015年1月，国务院发布《国务院关于促进服务外包产业加快发展的意见》，根据服务外包产业集聚区布局，统筹考虑东、中、西部城市产业发展，对服务外包示范城市进行扩容，中西部城市增加至13个，在东、西部间开始重新优化配置服务业发展资源，促进一线城市提升创新能力和产业附加值，推动劳动力密集型业务向二、三线城市转移。许多位于东部的外包企业为降低综合成本，在北上广深等一线城市只保留区域总部、营销机构及高端研发与设计中心，而将离岸交付基地、后援支撑平台转移到西安、成都、武汉等示范城市，示范城市作为中西部地区服务业发展的政策和资源高地，成为有序承接服务业区域间梯度转移的第一梯队。目前，文思海辉已经在成都、长沙、潍坊、大连、青岛、无锡、西安、武汉、东莞等中西部和二、三线城市设立分支机构、交付中心或研发基地，软通动力将成都、西安、武汉、南京作为大西南地区、黄河流域、华中地区和长三角地区的区域性软件开发与技术服务基地，博彦科技选择西安、成都、武汉、苏州等地作为国内区域性交付中心。

## 四、促进大学生就业，提升服务业国际化人才素质

示范城市对吸纳就业、人才培养的引领效应显著。截至2016年，31个示范城市累计吸纳就业人员596万人，全国占比超过70%。示范城市是我国服务业中高端人才的主要培养基地，在专业人才培养方面积累了丰富经验，建立了包括企业、园区、培训机构、行业协会、高等院校等载体在内的多层次、多渠道的服务外包人才培养体系。据统计，目前全国示范城市已经汇集了

1000多个服务外包专业培训机构及大批专业师资力量，建立了超过10000个大学生实习基地和高校毕业生见习基地，由此带动的相关培训和教育人数，对高水平就业的示范和外溢效应显著。截至2016年底，示范城市外包行业中大学（含大专）以上学历从业者429万人，占从业人员总数的72%。据统计，2016年，上海和天津服务外包企业吸纳的大专及以上学历从业人员占比分别高达87.5%和78.2%。天津大学软件学院、中软卓越、服务外包培训中心、东软睿道等一批服务外包培训机构全年培训新入职和在岗人员1.2万人次，超过1/4的学员培训后在服务外包企业就业。服务外包从业人员平均工资13.8万元，是制造业从业人员平均工资的1.9倍。

## 五、推动服务业高水平对外开放

### （一）有效拉动当地开放型经济规模增长

2010—2017年，示范城市承接的离岸服务外包执行金额由135.4亿美元增长至730.1亿美元，以25%的年均增速迅速扩张，7年间扩大了4.4倍，离岸服务外包占服务出口的比重由7.6%提升至32%，对服务出口的拉动效应明显（如图7–3所示）。

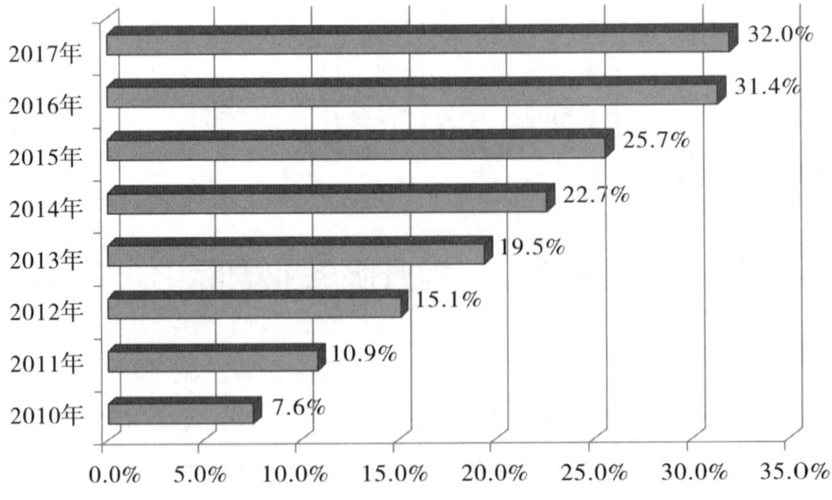


图7–3　2010—2017年示范城市离岸外包占我国服务出口的比重

数据来源：商务部

## （二）推动服务业“引进来”和“走出去”紧密结合

示范城市通过服务外包产业推动了当地的国际合作、对外投资、国际并购、利用外资的发展，进一步扩大了服务领域的国际合作空间。

一是通过举办国际论坛、进行国际交流等方式，不断扩大招商引资的“朋友圈”。二是不断创新服务外包合作模式。除了跨境交付模式之外，一些有条件的城市还鼓励企业“走出去”，全球配置资源、优化市场布局、做大做强。一些服务外包领军企业加快设立海外研发中心和海外交付中心，以便优化利用在岸、近岸、离岸等综合优势，实现多级交付、高质量服务的能力，与发包市场形成更紧密的合作关系。例如：博彦科技在中国、美国、日本、印度、加拿大、新加坡6个国家设有30余家分支机构、研发基地或交付中心；软通动力在全球61个城市设有120余个分支机构和33个交付中心；微创软件在全球设有13个交付中心，交付网络涵盖亚洲、北美以及欧洲等地区。三是服务外包企业跨境并购能力逐步增强。2016年，中科创达以6400万欧元收购总部设在芬兰赫尔辛基的智能车载交互技术公司Rightware，进入欧洲市场。此外，越来越多的跨国公司被示范城市的产业资源吸引，北京、大连、天津、上海等示范城市已经成为跨国公司集聚地。以大连为例，目前已有90余家全球500强企业在大连从事软件开发和服务外包业务，全球前十大ITO和BPO服务提供商中，有6家在大连开展外包业务。戴尔、毕博、爱立信、埃森哲、索尼、安永、花旗等20多家跨国公司将大连作为地区服务总部。

## （三）服务外包成为助推中西部地区开放型经济发展的重要引擎

长期以来，中西部地区由于开放滞后制约了经济发展，因此，推动形成全面开放新格局的重点和难点在中西部地区。西部大开发和中部崛起两大战略的深入推进，使中西部城市的基础设施建设水平加快提升，成本优势、要素优势和区位优势逐渐显现，为承接服务外包创造了有利条件。近年来，中西部城市的服务外包产业呈现出高速增长态势，尤其是金融危机以来逆势上扬，服务外包产业规模逐步壮大，实力明显提升，集聚效应明显增强，服务外包产业体系逐步形成。

成都形成以信息技术服务外包为主，覆盖研发、工业设计、市场营销、人力资源、财务会计等业务流程的服务外包产业体系。2016年，离岸服务外包执行金额14.9亿美元，同比增长7.2%。领军企业规模效应显著，离岸服务外包执行金额超过1000万美元以上的企业有20家，累计离岸服务外包执行金额占全市离岸服务外包执行总额的82.5%。ITO、BPO和KPO占离岸外包执行金额的比重分别为69.5%、6.6%和23.9%，以数据分析、工业设计、检验检测、医药和生物技术研发等为主的KPO业务比重逐渐增大，占比接近三分之一。

西安形成以研发服务外包为主，以跨国公司和国内大企业为龙头，ITO和KPO共同发展的服务外包产业格局。2016年，服务外包合同执行金额10.6亿美元，同比增长28.2%，高技术、高附加值的ITO和KPO业务占比达96.4%，形成了以高新区为龙头，航空基地、经济技术开发区、浐灞生态区、碑林动漫产业园等服务外包示范园区共同发展的格局。

武汉逐步成为在嵌入式软件和空间信息技术、信息安全、制造业信息化等应用软件领域的国家级服务外包产业基地。2016年，离岸合同签约额7.19亿美元，同比增长20.4%，服务外包企业514家，从业人员17.7万人，形成了以光谷软件园和武汉软件新城等专业园区为核心，以光谷金融港、光谷生物城、光谷创意产业基地、地球空间信息产业基地、未来科技城、大学科技园等高新技术产业基地为依托，集聚全市80%左右服务外包企业的服务外包产业集群。

重庆市逐步形成了以软件服务外包为主，涵盖工程设计、电子商务、动漫、金融等的服务外包产业领域。2016年，离岸外包执行金额21.3亿美元，同比增长4%。商务部对31个服务外包示范城市综合评价中，重庆排名第11位，居中西部首位。

合肥形成了以软件研发、呼叫中心、金融外包服务、动漫网游设计、数据分析处理5大领域为特色的服务外包产业集群。2016年，离岸外包执行金额2.1亿美元，共有服务外包企业458家，从业人员16.8万人。合肥现有6个省级服务外包示范区和15个市级示范园区，聚集了全市80%以上的服务外包企业和90%以上的外包业务。

### （四）“一带一路”倡议为推动中西部地区服务外包发展提供了机遇

“一带一路”覆盖了我国中西部的大部分地区，推动了广大中西部地区由原先的“开放末梢”变成“开放前沿”，为中西部地区提高服务业对外开放水平、促进经济结构调整、推动开放型经济发展提供了契机。随着互联互通工程建设的加速推进，中亚、西亚等地区将释放大量工业技术服务、信息化解决方案、专业服务需求，中西部城市将优先获得潜在市场和目标客户。目前，中西部服务外包基地和示范城市已经开始与“一带一路”沿线国家和地区展开服务外包合作。例如，成都是我国与南亚服务外包产业合作的重要窗口城市，不少印度服务业巨头在成都建立了服务基地。西安在促进我国与中亚、中东欧乃至西欧跨国服务外包合作方面日益发挥积极作用。2014年，美国Amidi集团等跨国公司与西安高新区签约，将西安作为基地进行区域布局，以利用“一带一路”建设机遇，加强与中亚地区的经济合作。

## 案例1　上海市服务外包产业发展①

### 一、上海服务外包产业发展现状

上海围绕国际经济、金融、航运、贸易、科技创新中心建设带动服务外包产业转型升级，加快发展高技术、高附加值服务外包产业，扩大离岸服务外包规模，提高服务外包企业便利化水平。上海服务外包产业正逐步从依靠低成本竞争向以智力投入取胜转变，附加值和服务增值不断提高，业务结构逐步提升。据初步统计，2017年上海离岸服务外包合同金额和执行金额分别达95.72亿美元和71.22亿美元，比上年分别增长4.0%和4.4%。

一是点面结合、覆盖全市。全市有5个服务外包示范区（浦东新区、长宁区、静安区、黄浦区和漕河泾新兴技术开发区）和12个服务外包专业园区，即张江金融信息、张江生物医药、南汇生物医药、卢湾人力资源、陆家嘴信息技术、浦东软件园信息技术、长宁数字媒体、天地信息技术、张江信息技术、金桥研发设计、嘉定汽车研发设计以及财经大学金融服务外包专业园区，覆盖全市6个区，集中了全市60%左右的企业。

二是专业集聚、联动发展。目前，上海5个服务外包示范区集中了全市80.4%的服务外包执行金额。有295家“技术先进型”服务企业，还有2个市级

①本案例根据上海市商务发展研究中心主任助理盛宝富提供的资料整理而成，作者在此表示衷心感谢。

服务贸易（服务外包相关）示范基地、6个市级服务贸易（服务外包相关）示范项目以及一批“上海市软件和信息技术服务出口重点企业”，形成了专业集聚、联动发展的格局。同时，通过发展离岸服务外包，产业升级效应已经显现，并为长三角乃至中西部地区承接在岸服务外包创造了条件。

三是知识流程和业务流程外包增长较快。2017年，业务流程外包（BPO）和知识流程外包（KPO）执行金额分别为17.47亿美元和16.33亿美元，两者合计增长9.2%，占比由46.0%提升至48.1%。服务外包产业在人力成本攀升和自身业务能力得到提升的双重驱动下，开始逐步从低端业务向中高端业务转型升级，细分领域结构日益优化：ITO业务中，云计算、大数据、移动互联网和人工智能的相关技术服务成为热点。BPO业务中，大数据应用开始在市场营销等方面展开。KPO业务中，已从“一单式”合同研发服务，向拥有自主知识产权的合作研发转型，并向“一体式”全方位合作发展。药明康德新药开发有限公司已经具备依托“医药研发技术和平台”向“一带一路”沿线国家和地区输出研发技术的能力。

四是企业数量持续增加。截至2017年，全市共有服务外包企业2015家，比2016年新增139家。《财富》世界500强企业中，GM、福特汽车、GE、花旗、汇丰和SAP等企业在沪设立全球或亚太业务流程共享中心和数据处理中心，IBM、英特尔、联合技术、辉瑞、惠与、思科、惠普等也将全球研发中心或重要研发基地设在上海，药明康德、海隆软件、易保网络、万得数据、睿泰集团等本土品牌企业不断成长，在金融数据、数字教育、基因测序等知识密集型领域形成先发优势。上海通过服务外包产业转型升级，辐射带动长三角乃至中西部地区在岸服务外包产业发展。

五是业务来源地广泛。2017年，服务外包发包地居前五位的国家和地区为美国、中国香港、新加坡、日本和德国，离岸执行金额占比分别为34.2%、12.3%、11.4%、7.1%和4.3%。其中“一带一路”沿线国家和地区对上海的发包执行金额为9.65亿美元，比上年增长12.0%。

六是从业人员迅速增加。截至2017年底，全市服务外包企业已经吸纳就业人员41.09万人，其中87.6%为大学生。

## 二、上海服务外包发展目标和发展战略

上海发展服务外包具有良好的基础条件。2017年，上海服务进出口额达

到1954.7亿美元，分别占全国的21.7%、全球的2%以上，总量规模居全国第一，技术贸易和离岸服务外包执行金额分别名列全国第一和第二。上海服务贸易在对外贸易中的比重达到31.7%。上海现代服务业和先进制造业共同发展为上海发展服务外包提供了良好的产业技术条件，城市基础设施环境建设加快，服务外包市场体系发育比较完善，市场需求面广，供给形式多、领域宽，服务外包人力素质整体较高、规模大，人才门类齐全。随着上海自贸区服务业扩大开放举措的落实，营商便利化得到优化提升，也为服务外包发展带来制度创新机遇。从政策"软环境"来看，上海针对服务外包产业发展出台了一系列政策措施，在资金支持、税收优惠、人才培养等方面给予扶持。2017年，上海发布《市政府印发〈关于本市进一步鼓励软件产业和集成电路产业发展的若干政策〉的通知》和《上海市经济信息委、市财政局关于印发〈上海市首版次软件产品专项支持办法（试行）〉的通知》，加快软件产业向高端发展，进一步加强自主知识产权保护。

（一）指导思想

紧紧围绕上海"四个中心"和科创中心建设的战略部署，抓住上海打造服务国家"一带一路"倡议桥头堡、自贸区建设以及中国国际进口博览会为上海服务外包发展带来的机遇，推动承接大规模、高水平的承接国际服务外包业务；积极利用国家鼓励服务外包发展的政策，实施以服务业为重点的新一轮对外开放战略，发挥上海自贸区制度创新的优势，以政府扶持政策为导向，以服务外包示范集聚园区建设为抓手，以专业人才队伍建设为支撑，以培育龙头企业为关键，以发展金融服务外包和航运服务外包为重点，有序推进服务外包与其他产业融合互动，积极探索跨国公司在沪服务外包新模式，努力将上海打造成为世界知名、亚洲一流的国际服务外包中心城市。

（二）战略定位

上海服务外包发展的中长期定位是将上海建成国际服务外包中心。上海是跨国公司集聚的中心，是国际服务外包业务集聚的中心，上海既要发展传统意义上的离岸服务外包，积极承接国外企业的ITO和BPO业务，更要发挥跨国公司集聚优势，承接跨国公司在我国设立的子公司的服务外包业务；既要突出以服务接包、发包、转包、分包等业务为主的核心功能，又要体现以信息发布、项目洽谈、业务交流、研究培训等服务为内容的拓展功能，形成以上海为中心、以跨国公司为载体，服务功能齐全的国际服务资源综合配置中心。

（1）国际金融服务外包中心。结合上海国际金融中心建设，突出金融服务外包业务的国际金融服务外包中心。发挥上海金融机构集聚、金融市场发达、金融资源丰富的优势，围绕国际金融中心建设，汇集全球金融服务资源，拓展金融外包服务领域。

（2）国际航运服务外包中心。结合上海国际航运中心建设，突出航运服务外包业务的国际航运服务外包中心。发挥上海航运资源丰富、航运服务增长快、潜力大的优势，围绕国际航运中心建设，汇集全球航运服务资源，拓展航运外包服务领域。

（3）国际服务外包信息与交易中心。通过服务外包博览会、交易会、洽谈会、论坛等服务平台，发挥集国际服务外包信息发布、供需对接、合作洽谈、业务交流、项目交易等功能为一体的优势，使上海成为国际服务外包价格行情的策源地（风向标）以及服务外包行业规范和服务标准的诞生地。

（4）国际服务外包研究中心。依托上海雄厚的科研实力，集聚国内外服务外包领域相关研究机构，领跑服务外包研究理论前沿，开展服务外包实践活动。

（5）国际服务外包高端人才培训中心。依托上海丰富的教育资源，集聚国内外人才培训机构，重点培养国际服务外包高端人才，使上海成为全球服务外包领军企业的培养地、各类高端服务人才（尤其是各类服务外包行业的培训师等）的汇聚地和服务外包产业知识产权的保护地。

（三）发展原则

（1）坚持发展高端。重点发展BPO和KPO，特别是金融后台、影视游戏制作、应用软件开发与维护、现代物流、财会服务外包、人力资源和咨询业务、应用管理和系统集成、工业设计、研发服务、客户管理和市场营销等，占据现代服务业的制高点。而在呼叫中心、数据录入等附加值较低的领域，上海受到商务成本等制约，并不具备特别优势，可以采取“承接—转包”策略，与其他城市组合成“前店后厂”，即上海承接离岸外包后转包给其他城市。

（2）“离岸”带动“在岸”。鼓励发展在岸服务外包，带动产业结构升级。中国有庞大的国内市场和在制造业方面的优势，使得面向制造业和生产性服务业的服务外包潜力巨大，这是中国的独特优势。必须充分发挥上海的综合优势，主动服务长三角地区、长江流域乃至全国，增强辐射能力，积极拓展国内服务外包市场，并以国际服务外包的视野，来提升国内服务外包的品质。

（3）不断完善功能。一是服务外包项目承接和配发（接单和发单）的集散地；二是服务外包价格行情的策源地（风向标）；三是服务外包产业知识产权的保护地，拥有各种服务外包知识产权保护的政策、措施等；四是服务外包行业规范和服务标准的诞生地；五是各类高端服务人才的汇聚地；六是服务外包各类资讯的统计、交流和重要信息发布地；七是国内服务外包领军企业的培养地，在公共服务平台、产业基金扶植、国际市场开拓、国内市场培育等方面领先国内。

（4）重点集聚总部。一是发包方总部的集聚，即吸引跨国公司地区总部（包括财务结算中心、营运中心、销售中心等）；二是服务外包供应商公司总部的集聚，即吸引领袖级、专业标志性、知识密集型、成长性好的全球服务外包100强企业进驻。

（5）推进区域合作。加强与长三角区域乃至全国的合作，形成有效的合作机制，打造“中国服务外包”整体品牌。充分发挥上海在接包、项目管理等方面的优势，在一些附加值较低的服务外包领域，采取“承接—转包”策略，在积极承接国际离岸外包的同时，鼓励转包到其他城市或更具成本优势的地方，尤其是加强与其他服务外包示范城市的合作，增强上海的辐射能力。

## 三、主要思路和政策措施

（1）发挥上海自贸区优势，推进上海服务贸易领先发展。一是进一步创新服务贸易发展模式，加快服务外包业务转型升级，鼓励服务贸易商业模式创新。加快推进国家服务贸易创新发展试点工作，探索建立跨境服务贸易“负面清单”管理模式，研究设立服务贸易创新发展引导基金，推动文化贸易、技术贸易、专业服务等资本技术密集型服务领域加快发展，培育数字贸易、金融保险、中医药等新增长点。二是充分发挥自贸区的辐射效应。利用张江高科技园区、陆家嘴金融区、金桥经济技术开发区等国家级开发区，作为自贸区第一层面的“辐射”，研究与自贸区内的服务外包企业如何融合或联动，发挥各类资源优势（研究中心、培训中心、交易中心、企业协会）的集聚效应。三是利用和延伸上海市服务外包交易促进中心的功能，争取第一时间在自贸区内开设服务供需双方的“一条龙、一站式、零差错服务窗口”。力争让自贸区内外的服务外包企业加入交易中心的“会员团队”，享受优质服务。

（2）完善服务外包相关的政策法规，加强扶植发展。一是积极培养国内市场需求。以“鼓励采购国内外包服务”的方式，促进服务外包内需市场发展，刺激金融、电信、先进制造业等发包领域对国内外包服务的需求。鼓励政府采购、政府服务外包。采取多种方式拓展服务外包业务渠道。积极开拓国际市场，重视开拓国内市场。积极参与长三角区域合作，加强与国内各服务外包示范城市的联系与合作。二是进一步加强和完善服务外包示范区、服务外包专业园区、外包企业的管理。从税收优惠、专项扶持、平台建设、员工住房、人才奖励、基础设施配套等方面扶持外包示范区、专业园区，建立起科学高效的金融服务外包、研发设计外包、物流服务外包、人力资源外包、创意产业外包、信息技术外包等服务外包产业的认定体系。三是提高服务外包通关便利性。联合海关、检验检疫等部门，制定服务外包有关的进口保税政策，简化服务外包业务所需设备（如开展金融服务外包所需的服务器、数据库等设备，生物医药研发外包涉及的试剂、材料、设备）进口的手续，放宽市场准入条件等。开立服务外包专项外汇账户，实行外汇收支专项管理，并规范收发外汇的操作流程，为服务外包企业开展离岸外包业务提供便利。强化投融资政策，拓宽服务外包企业投融资渠道。

（3）优化服务外包园区，完善载体建设。一是进一步创新服务外包园区服务支持。将提升园区专业服务能力作为核心，与企业成长发展实现全过程对接，努力实现全方位、专业化、一站式中介服务，促进和推动中小服务外包企业的快速成长与发展。完善平台建设。通过设立投融资对接、人才培训、技术支撑、信息服务、市场推介、产业联盟等平台来满足企业多层次需求。二是切实发挥“商务部—基地城市—示范园区/专业园区—重点企业”共建机制的作用。通过科学布局，明确产业定位，树立特色，发挥产业集聚效应，特别是把培育领军企业放在重中之重的位置。三是加强园区建设管理。逐步走向政府导向、企业市场化运作的体制。进一步梳理国家层面、市（区）层面有关服务外包的扶持政策，积极推出有吸引力的发展政策和普惠政策。

（4）加强对市场主体的扶持和培育，为产业发展提供支撑。一是积极培养或引进服务外包企业。鼓励国内外企业前来设立机构，开展服务外包业务。引导大中型企业将非核心业务部门剥离。坚持大小并举的原则。一方面重点扶持、培育龙头企业，鼓励大企业积极承接国际服务外包，以建立品牌，扩大影响；另一方面鼓励有条件的地方试点，参照承接国际服务外包的有关优惠政策，对本市中小企业承接大企业转包的离岸业务给予扶植，以形成服务外包产业和企业集群。二是加大对企业的财税政策支持力度，拓展服务外包企业的投融资渠道。安排服务外包工作专项资金。利用与服务外包相关的其他专项资金。给予服务外包企业一定的税收优惠。允许服务外包企业留存部分外汇收入。建立服务外包企业贷款及融资平台。积极探索建立有效的担保机制。鼓励风险投资、民间资本和外商投资服务外包产业。鼓励服务外包企业通过多种方式扩大规模。三是积极鼓励企业提升业务能力和业务水平。鼓励企业实施品牌战略。推动企业发展离岸外包业务。鼓励企业提高创新和研发能力。鼓励企业开展国际国内资质认证。

（5）加强对服务外包人才的培育和引进。一是完善服务外包人才培养体系。加大服务外包人才培训扶持力度。加大服务外包高级人才引进力度。做好服务外包高级人才开发信息服务工作。建立有突出贡献的高端服务外包人才奖励制度。加强服务外包职业技术教育体系建设。二是创新服务外包人才培养机制。重点推进高校服务外包人才培养机制创新，深入推进服务外包人才校企合作，做大做强专业培训机构 。鼓励培训机构不断扩大适用型人才培训规模，在国家服务外包人才培训资金支持的基础上，市财政对服务外包骨干培训机构，予以1：1的配套政策扶持。建设“上海市服务外包人才信息库”。做好人才储备，扩大大学生就业规模。三是重点解决服务外包人才的生活成本问题，减轻服务外包骨干人才的生活压力。根据新劳动法及服务外包行业实际情况，制定相应操作细则，明确人力资源的规划和管理，为企业开展服务外包业务扫除制度障碍。

（6）搭建公共服务平台，健全服务功能。一是做好知识产权保护和信息安全工作，鼓励服务外包承接企业自主创新，提高企业长期竞争能力。积极利用本市知识产权联席会议制度，进一步提高本市保护知识产权举报投诉服务中心的服务质量和水平，加大知识产权保护培训和执法力度，完善服务业知识产权保护法律体系。要引导企业诚实守信，严格履行合同，保守客户商业机密，遵守国际上的信息保密规则。二是搭建法律公共服务平台。组织一批既熟悉普通法体系，又熟悉业务流程外包/信息技术外包合约事务的法律专家，组建公共法律服务数据库，搭建市、园区两个层面的法律公共服务平台。三是充分发挥中国服务外包研究中心的研究平台功能。加强对服务外包领域的调查研究，委托中介机构定期调研来了解上海服务外包发展中的不足，逐步提高政府行政服务水平和效率，提高城市管理水平，以利于招商工作的进行。充分发挥“上海软件外包国际峰会”“国家软件出口基地软件展示会”“金融服务外包国际研讨会”等展会平台作用，帮助上海服务外包企业开拓国际市场。

## 案例2　北京市服务外包产业发展①

北京是中国服务外包的发源地之一，产业起步较早、基础雄厚，且正在向高端化与国际化的方向发展。

### 一、北京服务外包的发展现状及主要特点

（一）发展现状

（1）产业规模和业务结构。2016年，北京离岸服务外包执行金额达到49.1亿美元，同比增长9%（如图7-4所示）。其中信息技术外包（ITO）为30.8亿美元，占北京离岸服务外包执行总额的62.7%；业务流程外包（BPO）为9.1亿美元，占18.5%；知识流程外包（KPO）为9.1亿美元，占18.5%（如图7-5所示）。2016年，在商务部业务系统统一平台——服务外包及软件出口信息管理应用系统（以下简称“服务外包统计系统”）中有业务登记的企业400家。

（2）服务外包产业布局。北京市服务外包的产业布局，呈两翼带动型发展格局。作为中关村国家自主创新示范区核心区的海淀区，以及拥有中央

①根据商务部有关材料整理。

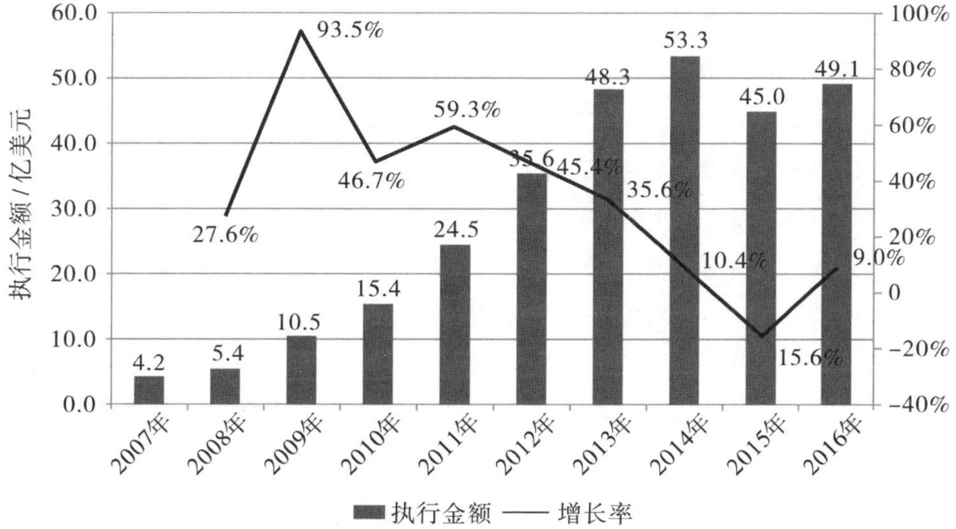


图7-4　2007—2016年北京离岸服务外包规模及增长情况

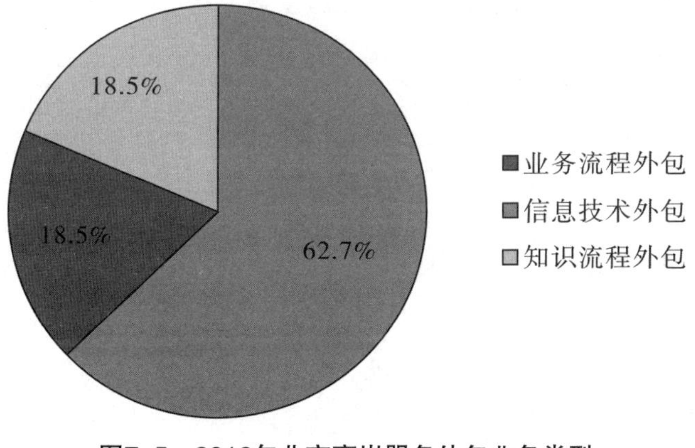


图7-5　2016年北京离岸服务外包业务类型

商务区和国家文化产业创新试验区的朝阳区，这两个科技企业高度集聚的区，成为北京服务外包企业的重要集聚地。

从2016年各区离岸服务外包企业执行金额的数据上看，朝阳区为19.0亿美元，海淀区为17.5亿美元，两区合计占北京离岸服务外包规模的74.5%。

（3）服务外包的国际市场结构。北京离岸服务外包业务来源丰富，欧美是最主要的市场。2016年，北京服务外包出口国和地区达81个，其中：美国位居第一，离岸金额达20.23亿美元，占41%；名列前五的国家分别为美国、爱尔兰、德国、瑞典和荷兰。欧洲服务外包业务总量达18.47亿美元，成为北京第二大服务外包出口区域。

（二）主要特点

（1）服务外包业务特色鲜明。信息技术服务（ITO）是北京服务外包的主要业务内容，业务流程外包（BPO）和知识流程外包（KPO）已成为北京服务外包新的增长点。BPO主要集中在跨国公司在京开展的共享中心管理、供应链管理、商务管理等业务内容，KPO业务内容不断扩大，已从生物医药研发、动漫及网游研发等服务，扩展到面向汽车制造、能源、矿产行业的工程咨询等技术服务领域。

（2）规模企业是北京离岸业务的主力军。北京已形成了稳定的服务外包规模企业群体。2016年，北京离岸服务外包收入超过1亿美元的大型企业达到9家，其业务总额占全市的44.8%；业务额0.1亿~1亿美元之间的大中型企业共71家，占企业总数的20%，离岸服务外包收入占全市的43%。

（3）跨国服务机构成为不可忽视的重要力量。高度国际化的北京成为跨国公司落户中国的首选城市。跨国公司在京开展服务外包业务的形式主要有三种类型：面向境内外市场的技术服务外包、面向其境外母公司的技术研发中心和共享中心的外包。通过对服务外包统计系统中数据的分析，2016年有业务登记记录的北京跨国机构（含合资）的总数量为214家，占当年业务登记企业总数的53.5%，其离岸服务外包业务收入占北京市的85.8%。

（4）新技术助力双创企业国际化发展。为推动大众创业、万众创新，结合北京科技创新中心建设工作，北京市整合创新创业服务主体，融合资源渠道，探索联合孵化、跨境加速的互利共赢的新模式。通过举办交流活动、企业推介等形式，推动北京创新创业服务机构在海外布局，推动一批北京企业和技术“走出去”，引进一批国际优秀项目和创新企业落户北京。

一是形成了良好的双创载体和服务体系。截至2016年，全市共有双创服务机构350余家，众创空间212家，科技企业孵化器65家，大学科技园29家，全国双创示范基地20家，服务创业团队近3万个。双创服务机构的服务内容已由单点创业实践向人才、资源、项目服务和跨领域、国际化、一体化的专业服务方向转变。

二是企业创新获得专利成果卓著。2016年，全市万人发明专利拥有量达76.7件，同比增长25.1%；万名研发人员技术合同成交总额达105.5亿元，同比增长4.9%。其中，服务外包企业握奇数据仅2015年就获得了4项专利。

三是双创走向国际化。在“互联网+”大潮中，北京的创新成果不仅在国内市场取得了成功，也开始走向国际市场。2016年，创业于北京的共享单车摩拜和ofo，把服务空间拓展到了新加坡、英国等地；东方灵盾公司向马来西亚国家知识产权局出售其研发的《世界传统药物专利数据库》，实现了京产专利数据库的首次出口；孵化于创新工场的“Yeecall”的境外通信应用，用户已从中东、北非扩散到了印度、东南亚，甚至美国、欧洲，受到用户好评。

## 二、新业态新模式推动服务外包高端化发展

北京在新兴技术领域起步早，拥有深厚的技术积累，形成了产业集聚和高端人才集聚优势。近年来，北京企业的新模式、新业态不断涌现，引领了服务外包高端化发展。

一是已经初步形成了面向行业的大数据服务能力。服务外包企业重点在大数据咨询能力、行业解决方案上发力，已经取得多项大数据服务的成功案例，如博彦科技的海云大数据平台，在我国高速公路的交通管理和金融历史数据库上成功应用。

二是已经形成较为完整的移动互联产业链。企业对标国际标准，加大研发投入，在移动互联领域频出成果，形成了产业链的结构。例如：寒武纪科技公司面向智能手机、可穿戴设备、智能驾驶等各类智能终端的Cambricon-1A处理器；中科创达针对智能硬件的具备边缘计算和人工智能能力的Turbox平台。

三是面向传统行业数字化转型服务成果显著。传统企业的数字化转型需求旺盛，为服务外包企业带来了巨大商机。企业面向长期服务的老客户，积极开展数字化转型服务，为客户打造新业务模式。例如：文思海辉的互联网金融数字银行核心系统，为某银行打造了新一代互联网数字银行服务应用系统；中软国际与华为合作的烟草行业云平台联合解决方案，支撑了国家烟草专卖局“四纵一横”的五大应用。

四是搭建众包平台创新服务外包模式。针对中小企业碎片化需求繁杂，找供应商难，撮合成本高，项目实施过程无监管，产品交付质量无法保障等问题，利用云计算、大数据技术，搭建众包平台，为服务外包的远程交付和

工作管理提供了新的手段，众包平台成为被众多企业采用的新型交付方式。例如，软通动力的Tonelink平台、中软国际的“解放号”平台、文思海辉的“文小包”平台、博彦科技的Device pass测试平台等众包平台项目，都取得了较好的应用成果。

## 三、政策措施及成效

第一，对接“一带一路”倡议，推动服务外包企业加强国际合作。依托中国国际技术转移中心、亚欧科技创新合作中心、中意技术转移中心、北京—特拉维夫创新合作中心等国际科技合作平台，开展国际品牌性科技创新交流活动，促进科技资源互联互通，提高北京企业利用全球创新资源的能力。充分利用在硅谷、特拉维夫、伦敦、赫尔辛基、慕尼黑等重点区域和城市的海外联络处的布局，加强与相关技术机构和顶尖人才的联系沟通，支持北京市各类机构在“一带一路”沿线国家和地区共建科技园区、重点实验室、研发基地和海外孵化基地，承接海外工程项目等。2015年12月，北京佳讯飞鸿电气股份有限公司成功中标肯尼亚蒙内铁路通信项目，包含调度通信、应急通信、光缆监测、电脑叫班四个系统。2016年中科创达公司以6400万欧元收购总部设在芬兰赫尔辛基的智能车载交互技术公司Rightware，进入欧洲市场。

第二，借助“中国制造2025”强国战略，全力打造“北京服务”品牌。2015年12月北京市发布《中国制造2025》北京行动纲要，其核心目标就是要把北京打造成为京津冀协同发展的增长引擎，引领中国制造由大变强的先行区域和制造业创新发展的战略高地。支持有条件的企业由提供设备向提供系统集成总承包服务、由提供产品向提供整体解决方案转变，发展设计、测试和运营维护、数据信息等增值服务业态。“中国制造2025”强国战略为北京服务外包企业转型升级、全力打造“北京服务”品牌提供了重大发展机遇。

第三，优化全球布局，辐射带动区域发展。北京市按照京津冀协同发展规划的要求，充分利用政策优势、人才优势、科研优势以及总部优势，不断追踪外包业务、模式及标准的全球前沿，鼓励企业向基于创新的智慧服务发展，并按照产业链和价值链分工模式向有支撑条件的地区转移，优势互补，错位发展，推动服务外包产业从规模快速扩张向高质量发展转型。截至2016年，全市重点跟踪调研的15家企业已在海外设立分支机构25家，其中美国11

家、日本9家、中国香港5家；同时，在境内设立分支机构161家。

第四，继续发挥财政资金的杠杆作用，帮扶企业做大做强。一是设立外经贸引导基金。政府出资5亿元，撬动社会资本5.3亿元，以股权方式投资外经贸企业。二是设立外经贸担保服务平台。按年运营不低于5亿元的规模对本市外经贸企业提供融资担保。三是加强政策集成。设立“政保贷”融资服务平台，通过简化评估手段、优化审批流程、提高企业资信、扩大贷款额度，解决企业融资难、融资贵问题。四是发挥中国出口信用保险公司等保险专业机构的作用。市商务委、北京外汇管理部、中国出口信用保险公司通力合作，共同推动用保险手段加快服务贸易发展。2016年，全市共拨付外经贸专项资金5687.72万元，涉及企业99家次，用于支持企业境外设点、租赁办公场地、人才培训、扩大外包业务、提升服务能力、开展实习实训等。

第五，加强服务外包前瞻性研究，紧密跟踪行业动态。为了顺应技术发展、市场变化，市商委建立了服务外包研究体系和信息机制，在第一时间把握业态的变化。在信息机制方面，发挥北京服务外包企业协会的中介作用，建立了每月定期编印《服务外包动态》和不定期开展调研会、政策交流、问卷调查、企业访问等相结合的工作机制，及时把握产业和企业的发展状况和转型升级态势。在研究体系方面，每年确定不同专题，针对服务外包产业的发展趋势、市场格局、业态变化等各个方面开展研究并形成报告。通过与北京服务外包企业协会开展共同研究的方式，已完成北京服务外包年度发展报告、国际服务外包市场、服务外包业态研究报告等系列研究报告。2016年度的研究报告有：《2016北京服务外包产业发展报告》《2016年北京服务外包国际化发展战略研究——欧洲篇》《北京服务外包新业态调研报告》。

第六，发挥协会桥梁纽带作用，搭建产业服务平台。通过发挥行业协会组织连接企业、政府和市场的纽带作用，有效推动了服务外包行业对接与区域合作。通过行业协会组织搭建了广泛的国际合作网络和国内市场的对接渠道与平台，精选国际国内重点会议与展览活动，委托行业协会定期组织企业参会，展示企业技术能力、树立北京服务品牌形象、开展市场交流对接活动，有效拓展了国际国内市场渠道。例如，北京服务外包企业协会与美国、日本、印度、波兰、中国台湾、中国香港、新加坡、澳大利亚等国家和地区的行业组织建立了稳定的合作关系，每年组织企业赴美国、日本、印度、中国台湾等国家和地区参加高德纳外包峰会、印度服务业大展等行业会展，开展技术交流和市场对接活动，已经在目标市场形成了一定影响力。在京交会上承办的“软件与信息服务国际企业对接会”成功为企业搭建了对接国际企业、对接行业用户的项目对接平台。

## 案例3 苏州服务外包产业发展①

苏州市依托开放型经济和制造业优势大力发展服务外包产业，深化服务外包产业体制创新，推动业态结构向高端化发展，国际竞争力显著提升。2016年，苏州市服务外包出口收汇33.99亿美元，稳居全国第一方阵和江苏省首位，服务外包产业呈现出量增质升的发展态势。

### 一、加快示范城市建设，推动产业持续健康发展

苏州市服务外包产业发展环境良好，其总体水平居全国前列。在2014年和2015年中国服务外包示范城市综合评价中，苏州市分别以综合得分163.37分和170.6分名列第四。苏州市服务外包产业呈现以下特点。

（1）产业规模稳步增长，离岸执行金额占全国近一成。2016年，全市新登录服务外包企业387家，累计达3243家；完成接包合同额128.45亿美元，离岸执行金额66.88亿美元，同比分别增长7.80%和6.74%。全市接包合同额和离岸执行金额分别占全省总额的26.53%和30.19%，占全国总额的8.72%和9.5%，产业规模继续保持在全国、全省的前列。

（2）离岸业务健康发展，收汇水平全省领先。根据国家外汇管理局国际收支平衡表（BOP）统计，2016年苏州市服务出口收汇额58.88亿美元，占当年服务外包离岸执行金额的88.03%。2016年，苏州市有离岸外包业务的企业服务贸易收汇额为33.99亿美元，占全市离岸外包执行金额的50.82%。

（3）业态实现全领域覆盖，产业结构向高端攀升。苏州市实现了信息技术外包（ITO）、业务流程外包（BPO）和知识流程外包（KPO）领域共35个类别的全覆盖发展，并形成软件研发、信息技术服务、工业设计、生物医药研发等四大服务外包优势业态，四大优势业态离岸执行金额占全市离岸执行总额的59.97%。2016年，离岸执行ITO、BPO和KPO分别占全市离岸执

①根据苏州商务局有关材料整理。

行总额的22%、11.25%和66.75%，KPO离岸执行金额占比高于全国40.27个百分点。

（4）业务以离岸为主，企业参与国际化程度较高。2016年全市离岸执行金额占合同执行总额的69.32%，高于全省15.04个百分点。全市共承接了110个国家和地区的离岸服务外包业务，超千万美元的国家和地区共33个，美国、日本、中国台湾、中国香港、新加坡、德国、韩国、荷兰、瑞士和卢森堡成为苏州十大发包来源国（地区），占总额的83.78%。承接“一带一路”沿线国家和地区服务外包离岸执行金额7.14亿美元，占全市离岸执行金额的10.67%，同比增长38.71%。

（5）企业向创新驱动转变，服务能力提升。2016年，苏州市共有金唯智生物科技、凌志软件等15家企业获评为“中国服务外包成长型企业”，数量位列全国首位。2014—2016年全市累计通过CMM/CMM I3级以上企业21家，累计通过ISO 27001国际认证的企业35家。2016年，苏州市技术先进型服务企业达到96家，居全省第一和全国第三。苏州工业园区凌志软件股份有限公司研发出为互联网证券业服务的智能化数据管理平台。苏州大宇宙信息创造有限公司结合对日外包形成的人工智能对话技术，开发出适合国内大型企业的CRM客户关系管理产品。

## 二、主动融入国家战略和“一带一路”倡议，成效显著

苏州市服务外包产业主动融入“战略性新兴产业”“创新创优”等国家战略和“一带一路”倡议的落实，取得了明显成效。

（1）与制造业融合发展，推动“苏州制造”向“苏州智造”转型。苏州市大力推进服务外包产业全方位参与两化融合、智能制造，坚持制造与服务相结合，引导制造业服务化发展，提升苏州制造价值含量。一是依托苏州的制造业优势，搭建制造业服务化的技术交流、业务合作平台。大力引进各类共享服务中心，鼓励企业将研发设计、采购、物流运输、订单处理、销售等环节的服务外包，实现由生产型制造向服务型制造转变。二是加强制造业应用软件开发，向客户提供全方位的技术解决方案、研发设计和咨询服务。主动融入智能制造，以MES（制造业生产过程执行系统）为中心，重点发展与智能制造、企业生产全过程有关的软件开发，为制造业企业实现信息化转型发展提供技术服务。

（2）与战略性新兴产业结合，引领全市生物医药产业国际化发展。近年来，苏州市以纳米、太阳能应用、医疗器械与新医药等为代表的战略性新兴产业发展迅速。以生物医药产业为例，苏州市以工业园区生物医药、高新区医疗器械、吴中区生物医药、昆山小核酸、太仓生物医药等五大产业园为主要载体，带动全市生物医药产业发展。2016年，苏州信达生物、诺华制药、礼来苏州、百特医疗、药明康德、汉德创宏、金唯智、东曜药业、住友制药、太仓制药厂研发中心、福英基因、信乐美医药、天马精细化学品等14家生物医药研发龙头企业离岸执行金额超千万美元，合计金额3.58亿美元，占全市生物医药离岸执行总额4.76亿美元的75.21%，带动了全市生物医药产业的国际化发展。

（3）与互联网、大数据战略相结合，形成一批规模大、示范性强的平台企业。2016年，苏州市制定出台《市政府关于促进大数据应用和产业发展的若干政策意见的通知》，发布《苏州市大数据产业发展规划（2016—2020年）》，成功举办2016中国（苏州）数字经济与创新发展大会，组建了苏州市大数据产业联盟，积极筹建苏州市大数据产业引导资金和大数据产业发展基金。苏州市深入引导互联网、大数据战略与重点服务业产业相结合，形成了一批平台企业。2016年，中国移动苏州研发中心的“大云大数据产品及其应用”获工信部优秀成果与应用奖，“大云大数据平台”获中国信息通信与“互联网+”应用优秀成果金奖。蓝海彤翔通过众智、众筹等新型商业模式，打造了全球第一个支持文化创意在线创作的“创意云”平台，形成“互联网+文化创意+金融”的新型业态。张家港市形成了“互联网+现代物流”物润船联中国内河航运物流智慧平台，“互联网+综合服务”电子口岸综合服务平台，一达通、慧贸通外贸综合服务平台。张家港国泰新点在“互联网+政务服务”领域积极探索新技术、产品、方案。截至2016年，其政务服务业务覆盖全国26个省、直辖市，共积累了近300个案例。

（4）与“一带一路”相结合，在开放布局中发挥先导作用。支持有条件的企业加快建立面向全球的贸易、投融资、生产、服务和研发网络。2016年苏州市企业在“一带一路”沿线投资42个项目，中方协议投资额10.29亿美元，其中在埃塞俄比亚投资了东方工业园，其是埃塞俄比亚首个开发区，吸引入园企业82家，上缴埃塞俄比亚政府各项税收6830万美元，创造就业岗位

14650个，有效带动了当地工业化发展。2016年，苏州市承接“一带一路”沿线国家和地区离岸执行金额7.14亿美元，同比增长38.71%，高于离岸执行总额6.74%的增速。全市共承接44个“一带一路”沿线国家和地区离岸外包业务，其中对新加坡、马来西亚、泰国、土耳其、俄罗斯、捷克、印度、孟加拉国、波兰、菲律宾等10个国家（地区）的离岸执行金额超千万美元，金额占比93.08%。苏州市“一带一路”离岸执行金额占全市离岸执行金额的10.67%。

（5）与国家人才战略相融合，成为“创新创优”等的亮点。近年来，苏州市在实施“重大创新团队”“创新创优”等国家人才战略中涌现出越来越多的从事服务外包的企业。2016年，苏州市新增省“双创”人才104人，累计达683人，连续10年位列全省第一；信达生物制药（苏州）有限公司、天演药业（苏州）有限公司、花桥华拓数码科技（昆山）有限公司等一大批从事服务外包研发和技术服务的企业，已成为苏州实施“创新创优”等国家人才战略中的亮点企业。

### 三、发挥辐射带动效应，助推开放型经济转型升级

近年来，苏州市服务外包示范城市建设的辐射带动效应显著，对优化全市开放型经济结构、推动制造业转型升级和区域经济发展的贡献日益增强。

（1）促进外贸发展方式转变和外资质量提升。服务外包成为苏州市外贸出口增长新的推动力。2016年，服务外包离岸执行金额占全市一般贸易出口的12.62%，比2010年的4.1%增加了8.52个百分点。苏州市加大对服务外包产业的招商力度，着力吸引智能制造、生物医药、新能源、新材料等新型产业和技术项目；加大对跨国公司研发设计、物流配送、采购销售和其他共享服务中心、行政管理总部的招商力度。截至2016年，全市服务业、战略性新兴产业和高技术项目实际使用外资占比分别达到42.9%、50%，累计引进各类外资地区总部和功能性企业260家。2016年，全市新引进和形成的具有地区总部特征或共享功能的外资企业30家，包括地区总部16家、营销及采购中心3家、物流配送中心3家、财务结算中心3家、研发中心4家、其他功能性机构1家。其中，地区总部多为中国区总部，部分功能性机构履行跨国公司的亚太区研发、营销等共享服务职能。

（2）促进了境外投资结构优化。苏州市商务服务业、信息传输、计算

机服务及软件业投资项目增长迅速。2016年，全市新增第三产业境外投资项目229个，占比68.6%，同比增长25.1%。其中商务服务业类投资项目43个，中方协议投资额3.8亿美元，占比12.1%；信息传输、计算机服务及软件业投资项目25个，中方协议出资额2.5亿美元，占比7.8%，同比增长2.3倍。2016年，苏州蜗牛数字科技股份有限公司在美国投资1.2亿美元建立方舟游戏公司，江苏广和慧云科技股份有限公司在香港投资2000万美元建立城市产业互联网运营有限公司，益新（中国）有限公司在香港投资近2000万美元建立中国基因工程有限公司。

（3）推动区域经济的特色发展。截至2016年，苏州市已形成“1+2+8”服务外包发展架构，即1个国家级示范基地、2个省级示范城市和8个省级示范区。工业园区是“全国服务外包示范基地”；昆山市、太仓市是“江苏省服务外包示范城市”；花桥经济开发区、苏州高新区、吴中经济开发区等8个开发区是“江苏省国际服务外包示范区”。苏州工业园区以国际科技园、苏州生物纳米科技园、2.5产业园等为主要载体，发展软件开发、生物医药、研发设计、动漫创意、共享中心等服务外包业态，全力打造中国服务外包产业第一园。苏州高新区依托科技城和创业园，努力发展软件开发、医疗器械研发和知识产权认证等外包业态。昆山市、太仓市、常熟市分别在金融BPO、生物医药研发、汽车研发等服务外包领域集聚发展，成效显著。

（4）推动制造业向价值链高端发展。截至2016年，苏州市已有IBM、富士通、凯捷等30余家世界500强、全球服务外包100强和国内服务外包十大领军企业落户发展。近年来，依托制造业高度集聚的产业优势，苏州市积极争取跨国公司把研发中心、结算中心、物流中心等多种类型的共享服务功能性机构转移至苏州，如丰田汽车研发中心、华硕科技研发中心、强生财务共享中心等。跨国公司功能性机构的纷至沓来，带动了服务外包产业发展，同时也促进了制造业转型升级。2016年，苏州市现代制造业和高技术产业项目数、注册外资分别占制造业的42%、51%。车用新材料、新能源电池、核心零部件、房车设计等汽车产业领域，单克隆抗体药物、新型诊断试剂、3D生物人工组织等生物医药产业领域，机器人、环保设备、工业测试设备等高端装备制造产业领域均得到进一步拓展。外资制造业新型产业链逐渐形成，成为苏州建设具有国际竞争力的先进制造业基地的生力军。

## 四、强化政策体制创新，营造良好的产业发展环境

（1）注重国家试点创新，先行先试为全国推广积累经验。2016年2月，国务院批准苏州市开展服务贸易创新发展试点，苏州市围绕试点要求制订了实施总体方案和运输、金融、知识产权、国际维护和维修、服务外包、文化、旅游等七大重点领域创新发展试点行动计划。其中《苏州市服务外包产业服务贸易创新发展试点行动计划》提出了九项实施措施和三项保障措施，不断创新服务外包体制机制。2016年，苏州市服务贸易创新发展试点工作取得了阶段性成果：积极开展全球维修保税业务试点，推动加工贸易企业由原来的加工制造环节向后期检测维修服务延伸，有效拓展企业市场空间；已形成“1+2+8”服务外包基地发展架构，即拥有1个国家级示范基地、2个省级示范城市和8个省级示范区；共上报商务部38项创新举措和做法，当年全市服务贸易实现了15%的增幅。

（2）注重规划政策推动，产业促进政策日趋完善。进入“十二五”时期后，苏州市编制了《苏州市服务外包产业“十二五”发展规划》，2011年出台了《苏州市人民政府关于印发苏州市服务外包产业新三年跨越发展计划的通知》和《苏州市人民政府印发关于促进服务外包跨越发展的若干政策的通知》（简称《通知》），2014年修订了该《通知》，这些政策和规划对服务外包产业健康发展起到了支撑和引领的作用。2016年，出台了《苏州服务外包创新发展试点行动计划》，在鼓励服务外包企业做优做强、提高自主创新能力、“走出去”国际化发展、外包主体高端化发展等方面提出了具体明确的措施，继续推动全市服务外包产业提升发展，实现从外包大市向外包强市的转变。

（3）注重各级资金争取，引导和推动产业做优做强。2016年，苏州市获得国家资金8038万元（其中：人才培养4688万元，研发创新2612万元），占全省比重为40%。2016年，全市获得省级资金为3144万元（其中：龙头型企业300万元，骨干型企业630万元，成长型企业1270万元），占全省比重为31.5%。市级财政兑现上年度服务外包资金3519.9万元，配套中央财政资金991.24万元。苏州市获得国家级服务外包平台资金800万元，用于支持苏州药明康德新药开发股份有限公司等6家公司的公共服务平台建设。

（4）注重公共平台建设，支撑服务外包产业提升。苏州市重视服务外

包公共平台建设，2016年全市有一定规模的服务外包公共服务平台53家，其中生物医药技术平台13家、动漫文化技术平台8家、信息服务平台6家、人才培训平台6家、软件服务平台6家、检验检测平台6家、云计算平台4家、物流平台3家、知识产权平台1家，形成了类别较全的平台服务体系。平台专业化水平较高，药明康德、昭衍等生物医药平台获得了AAALAC、GLP等国际认证，国科数据中心是亚洲首个获得国际TIER IV认证的数据中心。苏州市公共服务平台以其专业化的技术和公益性的定价，为服务外包企业提供技术和人力资源支持。

（5）注重专业人才培养，形成多渠道、多层次培育体系。全市服务外包企业、园区、培训机构以及高等院校等各类主体积极参与服务外包人才培训工作，服务外包人才培训体系基本形成。苏州工业园区服务外包职业学院是国内首家服务外包学院，专门培育服务外包职业人才。2016年，苏州大学等6家高校获批江苏省高等学校服务外包类专业嵌入式人才培养项目15项。截至2016年，NIIT、IBM、思科等国际知名服务外包培训机构在苏州设立了实训基地。全市已经认定的省级服务外包人才培训基地9个，市级服务外包人才培养培训基地49个。根据苏州市人社局统计，2016年新增服务外包培训人员达1.54万人，占当年全部新增从业人员的4.49%。

（6）注重国际交流合作，推进企业参加境内外专业展会。一是组织企业积极参加中国（北京）国际服务贸易交易会、中国国际服务外包合作大会（南京）、中国国际服务外包交易博览会（杭州）等服务外包专业盛会，为服务外包企业提供市场开拓和交流的平台。二是着力开拓国际市场，2016年成功组织80多家（次）企业参加中东国际IT信息技术及视听通信展，美国国际视听、信息通信与技术外包展览会，美国生物技术大会暨展览会等20多个服务专业展会，推动苏州外包企业走向国际市场，提升苏州电子信息、生物医药研发等服务外包优势产业的国际形象。

（7）注重引进大院大所，为产业发展提供技术支撑。苏州市高度重视与大院大所的战略合作，截至2016年，苏州与238家国内外知名高校院所建立起稳定的合作关系，建成1870个产学研联合体。其中，与中科院合作共建的科技创新载体达21家，占中科院在全国布局总数的20%。苏州高新区引进了中科院医工所、浙大工研院、华东理工工研院、中科院地理所、苏州医用机器人研究院等近百家科研院所和研发机构，形成了以科研院所为核心，企业研发机构、第三方技术服务机构共同发展的格局。据统计，目前苏州已有国家级、省级、市级企业技术中心分别为24家、423家和1242家。全市大中型工业企业和规模以上高新技术企业研发机构建有率为93.09%，排名居全省前列。

（8）注重引导支持，完善知识产权服务产业链。苏州高新区建成国家知识产权服务业集聚发展示范区，目前全国仅有3家。截至2016年，集聚区累计引进服务机构超过80家，品牌服务机构和品牌服务机构培育单位占比超过40%，集聚区内知识产权专业人才总数超过2400人，其中重点服务机构包括北京三友、北京万慧达、七星天、中商所等。加强对知识产权服务业的引导与支持，对符合条件的新设立的专利代理机构、知识产权服务机构以及国家级品牌机构进行扶持与奖励。推动成立苏州市知识产权服务业商会，搭建苏州市知识产权服务超市，通过“互联网+”公共服务平台的建设，截至2016年已有70多家机构成为服务超市的成员，机构店铺57家。培育引进专业的知识产权运营机构，智慧芽、七星天、派富、江海等知识产权运营机构正逐步开展国际知识产权服务业务。

（9）注重发展模式创新，共享服务中心独具特色。共享服务中心是苏州市服务外包产业与本地区产业基础相结合而形成的服务外包特色业态。苏州临近跨国公司总部密集的上海，基于自身的区位、成本等优势，充分利用跨国公司集聚优势，吸引其共享服务中心落户，使之成为服务外包领域的独优业态。2016年，全市积极吸引跨国公司在依托原有的制造业企业基础上设立地区总部、研发中心、共享中心和交付中心等功能性机构。2016年，苏州工业园区制造业企业中有服务出口的企业超过500家，有一定规模的共享服务中心30多家，从业人员5000多人，年服务收入超15亿元，缴纳税收超过3000万元。通过发展共享服务，扩大了服务经济总量，增加了服务业人才储备，从而推进了全市经济结构转型升级。

## 案例4 南京市服务外包产业发展[①]

### 一、产业发展总体情况

（1）产业规模增长迅速。2016年，全市实现服务外包执行金额146.7亿美元，同比增长18.4%，其中离岸服务外包执行金额57.8亿美元，同比增长2.1%，这两项主要指标在江苏省分别居第一位、第三位。其中，信息技术外包（ITO）执行金额为101.7亿美元，同比增长19.1%，占全市服务外包执行金额的69.3%；业务流程外包（BPO）执行金额为16.2亿美元，同比增长23.2%，占全市服务外包执行金额的11.1%；技术性知识流程外包（KPO）执行金额为28.8亿美元，占全市服务外包执行金额的19.6%。

（2）企业实力显著增强。2016年，全市服务外包执行金额千万美元以上企业达265家，实现执行金额约131.9亿美元，占全市执行金额近九成。福特汽车研究院、中兴软创、中兴软件、三星电子、润和软件等57家企业执行金额均超5000万美元，合计占全市执行金额超六成，其中离岸执行金额超5000万美元的企业达20家。重点企业品牌影响力日益提升，南京亚信科技被国际外包专业协会（IAOP）评选为“全球外包100强”企业，省通信服务公司被评为“中国服务外包十大领军企业”，福特汽车、富士通南大、润和软件等10家企业被评为“中国服务外包百强成长型企业”。累计28家企业获得技术先进型服务企业认定，通过软件CMMI认证企业达162家。

（3）内外市场同步拓展。2016年，全市企业累计承接在岸服务外包执行金额达88.9亿美元，占执行总额的60.6%，业务主要来源于国内百强企业以及政府、医疗、教育等领域；离岸服务外包执行金额达到57.8亿美元，占执行总额的39.4%，业务主要来源于美国、欧洲地区、日本、韩国以及中国香港、中国台湾地区。2016年，“一带一路”沿线国家和地区市场发展较快，共有185家企业分别承接了俄罗斯、新加坡、以色列、巴基斯坦等39个国家和地区的服务外包业务，主要业务涉及软件研发外包、信息技术外包、工程技术外包领域，全年合同执行金额超12亿美元，同比增幅高于全市平均水平，

①根据商务部有关材料整理。

逐步成为离岸外包发展新的增长点。

（4）产业集聚效应显著。南京市共有5个国家级服务外包示范区，全年完成外包执行金额为114.3亿美元，占全市总执行金额的77.9%。其中，离岸执行金额43.4亿美元，占全市离岸执行金额的75.1%。示范区内聚集服务外包企业近1000家，占全市服务外包企业总数的半壁江山以上，其中有22家企业执行金额超亿美元，占全市超亿美元企业总数的81%。

（5）高层次人员就业率持续增加。2016年，全市服务外包企业累计吸纳从业人员44万人，较上年同期增加11万人，其中本科以上学历23.2万人，占比53%。服务外包企业从业人员大多集中于规模以上外包企业，其中5000人以上服务外包企业8家，1000人以上服务外包企业67家，较上年同期增加8家。

## 二、主要做法

（1）体制机制不断创新。

一是建章立制，强化组织领导。依托南京市服务外包工作领导小组，会同17个市级政府职能部门建立联系机制，定期召开服务外包工作推进会，形成目标统一、职责清晰、任务明确的工作体系。二是加大目标考核力度。依托1个国家级新区、11个行政区和2个国家级开发区，建立服务外包目标考核体系，将执行金额、离岸执行金额纳入市级经济发展目标，建立综合评价和绩效考核制度。充分发挥考核工作的导向激励作用，强化动态管理，对服务外包工作进展及问题开展限期推进、常态监督、定期汇总，形成了全市上下齐抓共管的良好局面。

（2）推动发展模式融合创新。

深入实施“互联网+服务”的融合战略，运用大数据、云计算、物联网等先进技术，创新服务外包发展模式。一是“中国设计”输出新突破。发挥本市企业在工程设计服务领域的技术优势，苏交科、中设设计等龙头企业，通过借船出海、海外并购等多种经营方式，成功交付斯里兰卡、捷克、也门等多个海外工程咨询、设计项目。二是“中国思维”输出新优势。支持企业以技术、品牌驱动为核心的服务外包竞争新优势抢占国际市场，南京亚信科技电信软件系统，拥有上亿用户同时在线运行的成熟经验，尤其在电信运营大数据方面技术领先，被欧洲客户称为“中国思维”运营模式，吸引了挪威电信等欧洲大型通信运营商争相引进亚信科技的先进运营模式及软件系统，单体合同金额达1亿美元。三是“中国文化”输出新模式。江苏原力动画是南京市优秀的影视动漫制作外包承接商，主要承接美国梦工厂等影视动漫制作外包业务。2016年，公司加大了对美国市场的投入，作为项目合作方直接与梦工厂等顶尖公司共同开发影视动漫作品，将中国文化元素直接加入到国际影视动漫的核心制作当中。

（3）推动企业开放合作创新。

一是鼓励企业上市运营。推动润和软件、金斯瑞等优质企业成功上市，实现规模化、集约化经营，支持中小企业依托战略投资者或大型企业的资本、技术、人才和品牌等优势，向瞪羚企业和独角兽企业迈进。二是深化开放合作。鼓励苏交科、三胞集团等企业通过海外并购、联合运营、建立海外分支机构拓展国际市场。引进中德智造研究院、台积电研发中心等知名企业研发机构，开展设计研发等高附加值外包服务。三是推动企业从单一外包向整体解决方案转型升级。鼓励润和软件完成并购，从非核心业务到核心业务，已成为国内排名领先的金融信息技术整体解决方案服务供应商。

（4）把握“中国制造2025”和“一带一路”倡议机遇。

一是充分发挥企业智能制造的技术优势，依托“中国制造2025”战略，鼓励企业将科技与制造融合。多年来，朗坤智慧致力于研究“智慧工厂、智慧城市、智慧电力”等业务板块，自主研发的集群电站运维平台已在印度尼西亚等海外市场成功投入运营，不仅助力了发电行业进入智慧电力时代，也向世界展示了中国智造的实力。二是聚焦“一带一路”倡议带来的服务外包新机遇，推动企业不断向“一带一路”沿线国家和地区拓展业务。亚信科技、普天通信、邮电规划设计院等企业积极响应国家“一带一路”倡议，在沿线国家和地区深度拓展，先后在印度、阿联酋、吉布提、埃塞俄比亚等国家成功实施了一系列信息化、通信服务项目，为中国和“一带一路”沿线国家和地区的信息联通，以及当地信息化水平提升、经济发展、人民生活水平提高贡献了力量。

（5）拓展国际合作新平台。

一是吸引企业“走进来”。南京市已连续九年举办中国国际服务外包合作大会，树立了“智慧南京，服务全球”的良好形象和品牌影响力，为企业搭建了多层次、宽领域的交流合作平台，取得了显著成效。2016年，全市成功举办全球服务外包大会，吸引了来自美国、英国、印度等20多个国家的知名企业高管参与盛会，现场洽谈合作意向外包业务约3.3亿美元。二是推动企业“走出去”。积极组织企业参加境外服务外包相关展会，巩固和加强与美国、欧洲等传统市场的合作，加大对“一带一路”沿线国家和地区的业务拓展，先后组织50多家企业赴境外18个国家和地区参加各类专业展会和推介活动；依托华为软件、中兴通讯等企业海外服务外包接单平台，扩大南京企业品牌宣传，获得了更多的国际客户资源和市场信息。

（6）优化企业发展新生态。

一是不断完善扶持政策。积极贯彻落实国家、省级服务外包扶持政策，先后制定出台了《南京市人民政府关于加速推进南京国际服务外包产业发展的实施意见》等“1+5”政策措施，在服务贸易“十三五”规划中对服务外包发展提出了明确的目标和发展路径，助推服务外包加快发展。2016年部、省、市三级财政支持全市服务外包重点企业、重点项目、公共平台等超1亿元，技术先进型服务企业享受税收优惠5000多万元。二是加强服务外包企业信用监管体系。在企业资金申报、项目申报过程中，强化第三方专业审计，完善服务外包市场主体信息记录，建立信用信息共享机制。建立健全信用黑名单制度，对守信主体予以支持和鼓励，对失信主体予以惩戒，对严重违法失信主体实行市场禁入制度，形成“一处失信，处处受制”的失信惩戒长效机制。

## 参考文献

［1］王晓红．中国服务外包：跨越发展与整体提升．太原：山西经济出版社，2012.

［2］商务部中国服务外包研究中心．中国服务外包发展报告2016．北京：中国商务出版社，2016.